Jay-Z
O Rei da América

Mark Beaumont

Jay-Z
O Rei da América

Tradução:
Soraya Borges de Freitas

Publicado originalmente em inglês sob o título *Jay-Z – The King of America*, por Omnibus Press.
© 2012, Omnibus Press.
Direitos de edição e tradução para o Brasil.
Tradução autorizada do inglês.
© 2013, Madras Editora Ltda.

Editor:
Wagner Veneziani Costa

Produção e Capa:
Equipe Técnica Madras

Tradução:
Soraya Borges de Freitas

Revisão da Tradução:
Lucas Portella

Revisão:
Silvia Massimini Felix
Jerônimo Feitosa

Dados Internacionais de Catalogação na Publicação (CIP)
(Câmara Brasileira do Livro, SP, Brasil)

Beaumont, Mark
Jay-Z: O Rei da América/Mark Beaumont; tradução Soraya Borges de Freitas. – São Paulo: Madras, 2013.
Título original: Jay-Z: The King of America.
Bibliografia

ISBN 978-85-370-0863-8

    1. Jay-Z, 1969-2. Músicos de rap – Estados Unidos – Biografia I. Título.

    13-06669   CDD-782.421

    Índices para catálogo sistemático:
    1. Estados Unidos: Músicos de rap: Biografia 782.421

É proibida a reprodução total ou parcial desta obra, de qualquer forma ou por qualquer meio eletrônico, mecânico, inclusive por meio de processos xerográficos, incluindo ainda o uso da internet, sem a permissão expressa da Madras Editora, na pessoa de seu editor (Lei nº 9.610, de 19.2.98).

Todos os direitos desta edição, em língua portuguesa, reservados pela

MADRAS EDITORA LTDA.
Rua Paulo Gonçalves, 88 – Santana
CEP: 02403-020 – São Paulo/SP
Caixa Postal: 12183 – CEP: 02013-970
Tel.: (11) 2281-5555 – Fax: (11) 2959-3090
www.madras.com.br

Agradecimentos

Como os biógrafos anteriores de Jay-Z confirmarão, escrever um livro sobre o maior astro de rap do mundo é um trabalho solitário. Como um dos homens mais poderosos da indústria musical, apenas aqueles com interesses particulares antigos estão dispostos a falar sobre ele e sua história sem autorização; e minha intenção ao escrever *Jay-Z – O Rei da América* nunca foi reviver controvérsias enterradas ou divulgar queixas imparciais. Este livro é principalmente sobre a música. Então, ao reunir a primeira biografia a fundo abrangente do homem, do magnata e de sua música, precisei contar com a ajuda na maior parte involuntária daquelas centenas de jornalistas que o entrevistaram e escreveram críticas sobre ele e de contribuições de *sites* como o *rapgenius.com*, que se ocupou em esclarecer ao mundo o sentido por trás das referências mais obscuras nas letras de Jay-Z.

Além disso, gostaria de agradecer a David Barraclough e Helen Donlon da Omnibus Press, à minha editora Lucy Beevor e à minha maravilhosa agente Isabel Atherton da Creative Authors Ltd, a quem o autor indica educadamente a quaisquer editores de ficção que gostarem deste livro.

Índice

Introdução 9
Capítulo 1: A Escola da Vida Dura 13
Capítulo 2: A Ameaça Branca 29
Capítulo 3: Roc The Block 43
Capítulo 4: Tendo... Dúvidas 62
Capítulo 5: Streets Is Watching 76
Capítulo 6: Annie Pega sua Arma 100
Capítulo 7: Caçado 117
Capítulo 8: Desmoralizando o Filho de Deus 136
Capítulo 9: Preparando *The Blueprint* 151
Capítulo 10: Crazy In Love 171
Capítulo 11: Blecaute 190
Capítulo 12: Os Anos nas Salas de Reuniões 210
Capítulo 13: O Retorno do Rei 227
Capítulo 14: O Poderoso Chefão da América 242
Capítulo 15: Líderes Mundiais e Sinos Matrimoniais 258
Capítulo 16: Completando *The Blueprint* 268
Capítulo 17: Ascensão ao Trono 288

Discografia 310
Índice Remissivo 331

Introdução

MTV Video Music Awards, 2003. O anfitrião Chris Rock sobe no púlpito. "O que está rolando na indústria musical? A mesma coisa que sempre rola na indústria musical. O negro faz uma coisa; 15 anos depois um branquelo faz a mesma coisa e ganha muito mais dinheiro." A câmera corta para um envergonhado Eminem, encolhendo-se na cadeira.

Glastonbury Festival, 2008. Um telão com estática, notícias de um jornal transmitido no canal imaginário JZTV e a voz de Noel Gallagher do Oasis. "Em time que está vencendo não se mexe, se você começar a mexer não vai dar certo, as pessoas não vão." Suas palavras espirravam na tela enquanto saíam dos alto-falantes. "Desculpe, mas Jay-Z? Não, não vai ter hip hop no Glastonbury, de jeito nenhum, cara. Nã, nã, ni, nã, não." O cinejornal voltou para as manchetes da discussão – Glasto Blasto at Noel –, depois foi para uma enxurrada de comentários do público, de políticos, celebridades e apresentadores. "Acho que Noel Gallagher tem razão... Jay-D? Nunca ouvi falar deles, é um grupo pop? ... Esse é mais um passo na direção da igualdade... Glastonbury e Jay-Z é como geleia e o extrato de levedura Marmite... Noel Gallagher, você teve seu momento, agora dê licença para outro... Como se dá um mosh ao som de Jay-Z?" Citações sobre assuntos totalmente diferentes de Tony Blair, o presidente Putin, Paul McCartney, Mick Jagger, o príncipe Charles, David Beckham, Kim Jong Il, Liam Gallagher e Hillary Clinton foram selecionadas para a causa. Gwyneth Paltrow declarou: "Ele é o melhor rapper de todos os tempos. Acho que ele vai arrasar no parque"; imagens de Noel parecendo humilhado sobre uma melancólica "All You Need Is Love" mais lenta. Os clipes passavam cada vez mais rápido: Queen, Gordon Brown, Kanye West, Tom Hanks, Nelson Mandela, Kate Winslet, o mundo inteiro parecendo falar sobre esse evento controverso perto da citação final do filme. Entra Noel de novo, resumindo os sentimentos de uma velha-guarda morta e deslocada. "Jay-Z? Sem chance, porra."

As luzes se apagam.

Um estrondo como a terra se abrindo.

Um homem com um capuz preto e um monte de lenços folgados saiu da coxia para o Pyramid Stage de Glastonbury com uma guitarra elétrica pendurada no pescoço. As 180 mil pessoas espremidas no campo para vê-lo conheciam a música tocada. Ele dublava claramente a abertura de "Wonderwall" do Oasis com seus acordes de violão. Ele murmurou quando o público tentou cantar junto: "Today is gonna be the day that they're gonna throw it back to yeeeooooow...". Todo o primeiro verso foi tocado por um guitarrista base, com a banda toda entrando, o vocalista cantando as palavras como um gemido da melhor forma possível e a multidão acompanhando o famoso refrão. Deve ter havido alguns nos bastidores que acharam que ele havia cedido à pressão e se curvado à tradição de Glastonbury, tocando rock naquela noite.

Então, enquanto o refrão se encaminhava devagar para seu fim, Jay-Z largou sua guitarra, balançou seus braços para parar a gravação, examinou a multidão gigantesca por uns minutos para se decidir se ela cheirava a adoração ou linchamento, concluiu que a adoração era desmedida e enfim falou.

"Só tenho uma coisa para dizer!", ele disse apontando para seu DJ: "If you having girl problems, I feel bad for you son..." ["Se você estiver tendo problemas com garotas, sinto pena de você, filho"].

Um estrondo como uma barreira rachando.

Enquanto Jay-Z soltava "99 Problems" em toda a sua fúria imunda e fabulosa sobre o Glastonbury 2008, a paisagem musical rachou, variou e mudou para sempre. Notícias sobre a baixa venda de ingressos e a insatisfação dos roqueiros tradicionais com a decisão dos organizadores Emily e Michael Eavis de agendar um rapper como artista principal na noite do sábado pareciam reforçar os preconceitos, a desconfiança e a inadequação do mundo roqueiro (na maioria de brancos) com o mundo do hip-hop (na maioria de negros). Então Jay-Z, o autoproclamado maior rapper do planeta, matou todo o festival no espaço de meia dúzia de acordes potentes de rap com um toque de rock e emancipou a cultura pop naquele momento. Duas culturas aparentemente opostas se chocaram com tanta força que se fundiram. O rock britânico mais comercial expôs sua aceitação, digo adoração, do melhor hip-hop do mundo e Jay-Z proclamou sua mistura universal de apelo e credibilidade. Por décadas o hip-hop vendeu milhões, mas teve negado seu *status* de grande evento e a importância dos dinossauros do rock, chutando os dedos de novos gêneros e gerações enquanto eles subiam na liga dos estádios. Agora Jay-Z estilhaçou o teto de vidro do rap. Não havia mais nada daquele "nós e eles" de Noel em Glastonbury, mas apenas "nós". E nós "nos" amamos.

"Acho isso lindo", disse Jay-Z quando eu o questionei no ano seguinte sobre seu papel em tornar o hip-hop tão grande quanto o rock. "Não a parte do rap, eu também amo rock, mas acho isso lindo, acho isso fantástico. É algo modesto porque, se você me perguntasse dez anos atrás se eu estaria aqui, eu provavelmente teria dito metade das coisas, ou talvez um quarto das coisas que conquistei e fiz. Não estou cansado do processo, eu o curto, adoro e o aprecio o tempo todo."

Para Jay-Z foi o auge de 30 anos forçando os limites. Limites do que um pobre garoto do gueto pode fazer, do que a música rap era capaz e até quem ela poderia alcançar. Sua história incrível, sua jornada impossível foi descrita em incontáveis rimas, seja para inspirar anseio, admiração, respeito, reavaliação social ou empatia. Como ele começou como um filho sem pai da pobreza, outro projeto estatístico destinado à cadeia ou à morte aos 21. Como ele foi inexoravelmente levado ao crime como seu único meio de libertação ou sobrevivência e como isso o levou a seu primeiro gostinho viciante da riqueza, bem como suas primeiras lutas contra a morte e a custódia. Como seu talento precoce e inimitável no rap salvou sua vida e mudou o gênero. E como sua popularidade imensa e seu brilhantismo empresarial obstinado o tornaram o cabeça de um império multimilionário em expansão, amigo de presidentes e o rapper de maior sucesso da história, com 50 milhões de álbuns vendidos, uma fortuna de 450 milhões de dólares, 13 prêmios Grammy e o recorde de maior número de álbuns no topo das listas por um artista solo nos Estados Unidos, deixando Elvis no chinelo: só os Beatles são maiores. Isso sem mencionar sua posição como metade de um dos casais poderosos mais influentes e amados, ao lado de uma das mulheres mais lindas e talentosas da música.

Mas a história de Jay-Z tem mais do que números impressionantes. Ela é sobre ambição, determinação e uma luta constante de aproveitar mais de si, sua família, sua música, seu povo e sua cultura. É sobre palavras e rimas ricas e poéticas que falam ao coração dos batalhadores da rua e lhes dão esperança de uma vida de luxo na alta sociedade, enquanto aos poucos abre os olhos da cultura dominante à emoção, miséria e humanidade debatendo-se por trás das figuras do tráfico e do homicídio. É sobre romper as correntes da sociedade, amaldiçoar o que foi reservado a você e levar para o alto as possibilidades de vida, amor e música. É sobre não descansar até conquistar tudo que for capaz e receber toda a justiça e o respeito que você e aqueles em nome de quem se fala merecem.

No fundo, é sobre a ascensão do hip-hop de um nicho ganhador de discos de platina, mas exclusivo, a um fenômeno dominador das paradas tradicionais de sucesso e espetáculo para rivalizar com os monstros do pop e do rock e o homem que estava na vanguarda para assumir o comando. Vai haver tiroteios e brigas de facas. Vai haver pancadaria, amizades abaladas e membros da família perdidos. Vai haver crack, tiras, traições, abandonos e rixas o bastante para encher uma dúzia de sequências de *Scarface*. Mas no centro da história está a música, algumas das melhores já gravadas e seu impacto meteórico na cultura popular.

Certo, nós recarregamos. É hora de coroar o novo Rei da América.

Capítulo 1

A Escola da Vida Dura

> *"Saw the devil in your eyes, high off more than weed, confused I just closed my young eyes and squeezed"* *["Eu vi o Demônio em seus olhos, mais do que dopados de erva, confuso eu só fechei meus olhos e apertei"]*
>
> – Jay-Z, "You Must Love Me"

A arma tremia na mão da criança. Ele tinha visto várias séries policiais e observado muitas armas de fogo circulando ao redor do Marcy nas mãos de garotos gângsters para saber como carregar uma arma. Ele até viu um cara local morto quase dois anos antes. Mas mesmo tentando falar com uma insistência calma para dizer a seu irmão Eric – que estava com olhos esbugalhados e com pânico por causa do crack, os lábios tremendo, os dedos agitados sobre as joias – que, chega, os roubos tinham de acabar, ele tinha de devolver seu anel ou ele atiraria, sua mira tremia.

Tremeu bastante, talvez, quando o garotinho fechou os olhos e atirou para salvar a vida de seu irmão.

O tiro que soou do apartamento 5C cruzando os corredores do Marcy, pelas passagens labirínticas, para baixo das escadas cheias de lixo, praticamente não foi percebido. Os viciados nos bancos não se mexeram mais do que o normal e para os traficantes apostando em jogos de azar contra as paredes cheias de etiquetas foi só mais um barulho de fundo do gueto. O som de tiros era comum nos conjuntos habitacionais do Brooklyn. As crianças iam dormir com ele, os membros das gangues ouviam de passagem, era mais um irmão caindo morto. Na infestação de crack da década de 1980, os tiros eram a batida de Bed-Stuy.

O menino abriu os olhos, meio surdo pelo tiro. Ele largou a arma, em choque, enquanto seu irmão se encolheu, cambaleou e caiu com um ferimento pulsando no ombro. De repente Shawn Carter viu sua curta vida acabar.¹ Ele nunca quis atirar em Eric, apenas quatro anos mais velho do que Shawn. Ele conseguiu a arma na casa de um amigo (era muito fácil encontrar, havia armas em todos os lugares nos conjuntos habitacionais) só para balançar em sua cara, assustá-lo o bastante para ele parar de roubar os bens da família para alimentar seu vício em crack. Embora o mais novo do clã dos Carter morasse no 5C, depois de há muito ter sido abandonado pelo pai e perder o irmão mais velho para a pedra, Shawn sentiu que deveria ser o homem da casa e assumir a responsabilidade de proteger sua mãe e duas irmãs. "Ele estava viciado em várias drogas", ele confessaria um dia para Oprah Winfrey, como muitas crianças perdidas do gueto antes dele. "Ele tirava as coisas de nossa família. Eu era o mais novo, mas sentia que precisava proteger todo mundo."² Agora, ele não estava muito longe de puxar o gatilho e via um futuro de barras e surras, como outro litigante de condicional dos prédios populares preso, como tantos outros, no estômago regurgitante do sistema penitenciário americano.

Enquanto Eric era esticado na sala de espera de um hospital próximo – de novo, as pessoas nem batiam os olhos em outra vítima de tiro estendida na maca daquele beco sem saída do Brooklyn –, Shawn fugia para o apartamento de um amigo, horrorizado. "Eu achava que minha vida tinha acabado", ele diria anos depois, "achei que eu fosse para a cadeia para sempre."³ Ele suportou uma noite incansável e cheia de medo, as horas pareciam durar uma longa vida solitária. Mas, quando enfim ligaram procurando por ele, não era um delegado exigindo que ele comparecesse para interrogatório ou planejando que ele fizesse serviços sociais em seu desanimador futuro possível. Foi uma ligação para dizer que seu irmão não prestaria queixas e que ele ficaria feliz se Shawn o visitasse no hospital. Lá, cheio de arrependimento e perdão, Eric desculpou-se por sua fraqueza, pelo vício e pelo roubo, pela criatura em que o crack o transformou e virou um homem.

O jovem Shawn Carter se sentou ao lado do irmão, aliviado, abalado, recebendo uma lição valiosa, mas perigosa: que você poderia fazer coisas terríveis e ficar impune. Logo ele estaria levando sua vida com a crença de que o crime compensava e os infortúnios de Eric o

---
1. Embora se divulgue que Jay-Z tivesse 12 anos na época do tiro, ele poderia ser até mais velho. Na música referente ao evento, "You Must Love Me", ele diz ter fugido imediatamente para a casa do amigo rapper Jaz-O depois do incidente, e Jay-Z só conheceu Jaz-O quando tinha 14 anos. A biografia dos negócios de Jay-Z, *Empire State of Mind,* escrita por Zack O'Malley diz que ele tinha 17 anos na época do tiro.
2. Entrevista para Oprah Winfrey, *O,* outubro de 2009.
3. *Guardian,* Simon Hattenstone, 20 de novembro de 2010.

colocariam no caminho de sua vida pregressa: o crack e a cocaína também tomariam sua vida, ainda que do lado mais lucrativo da equação do vício. Mas atirar em seu irmão também foi o primeiro mergulho de Shawn nas profundezas obscuras de si mesmo. Ele se expôs aos piores excessos de raiva e retaliação de que era capaz e vislumbrou a vida desperdiçada aonde eles poderiam levá-lo. Talvez, ele pode ter pensado, se ele pudesse se separar de seus pensamentos mais perversos, criar uma nova persona, uma figura além de Shawn Carter pela qual pudesse expor e explorar os crescentes sofrimentos e violência nas ruas do conjunto habitacional ao seu redor e as frustrações, os exageros e os medos dentro de si. Um personagem pelo qual ele poderia tentar entender a morte de seu tio, o abandono de seu pai, a desintegração de seu mundo e futuro mais amplos, seja lá o que for que os negócios confidenciais e o sucesso ambicioso puderem trazer.

Um alter ego. Uma cifra. Um superstar.

Eles o chamariam de Jay-Z. E um dia ele conquistaria o mundo.

"I was conceived by Gloria Carter and Abnis Reid/Who made love under the sycamore tree/Which makes me a more sicker M.C." [Fui concebido por Gloria Carter e Abnis Reid/Que fizeram amor embaixo de um sicômoro/O que me torna um M.C. mais irado].

– Jay-Z, "December 4th"

Às 4h45, no dia 4 de dezembro de 1969, muitos tiros mais ecoaram do apartamento 2.337 da West Monroe Street em Chicago. A primeira bala atingiu e matou na hora Mark Clark, o homem montando guarda na porta com uma espingarda sobre os joelhos. O cartucho atirado de reflexo enquanto ele morria foi o único tiro dado por um membro do movimento dos Panteras Negras durante toda a invasão do FBI.

A próxima rajada de balas teve como alvo o corpo adormecido de Fred Hampton, o recém-nomeado chefe de gabinete e porta-voz do Black Panther Party [Partido dos Panteras Negras], deitado curvado ao lado da namorada grávida, drogado previamente naquela noite com barbitúricos por um espião do FBI no BPP chamado William O'Neal. Quando os oficiais invasores descobriram que Hampton ainda estava vivo depois da primeira rajada de balas, os relatos dizem que a vítima ainda inconsciente foi assassinada com dois tiros diretos na cabeça.

Os Panteras Negras foram um grupo controverso no final da década de 1960, criado como um braço combativo do movimento americano pelos direitos civis, dedicado a se opor à brutalidade da polícia contra os afro-americanos. Reivindicando os direitos dos negros, eles foram uma bandeira popular em mobilizações entre as comunidades negras pobres e oprimidas. Mas seu uso de violência contra a polícia e sua retórica revolucionária fizeram deles o anátema do governo de J. Edgar Hoover, um inimigo temido e perigoso do sistema e um projeto para a cultura de gangues que Hoover buscava destruir.

Mas Hampton era o bode expiatório errado para executar. Com pouco mais do que um pequeno furto em sua ficha e um histórico de ensino de cursos de política na igreja, ele era considerado por muitos um homem honrado e não violento e sua morte mudou dramaticamente a opinião pública. Jesse Jackson disse em sua eulogia a Hampton que "quando Fred foi morto em Chicago, os negros em particular, e as pessoas decentes em geral, sangraram em todos os lugares", e anos depois Chicago declararia o dia 4 de dezembro como o Dia de Fred Hampton. William O'Neal cometeu suicídio por sua participação na morte de Hampton. Podendo ou não culpar os Panteras Negras pelo aumento das gangues nos Estados Unidos, o assassinato de Fred Hampton com certeza fez deles um movimento de contracultura a ser respeitado nos corações americanos mais rebeldes e irascíveis. Public Enemy, KRS-One e Tupac Shakur citam os Panteras Negras e o slogan do grupo "Fight the Power" [Lute contra o Poder] como uma influência. Pode-se dizer que as sementes do rap do século XX foram cultivadas nessas primeiras horas sombrias e sangrentas de 4 de dezembro de 1969.

Então, horas depois do amanhecer, a 1.126 quilômetros para o oeste, nascia o rap do século XXI.

Shawn Corey Carter confortavelmente chegou ao mundo naquele dia apesar de seus 4,5 quilos de peso em um parto sem dor, como a própria mãe mais tarde afirmaria em uma música. Quarto filho e caçula de Gloria Carter e Adnis Reeves,[4] ela sentia que este aqui seria particularmente especial. Assim como seu irmão mais velho Eric e suas duas irmãs Michelle e Andrea antes dele, o bebê Shawn foi bem recebido em uma família amorosa, mas bem religiosa.

Quando ele nasceu, Gloria, Adnis e seus filhos viviam com os pais de Adnis em Bedford-Stuyvesant, Brooklyn: o jovem avô de Shawn (também chamado Adnis Reeves, o que exigia que seu pai fosse conhecido pela família como Adnis Junior ou AJ) pregava em uma igreja pentecostal no bairro, a Igreja de Deus em Cristo, onde sua esposa Ruby

---

4. Em sua autobiografia, Jay-Z escreve o nome de seu pai como Adnis Reeve e Abnis Reid, nós então escolhemos aqui a ortografia mais aceita.

(avó de Shawn) também era diaconisa. Por isso, a Palavra do Senhor tinha um forte domínio sobre o clã Reeves/Carter. Adnis Junior foi criado como um cristão severo, passando quase todo o seu tempo livre na igreja dos pais e sendo impedido de tocar música popular na casa. Apesar dessa restrição, AJ e Gloria se tornaram fãs ávidos e colecionadores de música, guardando montes de caixas cheias de discos de vinil de todo grande nome do soul, da Motown, do R&B e do jazz em que eles pudessem pôr as mãos. Eles só precisavam de uma casa própria para tocá-los.

A vida de Shawn Carter aos 5 anos passada na casa de seus avós parecia idílica. Assim como o pai, esperava-se que ele fosse regularmente à igreja e suas memórias mais antigas são de assistir ao espetáculo do culto pentecostal com seus bateristas vibrantes, cantores apaixonados e membros da congregação acometidos por surtos falando em outras línguas ou em possessão sagrada. Em casa ele comia frango barato como se estivesse em um banquete de reis medievais, sem perceber que há muito tempo se tornara o combustível rápido da pobreza. E quando o deixavam andar livre pela vizinhança, ele se perdia em fantasias infantis de aventura e glória. Ele e seus amigos descobriram um barco abandonado no quarteirão onde deixariam sua imaginação velejar todos os dias, e com 4 anos ele já era um tipo de superstar local.

Enquanto a maioria das crianças do bairro ainda circulava por aí em cima de seus triciclos ou lutava para se livrar das rodinhas, a notícia se espalhou por todo Bedford-Stuyvesant sobre a maravilha que era o bebê ciclista. Multidões se reuniam para assistir a esse incrível espetáculo, essa façanha circense. Um tico de criança colocado em uma bicicleta de duas rodas de dez marchas, suas pernas curtas demais para alcançarem os pedais. Mas, com um empurrão de um pé na corrente ele partia, equilibrando-se precariamente no banco como um dublê de rodeio, com uma perna pregada no quadro para ter equilíbrio e direção. Os gritos aumentavam enquanto ele corria pela rua, o menor showman do mundo. Esse menino, como todos concordaram em Bed-Stuy, com certeza tinha talento.

Mas mesmo assim tão jovem, Shawn não era arrogante. Seus avós religiosos instilaram nele humildade e modéstia, mas também um comedimento em questões emocionais. "Não sou o tipo de pessoa que consegue se sentar e falar como se sente", ele diria mais tarde, "nós fomos criados para guardar muita coisa."[5] Um dia ele encontraria uma forma de terapia satisfatória para combater essa tendência à reticência e uma forma de expressar suas emoções ao máximo. Mas, por ora e por

---
5. The World's Biggest Rap Star Reveals All, *Clash,* Adam Park, 8 de setembro de 2009.

todas as loucuras e voltas de seus anos de formação, sua introspecção o definiria e consumiria.

Isso e o desanimador mundo novo pelo qual ele estava prestes a ser devorado.

O conjunto habitacional Marcy em 1974 era uma prisão de tijolos vermelhos. Uma vez dentro, você raramente saía.

Muitos tentaram, testando várias rotas de fuga. Alguns compravam seus bilhetes diários para a central do esquecimento com os traficantes de heroína que vendiam na maioria dos corredores e cantos do Marcy e viajavam meio letárgicos nos bancos do conjunto habitacional. Outros, durante batidas policiais, pulavam para a liberdade das janelas de seus apartamentos, cada um deles numerados do lado de frente para a rua para ajudar a polícia a cobrir todas as saídas possíveis e apontar o meliante certo. Além disso, quando uma cultura de crimes de homicídios, drogas e gangues imperava, eles partiam algemados ou em sacos.

Shawn mais tarde descreveria Marcy e outros projetos habitacionais para os pobres como "enormes ilhas construídas praticamente no meio do nada feitas para armazenar vidas".[6] Esses 27 blocos de seis andares elevando-se sobre as linhas J e Z do metrô na Marcy Avenue no Brooklyn formavam um complexo enorme construído no local de um antigo moinho holandês em 1949 para abrigar mais de 4 mil residentes abrangendo uma gama racial de negros e porto-riquenhos até árabes e chineses (mas, óbvio, com uma minúscula comunidade caucasiana) e tinham a austeridade de uma colônia penal, além de esperança e ambição para se equiparar.

A família Reeves/Carter se mudou para o apartamento 5C quando Shawn tinha 5 anos (ele dividia o quarto com seu irmão Eric) e para ele, a princípio, o lugar era um playground espaçoso. Com seu amigo DeHave Irby do apartamento da frente ele aprendeu o labirinto dos precários corredores e passagens mal iluminadas que ligavam os edifícios de tijolos vermelhos, correndo pelas passagens estreitas e fétidas como um rato em um labirinto. Ele descobriu recantos escuros e fendas ocultas para esconderijos e acampamentos secretos, encostado e olhando encantado para os fragmentos brilhantes de livro do campo para jogos e as quadras de basquete. Ele via os malandros ostentando seu dinheiro no jogo de dados Cee-Lo, despejava no inconsciente os viciados de seus

---

6. *Decoded*, Jay-Z, 2010.

bancos para rir deles saindo de repente de sua letargia. Em um mundo de perigos e pobreza, Shawn Carter brincava despreocupado.

Se o conjunto habitacional Marcy Houses era um território novo de onde ele mal saía, pois o metrô só ia até o Queens, não Manhattan, a cidade parecia ficar a um mundo de distância, só para visitar e se maravilhar com ela em viagens escolares. Seu novo apartamento também abriu novos e amplos horizontes. Falando sonoramente. Livre das restrições musicais de Adnis Senior e Ruby, Gloria e Adnis Junior se jogaram continuamente nos mares de vinis que enchiam o apartamento. Todo fim de semana a família rebolava pelas salas, limpando o lugar ao som dos balanços soul de Marvin Gaye, Donny Hathaway, The Blackbyrds, Average White Band ou Van McCoy & The Soul City Symphony. Tarde da noite, quando suas festas ferviam de animação, a música saindo da vitrola e dos aparelhos de som de rolo sobre uma pilha de tábuas e engradados na sala de estar, o jovem Shawn saía escondido de seu quarto de pijamas para se sentar na porta e olhar os adultos dançando e ouvindo os sons doces e comoventes de The Jackson Five, Love Unlimited Orchestra, The Commodores, James Brown e Tavares. Shawn sentia a música penetrar fundo em seu âmago, balançava sentado no escuro, em êxtase com as vozes melosas e as levadas sedutoras.

Enquanto os anos 1970 seguiam, Gloria e Adnis também começaram a tocar músicas que influenciariam Shawn ainda mais profundamente. "Minha mãe também tinha discos de rap", ele diria, "King James 3rd, Jimmy Spicer... eu ouvia escondido os discos do Richard Pryor, com ele amaldiçoando tudo. Al Green...Toda a nossa casa era uma festa e estava repleta de discos... Era uma abundância só!"[7]

Nessa época, o rap ainda estava igualmente em estado de formação. Rolavam festas no Bronx, o DJ Kool Herc e Coke La Rock começaram como MCs sobre as batidas tiradas de discos de funk e soul. O antigo grupo de rap Funky Four Plus One se formou em 1976, enquanto Afrika Bambaataa's Universal Zulu Nation, Melle Mel & The Furious Five, Kurtis Blow e Grandmáster Flash ganhavam popularidade e fama entre a cena rap próspera se desenvolvendo nas ruas de Nova York. O hip-hop explodia no underground, mas ainda fazia poucas incursões na esfera de referência do espectador de *Soul Train* Shawn Carter, com 7 anos de idade, além das batidas que ele ouvia se perdendo na coleção dos pais. De sua parte, ele também estava obcecado por Michael Jackson, praticando os giros de Jacko ao som das músicas dos Jacksons "Enjoy Yourself" e

---

7. World's Biggest, *Clash*, Park, 2009.

"Dancing Machine", com Michelle e Andrea imitando as backing vocals. Um pequeno astro buscando uma cena.

No ensino primário, Shawn era uma criança pequena e ativa. Ele jogava na liga de beisebol (eles eram uma família de esportistas e Eric viraria um figurão do basquete universitário; a família tinha uma cesta de basquete na sala de estar), dizia ter memória fotográfica e mostrava sinais de ser mais avançado do que seus colegas como um exemplo raro de uma criança superdotada no Brooklyn (pelo menos, quando ele chegou à 6ª série, seria testado como um aluno da 12ª série). Mas grande parte de sua educação mais vital veio das ruas.

Seu pai Adnis era um homem atencioso e carinhoso, interessado em garantir que o filho desenvolvesse a intuição e a atenção aos detalhes de que precisaria para sobreviver nos conjuntos habitacionais implacáveis cheios de armadilhas. Ele o ensinou a jogar xadrez para aguçar seus instintos de raciocínio adiantado, seu senso de sempre pensar um passo à frente no jogo, e em alguns fins de semana Adnis levava Shawn para observar Manhattan, a alma sórdida do lugar, Times Square e suas profundezas pútridas dos anos 1970. Observar os cafetões e as gangues, as prostitutas e os vagabundos, a miséria fervilhando. Para se lembrar. Comendo bife e fritas no restaurante Lindy's na Rua 53, Adnis dizia para Shawn olhar as pessoas passando na calçada lá fora e então adivinhar o tamanho de suas roupas. Voltando para o metrô, o pai insistiria para o filho liderar o caminho para aprender liderança e responsabilidade e depois perguntava a ele sobre o estilo dos sinais nas vitrines das lojas ou o vestuário das pessoas que passavam por eles. Adnis ensinou Shawn a ficar sempre com os olhos abertos, atento às redondezas, tomando cuidado. Foi como se Adnis pudesse prever uma vida de tocaia e ataque para seu filho e ele lhe deu as habilidades de se proteger.

Os dois ficaram bem próximos.

E os aguçados poderes de observação de Shawn passaram para as forças do mal ao seu redor, lançando uma luz nova e agourenta sobre o conjunto habitacional. Ele via os homens – malandros, ele sabia – saindo de carros caros, muito mais extravagantes e ricos do que o bando miscigenado costumeiro do Marcy. Aí, talvez, ele viu sua saída. E ele viu, no *New York Post,* o personagem fascinante de Vinnie Gigante, The Oddfather [O Excêntrico Poderoso Chefão], um mafioso conhecido que era considerado insano, velho e inofensivo por ser sempre retratado vagando pelas ruas de Nova York de roupão e chinelos, falando sozinho. A persona era um artifício elaborado: quando Gigante ascendeu a posições de grande poder e influência no submundo americano, ele escapou da suspeita e da condenação durante os anos 1970, pois foi considerado mentalmente instável demais para suportar o julgamento.[8] Aí Shawn viu os grandes benefícios de se disfarçar como algo que você não é.

Mas houve alguns instintos em que ele não quis confiar. Em um 4 de dezembro, Shawn sentou em um banco no Brooklyn onde ele combinou de encontrar seu pai para um dia de divertimento no aniversário e testes de observação. Uma hora se passou sem sinal de Adnis. Enquanto Shawn se distanciava do ponto de encontro, com o casaco agitado pelo frio do inverno, ele observou algo novo em seu pai.

Ele não era o melhor cara para se confiar.

★★★

Em 1979, Benny morreu e Slate veio à vida.

O Marcy mudava, alterando seu tom, ficando mais irascível. Shawn Carter podia sentir isso no ar, no tremor nos olhos dos viciados e na tensão nas mãos no coldre dos traficantes. As armas começaram a inundar os conjuntos habitacionais, os desafios e as vinganças entre as gangues cresciam e as taxas aumentavam. "Percorrer este lugar era uma questão de vida ou morte", Shawn diria,[9] e nesse ano ele se deparou com os dois lados dessa moeda eterna.

Benny era o homem que levava as crianças do Marcy para jogar beisebol. Um cara popular com um talento real no campo. Seus jovens protegidos juravam que ele conseguiria ir para um time grande se o olheiro certo botasse os olhos nele. Então, certa vez, Shawn e um bando de amigos viram Benny correndo pelas passagens do Marcy com outro homem em sua cola. Pressentindo ação, seja uma briga, socos e uma luta final, um Shawn empolgado seguiu o par com sua trupe até um prédio.

O que eles viram lá não foi brincadeira.

Um estalo baixo, que os fez parar em seu caminho, matou sua risada, secou suas bocas e apertou suas gargantas, reverberando por eles e carregando um calafrio de pavor e náusea. Do outro lado Benny estava caído no chão. Por muitas vezes ele tinha ouvido os tiros de longe, mas nunca fora atingido por esse abalo.

Benny foi o primeiro homem que Shawn Carter viu morrer.[10]

---

8. A lei finalmente alcançou Gigante em 1997 quando recebeu uma sentença de 12 anos por extorsão. Ele morreu na cadeia em 2005.
9. Entrevista para Winfrey, *O*, 2009.
10. Mas certamente não foi o último. Em sua entrevista com Alex Blimes do *Observer* em 2008, ele contou que um "domingo, ao meio-dia, esses caras vieram atirando com Uzis, perseguindo outro cara. E isso era uma coisa normal".

Slate, por outro lado, foi o primeiro garoto que Shawn Carter viu realmente *viver*.

Embora a morte de Benny o tenha deixado mais cauteloso no conjunto habitacional, menos disposto a sair correndo na direção das multidões ou atrás de uma perseguição mais agitada, a música o chamou. O som vinha de um círculo de pessoas, jovens, aplaudindo e gritando para uma batida forte de funk no calor do verão. E as palavras também se espalhavam em rimas cuspidas, carregadas de vida, poesia e ritmo próprios. Ele abriu caminho no meio da multidão. No centro do círculo estava Slate, um garoto do Marcy que Shawn conhecia, mas nunca notara de verdade. Só que esse não era o Slate que Shawn conhecia vagamente. Este era o Slate superstar.

Shawn se lembra da cena com nitidez. "Ele estava transformado, como as senhoras na igreja tocadas pelo espírito, e todos estavam encantados. Ele rimava, jogava versos atrás de versos como se estivessem em transe (...) 30 minutos direto do topo de sua cabeça, sem perder o ritmo, conduzindo as palmas (...) Era como assistir a um tipo de combate."[11]

Shawn ficou encantado com a visão desse menino modesto metamorfoseado em um herói diante de seus olhos, debulhado em adoração, apenas pelo poder das palavras. Slate rimava sobre os objetos básicos na rua que podia ver ao seu redor, comentava sobre os tênis ou jeans esfarrapados que avistava entre o círculo de pessoas ou apenas se gabava de sua própria roupa, habilidade ou trocadilhos, e o círculo o adorava por isso. Acreditavam cegamente, em sua exultação descartável, que ele era o melhor rimador de Nova York. Lá, naquela cifra primitiva, Slate era o garoto mais famoso do Marcy.

E, observando embasbacado, Shawn Carter percebeu que ele também podia ser famoso.

Horas depois ele começou a escrever seus primeiros versos em um caderno, as palavras saindo dele aos montes. Dias depois, como o bloco estava cheio, sua mãe fez um caderno rudimentar para ele juntando as folhas de papel com um clipe. Quando ele também estava cheio de rimas, ela achou uma pasta cheia de papel sem pauta, mas logo cada centímetro e cantinho de todas as páginas era uma confusão de letras para músicas ainda não escritas. A mente de Shawn era uma máquina, ele tinha um dom verdadeiro e muito entusiasmo por essa poesia ardente e introspectiva, por marcar os acontecimentos, conquistas e sonhos de sua vida jovem. De repente, ele encontrou um jeito de se entender para definir quem era.

---

11. *Decoded*, Jay-Z, 2010.

Agora ele tinha de aperfeiçoar sua arte.

As pancadas e batucadas se tornaram a nova tendência do 5C. De persianas, mesas de cozinha, escrivaninhas, colchões, qualquer superfície ao alcance, Shawn manteria suas batidas tamborilando os dedos e batucando com as palmas das mãos. Eric, Michelle e Andrea acordavam no meio da noite ouvindo uma batucada constante e regular na cozinha quando Shawn estava mantendo o ritmo e o padrão da noite. Do momento em que acordava até o minuto em que caía de sono, ele praticava: quando não estava enganchando suas rimas aos ritmos e praticando acrobacias líricas de torcer a língua, determinado a se tornar o emissor de palavras mais ágil e flexível do quarteirão, vasculhava dicionários para fortalecer seu vocabulário ou afiava seu flow em um grande gravador. Se ele estivesse na rua e um verso aparecesse em sua cabeça, ele apoiava seu bloco em um poste ou banco para anotar e seus colegas da escola logo aprovaram sua nova paixão. Alguns invejavam seu talento, olhando seu bloco escondido e mostrando as letras dele a seu modo, obrigando-o a começar a escrever com uma letra minúscula demais para os outros lerem e escondendo seu livro embaixo da cama. Mas a maioria admirava sua dedicação. Sua mãe estava tão disposta a encorajá-lo que, muito para desgosto de seus irmãos, supõe-se, comprou para ele um rádio para ajudá-lo a começar no Freestyle, e seu novo "nome artístico" pegou. Dos 9 anos em diante seus amigos o chamariam de Jazzy.

Em julho de 1979 a The Fatback Band lançaria um hip-hop gravado com "King Tim III (Personality Jock)" e o The Sugarhill Gang lançaria o que é considerado por muitos a primeira gravação de rap, "Rapper's Delight". Embora a verdadeira cena alternativa ressentisse o sucesso na parada Top 40 da música por não ser obra de nenhum dos MCs pioneiros e não parecer muita novidade em comparação com alguns dos rappers mais intensos se desenvolvendo em NYC, Shawn e sua geração inteira adoraram (incluindo Russell Simmons, que usaria a inspiração do sucesso do disco para lançar sua própria gravadora, Def Jam). Mas se 1979 foi o ano em que o hip-hop estourou no mundo todo, 1978 foi um ano igualmente significativo para seu eventual futuro e a aceitação pelo mainstream intercultural.

Pois 1978 foi o ano em que Jay-Z nasceu.

Apenas seu nome era o bastante para provocar burburinho entre a multidão nas batalhas, como as cidades do oeste dos Estados Unidos faziam ao vaiar os nomes dos foras da lei. Jay-Z era um garotinho, talvez com 14, mas o garoto manjava. Ele era o rapper mais rápido do Marcy, talvez de toda Nova York, cuspindo rimas como um tiroteio com uma semiautomática. E ele sabia disso. Em toda batalha de que ele participava, calava com seus oponentes como se eles tivessem acabado de aprender a falar: os deixava no chinelo. Ele absorvia com calma cada zombaria, ostentação e insulto que o outro cara mandava lhe e então, *boom*, ele lançava sua tirada, as palavras pulavam e se mexiam como os pés de Ali, suas mãos mediam a métrica e o ritmo como um bastão de uma líder de torcida, o microfone derretia. E, eh!, ele representava. Eles diziam que uma vez ele enfiou uma bala em seu próprio irmão.

O nome de Jay-Z se espalhava com respeito, deixando olhos arregalados em todas as batalhas do meio dos anos 1980 no pátio do Marcy, que evoluíram do zero em 1978 para eventos de gladiadores em coliseus temporários agora com multidões empolgadas julgando, críticas entre os combatentes cada vez mais sarcásticas e pessoais, que às vezes terminavam em violência, e DJs profissionais fazendo gato em postes na rua para ligar seus *decks*, martelando batidas para balançar as janelas dos apartamentos.

Diziam que o garoto tinha muita tragédia sobre o que falar também.

Em 1980, uma ligação para o apartamento 5C separaria a família. Em uma briga do lado de fora de um famoso bar do Brooklyn envolvendo o irmão de Ray, o tio de Jazzy, sacaram uma faca, Ray agarrou-a pelo cabo e morreu na hora. A comunidade se arrepiou com o nome do culpado e toda a cidade parecia saber quem matou Ray, mas ninguém se apresentou como testemunha e a polícia não deu sorte em toda a rua.

Mas a perda de um irmão não era algo que Adnis Reeves pudesse passar por cima e aceitar. Ele perdeu o sono, passou a brigar com Gloria, ficou obcecado em caçar o assassino de Ray. "As pessoas ligavam no meio da noite e contavam a ele: 'O Fulano-de-tal está aqui'", Jay-Z dizia. "Então meu pai levantava, pegava sua arma e saía para procurar o cara (...) Ele era o irmão mais novo de meu pai."[12]

Um dia, Adnis saiu em uma dessas caçadas e nunca mais voltou. Lá no conjunto habitacional, cheio de tristeza e desespero, ele recorreu ao álcool e à heroína e se perdeu. "Meu pai sentia tanta dor que começou a usar drogas e se transformou em outra pessoa", Jay-Z lembra. "O trauma do evento, junto com as drogas, o fizeram perder sua alma." Ninguém explicou direito os motivos para a separação dos pais às crianças Carter, só que a família se partiu. "Minha mãe nos preparou mais

---
12. Entrevista para Winfrey, *O*, 2009.

do que ele [Adnis]. Não acho que ele estivesse pronto para esse nível de discussão e emoção. Ele era um cara bem desapegado dos sentimentos." Aos 11 anos, Shawn sentiu de repente o peso da responsabilidade familiar sobre seus ombrinhos, uma necessidade de proteger sua mãe e os irmãos e ajudar a melhorar a situação. "Eu me lembro de falar para ela: 'Não se preocupe, quando eu crescer vou tomar conta disso'. Eu sentia que tinha de dar a volta por cima."[13]

Com a perda de seu pai, porém, e logo depois com a perda de seu primo também, morto ao cair de uma janela quebrada em um apartamento no Marcy, Jazzy (como ele ainda era apelidado na época) caiu em pedaços. "Para mim, esse foi basicamente o fim de nosso relacionamento", ele disse sobre seu pai à revista *Vibe*. "Foi a partir desse dia que a mágoa e a cura começaram para mim." Já um aluno quieto e de voz baixa na Eli Whitney High School, que ele frequentava junto com DeHaven e um garoto chamado Anthony Cruz (que um dia seria chamado de AZ e se tornaria o parceiro indicado ao Grammy de Nas and The Firm), suas notas altas caíram muito e ele perdeu interesse e concentração. Ele gostava das aulas de inglês, pois tudo que tivesse a ver com palavras o fascinava, mas passava o resto do tempo distraído, sonhando acordado com esportes e rap. Em casa ele se retraiu: com sua mãe tendo de trabalhar para sustentar a família, Jazzy ficava sozinho depois do horário da escola. Ele se afastou da mãe e dos irmãos, ficou com raiva, isolado e cuidadoso, fechado para a ligação emocional caso ele fosse magoado desse jeito tão forte de novo.

"Quando você está crescendo, seu pai é seu super-herói", ele explica. "Quando você se permite amar alguém, quando você o coloca em um pedestal elevado e ele o magoa, você nunca vai querer sentir essa dor de novo. Então eu me lembro de ter ficado bem quieto e realmente frio. Eu nunca queria me aproximar de alguém daquele jeito de novo (...) Eu carreguei esse sentimento minha vida inteira (...) Ele não me deixava expressar meus sentimentos tanto assim. Eu já era um menino tímido e isso me deixou um pouco recluso. Mas também me deixou independente. E mais forte. Foi uma justaposição estranha."[14]

Melhor ter amado e perdido? Essa não era a experiência de Jaz. "Se seu pai tivesse morrido antes de você nascer, sim, machuca, mas não é como se você tivesse uma ligação com algo que era real. Não quero dizer que é melhor, mas ter essa ligação e depois a arrancarem de

---
13. Ibid.
14. Ibid.

você foi, tipo, o pior. Meu pai foi um pai tão bom que quando partiu ele deixou uma cicatriz enorme."[15]

Era inevitável e ele recorreu à terapia do hip-hop. Quando Jazzy completou 14 anos, o rap tinha invadido o Marcy (onde o grupo de rappers talentosos locais se tornava formidável), os conjuntos habitacionais de Nova York, entre outros lugares. Os scratches inovadores de "Rockit" de Herbie Hancock detonavam em cada rádio de carro e pista de skate no verão de 1983, inspirando Jaz a praticar a discotecagem, fazendo scratches ele mesmo em dois pratos de toca-discos que um amigo instalou sobre uma tábua de madeira em sua sala. "Looking For The Perfect Beat" de Afrika Bambaataa era a faixa de fundo de suas últimas coreografias no quarto. Ele entrou em programas de rádio dos precursores da cena, como DJ Red Alert, Afrika Islam e The World's Famous Supreme Team.

Então veio o single do Run-D.M.C. "It's Like That/Sucker MCs", que mudou a perspectiva de Jazzy sobre as possibilidades da música negra nos anos 1980. Ele mudou o foco de seus primeiros heróis, Michael Jackson e Prince, para esse grupo que representava melhor seus fãs e sua comunidade. Do modo como ele via,[16] enquanto parecia para ele que a maioria dos artistas negros mais comerciais amenizava sua etnia para uma maior aceitação do R&B ou adotavam a excentricidade para desviar a atenção de sua raça, o descaradamente poderoso Run-D.M.C., principalmente em "Sucker MCs", estava lá para refletir em voz alta, com orgulho e precisão as histórias e os apuros da vida real nas ruas em sua música e assim estabelecer os alicerces para o futuro do rap. "Ele ia ser cru e agressivo", ele acreditava, "mas também mordaz e esperto. Ia se gabar, competir e exagerar."[17] Assim como as rimas que Jazzy ficava cada vez mais habilidoso em proferir com prática, o Run-D.M.C.[18] acreditava em ser verdadeiro com o que se é, mas também com as raízes do hip-hop, a petulância agressiva, a demonstração de superioridade, a delicadeza do músico de rua e a ostentação da riqueza recém-adquirida e dos ornamentos da vida luxuosa. De fato, ouvindo Run-D.M.C. Jazzy sentia a mesma ambição e admiração de quando ele e seus amigos olhavam embasbacados para as caras BMWs dos traficantes cruzando o conjunto habitacional.

Enquanto isso, o rap também fez algumas profundas incursões na cultura popular. O The Funky Four Plus One se tornou o primeiro grupo

---
15. Edição "Men of the Year", *GQ*, 2011.
16. Como foi analisado em detalhes em sua autobiografia *Decoded*.
17. *Decoded*, Jay-Z, 2010.
18. Além de artistas novos de hip-hop, como Public Enemy, Ice Cube e Rakim.

de hip-hop a aparecer no *Saturday Night Live* para tocar "That's The Joint" em 1981. Nesse mesmo ano, o *ABC News* relatou a batalha da Rock Steady Crew com os Dynamic Rockers no Lincoln Center e o The Sugarhill Gang impressionou Jazzy quando ele apareceu em seu adorado *Soul Train*. O rap, ele sabia, estava prestes a estourar. Então quando a Eli Whitney fechou e ele mudou para a escola George Westinghouse Center And Technical Education High School no centro do Brooklyn, Jazzy já havia melhorado seu hip-hop.

A George Westinghouse era um desastre de escola. Os banheiros eram escuros e cheios de fumaça de cigarro, as janelas estavam estilhaçadas, todo o prédio estava cheio de ameaças, os professores tinham medo dos pupilos. Jazzy era um frequentador distante e reprimido que ficava sozinho na cafeteria na maioria dos dias, mas ainda rolava muita água por debaixo dessa ponte. Espalharam a notícia sobre sua agilidade e atitude nas minibatalhas que travava contra outros aspirantes a rapper no refeitório, os ritmos batucados nas mesas e o respeito por ele aumentou entre as várias promessas do hip-hop da Westinghouse. Busta Rhymes cruzou esses mesmos corredores e Jazzy até ganhava um ou dois acenos de cabeça de um garoto maior e mais velho em cujo sucesso real no hip-hop todos apostavam. Um garoto chamado Christopher Wallace, embora a maioria o conhecesse como Biggie Smalls.

Nas batalhas do Marcy, Jazzy cativava olhos e ouvidos. Em 1984, sua reputação como o jovem rapper mais quente dos conjuntos habitacionais cresceu tanto que alguns amigos tentaram arranjar para ele um desafio estilo temático contra o campeão do Marcy na época, Jonathan "Jaz-O" Burks, quatro anos mais velho que Jazzy. Cheio de atitude e autoconfiança, Jazzy aceitou o desafio e apareceu para a batalha com uma cabeça cheia de rimas e energia. Jaz-O, no entanto, viu mais um aprendiz nesse garoto do que um oponente: pediu que Jazzy fizesse rap para ele em vez de duelarem, viu talento bruto no adolescente e resolveu colocá-lo sob sua proteção. Após meses de ensino, Jaz-O apresentou a Jazzy os conceitos de licença artística, exagero, metáfora estendida e comparação e de se contorcer ao redor das palavras como uma cobra. Jaz-O se tornou o mentor de Jazzy, uma figura fraterna e um mantenedor quando o garoto tinha fome. Reza a lenda que, em homenagem a Jaz-O, Jazzy mudou seu nome.[19] De agora em diante, ele seria Jay-Z.

---

19. Embora Jay-Z negue isso, afirmando que ele apenas encurtou "Jazzy".

E como Jay-Z, ele dominava a cena das batalhas no Marcy. Quando foi visto por outra das personalidades importantes do Marcy, o DJ Clark Kent, ele, nas palavras de Kent, "superava"[20] qualquer um contra quem duelasse, apenas com 15 aninhos de idade.

"Jaz-O era um rapper por todo o Brooklyn", dizia Kent, "e seu produtor era Fresh Gordon. Fresh e eu éramos unha e carne. Ele era esse rapper que realmente sabia como fazer música. Nós estávamos em seu cafofo e Jaz-O viria e faria os discos de Jaz-O (...) Uma vez, eu estava na casa de Fresh Gordon e Jaz-O veio com Jay-Z era. E ele é muito novo. Ele tinha uns 15, talvez 16. Eles começaram a rimar juntos e ele estava doido. Eu só ficava dizendo 'este é o melhor rapper que já ouvi'. E eles ficaram me olhando como se eu fosse maluco."[21]

Kent viu o potencial em passar Jay-Z de um rapper da pequena liga do subúrbio para um músico principal verdadeiro, e com os anos ele ajudaria a fazer exatamente isso. Mas, na ocasião, Jay-Z não via um grande atrativo no rap, não a longo prazo. Ele não via ninguém ganhar fortunas com isso em sua vizinhança. Esses caras, ele imaginou, não passavam de fantoches no videoclipe caro de outro.

Não, quais os caras que ganhavam dinheiro *de verdade*? As figuras *reais* de esperança e ambição de Jay-Z? Eram os traficantes...

---

20. *Empire State of Mind*, Zack O'Malley, Greenburg, 2011.
21. Dj Clark Kent Tells All, *Complex Music*, Daniel Isenberg, 11 de novembro de 2011.

Capítulo 2

A Ameaça Branca

"There's ya ticket out the ghetto/Take flight right here" [Aqui está sua passagem para fora do gueto/Pegue o voo aqui]
– Jay-Z, "Young, Gifted And Black"

Como quer que o crack tenha chegado aos Estados Unidos nos anos 1980, se entrou em LA debaixo do nariz de Reagan em aviões financiados pela CIA dos Nicarágua Contras ou entrou em navios em Miami vindo da República Dominicana e da Bahamas cheias de cocaína onde a queda vertiginosa dos preços da coca levou os traficantes a converter o pó em pedras para transformar em pedaços menores, ele chegou a lugares como o Marcy primeiro. O crack se espalhou como um contágio, pois por apenas 2,50 dólares os usuários buscando por uma hora de fuga da miséria conseguiriam um barato mais puro do que os saquinhos de cem dólares por grama de cocaína que nunca puderam comprar antes. O vício era praticamente instantâneo, os viciados viraram uma legião, a paisagem mudou para sempre. "O que aconteceu nos conjuntos habitacionais, principalmente durante a era Reagan, foi a guerra do crack", Jay-Z lembrou. "Eu sempre penso naquela música do Public Enemy, 'Night Of The Living Baseheads'. À noite, era como se zumbis andassem por aí, era muito perigoso."[22]

No metrô, Jay-Z via condutores atacados por grafiteiros e passageiros roubados por ladrões fissurados. Nas ruas ele via gangues novas e cruéis se desenvolverem: os Decepticons, os Lo-Life e o esquadrão feminino de ataque Deceptinettes. Pelos cantos ele via Uzis, Glocks e todos os seus acessórios trocando de mãos abertamente e usados como adornos da moda. Em sua própria casa, amigos da família de repente tramavam planos para ganhar dinheiro rápido e seu irmão começou a roubar coisas do apartamento e pagaria por isso com sangue.

---
22. World's Greatest, *Observer*, Alex Blimes, 13 de julho de 2008.

Ele via a violência nos conjuntos habitacionais, a cada dia parecendo mais um gueto: a polícia contra os viciados, uma gangue contra a outra, filhos contra pais, um vizinho contra o outro. Como um Irã Contras em pequena escala, a polícia se envolvia clandestinamente no tráfico de drogas ou matava viciados detidos por delitos leves ou apenas fugindo. Como o Grandmáster Flash observou em "The Message" de 1982, era como uma selva onde apenas o mais alerta e cuidadoso não fracassava.

Mas, em meio a todo esse vício, morte e depravação, Jay-Z também viu oportunidade. Sua geração de jovens adolescentes ganhava dinheiro e poder na parada do tráfico, sustentando suas famílias enquanto amedrontava a geração mais velha que se escondia. Os garotos mandavam nas ruas agora e Jay-Z queria seu espaço. Afinal, se ele ia colocar sua vida em risco só por caminhar para a escola ou teria de carregar uma arma só para andar com segurança no trem J,[23] se a ameaça de morte sempre pairava sobre ele de qualquer maneira, em sua cara hoje ou na esquina amanhã, então o que ele tinha a perder por tentar arrancar algum maldito dinheiro disso?

Discorda-se quanto à idade com que Jay-Z começou a traficar. Alguns afirmam ter sido com 18,[24] mas o próprio Jay-Z diz que ele vendeu pela primeira vez no Marcy com 13. Mesmo tão jovem ele conhecia os riscos. "Do nível inferior ao chefão, se você estiver nisso sua vida está em jogo", refletia ele. "Você corre perigo desde sua primeira venda."[25]

Por haver tão pouca esperança de um trabalho convencional no futuro, a entrada no tráfico parecia natural. "É tão normal, você só pensa que atingiu a maioridade. Está em todo lugar. Dá para sentir o cheiro, o fedor no corredor."[26] Mas ele gostava também da sensação de poder que a epidemia do crack lhe dava. "As pessoas perderam seu senso de orgulho (...) O desespero (...) Antes, quando os mais velhos nos contavam uma coisa, você tinha de ouvir. Mas agora nós estamos no poder porque as pessoas que deveriam ser nosso suporte estavam viciadas em crack e nos diziam: 'Faço qualquer coisa para conseguir'. Então nós éramos como os anciãos na vila, com uma comunidade inteira viciada

---

23. Em seu livro *Decoded*, Jay-Z lembra uma briga no metrô vindo do apartamento da namorada de um amigo, provavelmente DeHaven, em East New York, com uma gangue de garotos que não foram com sua cara, um acontecimento ainda mais estressante pelo fato de ele ter deixado a arma que dividia com seu amigo na casa da garota.
24. Em entrevista a Zack O'Malley no *Empire State Of Mind* de Greenburg, DeHaven afirma que ele e Jay-Z começaram a traficar juntos em 1988.
25. The Cat Who Got The Cream, *Guardian,* Chris Salmon, 9 de novembro de 2007.
26. *Guardian,* Simon Hattenstone, 20 de novembro de 2010.

em drogas. Não havia ninguém para nos policiar. E a gente estava fora de controle."[27]

"Ninguém quer ser um traficante de drogas", ele contou para Oprah Winfrey décadas depois enquanto os dois estavam sentados na entrada do Marcy. "Você não quer levar problema para a porta de sua mãe, embora seja isso que você está fazendo. Você ambiciona o estilo de vida que vê ao redor. Você vê a BMW verde, o carro mais lindo que já viu. Vê a pompa do tráfico e ela o atrai. Em minha cabeça [eu] não arriscava tanto. Você pensa: 'Se estou vivendo assim, vou arriscar qualquer coisa para conseguir mais. O que poderia acontecer de pior?'"[28]

O pior que poderia acontecer? Ele veria isso, muito bem. Durante seus anos de tráfico ele viu as janelas da casa de sua mãe quebradas com balas, como um aviso para reduzir suas vendas, viu amigos morrerem e ele mesmo quase levou três balas, ficou excitado por supostas colegas, faliu e enriqueceu, ficou loucamente paranoico e completamente confiante. Mas ele nunca fumou crack (regra número um do Manual do Traficante) e sempre tentou fazer seu trabalho com a mesma integridade que depois levaria para todo um império de negócios. Ele tinha de fazer isso, afinal, as ruas tinham seu próprio senso de justiça. Se você voltasse atrás em sua palavra ou atravessasse alguém, não havia tribunal para decidir seu destino, só o cano do malfeitor. Um garoto esperto e com jeito para a sobrevivência, Jay-Z logo aprendeu a arte e o valor da lealdade.

Mesmo se acreditarmos nas afirmações de Jay-Z ser um traficante mirim, é certo que ele era um peixe pequeno na parada até DeHaven o chamar para Treneton, Nova Jersey, no meio de sua adolescência. DeHaven se mudara para lá para viver com sua tia e se tornar um astro do time de basquete do colégio, mas, em vez disso, ele se voltou para paradas mais abomináveis. Ele viu uma abertura no mundo da cocaína de Nova Jersey para dois garotos com ambição e convidou Jay-Z para visitá-lo e receber as informações do fornecedor de DeHaven. A reunião parecia algo saído de *Scarface*: o fornecedor fez os dois se sentarem e ressaltou que um traficante de sucessso tinha de ser cuidadoso, atento e acima de tudo disciplinado. Então ele deu um estoque a eles e os mandou para a rua. Se o próprio fornecedor foi cuidadoso e atento era questionável, pois sua carreira nas drogas um dia terminaria com ele amarrado a uma cadeira com seus testículos cortados enfiados goela abaixo.

---
27. Ibid.
28. Entrevista para Oprah Winfrey, *O*, outubro de 2009.

Essas possibilidades desnortearam Jay-Z e DeHaven, mas não os assustaram. Depois de um bom tempo de viagens de trem regulares do Marcy para Trenton posando como irmão de DeHaven, Jay-Z largou a escola Westinghouse e se mudou de vez para a casa da família de seu amigo e em uma rua sem saída de Nova Jersey eles montaram sua loja, traficando à noite e frequentando a Trenton High School de dia, só para exibir sua riqueza crescente para as garotas de lá, embora Jay-Z logo tenha se entediado com a escola e a largado para nunca se formar. Embora ele fosse famoso por se recusar a dar um centavo de desconto em seus produtos, eles minaram os bandos locais pelo preço e logo arrebanharam uma clientela leal de usuários locais e de fora da cidade caçando drogas, as primeiras caras brancas com que Jay-Z teve contato direto.

Nas ruas as noites eram longas, os perigos muitos e os invernos implacáveis.[29] Mas, com seu grande tino comercial, as recompensas abundavam. Jay-Z voltava com regularidade para o Marcy a fim de dar dinheiro para sua família sobreviver. A mãe nunca aprovou seu novo rumo, mas também nunca pôde recusar comida ou dinheiro nos tempos mais difíceis, nem questioná-lo muito sobre como ele teria dinheiro para comprar suas novas joias brilhantes. Embora mais rigorosa com as irmãs de Jay, ela o deixava aprender suas lições, não fazia muitas perguntas, sabia que ele trilharia seu próprio caminho não importando o quanto ela tentasse guiá-lo. Jay naturalmente era uma alma franca. E ele a amava ainda mais pela rédea longa.

Eles trabalharam duro, perseguindo seu grande sonho de crescer da venda de algumas gramas para onças e depois para quilos e deram duro por sua fatia no agito de Nova Jersey. Os bandos locais que traficavam nos parques não gostaram da queda no preço de rua que Jay-Z e DeHaven forçaram em seu quarteirão e um dia cercaram os dois no parque local para se explicarem com eles, de armas em punho, uma verdadeira cena de impasse. Jay e DeHaven não cederam, mantiveram seu preço e os bandos locais se afastaram. Eles ganharam o tipo de respeito que garante ao traficante grandes somas.

Eles começaram a ganhar um dinheiro razoável, Jay-Z arranjou uma garota, a jogada o tratava muito bem. Então, em uma tarde nublada de Trenton, o jogo lhe ensinou sua primeira grande lição, uma que ficaria com ele para sempre.

Como dar a volta por cima lutando.

---

29. Em seus futuros raps, Jay-Z sempre alinharia a imagem do inverno com tristeza e sofrimento.

Com uma mão em seu ombro, o braço dobrado atrás das costas, observado por uma multidão de alunos e professores, Jay-Z foi colocado no banco de trás de uma viatura pela primeira vez. Também, que jeito estúpido de ser pego. Ele literalmente se enfiou dentro dela. Em uma tarde, ele se esgueirou pelos portões da Trenton High School para visitar DeHaven entre as aulas. Como ele poderia saber que daria de cara com a segurança da escola e seria pego por invasão? Mas a acusação passou a ser criminal quando a segurança o revistou, encontrou os saquinhos de classe A que ele carregava escondido e ligou para o Departamento de Polícia de Nova Jersey. Embora o crime parecesse para ele bem menos grave do que atirar em seu irmão, as implicações poderiam ser devastadoras. Mas pelo menos ser conduzido com firmeza, porém calmamente até o banco de trás de uma viatura sem dúvida era um alívio, ele vira homens serem mortos por muito menos.

Sem delitos e prisões anteriores e sem antecedentes, ele não ficou detido por muito tempo e foi solto horas depois em R.O.R.[30] Mas o confisco de todo o seu estoque foi um grande golpe. Ele devia o dinheiro do lucro das vendas para seu fornecedor e precisava repor o total rápido. Ele voltou correndo para o Marcy, cobrou uma dívida de um traficante do conjunto habitacional e foi para as ruas por três dias inteiros, dia e noite, com Jay-Z fazendo as entregas do fornecedor e o cara local distribuindo nas ruas. Eles se alimentavam de biscoitos e sanduíches. Depois de 60 horas sem descanso nas ruas, Jay-Z voltou para Trenton para pagar sua dívida, determinado a nunca mais se ver tão encrencado assim de novo. Viesse tempo de fartura ou estiagem,[31] diria ele no topo de seus negócios.

Embora Jay-Z tivesse deixado o rap de lado enquanto se concentrava em construir sua carreira no tráfico, ele nunca estava longe de sua cabeça. O par e seu crescente bando passavam as noites frias discutindo sobre os méritos de seus heróis no rap: Drake contra Cole, Kane contra Rakim, LL Cool J contra Run-D.M.C., e Jay começou a desenvolver um método para decorar suas rimas enquanto pensava nelas, guardando-as em um canto seguro de seu cérebro, pois não tinha tempo nem condição de anotá-las enquanto trabalhava.

---

30. Sigla em inglês para *Release on Recognizance*, liberdade provisória sem fiança e sem vinculação, ou seja, a libertação de um infrator sob o reconhecimento de que ele tem uma dívida com o Estado, como parar de traficar, no caso de Jay-Z.
31. As estiagens são armadilhas regulares no mundo do tráfico, quando o fornecimento de drogas acaba por um período, mas os viciados continuam a precisar de sua dose. Jay-Z tomou medidas para garantir que sempre tivesse um fornecimento uniforme.

Em seus longos passeios pela I-95 na volta ao Marcy para visitar e sustentar sua família, ele ouvia Rakim por sua poesia urbana, Beastie Boys por admirar seu apelo intercultural ou Slick Rick. No álbum de estreia de 1988 de Slick, *The Great Adventures of Slick Rick*, ele descobriu uma vazão emocional que nunca tinha ouvido no rap antes e começou a incorporar mais elementos comoventes em suas rimas. Em cada viagem de volta ao Marcy ele ia até o estúdio de Clark Kent para gravar alguns versos antes de passar para o rap em um show de microfone aberto ou se juntar a Jaz-O para escreverem juntos tomando coca-cola e sorvete. Em 1986 eles fizeram seu primeiro disco de 30 centímetros, a agora edição perdida "HP Gets Busy". Enquanto isso suas letras tratavam cada vez mais dos perigos e das recompensas de sua vida nas ruas.

E não demoraria muito para o rap voltar a seu modo de pensar.

Em 1988, os gangstas invadiram. Os álbuns *Rhyme Pays* e *Power* de Ice-T saíram do gueto de LA guarnecidos de fantasias de cafetão, crimes e tráfico de drogas usados como uma metáfora para os destaques musicais. *Straight Outta Compton* foi ainda mais além, redefinindo os limites do rap com sua violência impiedosa, descrições inflexíveis da cultura de bocas de fumo, profanidades fortes e retórica antipolícia. O FBI, ignorando a raiva real e as preocupações com a corrupção e a brutalidade dos policiais sobre a qual Ice Cube escreveu em "Fuck Tha Police", enviou ao N.W.A. cartas de advertência, emissoras de rádio se recusaram a tocar as faixas gangsta, as igrejas organizaram queimas de álbuns em uma escala jamais vista desde que Lennon declarou que os Beatles eram maiores que Jesus. A confrontação aumentou, a controvérsia tomou conta e as vendas dispararam.

Na costa leste, onde tradicionalmente grupos como Run-D.M.C. evitavam a criminalidade em suas músicas, preferindo retratos da vida urbana e uma dose saudável de autoexaltação, Public Enemy e Boogie Down Productions (do grupo de KRS-One) trouxeram protesto político e consciência social a essa nova onda de confrontação no rap. Depois de o álbum de estreia do Boogie Down Productions em 1987, *Criminal Minded*, exibir KRS-One e Scott La Rock na capa cercados de armas e munição, o assassinato de Scott naquele mesmo ano motivou KRS-One a dedicar o segundo álbum, *By All Means Necessary*, a atacar questões como sexo seguro, corrupção no governo, tráfico de drogas na CIA e violência no hip-hop. Enquanto isso, o Public Enemy lançava seus álbuns seminais *Yo! Bum Rush The Show* e *It Takes a Nation of Millions*

To Hold Us Back, bombas incendiárias de fúria negra e política de combate ao poder desde "Don't Believe The Hype" e "Public Enemy Nº 1" à imitação dos Beastie-Boys "Party For Your Right To Fight".

No início do verão de 1988, nessa toca turbulenta de agressão e controvérsia saiu um disco chamado *Long Live The Kane*, o álbum de estreia de Big Daddy Kane. Kane era uma figura extravagante do Brooklyn, o maior nome no bairro, um showman com um corte de cabelo em forma de cunha pré-MC Hammer e adoração por fantasias. A capa do álbum o mostrava como um imperador romano servido por um grupo de criadas. Seu primeiro álbum foi uma grande conquista, a produção de Marley Marl contrabalançava habilmente seu jogo de palavras suave e a fala ritmada em faixas como "Ain't No Half Steppin'" para produzir um som influente na cena rap do fim dos anos 1980. Por toda a sua desconfiança da cena, Jay-Z admirava Kane por sua petulância e seu flow.

Jay-Z tinha uma chance crucial.

Fresh Gordon, em cuja residência Jay impressionou tanto Clark Kent pela primeira vez, começou a produzir mais artistas do que só Jaz-O e teve algum sucesso comercial com a música "Push It" do Salt-N-Pepa. As mix-tapes que ele preparou e distribuiu por toda a cidade eram o assunto de Nova York e uma grande fonte de promoção e novos talentos. Quando surgiu a oportunidade de produzir uma faixa com Big Daddy Kane, Fresh convidou Jaz-O, a essa altura já um dos nomes favoritos na cena, para cantar na faixa, e Jaz-O sugeriu Jay-Z para uma vaga também. Foi a primeira participação de Jay em um "lançamento"[32] que circulasse publicamente, e fez um sucesso estrondoso. Não só Nova York, mas toda a costa leste fervilhava desejando saber quem era o pivete incansável cuspindo o verso antes de Kane. De repente, o nome Jay-Z começou a deixar as pessoas boquiabertas fora do Marcy. Não que ele estivesse muito interessado. Ele ganhava um bom dinheiro traficando, por que ele mudaria a direção de sua vida quando todos os rappers contratados por gravadoras que conhecia assinaram em troca de um carro?

"Nós íamos a eventos onde os rappers se apresentavam e todos nós parávamos lá com lindas BMWs e os rappers de caminhonete branca", disse Jay-Z. "A gente falava para eles: 'Você não deveria ser rico por

---

32. Há uma certa confusão quanto à faixa em que Jay-Z estava na verdade. Em *Decoded* ele se lembra de ter se impressionado com Kane falando o verso "Put a quarter in your ass/ Cause you played yourself" na estrofe depois da sua, mas esse verso aparece na parceria de Kane com a banca da Juice Crew em "The Symphony Part 1" de 1988, na qual não há nota da participação de Jay-Z ou Jaz-O. Talvez tenha sido em uma versão anterior da faixa ou Fresh gravou mais do que uma faixa de Kane nesse dia.

ser um artista tão famoso, por que está nessa van branca apertado com 17 pessoas?'."

Mas Jay estava prestes a ter seus olhos bem abertos às recompensas potenciais da parada do rap.

No fim de 1988, Jaz-O o chamou em Nova Jersey para lhe contar que ele tinha sido contratado. Não em troca de um carro, mas de meio milhão de dólares. O contrato, com a EMI Records, no Reino Unido, era enorme para a época e veio com algumas grandes vantagens. A gravadora o mandaria em um voo para Londres para gravar seu álbum de estreia com o produtor Brian "Chuck" New e um cara novo chamado Irv "Gotti" Lorenzo.[33] E Jaz poderia levar alguém com ele para fazer companhia e participar do disco. Esse alguém era Jay-Z.

Jay-Z olhou ao redor nesse seu pedaço gelado de Nova Jersey, depois olhou para um novo território no exterior. Londres. Ele mal saíra do limite das cinco divisões de Nova York, exceto pelo bizarro passeio em Vegas para celebrar um aumento no lucro, agora ele voava para outro continente. De repente, o rap prometia glamour e dinheiro. Seu pessoal o zoava por sua empolgação, preso em sua visão aceita de que rappers não passavam de escravos e prostitutas dos mandachuvas brancos das grandes gravadoras e ele tinha suas preocupações. Ele passou uma semana preparando o terreno para sua volta, com fortes suspeitas de que sua incursão na música acabaria em nada e ele sairia desse voo extravagante direto para sua esquina na rua. Mas a mente de Jay mudava, seus horizontes se ampliavam. Ele iria para Londres e veria como caberia à vida no hip-hop.

Coube muito bem. Depois de um voo de seis horas para o leste, Jay-Z se viu em uma limusine em Londres a caminho da festa de lançamento do álbum de estreia de Jaz-O, *Word To The Jaz*, na véspera do ano-novo, com 19 anos recém-completados, maravilhado com toda aquela cidade nova cheia de luzes brilhantes. Abrigado em um flat chique na elegante Notting Hill, ele acompanhava enquanto o MC Monie Love do grupo De La Soul mostrava a cena local de casas noturnas da cidade para Jaz-O (com seu novo pseudônimo The Jaz) e se encharcou do estilo de vida luxuoso, a meio mundo de distância das sacadas e esquinas geladas de Nova Jersey. Mas ele não estava tão deslumbrado a ponto de não ver o lado ruim. Jaz insistiu que ele viria nas mesmas condições e lhe daria sua primeira oportunidade de cantar um verso no single potencial "Hawaiian Sophie", notável pelo uso único de um ukelele em um rap, mas Jay fez muito pouco criativamente no álbum,

---

33. O cara que seria o futuro fundador da Murder Inc.

sentiu-se mal aproveitado e chateado porque o álbum finalizado soava tão pouco melhor do que as demos a um custo tão elevado.

Além disso, as reuniões em que Jay estivera presente no rastro de Jaz, suas primeiras negociações com a indústria fonográfica, o deixaram com um gosto amargo. O entusiasmo dos executivos parecia tão superficial, a integridade do negócio era tão frágil e passageira quanto uma pedra de crack. Havia escalas aos olhos da gravadora. Ele confiava menos nesse mundo do que em suas raízes no tráfico: pelos menos nas ruas sua palavra tinha de valer alguma coisa, ou você estaria morto.

O vídeo promocional de "Hawaiian Sophie" não seria a experiência cinematográfica mais extravagante de Jay-Z. Usando uma camisa e um colar havaianos em um cenário cheio de areia, palmeiras, um avião de cartolina despedaçado e, por incrível que pareça, um hidrante perambulando na frente de uma tela verde que depois seria sustituída por imagens de aviões chegando ao Havaí balançando as folhas das palmeiras, Jaz-O e Jay-Z trataram toda a experiência com todo o desinteresse cômico que pedia essa tomada literal hilária da música de Jaz, sobre encontrar uma garota havaiana no feriado e se deparar com seu namorado gigantesco. Ressaltando versos casuais como um coadjuvante, a cabeça de Jay-Z percorria a frente da tela como um gráfico da MTV. Em um ponto ele era visto voando pelo cenário em cordas ou apenas pendurado no fundo da cena para um efeito cômico, e em sua cena mais memorável ele discutia com um chef de cozinha da praia sobre um porco assado. Foi de fato uma introdução desfavorável aos espectadores do mundo. É improvável que Jay-Z se lembre com orgulho de seu envolvimento em uma fatia tão engraçada do bolo do hip-hop.

Nem a EMI, na verdade. Em seu lançamento em 1989 o single foi um fracasso, como seu álbum. Determinado, The Jaz gravou *To Your Soul* em 1990, também com participação de Jay-Z, mas em um papel mais notório. Em "The Originators" Jaz e Jay-Z demonstravam o estilo de fazer rap em alta velocidade de torcer a língua de Jay sobre uma levada com trompete de Sugarhill, despejando as palavras em correntes de tirar o fôlego e cheios de palavras de duplo sentido gaguejadas, como "miggeda-more" [quanto mais] e "siggeda-said" [disse] e repetições bem ritmadas: "I'm breaking and breaking and breaking your tongue" [Estou quebrando, quebrando e quebrando sua língua]. O verso de Jay-Z reconhece que o ouvinte ficaria confuso e espantado com a técnica: "It might take a couple of takes for you to clarify/Don't lie, you coulda never got it on the first try (...) jaws stuck on the floor/These lyrics I pour" [Pode levar um tempo para esclarecer/Não minta, você nunca conseguiria entender na primeira tentativa (...) queixos grudados no chão/Essas letras que eu jogo"], antes de o par declarar: "We are the thiggita-thiggita-thiggita-the originators" como se estampasse sua marca registrada e os direitos autorais sobre seu estilo bem aqui. Outro vídeo, filmado com a tela verde com a dupla cantando sobre imagens de uma banda funk com Jaz usando um traje islâmico tradicional, expôs o verdadeiro astro da música: um jovem Jay-Z com muito mais energia, carisma e mais confortável na tela do que seu mentor meio sem jeito. Foi um clipe que provocaria uma baita agitação na comunidade hip-hop. O burburinho em torno de Jay-Z se intensificava.

Por outro lado, o burburinho em torno de The Jaz enfraqueceu e morreu. Como seu segundo álbum não conseguiu ir melhor nas vendas do que o primeiro, a EMI desistiu dele, mas não antes de tentar contratar Jay-Z às escondidas debaixo de seu nariz, ao perceberem onde estaria o dinheiro no bando de Jaz-O. Mas Jay-Z podia ver que a verdadeira honra estava no tráfico, em vez do enganoso mundo da música.

"A mesma gravadora tentou me contratar", ele disse, "mas foi Jaz quem me trouxe aqui e eu achei que assinando com a gravadora não seria leal a ele. Então eu recusei. Eu não quis me envolver com esses caras. Eles não eram pessoas sérias."[34]

Em vez disso, de olho na credibilidade no Brooklyn, Jay-Z começou a abrir seu caminho no grupo de Kane. Em 1989, enquanto a breve carreira de Jaz na EMI parava, o normalmente quieto Jay conseguiu entrar no ônibus da turnê de Big Daddy Kane no papo em um show local, usando seu crédito com Kane, da mix-tape, de Fresh Gordon, no ano anterior. Kane lembrou dele, ouviu-o fazer rap e, naturalmente impressionado, deu um trabalho para o garoto. Ele poderia ser um tapa-buraco, aparecendo para rimar sempre que Kane precisasse sair do palco para trocar o figurino, o que surpreendia de tão frequente. Kane o apresentou aos seus colegas rappers assistentes na turnê: MC Serch, Queen Latifah e outro rosto novo chamado Tupac Shakur. O arrogante Kane mal conseguiu perceber que esse bando de jovens projetos de convidados especiais que ele contratou de graça foi na verdade um dos melhores grupos de hip-hop já reunidos e mais tarde o ofuscaria como uma estrela do lado de um poste.

Por quatro meses Jay-Z viajou no ônibus de Kane, dormindo no chão entre os beliches e roubando o show à noite. Ele não ganhava dinheiro, mas Kane o pagava com respeito no palco. Sua deixa de entrada era o momento em que Kane interrompia uma faixa no meio, dizia para

---

34. Entrevista para Oprah Winfrey, *O*, outubro de 2009.

o DJ dar uma canja de "Spread Love" de Take 6 e convidava Jay para improvisar em estilo livre, exibindo sua técnica de flow turbinado, uma avalanche super-rápida de rimas e palavras de duplo sentido.

Ele detonava em todos os espaços. Jay-Z se tornou gradativamente o sucesso estrondoso do show. Kane começou a falar em contratá-lo para uma gravadora que ele pensava em começar, embora a conversa sobre contratos e as propostas feitas a Jay-Z o deixassem nervoso. Ele aprendeu muito observando Kane na turnê de 1989: a arte de comandar um show, o valor da coreografia inesperada e técnicas para animação do público, como interromper um número para passar instantaneamente para uma faixa mais animada. Mas ele também suspeitava que o tráfico fosse mais lucrativo que o rap, aliado à sua experiência dura de sobrevivência na estrada. Quatro meses depois, sem a ajuda de uma renda regular do tráfico, MC Serch lembra de ver Jay pedindo dinheiro a Kane para comprar um hambúrguer. Ele admirava um cara como MC Hammer por ganhar popularidade e muito dinheiro, mesmo tendo de vender sua credibilidade e ter uma imagem ridícula e extravagante. Mas isso ainda estava a quilômetros de distância do trabalho árduo implacável de fazer rap na estrada.

Não, se ele um dia ganharia a vida como rapper, ele precisaria de um grande suporte financeiro. E isso significaria traficar a vida toda.

★ ★ ★

Enquanto os anos 1990 se aproximavam, os dois impérios consecutivos de Jay-Z cresceram. No lado traficante, ele e DeHaven evoluíram de vender gramas à movimentação de uma grande quantia. Aumentando sua operação para aliciar garotas para ajudá-los a encontrar novos mercados potenciais fora da cidade,[35] eles se tornaram fronteiriços da cocaína, evitando os grandes negócios e violência de cidades como Washington em troca de começar operações em cidades menores em Maryland e Virgínia, separando o pó a granel lá para distribuir por uma rede de vendedores criada por eles mesmos.

"Tudo que acontecia tinha a ver com uma garota", Jay contou ao jornalista e amigo Dream Hampton em 1998. "Você conhece alguém e fica amigo dela. Você precisa dela e do mano mais eficaz da cidade. Como as garotas tagarelam, ela vai te contar quem é, quem tem dinheiro. Você encontra o cara, tem algo para ele, com um preço melhor. Ele vai trazer todo mundo na cola. [Teriam] vários focos pequenos. Mas em

---
35. Além de outros homens de confiança para cobrir DeHaven quando ele às vezes ia parar na cadeia por um curto período de tempo.

cidades pequenas você não se espalha. Você vai para a cadeia. Aqui é como uma Comunidade: eles o prendem por falar palavrão. Precisa de um mano especial para trabalhar em uma cidadezinha. Qualquer um consegue em DC. Você toma DC pela força. Vocês podem atirar um nos outros todos os finais de semana."[36]

Eles poderiam aumentar o preço agora que estavam longe da influência dos senhores das drogas de NY como Calvin Klein ou Fat Cat do Brooklyn, os "donos" do Queens, e mudar sua ênfase mercadológica para o crack lhes deu quatro vezes mais lucro. Jay passou várias horas na autoestrada, com o produto escondido em um compartimento secreto no teto de seu carro mantendo-se no limite de velocidade, enganando a patrulha rodoviária. Um dia ele não teve tanta sorte e foi parado com cocaína acima de sua cabeça o suficiente para enterrá-lo. Como o policial nunca achou as drogas, apesar de ter chamado uma unidade de cães farejadores, um dia se tornaria material para uma lenda do hip-hop.

Como o dinheiro deixou de ser um problema para Jay-Z (aliados da época estimam que ele carregava por semana quilos que valiam por volta de 12 mil dólares), ele então retomou suas ambições musicais. Por volta dos 20 anos, ele faria tentativas esporádicas e desanimadas para mudar do tráfico para o mercado musical fazendo uma demo de vez em quando e depois esquecendo o rap por seis meses em uma época em que ninguém reprimia. Enquanto ele comandava uma frota de Lexus em uma volta pelo Marcy para deixar dinheiro para a mãe e a família (dinheiro que, segundo o que ele contava, vinha dos shows, embora, como ele admitiria em "December 4th", "nobody paid Jaz wack ass" [ninguém pagava o tonto do Jaz"]), sentia o peso morto da miséria tirado de seus ombros (mas não *exatamente* desaparecendo para sempre). Por que ele ia querer outra coisa? Principalmente algo tão difícil de entrar?

Entretanto, bem perto do topo, a jogada com as drogas começava a acabar com ele. O risco constante da morte ou da prisão, a paranoia de cada negócio, a desconfiança, a necessidade de ficar sempre alerta e prever e dar um fim a esses malditos pensamentos, às noites sem fim, era tudo tão estressante e exaustivo. Ele começou a questionar sua própria humanidade e honestidade todo dia 1º e 14 do mês, quando os cheques da Assistência Social do governo eram pagos e os viciados em crack corriam para sua porta, com os olhos cheios de desespero e fissura.

Quando sua operação em Maryland começou a parecer incerta ele saiu, logo antes de batidas policiais e tiroteio entre as gangues nas boates

---

36. Jay-Z: The Life, *Vibe*, Dream Hampton, dezembro de 1998.

destruírem tudo, e isso o fez pensar. Ele não poderia continuar tão poderoso no mundo do tráfico em longo prazo e sair vivo.

Além do mais, ele não poderia abandonar o rap, estava em seu sangue. E seu nome no circuito de batalhas não morreria. Ele colaborou com um produtor californiano chamado Three-1-Zero e ganhou grande atenção das gravadoras de hip-hop quando duelou admiravelmente com o famoso rapper Zai em uma batalha. Jay-Z era a propriedade mais quente no rap do Brooklyn e não se importava muito com isso. De fato, quando Clark Kent foi contratado como um olheiro de A&R da Atlantic Records em 1992, Jay-Z evitou a princípio seus convites insistentes para assinar com a Atlantic dizendo que estava ocupado demais em Virgínia para ser convidado em um remix que ele preparava para o grupo de rap Troop.[37] Mas Kent não aceitaria um silêncio desinteressado como resposta.

"Assim que consegui um emprego no mercado fonográfico", disse Kent, "a primeira pessoa que quis contratar foi Jay-Z porque eu o achava o melhor. Ele dizia tudo. Ele fazia flows rápidos, flows regulares (...) Suas rimas eram melhores do que qualquer outro. Como um corpo de vantagem. Quando ele rimou com Kane, que eu respeito totalmente, Kane mudou seu estilo depois de conhecer Jay-Z. Isso não acontece até que você diga: "ai, merda, esse cara é incrível" (...) Então eu queria contratar esse cara (...) A única coisa que me fez querer contratá-lo ainda mais foi que ele não dava a mínima para isso. Eu dizia tipo: 'Eu tenho de fazer isso porque ele não liga'. Ele tinha papel demais para cuidar e achava que os rappers eram palhaços. Eles estavam tentando ser ele."[38]

Kent continuava a pressionar, implorando para Jay aparecer em seu estúdio em Manhattan e fazer demos para ele, desesperado para espalhar o nome de Jay colocando-o em cada disco que aparecesse em seu caminho. Um dia, no fim de 1992, Jay cedeu, concordando em colocar uns vocais em um supermix feito por Clark Kent de uma faixa chamada "She's Playing Hard To Get" do Hi-Five, junto com um rapper e produtor muito respeitado chamado Ski do duo radicado no Bronx Original Flavor, que naquele ano lançaria sua estreia celebrada *This Is How It Is*. O Hi-Five era um grupo texano de R&B de cinco membros vestidos, na capa da faixa original, de ternos coloridos espalhafatosos e bigodes finos como um aterrorizante Commodores psicodélico, então não é de se admirar que Jay-Z tenha roubado o show. No momento em que os gorjeios

---

37. Kent teve sucesso com um remix para o sucesso de 1989 do Troop "Spread My Wings".
38. Dj Clark Kent Tells All, *Complex Music,* Daniel Isenberg, 11 de novembro de 2011.

suaves da boyband do original se chocaram com as novas batidas ruidosas de Kent, a estrofe confiante e segura de Jay sobre ser magoado por uma garota que claramente gosta dele combinou perfeitamente, como se a faixa de Jay fosse a original e Hi-Five tivesse sido sampleado com incongruência por cima. "Todos preferiram a versão de Jay [do remix]", Kent lembrou. "O remix era bom e Jay pirava no disco."[39]

Aos poucos, Kent desarmou as defesas de Jay-Z. Mas ele precisava de um front mais agradável para os negócios de Jay-Z, um intermediário que pudesse ajudar a convencê-lo.

E ele conhecia o cara certo.

---

39. Ibid

Capítulo 3

Roc The Block

Um sujeito impetuoso do Harlem, e como ele falava. Careca e plantado em sua cadeira giratória, ele poderia ter apenas 23, talvez 24, e ser mais baixo que Jay-Z, mas dominava o escritório de Clark Kent com a confiança tagarela de um oligarca da indústria. Imponente e espalhafatoso, o músico do Harlem se gabava bastante das várias casas noturnas do Harlem que ele enchia distribuindo champanhe para as garotas na entrada e dos grupos de rap que ele empresariava e com quem fechou contratos em dois casos.[40] Por fora ele era um cara durão da máfia de Manhattan, mas tinha claramente um cérebro perspicaz para os negócios. Em suas raras pausas para respirar, os dois homens se encaravam do outro lado do brilho do sol da tarde na sala de reuniões, ora admirando a afronta do outro, ora tão desconfiados e precavidos quanto gladiadores rivais. Embora Kent insistisse que eles seriam sócios perfeitos nos negócios, à primeira vista, o arrogante Damon Dash e o tímido Jay-Z pareciam a dupla mais estranha do hip-hop.

De sua parte, Dash não estava tão certo quanto a Jay-Z naquele primeiro dia. Como um garoto do Brooklyn poderia ser tão bom quanto Kent dizia que era, quando não havia nada além de bandidos e membros de gangues no Brooklyn? Mas esse cara usava o tênis certo, um Nike novinho, então ele não poderia ser muito perigoso. E quando Jay fez um rap para ele, lá no escritório, Dash, como todo homem com um olhar aguçado para o estrelato diante dele, sabia que ele tinha de trabalhar com esse artista.

A dupla fechou uma das parcerias mais lendárias da história do hip-hop nesse mesmo dia.

---

40. Alguns deles colocados embaixo de seu nariz por Kent para um desconto em sua taxa quando Kent, por sua vez, os contratou para a Atlantic.

Inevitavelmente, Kent estava certo. Jay-Z tinha um talento incrível, mas lhe faltavam a determinação e uma personalidade impetuosa para lhe garantirem um contrato que valesse a pena em uma indústria fonográfica apinhada de malandros implacáveis. E Dash tinha a teimosia necessária nos negócios para fazer um artista estourar, mas precisava do melhor rapper do planeta para salvar sua pele. Opostos na personalidade, mas em termos de parceria eles anulavam os pontos negativos um do outro.

Sem o costume de atacar qualquer iniciativa com algo além de suas maiores armas, Dash, como o novo parceiro de negócios e quase empresário de Jay-Z, o colocou para trabalhar. Entre os esforços conjuntos de Kent e Dash, em 1993 Jay-Z concordou em aparecer em uma faixa original, "Can I Get Open", de um grupo empresariado por Dash chamado Original Flavor, um número de rap de rua que combinava muito mais com Jay do que o remix do Hi-Five. Apresentado com uma fala atenuada de Ski: "You want a fly style Jay's about to show it" ["Se você quer um estilo maneiro, Jay está prestes a te mostrar"], ele gravou como uma figura imponente em "Can I Get Open". Não só no vídeo, onde agora aparecia um adulto musculoso, ele se distinguia de Ski e seu parceiro Suave Lover também em relação às letras. Sua estrofe arrebentou na metade do encerramento da faixa, cheia de bravata e autoexaltação, detalhando seu domínio na arena das batalhas de rap: "I'm shredding the track, I'm burning you back-back, like *Backdraft*" [Estou destruindo a faixa, estou queimando suas costas, como uma Cortina de Fogo"]. Como sua estrofe também tinha os versos "who running the crack down" [quem baixou o preço do crack] e "go get your gun" [vai catar sua arma], foi o primeiro exemplo disponível publicamente de Jay-Z explorando temas do submundo que dominariam o início de seu trabalho.

O rap gaguejado e os trocadilhos rápidos que são marca registrada de Jay-Z também iluminavam "Many Styles" do segundo álbum do Original Flavor *Beyond Flavor*, uma alusão à sequência de horror pouco conhecida *A Maldição de Carrie* em sua lufada de falta de modéstia sobre seu virtuosismo no rap. Seus encaixes em *Beyond Flavor* fizeram mais agitação e, gostando do aplauso, Jay deixou Kent convencê-lo a gravar mais, trabalhando com o parceiro de Kent em sua companhia de produção em 3-D: Sauce Money.

Kent se lembra bem da gravação por um momento revelador. Depois de Jay-Z desperdiçar algumas horas no lounge do estúdio, contando piadas e matando um tempo caro, o executivo da gravadora que agendou a sessão o apressou a colocar seu vocal, preocupado, pois, após três horas desperdiçadas, Jay ainda nem tinha ouvido a batida para a faixa, que dirá escrito seus versos. Fazendo a vontade dele, Jay foi para um lado, começou a murmurar para si, depois pegou um bloco e uma caneta e pareceu escrever freneticamente. Cinco minutos depois, acenando com a cabeça, ele colocou o bloco na mesa, foi para o microfone e cantou uma estrofe impecável, com uma linguagem perfeita, inspirada.

Interessado em captar sua pequena fatia da magia, Kent xeretou o bloco. Estava completamente em branco. Desde que ele desenvolveu o canto de seu cérebro onde ele guardava suas rimas durante o longo inverno de noites no tráfico, Jay-Z nunca anotou outra rima.

Embora a faixa gravada por Jay com Sauce nunca tenha sido lançada, ela despertou o interesse dele em fazer seus próprios discos. Jay-Z chegou até ao ponto de convidar outro rapper ascendente de NY chamado Nas para trabalhar com ele em uma faixa. A recusa de Nas, ocupado trabalhando em seu próprio e muito respeitado álbum de estreia de 1994, *Illmatic*, não colocou Jay contra ele, mas seria lembrada.

Em vez disso, Jay-Z voltou a seguir os passos de Big Daddy Kane. As vendas e o respeito por Kane aumentavam e isso manteve Jay-Z como seu *hype man*, um papel em um show de hip-hop que consistia em comandar uma multidão com gritos de pergunta e resposta, aumentando a expectativa para a entrada do rapper principal e tapando o buraco com rimas quando ele fazia um intervalo.[41] Agora Kane dava a seu protegido seu maior intervalo. Junto com Ol' Dirty Bastard do Wu-Tang Clan, um garoto afiliado do grupo chamado Shyheim, Scoob Lover e o sócio de Kent Sauce Money, Kane convidou Jay para cantar em uma *posse cut*[42] chamada "Show & Prove", gravada em 1993, mas lançada quase um ano depois em setembro de 1994. Depois da estrofe nasal característica de Scoob carregada de um cômico sotaque britânico, do segmento atrevido de Sauce e de Shyheim cuspindo rimas com uma destreza e maturidade muito acima de seus (então) 15 anos, o próprio Kane fez o aquecimento para a estrofe de Jay-Z. Sobre uma batida de fundo de funk pesado criada pelo produtor DJ Premier a partir de um sample de "Black Frest" de Grover Washington Jr., Jay abriu sua faixa lírica para acolher uma brincadeirinha: "I'm dope like poppy seed" ["Sou viciante como semente de papoula"], ele falou em seu habitual ritmo arriscado, entre referências feitas a ser "bem-dotado" (tanto de talento como no meio

---

41. Embora Jay-Z não se adaptasse exatamente a esse papel, ele tapava o buraco no show quando Kane tinha de sair do palco.
42. Termo usado para descrever uma música na qual quatro ou mais rappers se revezam para cantar uma estrofe. Muitas músicas antigas de hip-hop tomaram essa forma para os artistas fazerem publicidade ou exporem seus amigos.

das calças, ele insinuava) e revelando o primeiro de vários apelidos alternativos: "Ain't no eatin' me up/You fast fuckin' with Jigga/I'm like Prince jeans/I bring the ass out a nigga" [Isso não vai me estressar/Você se meteu com Jigga/Sou como o jeans do Prince/Eu deixo a bunda de um mano para fora].

Embora "Show & Prove" só chegasse às ruas quase um ano depois, os rumores sobre a técnica de rap rápido inovadora de Jay se espalhavam para além do Brooklyn, além de Nova York para bem longe dali. E Jay-Z, principalmente com Dash como seu forte braço empresarial, não era de deixar uma oportunidade passar. O problema era que a fama e o tráfico se misturam mal. Jay construiu um mini-império no mundo do tráfico assumindo o manto enganador do Gigante, se fazendo de menino de rua quieto, humilde e discreto para disfarçar sua reputação crescente no mundo das drogas. "Eu ganhava mais dinheiro do que a maioria dos mandachuvas e depois mais do que *todos eles*", ele afirmaria mais tarde.[43] Então, quanto mais ele ficasse conhecido, mais perigosa ficava sua posição como grande traficante. Nada consegue espantar um elemento mais do que a publicidade.

Mas Jay estava cada vez mais desiludido com a vida no tráfico. Agora ele via gente como Ice Cube, N.W.A., Dr. Dre e Snoop Dogg ganhando milhões na cena da costa oeste, seu antigo colega de escola Notorious B.I.G. colocando a Costa Leste na mesma condição ao atingir 2 milhões de vendas de seu álbum de estreia *Ready To Die* (esse título, por ironia, acabaria sendo uma premonição), Russell Simmons se tornou um magnata da música como presidente da Def Jam e o rap começava a parecer potencialmente ainda mais lucrativo do que a distribuição de carga e sem o medo e a ansiedade constantes, sem ficar olhando sempre por sobre o ombro, sem ameaça em todas as relações, sem a suspeita de que qualquer fulano pode ser um tira disfarçado. A própria arte o inspirava mais também: rappers como Too Short da Califórnia o levavam para um flow mais relaxado e ele começou a trabalhar para desacelerar o ritmo de suas rimas, deixando o ouvinte entender suas palavras em vez de encher cada milímetro da fita com avalanches de simbolismo e significado. Além disso, Kent o pressionava constantemente a largar a vida no tráfico e se concentrar no desenvolvimento de sua carreira no rap.

A transição parecia dura. Ele ficou viciado no estilo de vida do tráfico, não mais traficando apenas para sustentar sua família, mas pelas joias, carros e aromas resultantes dele.

---
43. Jay-Z: The Life, *Vibe*, Dream Hampton, dezembro de 1998.

"No começo é: 'Vou tomar conta da minha família'", ele disse à revista *Vibe*. "Mas você não pode continuar a dizer isso, porque em seu primeiro mês, você já mudou toda a situação deles. Quando você começa a viver A Vida não tem como parar (...) É como ganhar dinheiro, o som das caixas registradoras, para alguns a sensação da coca embaixo das unhas, como a areia para os trabalhadores de construção, o tráfico constante, tudo desde a vida ao trabalho em si. É completamente viciante."[44]

Mas os aspectos negativos eram cada vez mais aparentes. Seus amigos e parceiros acabavam mortos ou na cadeia. Sua comunidade se desintegrava por causa dos efeitos da droga que ele distribuía, as garotas um dia consideradas bonitas agora pareciam acabadas e quebradas por causa de seu produto. Por muito tempo ele ficou cego ao fato de que fazia parte da causa. "Aos poucos a ficha começou a cair. Eu pensava: 'Essa vida não vai terminar bem'... eu comecei a perceber que não teria sucesso [na música] se não deixasse a vida nas ruas. Esse foi um salto de fé para mim. Eu disse: "Preciso desistir disso tudo'."[45]

Sua mãe lhe pediu para sair do jogo, mas não foram só suas palavras que zuniram em aviso por seu ouvido.

Foram as balas também.

Três balas, atiradas por uma metralhadora TEC-9 no corpo de Jay-Z de não mais do que três metros de distância, durante uma emboscada por um antigo amigo de infância, em algum momento em 1994. "Por isso ele se aproximou tanto", diz Jay. "Eu não percebi. Foi por causa de alguma besteira estúpida, uma de suas casas em Trenton."[46] A boca da arma ardeu, Jay fugiu para salvar a vida, a arma emperrou depois de apenas três tiros serem dados. Jay-Z não morreu graças, segundo ele, à "intervenção divina e a ninguém saber atirar (...) Foi uma situação, três tiros (...) ninguém na verdade pratica tiro com uma metralhadora TEC-9, certo? E quando você é uma criança, com bracinhos ossudos, não é de se admirar que ninguém conseguisse mirar..."[47]

Flashback: Benny caindo no chão úmido, a dor e a traição nos olhos de seu irmão. Furioso, abalado e arquejando com as substâncias químicas da morte, Jay-Z perdeu o controle e correu para achar uma arma. Um demônio bem escondido o guiava agora: a vingança instintiva. "Você quer responder aos tiros. Bem, nem todo mundo, mas eu sim. Eu estava com raiva."[48]

---

44. Ibid.
45. Entrevista para Oprah Winfrey, *O,* outubro de 2009.
46. *Vibe,* Hampton, 1998.
47. Entrevista para Oprah Winfrey, *O,* 2009.
48. Ibid.

Foi pura sorte a situação não ter piorado naquela noite. DeHaven e Jaz-O afirmam ter usado de suas habilidades de rua mais diplomáticas para impedir os agressores de Jay-Z de persegui-los e terminar o serviço. "Nós nos vimos algumas semanas depois no Departamento de Liberdade Condicional", diz Jay. "as Armas eram proibidas. Nós rimos sobre isso".[49]

"É como se houvesse um anjo malandro nos protegendo",[50] Jay diria sobre esse incidente e as dúzias de vezes que ele escapou da prisão, mas ele sabia que o anjo estava com pressa. Para Hova The Hustler, foi a gota d'água. O ataque e a notícia de que sua namorada da Virginia havia cinco anos, que lhe fizera companhia em tantas viagens em NY e tranquilizara sua cabeça sobre a possibilidade de ele ser usado e descartado pela indústria fonográfica como Jaz-O foi, sofrera um aborto, fez Jay reavaliar o que ele queria da vida, e uma morte nefasta e rápida em um tiroteio não estava no topo da lista. Embora ele tenha continuado a traficar por mais um ano, começou a se desprender das ruas e a se jogar de cabeça no rap, mas resolvido que não seria "empregado" de ninguém; se ele era um chefe nas ruas, ele seria chefe no hip-hop também. Seu novo objetivo, seu novo futuro, foi bem traçado em sua mente.

Seus 99 problemas foram reduzidos de imediato a um. Tudo que ele precisava era que Dash lhe conseguisse um contrato.

★★★

"Cantar rap agora?"

Dash olhava para ele, meneando a cabeça com confiança. Algumas rimas, ele parecia sugerir, e o contrato estaria quase assinado.

"Agora?"

Jay-Z respirou fundo. Agora? Claro que ele podia fazer isso, ele poderia fazer um rap em qualquer lugar, momento e sempre dominar qualquer sala. Mas agora ele estava exausto, não só de todas essas intermináveis reuniões de gravadoras, mas também de uma longa viagem para esse escritório em NY da Virginia, onde um contrato grande e estressante era firmado naquele segundo. E lá estava algum executivo de A&R rebelde de nível médio para alguma gravadora desolada de hip-hop, um cara chamado Ruben Rodriguez, pedindo para ele se levantar e fazer algumas rimas. Já.

Rodriguez olhava para ele na expectativa. Em seus olhos Jay via um poder mesquinho sendo controlado, um homem testando para ver

---

49. *Vibe*, Hampton, 1998
50. *Guardian*, Simon Hattenstone, 20 de novembro de 2010.

até que altura ele pulava quando mandavam. Mas Jay não era o mico de circo de ninguém.

"Não, mano..." Jay-Z levantou e saiu do prédio.

Quando ele o alcançou no corredor, Dash entendeu Jay ter se sentido desrespeitado com o pedido de Rodriguez e relutado em servir de mico de circo ao menor comando, mas também estava emburrado e frustrado. Eles ficaram restritos a pouquíssimas opções e um pouquinho de disposição lá poderia ter sido o suficiente para fechar o negócio. Dash era muito mais pavio curto do que Jay-Z sobre essas coisas: o rap não era uma questão de vida e morte para Jay, ele ainda tinha outra grande opção para a qual recorrer. Mas Damon via Jay-Z como sua grande descoberta e começava a levar as rejeições das gravadoras para o lado pessoal. Def Jam, Columbia, Uptown, nenhuma o aceitava. Sempre que as negociações avançavam para mesmo que fosse um contrato de um single com uma grande gravadora, uma hora os planos davam errado. Eles ficavam todos impressionados com seu estilo e estavam acostumados com as referências à vida de um assassino, às armas e ao tráfico no estilo de N.W.A., mas Jay-Z os desconcerta, com as novas formas de gíria e raps rápidos impenetráveis em suas rimas, e o aumento da rivalidade entre grupos das costas leste e oeste dissuadia as gravadoras de assinar com artistas que pudessem pôr lenha na fogueira. Mesmo com toda a credibilidade que Jay ganhou com a repercussão de "Show & Prove" de Kane, nem Clark Kent e seu entusiasmo desmedido pelo garoto não foram suficientes para persuadir seus chefes da Atlantic a contratá-lo.

"Eu o levei [Jay-Z para a Atlantic Records]", disse Kent. "Como eu trabalhava lá como A&R, vou dizer que eles não tinham um orçamento suficiente [para contratá-lo] porque várias contratações aconteciam naquele exato momento, então talvez seja por isso (...) Não é que [só] uma gravadora onde eu trabalhei o deixou passar. [A Atlantic] o deixou passar por tanto tempo que eu desisti e fui trabalhar em outra empresa, que também o deixou passar por tanto tempo que eu falava: 'Nós só temos de lançar nossas coisas'".[51]

Não se sabe se foi a sugestão de Kent ou o resultado de observar a ascensão de Russell Simmons e ler livros como *Hit Men: Power Brokers And Fast Money Inside The Music Business,* de Frederic Dannen, que expôs os contratos ardilosos em várias grandes gravadoras nos anos 1970 e 1980 e os métodos dissimulados empregados nos contratos das grandes gravadoras para explorar e amarrar o artista, mas a ideia de

---

51. *HipHopDX.com*, 14 de outubro de 2010.

serem seus próprios patrões pareceu familiar para Jay-Z e Dash. Em um mundo desconhecido cheio de predadores, eles precisavam controlar as pessoas em quem poderiam confiar. E essas únicas pessoas eram eles mesmos.

Dash chamou um sócio com dinheiro e um antigo amigo de escola do Bronx chamado Kareem Burke, de apelido Biggs, e juntos eles inventaram o nome da empresa: Roc-A-Fella, ao mesmo tempo uma tentativa de ganhar uma glória refletida do primeiro bilionário americano John D. Rockefeller, mostrar suas ambições financeiras ilimitadas e criticar as leis antidrogas apresentadas por Nelson Rockefeller em 1973, nas quais o criminoso pego com duas onças [60 gramas] de cocaína receberia uma sentença mínima de 15 anos. A organização concordou que Jay-Z era o artista, Dash o administrador diário do projeto e Burke seria o cara que (como a *Vibe* o descreveria depois) agiria como um "barômetro das ruas".

Roc-A-Fella: o nome era perfeito, cheio de dinheiro, rebeldia e narcóticos, resolução chocando-se com o glamour. Agora eles precisavam de uma faixa para vender sob esse nome.

"Show & Prove" chegou às ruas em setembro de 1994 e Jay-Z, que aparece nos créditos como J. Z. em seu álbum de origem *Daddy's Home*, foi bem criticado, ganhando sua primeira aclamação nacional do crítico da *AllMusic* John Bush. Era sobre esse tipo de publicidade que Jay, Burke e Dash estavam dispostos a se estabelecer, então eles foram até o estúdio pessoal de Kent no porão e gravaram uma faixa intitulada "Can't Get With That"[52] com Kent produzindo a clássica faixa de fundo tocada no piano. Como a primeira faixa mencionando o nome Roc-A-Fella como um conceito, foi a escolha óbvia para um disco de 30 centímetros introdutório. "Our Roc-A-Fella never sell-a-out" [Nossa Roc-A-Fella nunca se vendeu], solta Jay entre se gabar de suas riquezas (dizendo que ele compraria uma máquina para contar seu dinheiro, pois "My tongue is tired from lickin' my fingers and countin' up hundreds" [Minha língua está cansada de lamber os meus dedos para contar centenas"] e suas rimas: "More than a fluke, I'm regularly wreckin' this joint... One verse and it's a hearse/I played and I slayed yours... The Jigga is back/ You brothers are flat/I'll amaze the way that Jay rap/Now how in the hell did he say that?" ["Mais do que um ferro, destruo sempre essa bagaça... uns versos e vai para o saco/Eu cantei e matei seu...O Jigga voltou/Seus irmãos estão arrasados/Vou maravilhar com o rap de Jay/Agora como

---

52. Um título com várias formas de escrever dependendo de sua fonte, incluindo "Can't Get Wit That" e "Can't Get Wid Dat".

diabos ele disse isso?"] Era um verso que soaria arrogante se o rap em si não fosse tão intricado e espantoso, principalmente um verso memorável em que Jay canta o som de sua máquina registradora contando dinheiro. Além de fazer a propaganda da marca novata no começo, até então um pouco mais do que um nome esperto para uma suposta organização, e gravar os gritos dos espectadores do estúdio Sauce Money e Jaz-O para provar que ele era fiel às suas raízes, a faixa também foi trabalhada como um catálogo das várias técnicas de rap de Jay-Z que pudessem ajudar a vendê-lo para gravadoras ou investidores. Desde a primeira faixa, a mente de Jay-Z estava no potencial promocional do rap.

Dash e Burke também estavam ligados, conscientes da promoção. Eles fizeram uma vaquinha com Jay e juntaram 5 mil dólares para encomendar um vídeo para "Can't Get With That" de um jovem diretor chamado Abdul Malik Abbott, com uma vontade de estrear nos vídeos musicais depois de trabalhar nos filmes *Faça a Coisa Certa* e *Os Melhores Blues*. O vídeo de Abdul colocou um Jay-Z esporte/casual em cenas nas ruas do Brooklyn e de Nova York, cantando com destreza seus raps ágeis influenciados pelo jogo rápido com cortes para uma partida de dominó na rua, uma garota seminua ouvindo a faixa com fones de ouvido e uma ponta de Dash com várias garotas no capô de um carro caro, acompanhado da premonição "Ask this nigga Dash/Now he don't count cause I'm making him mad rich" ["Pergunte a esse mano, Dash/ Ora, ele não conta porque eu estou deixando ele podre de rico"];[53]

Agora a nova equipe da Roc-A-Fella tinha uma faixa e um vídeo que mostravam Jay como discutivelmente o rapper mais criativo, inovador e original, pelo menos da costa leste. O vídeo foi enviado para programas de Nova York nas baratas emissoras UHF locais e o trio imprimiu cópias do disco de 30 centímetros para enviar aos grandes DJs do rádio e os respeitados criadores das compilações em mix-tapes acompanhadas de garrafas de champanhe (um velho truque de Dash de suas promoções de casas no Harlem). Embora sua operação independente e desconhecida não tivesse tanta influência na TV, mídia e no rádio como os dedicados departamentos de promoção das grandes gravadoras, Jay-Z conhecia muito bem o potencial de se construir seu próprio império do nada.

O próximo passo seria descobrir como distribuir os discos que eles gravaram. As distribuidoras profissionais eram caras, ficavam com uma taxa pesada e uma parte substancial de cada venda. Por que raios

---

53. O vídeo inclui também cenas breves de alguém com uma semelhança sinistra com Tupac Shakur.

um homem como Jay-Z, um expert e idealizador de sua própria forma especializada de "distribuição" por todos os estados da costa leste, ia querer pagar alguém para fazer um trabalho que ele deu tão duro para aperfeiçoar desde os 13 anos?

Não, a Roc-A-Fella não ia "distribuir" "Can't Get With That". Eles iam *traficar*.

★ ★ ★

"Um disco de rap?" Os barbeiros, bartenders e seguranças perguntavam confusos, examinando uma cópia do disco de 30 centímetros em suas mãos. "Você quer vender um disco de rap aqui?"

O tráfico do rap, comparado ao do crack, abriu novas amplas áreas de venda, uma cidade inteira de mercados em potencial. Com os discos e fitas empilhados nos porta-malas do Lexus de Jay-Z e no Nissan Pathfinder de Dash, o par os empurrava para pessoas que cortavam o cabelo, faziam suas compras nas mercearias de esquina ou bebiam nos bares do Brooklyn. Eles vendiam para qualquer um, em qualquer lugar. De dia eles batiam um papo com donos de lojas de discos e os DJs das casas noturnas locais na esperança de garantir que os discos fossem tocados nos clubes ou ganhassem espaço nas prateleiras, de noite eles estacionavam fora de clubes de hip-hop, pontos de encontro dos gangsta ou nas esquinas dos conjuntos habitacionais, arrumavam uma banquinha em seus porta-malas e vendiam fitas e vinis a noite toda usando as mesmas técnicas e planos de crescimento do negócio aplicado por Jay ao tráfico de drogas. Tinha um time de rua dedicado trabalhando nas grandes lojas de discos de rap também. Kareem reuniu um bando de assistentes, incluindo Gee Robertson, Lenny Santiago e seu irmão, conhecido pelo nome de guerra no rap Hip-Hop. A cada dois dias esses garotos ansiosos iam às lojas que concordaram em vender o disco, deixavam cópias novas e coletavam os lucros das vendas. Após a ronda nas lojas, nas primeiras semanas, o time trazia um monte de notas totalizando 150 dólares.

Precisava-se claramente de mais promoção. Dash resolveu que tinha de preparar uma agenda de apresentações mais regular para Jay-Z para espalhar seu nome por uma maior comunidade de frequentadores de casas noturnas. Depois de ser uma celebridade no Marcy, seu nome e reputação como um esmagador de batalhas começou a se infiltrar pelas cinco regiões, mas fora de Nova York havia um país infinito que ignorava seus talentos. Ele tinha de sair de lá e cuspir suas rimas direto na cara da América.

Dash começou a agendar sua primeira turnê, Ski do Original Flavor dividia os shows e Burke agia como diretor da turnê já que, apesar de Burke também impressionar como uma figura imponente, grande e careca, ele e Jay-Z se deram bem na primeira reunião. Jay, Ski e Burke caíram na estrada no fim de 1994, tocando nas casas noturnas que Dash agendou ao longo da costa leste, com um orçamento superapertado, viajando de van e dividindo os quartos. Embora Jay-Z conhecesse bem a vida na estrada, essa foi a primeira vez como um artista itinerante e sua primeira grande viagem na estrada sem correr o risco de uma sentença longa na prisão. Ele se jogou na experiência com um entusiasmo despreocupado, divertindo-se nos shows, ganhando confiança na frente de uma plateia, não importava se houvesse muitas ou poucas pessoas e tratando a excursão como seu gostinho da vida na faculdade que ele perdeu. Ele poderia nem chegar perto da mesma soma de dinheiro do tráfico, mas o rap era recompensador de muitas outras formas. Em aplauso, divertimento, em um novo desafio e em uma tranquilidade de estilo de vida que ele começava a desejar mais. Ele começou a perceber que tomara a decisão certa ao se livrar da parada das drogas. O hip-hop era sua verdadeira vocação.

Quando a van voltou a NY cheia de riscos e promessas, "Can't Get With That" tinha começado a se infiltrar nas casas noturnas e programas de rádio e Jay-Z tinha sido mordido pelo bichinho do palco, um fã dos holofotes. Ansioso para aumentar a atenção sobre si no início de 1995, ele aproveitou todas as oportunidades de se apresentar, frequentando as noites de microfone aberto mostrando artistas anônimos ao redor de Manhattan e empolgando multidões com seus passos líricos acelerados. Se a introdução falada eventual da faixa fosse levada ao pé da letra, isso incluía cantar o número novo "22 Two's" em uma noite chamada Mad Wednesdays, um instante depois da pergunta indolente de A Tribe Called Quest "Can I Kick It?" com uma rede de palavras de maestro, soltando, como promete o título, 22 variantes da palavra "two" só na primeira estrofe. Foi um primeiro exemplo da preferência de Jay por raps temáticos; embora seus relatos principais venham de sua alma e sua história, ele as exprimiria e as mergulharia em metáforas extensas de esporte, política, família ou só aquele truque lírico de ilusionismo como em "22 Two's".

Quando ele não estava apanhando microfones em noites de amadores, ele competia com qualquer oponente que chegasse nele, de preferência astros em ascensão da cena hip-hop de NY para provar seu valor contra os melhores. Ele se encontrava com regularidade com

DMX em solo neutro em um salão de sinuca do Bronx para batalhar por duas horas direto, de pé na baeta. "Jay competiria com qualquer um dos presentes", diz Ski, "ele iria a lugares diferentes e só competiria. Ele teve batalhas contra DMX, Big L e LL Cool J. Ele fez um monte de shows locais e o burburinho aumentava cada vez mais porque ele era o melhor letrista que qualquer um ouviu e sua presença de palco era doida, tudo nele só transcendia no palco. Espalharam a notícia de que Jay-Z estava chegando."[54]

Jay-Z não só duelava com LL Cool J, ele o *perseguia*. LL era um alvo principal para um rapper em ascensão de Nova York tentando ficar famoso em um gênero com competição e arrogância em seu âmago, no qual os aprendizes estão sempre à espreita para criticar e usurpar os mestres. De raízes nova-iorquinas, ele já tinha vendido 8 milhões de álbuns e era o maior nome do rap de Nova York, mas com um estilo agradável e comovente que os rappers hardcore de rua como Jay-Z achavam difícil de levar a sério. Além disso, LL Cool J ganhou uma reputação como o rei das batalhas de rap e tentava imitar a cena gangsta da costa oeste em seu álbum mais recente *14 Shots To The Dome*. Ele tinha um alvo em seu microfone. Se Jay-Z conseguisse duelar e derrotar LL Cool J, ele se tornaria um astro instantâneo. E Jay-Z era praticamente imbatível.

O advogado de entretenimento das antigas Reggie Ossé declara em seu blog *Combat Jack*, na seção "Daily Mathematics", que Dash e DJ Kent tramaram um plano mestre para fazer LL Cool J concordar em deixar seu competidor novato tentar o título de peso pesado do rap. "[Dame e Clark] imaginaram que, se Jay fosse conhecido como o cara que 'matou' LL na batalha, as gravadoras perceberiam e lhe dariam aquele tão almejado contrato", Ossé escreveu. "Dame e Clark traçaram um plano. Sempre que LL era visto por um deles, eles mandavam uma mensagem um para o outro e para Jay e o mandavam encontrá-los em qualquer local onde LL estivesse. Isso aconteceu algumas vezes. Depois de ser avisado, Jay chegava ao clube, bar ou qualquer outro local e ficava lá nos bastidores, esperando por sua chance de atacar LL em batalha. Dame colava em LL e então o zoava sobre como Jay era melhor e estava pronto até para tomar seu lugar. O ego de LL o obrigaria a concordar em duelar cabeça com cabeça contra o jovem, e até então desconhecido, desafiante. Eles levariam a batalha para o estacionamento, fora dos locais e longe das multidões. E eles duelariam."[55]

---

54. *Soul Culture*, 25 de junho de 2011.
55. Return of The 2000, "Daily Mathematics", 14 de maio de 2009.

Ossé diz que não só as batalhas aconteceram em várias ocasiões, como também Jay-Z sempre ganhou. "Dame e Clark acabariam em meu escritório no dia seguinte, rindo sobre como Jay arrasou com ele. O tempo todo também. Eles ficavam um pouco aborrecidos, porque depois de cada batalha LL acabava com o clima, detonava a animação de Jay lançando para ele a frase 'Yo, meu próximo álbum vai ser lançado mês que vem, hm, quando o seu vai sair de novo, vacilão?'. Jay, Dame e Clark não gostavam dessa palhaçada. Nem um pouco."[56,57]

Com o burburinho pelas vitórias de Jay-Z e a recepção positiva de "Can't Get With That", Dash, Burke e Jay-Z sabiam que tinham de deixar rolar. Primeiro eles juntaram toda conexão com a indústria para garantir a Jay alguns convites como convidado de artistas de maior visibilidade. Por isso, Jay criou uma estrofe para uma faixa urbana corajosa chamada "Da Graveyard" no álbum de estreia de 1995 de Big L, *Lifestylez Ov Da Poor & Dangerous*. O tenor relaxado, mas ameaçador do tom o forçou a diminuir seu ritmo e se concentrar na destreza. Sua estrofe em "Da Graveyard", abrigada entre as estrofes de Microphone Nut e Party Arty of Ghetto Dwellaz, foi a mais acessível verbalmente já gravada, mas ainda rica em inteligência: a frase "pound for pound" [libra a libra] vira o som de um scratch no disco e seu verso cantado em velocidade tropeça tão rápido que quase inventa o Auto-Tune várias décadas antes. Ele também abriu um precedente para sua abordagem de advertência sobre a cultura das gangues e das armas em suas letras: "Fuck a Glock/I step through your neighborhood armed with nothing but a rep" ["Foda-se a Glock/Eu piso na sua quebrada armado com nada além de um repertório"].

Ele também apareceu em "Time To Build", uma faixa insistente e intensa do álbum de estreia de Mic Geronimo *The Natural* com um refrão que lembrava um turbilhão de vozes internas de um maníaco. Refestelando-se no ritmo escaldante e na atmosfera alucinógena da música, Jay se soltou, rimando quase todas as palavras, justapondo sua poesia em uma abundância de trocadilhos: "Niggas is moist like Duncan Hines/Choice when I'm voicing my poise/I got poison lines". ["O truta é pegajoso como Duncan Hines/Escolha quando vou dar voz à minha compostura/eu tenho versos envenenados"]. Esse não foi só um dos primeiros exemplos do amadurecimento do estilo de Jay-Z, aproximando

---
56. Ibid.
57. Quando Jay-Z assumiria anos mais tarde o cargo de presidente na gravadora de LL Cool J, Def Jam, ele passaria a acreditar que sua carreira foi mal administrada sob o comando de Jay-Z.

sua técnica do nível que tornaria seu álbum de estreia uma obra-prima reconhecida do rap, foi também notável por metê-lo pela primeira vez em disco contra os flows negros e diferentes de DMX e Ja Rule.

Depois, no início de 1995, Jay começou a gravar a sucessora de "Can't Get With That". Ski uniu a faixa mesclando samples de "Oh Baby" de Aretha Franklin e de duas músicas do Soul II Soul "Back To Life (However Do You Want Me)" e "Get A Life". Focada no piano agudo, com uma batida lânguida, estalos e lamentos da alma em barítono, ele formou a base de "In My Lifetime", uma faixa que contribuiria para fazer a fama de Jay-Z.

Mas, pela letra, você acharia que ele já tem. Dedicado a um soldado da rua perdido chamado Danny Dan, mas construída ao redor do princípio central de "In my lifetime, I need to see a whole lot of dough" ["Na minha vida eu preciso ver um monte de grana"], o tom é praticamente uma música de amor ao dinheiro. A primeira estrofe monta o cenário: Jay é um traficante de alto nível administrando uma organização que é alvo de inveja do submundo de Nova York (na verdade, nesse ponto não está muito longe da verdade). "While other niggas are shooting stupid", ["Enquanto os neguinhos estão matando os vacilões"] ele está fazendo uma jogada esperta, concluindo que, se está correndo o risco de ser preso de qualquer jeito, ele poderia muito bem distribuir grandes remessas de drogas para ganhar o máximo de dinheiro o mais rápido possível. Na estrofe dois ele está dirigindo carros cheios de drogas por todo o país, tendo um lucro enorme e transmitindo a seus subordinados um senso de ambição ao exibir seus bens materiais, sua TV de "cem polegadas" e o apartamento luxuoso. No fim ele está esbanjando dinheiro em Vegas, fazendo a primeira das várias propagandas de champanhe Cristal[58] e impressionando as garotas. O dado sempre caía onde quisesse, esse mestre em fazer dinheiro em qualquer jogada.

"In My Lifetime" foi uma gravação essencial para Jay-Z, pois ele se aproxima da ostentação em batalha-padrão para criar sua primeira narrativa, uma autobiografia contundente de uma vida passada pulando entre a boca de fumo e o cassino, aludindo abertamente às suas atividades criminosas mesmo estando, de certa forma, ainda envolvido com elas. Esse vaivém entre a vida de luxo e a vida dura do tráfico caracterizaria a composição de Jay-Z e o ajudaria a moldar seu nicho único no rap. Com "In My Lifetime" ele perseguiu seu território próprio no exato meio ponto entre ser um gangsta e um poeta da rua com um rap rápido. Ele ecoou as referências à cultura do crack de N.W.A. e Ice Cube, mas

---
58. Uma prévia de como a exibição de produtos se tornará fundamental em seus raps.

sem a alienação, a retórica do poder negro, a ameaça e a agressão que poderiam confundir os fãs do rap de rua mais pessoal de Run-D.M.C. ou o estilo garanhão suave de LL Cool J. Ele era afiado, esperto, original e perigoso, mas também vinha de um ângulo educacional, um lugar de intimidade e franqueza.

O vídeo de "In My Lifetime", filmado de novo por Abdul Malik Abbott, levou o ponto da música para casa. Abrindo com imagens das gangues do Marcy despejando Cristal na câmera e cédulas amassadas se juntando a um bolo de notas cada vez maior, nós vemos Jay e seu bando trocar as ruas chuvosas do Brooklyn pelas loucas festas na piscina nas mansões caribenhas cheias de garotas tomando banho de champanhe, passeando em iates ou tomando banho seminuas com Jay. O sol brilha, o iate de 15 metros cortando a arrebentação, o estouro das garrafas, as garotas rebolando e, o tempo todo, a pilha de dinheiro fica maior. O clipe foi concebido como um sinal de como a Roc-A-Fella avançava até o topo, disposta a estabelecer seu próprio senso de sofisticação como rappers nobres e refinados e imprimem a imagem de Jay-Z como uma história de sucesso certeira. Embora Jay alegue que ele já chegou lá, pois sua autobiografia afirma que os iates, as piscinas, o champanhe e as gatas de biquíni refletiam exatamente seu estilo de vida festeiro da época e também argumente[59] que nenhum dos barcos ou mansões do vídeo foram alugados, sendo todos propriedades de pessoas da equipe Roc-A-Fella e de agregados. Mas ele não era ainda um milionário do hip-hop. O tráfico, claramente, ainda pagava suas contas.

Mas e os barcos? As garotas? A Cristal? Vendo de fora, parecia mesmo como um dia de pagamento de Jay-Z.

A Payday Records era uma pequena gravadora de hip-hop de NY com um poder financeiro razoável, uma rede bem maior de distribuição do que a Roc-A-Fela pela FFRR Records e sua gravadora de origem PolyGram e sempre alerta. Seus mandachuvas souberam do plano de marketing de rua colocado em ação por Jay-Z, Dash e Burke, ouviram falar de seu sucesso em infiltrar "Can't Get With That" na cena de casas noturnas de NY e até ao receber uma crítica positiva na revista *Vibe* (onde o estilo de Jay-Z foi descrito como um "estilo baratinado tipo Das EFX") e eles tinham uma mente alerta parecida. Eles contataram a Roc-A-Fella com a criatura mais ardilosa de todas oferecendo um contrato para o single de estreia de Jay-Z. Depois de tanta frustração e rejeição, a Roc-A-Fella pulou com a oferta. Mas, longe de financiar seus planos extravagantes para um vídeo promocional para o single, desde o início o investimento

---

59. Na filmagem extra para o DVD *Streets Is Watching*.

da Payday infelizmente pareceu inadequado. Em uma visita ao escritório da Payday, Jay e Dash notaram que toda a campanha de marketing planejada por eles para "In My Lifetime" consistia de uma caixa de folhetos para distribuir nas ruas. Atordoados, foi a Roc-A-Fella que voltou para seu plano promocional bem mais impressionante, contatou Abdul Malik Abbott e com seu próprio esforço e do próprio bolso eles viajaram para St. Thomas no Caribe para filmar o vídeo.

"Eles [a Payday] estavam de sacanagem o tempo todo, como se não soubessem como trabalhar um disco e tal", Jay disse em 1999. "As coisas que eles prepararam para mim eu poderia fazer sozinho. Eles me fizeram viajar para os lugares, fazer presença em lojas, e meu produto ainda nem estava disponível lá."[60]

Na capa com o desenho de uma garrafa de champanhe para definir o tom para uma carreira inteira, "In My Lifetime" foi lançada em 25 de julho de 1995 junto com a versão original de Kent de "Can't Get With That" e um remix do single feito por Big Jaz.[61] O remix foi possivelmente até mais fundamental e profético na carreira de Jay do que o original. Primeiro, Big Jaz tirou para o tema repetitivo do refrão o gancho seminal de "Get A Life" do Soul II Soul, um arrulho feminino emotivo de "What's the meaning/What's the meaning of life?", o primeiro exemplo de uma música do Jay-Z assimilando um verso de uma melodia famosa na qual Jay podia envolver seu procedimento sombrio e perigoso.

Segundo, a letra, completamente diferente do original, leva o impulso da narrativa autobiográfica de Jay ainda mais além, mergulhando nas profundezas sombrias e desesperadas de seu passado. A primeira estrofe apresenta uma história resumida da entrada de Jay no tráfico, desde o desejo por carros caros que ele via os traficantes dirigirem até fazer o pulo, cheio de planos, para "make the cream materialise keys to a Benz" ["fazer a nata materializar chaves para um Benz"]. Mas a vida que ele queria controlar logo começou a controlá-lo: "My first felony's approaching, copped my first key/Took a freeze, now I'm frozen" [Meu primeiro crime se aproxima, ganhei minha primeira chave/Eu entrei numa fria, agora estou congelado]. Logo ele está "outta control/Losin' bankrolls on blackjack" [fora de controle/perdendo uma fortuna no vinte e um"] e com a paranoia de que seu telefone foi grampeado pelo FBI ("like Gregory Hines", ele brinca, referindo-se ao famoso dançarino de

---

60. Jay-Z: Rockin' On A Roc-A-Fella, *Yahoo! Music*, 1º de maio de 1999.
61. A versão remix foi a faixa principal no lançamento em CD do single, antes do mix original de Ski.

sapateado dos anos 1980 e 1990). Medo e delírio o invadem. De repente, a jogada o deixou em pânico.

A segunda estrofe prevê um futuro no qual Jay é o hiper-herói do hip-hop, fumando charutos cubanos de primeira e tirando garotas de sua jacuzzi todo dia de madrugada. "The whole city's buzzin'" ["a cidade inteira menciona"] seu nome, mas ele ainda não consegue acreditar nisso: "Is this world my world?/Am I the star of stars?" [Este é meu mundo/Eu sou o astro dos astros?] Ele se gaba dos "50Gs" [50 paus] ao alcance das mãos, abismado pela rapidez do sucesso. Mas a moral da canção é manter as raízes, não ser influenciado pelo dinheiro ou notoriedade e não se perder em uma vida abominável disseminada por ciladas porque, como a terceira estrofe alerta, o desastre persegue o arrogante e o imprudente. "From the beginning we never see the ending" [Desde o início nunca vemos o fim"], Jay reflete, listando todas as suas conquistas materiais: os Pirellis, os diamantes, as roupas de grife, mas concluindo "the Medusa's head on Versace turned me to stone" ["a cabeça da medusa da Versace me transformou em pedra"]. Ele estava encantado, mas acabou se enfraquecendo em busca do materialismo. E, para chegar lá, ele mergulhou em um mundo de violência, morte e prisão onde "my poems just ain't poems/They bloody, when I recite 'em/Bones get disconnected like the phones" [meus poemas não são poemas/Eles sangram quando os recito/Os ossos são separados como os fones"] e "all my penpals' life controlled by the warden" ["toda minha vida de compositor foi controlada pelo guarda"]. Ele está profundo demais: "a hardened criminal with game" ["um criminoso endurecido pela jogada"], e ele é tanto um prisioneiro do lado de fora como seus amigos e colegas são no interior. Ele termina com um suspiro desesperado: "Now I'm incarcerated for my life" ["Agora estou preso por toda a minha vida"], posicionando-se impecavelmente: o traficante rápido no gatilho com um coração.

"Embora a princípio toda aquela merda gangsta chocasse", ele explicaria mais tarde a Pete Lewis da revista *Blues & Soul*, "tipo: 'Ooh! Ele disse que matou 30 neguinhos no disco!', com o tempo o valor do choque se esgotava. Então está na hora de uma mudança para algo mais real. Por isso eu tento mostrar o raciocínio por trás de algumas das coisas que esses caras podem fazer. Quando as pessoas cometem alguns desses atos, um monte de gente só acha frio e insensível, mas você simplesmente não conhece a situação toda. Assim como não sabe quanto a pessoa foi pressionada ou o que ela tentou fazer para não cometer esse ato (...) Digo, se todo dia alguém se mete com você, se te rouba e pega suas coisas, um dia você só surta (...) Ou um dia, quando alguém tenta tirar sua vida, você simplesmente decide que vai se defender e reage (...) Eu só tento mostrar toda história que precede o ato de alguém.

Eu nunca quis só glamorizar o estilo de vida dos malandros sem tocar no lado negativo. Eu queria que todos em uma situação desesperadora soubessem que, se eles quisessem escolher esse tipo de vida, tinham de tomar cuidado com tudo que vem com ele. Não é só sobre os carros, as minas e o dinheiro. Em vez disso, eu digo: 'olhe, eu estive nessa rua e não tem nada de bom nisso. Embora haja um tesouro por trás da segunda porta, por trás da terceira tem alguém esperando com um bastão para dar em sua cabeça (...) se você quiser arriscar sua vida pela coisa material, então não diga que não avisei!'"[62]

É inacreditável pensar que um dia seus críticos afirmariam que as letras de advertência como "In My Lifetime" "glorificam" o estilo de vida do malandro. Até o vídeo feito por Abbott para o remix veio com um coda de advertência. Além das filmagens do vídeo original com um novo arranjo, Abbott acrescentou cenas extras mostrando Jay como um homem de negócios extravagante com óculos redondos, terno e camisas branquinhas comandando reuniões de alto nível e parando a música para brindar com Cristal a essas reuniões de sócios fictícios. Foi tudo uma extensão do plano da Roc-A-Fella para solidificar sua imagem como uma referência do hip-hop refinada e em ascensão, mas Jay ainda conhecia os riscos, mesmo quando tentava ser legítimo. O vídeo termina com Jay, de óculos e com seu terno mais fino, sendo parado e colocado à força em um carro preto da polícia por agentes federais.[63]

"In My Lifetime" não conseguiu estourar nas paradas americanas, mas finalmente partiu a vida de Jay em dois. Assistir a seu vídeo na TV enquanto alimenta seu peixe ou ouvir sua música na rádio entre faixas de Tupac e Notorious B.I.G. endireitou Jay-Z. A Payday começava a tornar a vida no hip-hop rentável pela primeira vez e a renda em potencial era enorme. Então, chega de medo, de paranoia, chega de vistorias exaustivas em cada encontro, sempre sentindo o cheiro da colônia de policiais. Ele jurou se desligar de suas operações no tráfico por enquanto e se concentrar na gravação de seu álbum de estreia. Desse ponto em diante ele seria um rapper, pelo menos por ora. Ele afirmava em suas primeiras entrevistas que faria só um álbum, planejando em segredo uma volta às ruas quando fosse a hora certa ou o dinheiro acabasse. No fim, é claro, a necessidade de traficar para ganhar um dinheiro fácil

---

62. *Blues & Soul*, Pete Lewis, dezembro de 1998.
63. Um dos agentes foi interpretado pelo próprio Abdul.

nunca mais voltaria de novo. "Eu tentava me segurar em dois galhos", disse ele, "e falei: 'Vou colocar tudo na música, fazer uma vida legítima para mim'. Nunca voltei atrás."[64]

A fuga da jogada de Jay foi na hora certa. Meses depois de firmar seu último contrato, o bando que ele deixou para trás foi pego em uma batida policial e levado para a penitenciária. O anjo da guarda de Jay-Z deu a ele um último aviso.

Então aqui estava Jay, usando a narração de histórias nua e crua de suas letras como uma ponte para mudar de um caminho a outro. E, se Jay fosse legalizar sua situação, a Roc-A-Fella precisava de uma fachada respeitável. Pela primeira vez, Jay-Z estava prestes a arranjar um escritório...

---

64. *Guardian*, Hattenstone, 2010.

Capítulo 4

Tendo... Dúvidas

Os ratos comandavam o lugar. Correndo e farejando pela sujeira nas esquinas, eles mordiscavam as caixas de correio e subiam nas pilhas de discos. Em cima das lojas de tecido baratas, dos quiosques de cachorro-quente e das oficinas de conserto de relógios da John Street, a primeira, pequena e precária sede da Roc-A-Fella inclinava-se na sombra dos blocos de bancos da Wall Street, esperando tirar algum resíduo de seu dinheiro como se por osmose. Um jornalista visitante do *Yahoo*! compararia a rua ao beco onde Patrick Swayze foi assassinado em *Ghost*, mas Jay-Z, Dash e Burke fizeram o melhor que podiam. Eles instalaram uma TV de tela plana, um sofá, uma mesa para jogar dados e um projeto de quadro de funcionários. Dara e Omoyele McIntosh administrariam o fã-clube de Jay-Z Fan Family Inc. de lá e uma mulher chamada Chaka Pilgrim aguentava firme durante os verões escaldantes e os invernos gelados, pois, como eles não podiam se dar ao luxo de colocar mesas e computadores no lugar, uma unidade de ar-condicionado estava bem lá embaixo da lista de prioridades.

Mas, mesmo financiada por um adiantamento da Payday, o escritório na John Street era da Roc-A-Fella e era um lar. Por ora. "Não me importo em ficar aqui nesta área, porque isso é apenas um ponto de partida para nós", Jay disse quando questionado sobre o ambiente de aluguel baixo e a vizinhança depressiva. "Não tem sentido gastar um monte de dinheiro em um espaço para um escritório e mudar seus funcionários se seu produto ainda não está dando dinheiro. Esse é um erro que os executivos cometem."[65]

Os executivos da Payday Records, enquanto isso, estavam ocupados cometendo seus próprios erros. Enquanto 1995 se aproximava e o tempo pressionava para capitalizar sobre o lucro de "In My Lifetime"

---

65. Jay-Z: Rockin' On A Roc-A-Fella, *Yahoo! Music*, 1º de maio de 1999.

lançando o segundo single de Jay-Z, a gravadora não estava disposta de novo a atender às expectativas do coletivo Roc-A-Fella, com consequências turbulentas. "Nós fizemos um vídeo, mas quando chegou a hora de fazer o do segundo single, eu tive de desistir", Jay explicou. "Eles me deram o dinheiro e eu comecei minha própria empresa. Houve uma discussão dos dois lados, mas nosso conflito finalmente foi resolvido. O fato é que eles não estavam fazendo seu trabalho, então eu tive de sair de lá."[66]

As disputas sobre a separação entre a Payday e Jay-Z se arrastaram por meses, atrasando o lançamento de seu segundo single até fevereiro de 1996, sete meses depois de sua estreia. Enquanto isso, o trio começou a trabalhar em um contrato com a empresa californiana Priority Records para distribuir seu álbum de estreia, em associação com a Freeze Records. Negociar um contrato de apenas um álbum serviria para se dar a liberdade de ir atrás de um contrato mais lucrativo em outro lugar se o álbum decolasse, o acordo era que a Roc-A-Fella pagaria pela gravação e promoção dos discos e a Freeze e a Priority cobririam a produção e as vendas e deteriam o controle dos originais. Os lucros seriam divididos meio a meio entre a Roc-A-Fella e a Priority/Freeze, em um acordo incrível para Jay-Z, já que o contrato-padrão da indústria dava ao artista só 20% dos direitos autorais. No fim, a Payday deu a Jay, Burke e Dash dinheiro suficiente para começar seu próprio selo, sem a necessidade de Jay mexer em seu capital de reserva do tráfico. "Nós não precisamos de dinheiro sujo para começar a Roc-A-Fella porque tínhamos o dinheiro da Payday", disse Jay, "e só para você saber, eu não quis pedir merda nenhuma para a Priority. Eles teriam colocado algum dinheiro [para despesas gerais], mas eu quis fazer isso sozinho para o lucro ser meu, livre e limpo. Em certo ponto, se você não está vivendo direito, você quer fazer as coisas legalmente. Quer deixar seu passado para trás e começar a olhar para o futuro".[67]

Por isso, o conceito amorfo da Roc-A-Fella se tornou o negócio sólido Roc-A-Fella Records. E seu primeiro lançamento seria considerado uma das melhores músicas de rap já gravadas.

Em seu lançamento em 20 de fevereiro de 1996, "Dead Presidents" provocou um enxurrada meteórica no hip-hop de Nova York. Com um título refletindo a obsessão de Jay-Z pela aquisição de dinheiro (os presidentes mortos dos Estados Unidos nas cédulas deram ao dinheiro seu apelido no rap) e uma batida de fundo cheia de soul tocada no piano

---
66. Ibid.
67. Ibid.

criada por Ski a partir dos samples de duas faixas de Lonnie Liston Smith, "A Garden Of Peace" e "Oh My God (Remix)",[68] Jay-Z canta um rap de virtuose desenvolvendo o tema de "In My Lifetime" sobre os perigos e as inseguranças do estilo de vida do tráfico, principalmente os traficantes inexperientes, os "little monkey niggas turned gorillas" [macaquinhos que viraram gorilas] que "aside from the fast cars/Hunnies that shake their ass at bars/You know you wouldn't be involved" [além dos carros rápidos/Minas que rebolam em gaiolas/ Você sabe que não deveria se envolver], os caras que, no minuto em que são pegos, estão "ready to star snitchin' [prontos para caguetar]". Maneirando em suas palavras gaguejadas, no ritmo e na cadência de seu flow, suas pausas e suas ligações de versos pareceram acrescentar todo um nível à arte do hip-hop. Parecia como o rap entrando em um novo mundo de trocadilhos, uma barreira levantada. Ela ainda é considerada, pelos fãs mais fervorosos de Jay-Z, a melhor faixa de todas.[69]

Mas ela traria problemas para a casa Roc-A-Fella. Com ainda mais vontade de trabalhar com Nas depois que o álbum *Illmatic* foi um sucesso estrondoso, Jay o convidou a regravar um sample de sua melodia muito respeitada "The World Is Yours (Tip Mix)" no refrão de "Dead Presidents" que Ski usou como o gancho principal da música, em um sample de Nas cantando "I'm out for dead presidents to represent me" ["Cansei da grana me representando"], e fazer uma ponta no vídeo. A colaboração foi imaginada como uma prévia da oferta de contratação do grupo de Nas, The Firm, pelo novo selo Roc-A-Fella Records. Nas se recusou a participar de novo, mas com promessas de gravar uma estrofe ou duas no álbum de Jay quando chegasse a hora. Jay-Z e Ski seguiram adiante e usaram o sample mesmo assim, uma decisão que acabaria levando a discussões de crédito e pagamento entre os dois rappers e provocaria uma das rixas mais lendárias da história do hip-hop.

"Dead Presidents" foi um verdadeiro sucesso popular. O máximo que a Roc-A-Fella esperava pela faixa no início da campanha era conseguir que Funkmáster Flex da emissora de hip-hop Hot 97, um programa influente do maior nome dentre os círculos de DJ de rap de NY, a tocasse uma ou duas vezes. Para a Roc-A-Fella, Flex tocá-la seria um sucesso merecedor de uma grande comemoração. A princípio Flex não ficou interessado, mas agora Jay-Z tinha alguns contatos importantes, como, por exemplo, de seu trabalho em Londres com Jaz-O ele

---

68. Ski filtrou as altas frequências da melodia no piano para aumentar o baixo.
69. "Dead Presidents" seria regravada por um bando de celebridades do hip-hop, incluindo Lupe Fiasco, Drake, Lil Wayne e Chamillionaire.

conheceu e manteve o apoio de Irv Gotti, um produtor com laços com a Universal Records (sob o domínio da qual ele lançaria sua própria gravadora, a The Inc.) e um grande amigo de Flex. Gotti adorou o single e estava tão disposto a ajudar Jay-Z a impulsioná-lo que o elogiou muito a Flex e também arranjou uma reunião clandestina em um posto de gasolina para passá-lo para as mãos de outra figura influente no hip-hop de NY, DJ Clue. É a cara de Jay-Z que seu lançamento tenha sido trocado e negociado entre muitos músicos como narcótico e a música chegou à corrente sanguínea do underground como uma dose rápida.

Juntando-o às suas programações mais animadas no rádio e em casas noturnas, entre Flex e DJ Clue a divulgação de "Dead Presidents" espalhou-se rapidamente. Mas foi a faixa do lado B que teve um verdadeiro impacto mais profundo. Em 1995, enquanto tirava uma folga da gravação de seus primeiros singles, Jay-Z foi até o Palladium Club para ver a atual cena de hip-hop e ficou pasmo com o tanto de gritos e agitação por uma nova faixa no estilo gangsta de LL Cool J chamada "I Shot Ya". Uma voz se destacava, uma garota atrevida aguentava o tranco entre LL, Prodigy e Fat Joe na faixa com um sarcasmo em seu flow, coragem em sua postura e letras destilando sexo, dinheiro e nomes de grifes. Ele tinha ouvido falar dessa garotinha, Foxy Brown, descoberta em um show de talentos com 17 anos pelos produtores do próximo álbum de LL, *Mr. Smith*, para participar de "I Shot Ya". Ela se tornou parte do coletivo The Firm de Nas e Jay ficou tão fascinado que tinha de tê-la.

Eles fizeram a ligação, Foxy gravou. Uma música chamada "Ain't No Nigga" criada para o lado B de "Dead Presidents". Mais funkeada para a pista de dança pelo produtor Big Jaz a partir de um sample de "Seven Minutes Of Funk" do The Whole Darn Family e com Foxy cantando no refrão um verso reescrito de "Ain't No Woman (Like The One I Got)" do The Four Tops, foi a música mais grudenta de Jay-Z até agora, uma guerra dos sexos moderna do hip-hop sobre um traficante infiel e a mulher sofredora e obcecada pelo dinheiro que o fez ser quem é. Cheia de sarcasmo (Jay-Z zomba de seu desempenho na cama com os versos "They say sex is a weapon/So when I shoot, meet your death in less than eight seconds" [Dizem que sexo é uma arma/Então quando eu atiro, você morre em menos de oito segundos"]) e sabedoria (Foxy reflete sobre a sina de muitas namoradas de traficantes com a triste confissão de que seu parceiro "transa com outras, mas me dá um monte de coisas"), "Ain't No Nigga" era engraçada, funkeada e verdadeira e incendiava as pistas de dança.

Um sucesso estrondoso da cena alternativa de NY foi um hino irresistivelmente dançante do conflito de gêneros: os caras a adoravam pela galinhagem sem vergonha de Jay e por ele se gabar de suas conquistas sexuais, as garotas a adoravam pela superioridade moral na resposta que Foxy lhe dá em troca. É um relacionamento no qual cada um faz valer seus direitos com ousadia sobre o outro, embora a personagem de Foxy saia na vantagem, respondendo às traições de seu homem com um desprezo amargo e exigências pela segurança que ele lhe deve. O personagem de Jay pode achar que está no controle aqui, prometendo tentar a monogamia, mas eventualmente desconsiderando sua promessa no verso seguinte, mas é Foxy quem tem o verdadeiro poder: emocional, moral e financeiro.

A música não era controversa só pela política sexual envolvida, com a insinuação interpretada por muitos na letra de que uma mulher deveria ser obrigada a aceitar as infidelidades do homem e lidar com o sofrimento como sua sina inevitável, mas também por causa de seu título. A palavra "nigga" [mano, nego] era de uso comum no hip-hop, mas ainda era um tabu para os ouvintes das rádios e uma frase com a qual a maioria dos DJs no ar não queria se associar, recusando-se a tocar a faixa com esse título. "De agora em diante", escreveu Janine McAdams na *Billboard* em junho: "'Ain't No N-G-A' colocará o pessoal da produção de rádio de hora extra. Nenhuma das emissoras ouvidas para essa história defende o uso dessa palavra no ar, mas suas soluções são variadas: alguns a cortam, outros substituem por 'brother' [mano] ou 'player' [malandro]". Percebendo que eles poderiam ter um sucesso enorme em mãos que definitivamente deveria ser lançado como um single, a Roc-A-Fella poupou os esforços das emissoras, gravando uma versão para rádio sem a palavra ofensiva com a intenção de lançar a faixa como "Ain't No Playa" em 26 de março de 1996.

O disco também teve um sucesso estrondoso no exterior. Nick Raphael, um olheiro de A&R da Sony BMG, conseguiu para Jay-Z um contrato com uma gravadora do Reino Unido depois de receber a faixa. "Will Socolof da Freeze Records me mandou um CD e um vídeo e me disse: 'Esse cara é incrível, mas precisa de uma gravadora maior para decolar. Você está interessado?' O disco que ele me mandou foi 'Ain't No Nigga' e eu pirei, pensando que tinha de contratá-lo! Não só ele era um artista brilhante, como também era um homem de negócios muito esperto. O modo como ele e seu gerente Damon Dash administravam seus negócios e seu selo tinha muita lógica."[70]

---

70. *HitQuarters.com*, 23 de maio de 2005.

A lógica gritava no ouvido de Jay-Z na época. "Dead Presidents" chegou às rádios. Ele fez um grande sucesso com "Ain't No Nigga" nas casas noturnas e garantiu a ele um contrato com uma grande gravadora do exterior. O single conseguiu disco de ouro, criando um turbilhão de interesse tamanho que o grande compilador de mix-tapes Ron G aparentemente planejava chamar sua primeira coletânea de "Dead Presidents". Jay-Z tinha de capitalizar sobre tudo isso compondo e gravando um álbum de estreia e rápido, pois ele precisava estar nas prateleiras no mais tardar no verão de 1996, ele calculou, antes de o burburinho acabar. Ele tinha no máximo quatro meses.

Era hora do jogo.

★ ★ ★

Fora das ruas, em um negócio legalizado e mesmo assim Jay-Z sofre uma emboscada. Traído por seu braço direito.

O cara que saiu das sombras para atacá-lo dessa vez era mais impressionante do que qualquer membro de gangue ou atirador profissional dos traficantes. Não só por causa do tamanhão do homem. Desde os anos quando eles se cumprimentavam de longe nos corredores da escola George Westinghouse, Biggie Smalls ganhou uma reputação notória no rap da costa leste, vendendo 2 milhões de cópias de seu álbum de estreia em 1994, *Ready To Die,* e agora aqui estava ele, invadindo a fortaleza do estúdio de Jay-Z, dentro de lá em segredo pelo sombrio intermediário DJ Clark Kent.

E agora, frente a frente na mesa de mixagem como uma verdadeira coisa Davi e Golias, Jay teria de tomar conta de Biggie, homem contra a montanha.

Foi uma trama tortuosa juntar Jay-Z e Notorious B.I.G. em uma faixa, urdida por Kent e Dash. Como DJ da turnê de Biggie, Kent provocava Biggie na estrada com uma fita de "Dead Presidents" antes de seu lançamento oficial, tocando-a o tempo todo e dizendo, meio de brincadeira, que Jay era um rapper melhor. "Todos ficaram fulos comigo", ele lembra. "No ônibus, eu era como um alien por tentar. Mas depois de Big ouvir (...) ele falou tipo: 'Clark, esse cara mandou ver. Ele mandou ver. Mandou mesmo'. Isso me deu a certeza de que não estava louco."[71]

Biggie ficou tão impressionado com a gravação que aceitou um convite para aparecer no vídeo, em uma ponta em uma cena no fim de jogo de dados com apostas altas, com os dados rolando entre garrafas vazias de Cristal. Em um intervalo da filmagem, Dash se aproximou

---

71. The Making Of Reasonable Doubt Told U So, *XXL,* agosto de 2006.

de Biggie enquanto ele e Jay relaxavam com D-Roc e Lil' Cease com uma oferta que era meio sugestão, meio desafio. "Damon chegou em Biggie, tipo: 'O que está rolando com esse disco? Você vai fazer alguma coisa com Jay?'", lembra o diretor de promoções da Roc-A-Fella Lenny Santiago. "Big falava: 'Sei lá, mano. Estou esperando vocês. Que é que você está dizendo?' Dame respondeu, tipo: 'Eu estou dizendo, mas a gente podia fazer agora'. Dame tentou fazer um teste com ele."[72]

Damon e Biggie beberam quase cinco garrafas de Cristal juntos para selar o acordo, medindo forças dose a dose. Antes de Dash cambalear para fora para vomitar, ele fez Biggie prometer ligar para o escritório da Roc-A-Fella às 17h do dia seguinte para marcar uma sessão conjunta. Durante a tarde de ressaca infernal, com certeza, o telefone da Roc-A-Fella tocou dolorosamente.

Embora não se tenha definido um plano para uma gravação nesse momento, a comunicação estava aberta e a semente da ideia foi plantada. Agora cabia a Kent regar. Na estrada, Kent tinha começado a juntar batidas para o disco do Junior M.A.F.I.A que Biggie supervisionava. Ele tocou suas batidas formulativas para Biggie no estúdio em um aparelho de som. Em uma sessão no início de 1996, Kent deixou a fita rolar por acidente na batida que ele pretendia guardar para uma faixa de Jay-Z, "Brooklyn's Finest", destinada ao primeiro álbum de Jay.

"Que faixa é essa, mano?", Biggie indagou. "Eu adorei."

"Essa é para o Jay-Z, esse garoto novo incrível".

"Eu preciso cantar nessa batida".

"Eu vejo o que posso fazer", Kent disse a Biggie. "Mas que fique avisado, esse cara pode aguentar o tranco contra você."

Biggie apreciou o desafio de tomar conta desse talentoso jovem rapper sobre quem Kent o vinha zoando, então Kent agiu como um intermediário, sugerindo a Jay-Z basicamente duelar contra Biggie na gravação. Debateu-se muito a ideia. Kent estava empolgado com a possibilidade, mas Jay-Z e seus conselheiros tinham suas preocupações. Irv Gotti telefonava diariamente para desencorajar Jay de ter um nome tão pesado quanto Biggie na faixa, pois isso faria Jay parecer um participante qualquer em vez do astro principal da música, não seria mais a canção de Jay. "Eu não queria que essa gravação acontecesse", diz Gotti. "Eu era contra ela e estava inflexível. Eu disse: "Eu tenho medo de você fazer [uma gravação] com Biggie e parecer esse homem mísero'."[73]

---

72. Ibid.
73. Ibid.

Jay estava confiante que aguentava o tranco contra Biggie, mas o time da Roc-A-Fella não gostou muito da ideia de no fim ser obrigado a mostrar respeito e aclamação ao selo de Biggie Bad Boy Records e seu arrogante empresário fundador Sean "Puffy" Combs, vulgo Puff Daddy. A Roc-A-Fella era da costa leste na carne e no sangue, mas as tensões crescentes entre a Bad Boy Records e a Death Row na costa oeste (desde que Tupac se convenceu de que Biggie e Combs estavam por trás do roubo e tiroteiro contra ele no lobby de um estúdio de Nova York em 1994) fizeram qualquer associação com a Bad Boy se parecer com pisar em um campo minado. Combs na época também ficou sob o ataque do chefão da Death Row Suge Knight, que usou seu discurso no Source Awards em agosto de 1995 para criticar a tendência de Puffy de aparecer por acaso nas gravações de seus artistas e dançar em seus vídeos. Quando Suge foi baleado no braço na festa de Jermanine Dupri em Atlanta, também frequentada por Combs, as suspeitas caíram imediatamente sobre o campo da Bad Boy.

Estejam ou não relacionados a isso, os problemas parecia adorar Combs em 1996. E problema era algo que Jay-Z era especializado em evitar.

Em uma das muitas intensas sessões de gravação nas quais Jay-Z se apressou no D&D Studios para gravar seu álbum de estreia, o debate ficou acalorado, com Kent disposto a convencer Jay a aceitar Biggie, Jay sem saber se essa era a coisa certa para ele e um inflexível Dash recusando-se a pagar uma grande quantia pela participação de Biggie. Mais tarde, ainda sem tomar uma decisão, Jay foi para a cabine de gravação para fazer suas estrofes. Mas Kent tinha outras ideias. Ele saiu de fininho e foi à rua onde Biggie aguardava em um carro e o levou escondido para cima. "Eu fui pegar Big, levei-o para cima e eles se encontraram da maneira certa, direito. E todo mundo ficou: 'Bem, se você vai fazer isso de qualquer jeito...'"[74]

Embora Jay-Z tenha ficado chocado por de repente se ver apresentado a essa figura hercúlea do rap de NY em seu estúdio, ele nunca foi homem de fugir da batalha contra os maiores. O primeiro empate veio com papel e caneta. Com um bloco entre eles na mesa, Jay o empurrou para Biggie escrever sua estrofe. Biggie empurrou de volta. "Vai em frente", disse Biggie com gestos para Jay. "Não, você primeiro", Jay retrucou, sinalizando para Biggie pegar o papel. Alguns minutos depois eles perceberam uma semelhança grande e significativa entre eles. Nenhum deles anotava suas rimas.

---

74. Ibid.

Enquanto Biggie ficava sentado fumando baseado na sala de controle, balançando a cabeça junto com as rimas de Jay e as sobrancelhas arqueadas em admiração, Jay-Z cuspia seus gritos de guerra confrontacionais nele. "You think your little bit of rhymes can play me?...I twist your shit/The fuck back with them pistols/Blazin' hot like Cajun... I rhyme sick/I be what you're trying to do" [Você acha que suas riminhas podem contra mim?... eu arraso sua baboseira/no melhor estilo balaço na cabeça/Ardendo como pimenta... minha rima é animal/Eu estou onde você tenta estar]. Plantando-se em um lado de uma rivalidade violenta imaginária e fazendo ameaças de morte em um tiroteio ("So you sent your little mans to come kill me/But on the contrilli, I packs the mack-milli... left them paramedics breathing soft on him" [Então você manda seus homens virem me matar/mas, pelo contrário, eu escondo uma pistola... deixo-os com os paramédicos]), Jay não se deteve, ele atirava com duas armas. Sobre scratches brilhantes de nu-soul tirados de "Ecstasy" do The Ohio Players e "Brooklyn Zoo" de Ol' Dirty Bastard, este foi um ataque completo que em um nível atingia Biggie como seu opositor direto, mas, por outro lado, aliava-se a ele na crescente rivalidade costa leste/costa oeste divulgando a glória do Brooklyn e de Nova York e celebrando sua parceria: "Jay-Z e Biggie Smalls, nigga shit your drawers" [Com Jay-Z e Biggie Smalls, os manos cagam de medo].

Surpreso com a convicção e acidez das estrofes de Jay-Z, com espaços deixados por ele para encher com as suas, Biggie deu mais uma baforada em um de seus muitos baseados da tarde e resolveu que não teria pressa em responder à artilharia de Jay. "Biggie aparecia e fumava uns 60 baseados", diz Burke. "Ele criava um verso ou dois, então dizia que não conseguia continuar, ele tinha de ir para casa e terminar."[75]

Jay achou que essa seria a última vez que ele ouviria a parceria acontecer. Ainda assim, eles brindaram ao esforço. Naquela noite, Biggie, Jay e a equipe da Roc-A-Fella saíram juntos e foram assistir a um show de comédia de Bernie Mac no Radio City Music Hall e se confraternizaram com taças de Cristal.

Sem dúvida, as estrofes de Biggie para "Brooklyn's Finest" chegaram à mesa de mixagem de Kent dois meses depois, incendiárias. Com o benefício de saber antes contra o que lidava liricamente, ele deixou suas palavras maldosas e inflexíveis, cheias de cutucões à reputação de traficante de Jay, insinuações de ligações com o alto escalão da máfia e imagens de uma vingança violenta ("Fuck fist fights and lame scuffles/ Pillow case to your face, make the shell muffle/Shoot your daughter in

---

75. Ibid.

the calf muscle"[Fodam-se as brigas de socos e lutinhas capengas/coloco uma fronha em sua cara, preparo o silenciador/Atiro na panturrilha de sua filha). Ele nem conseguiu resistir a dar uma alfinetada em Tupac, como se arrastasse Jay-Z para a briga: "If Fay had twins she'd probably have two-pacs" [Se Fay tivesse gêmeos, eles provavelmente seriam dois tupaczinhos].[76] Mas as estrofes davam a falsa ideia de que, após sua noite no show de Bernie, Jay e Biggie ficaram grandes amigos. Jay até o convidou para ir até Miami em março para fazer outra ponta no vídeo para um lançamento decente de "Ain't No Nigga".

Em Miami, entre a recriação das cenas de *Scarface* como um elo na introdução, filmando em bares de piscina em decoração *art déco* e carros esportivos modificados pela Ocean Drive,[77] a Roc-A-Fella jogava tão pesado quanto trabalhava. Biggie até planejou deixar Jay-Z chapado no set, entregando a ele um baseado bem mais forte do que ele esperava. Poucos minutos depois Jay percebeu que estava alto demais para se apresentar direito e, como sempre foi maníaco por controle, resolveu nunca mais perder o foco em seu trabalho.

De volta ao estúdio de mixagem, Kent enfiou Biggie e Jay-Z juntos na faixa entre o refrão que ele construiu com os vocais da recém-premiada com um Grammy Mary J. Blige, com que ele trabalhava no álbum novo de Biggie. A participação de Blige foi outra ação de sucesso do time trabalhando no álbum de estreia de Jay-Z, pois ela estava se sentindo bem com o enorme sucesso de "Not Gon' Cry" nos Estados Unidos. Mas o tempo voa, e a faixa ainda precisava de um gancho final.

"Clark Kent e eu tivemos de criar um gancho", diz Dash. "Nós tínhamos de entregá-la tipo no dia seguinte."[78] Enquanto as horas passavam até a madrugada no Giant Studios e o prazo se aproximava, aos poucos os músicos desapareceram. Burke e Jay saíram pela porta com promessas de voltar e terminar o gancho evasivo. "Eles me deixaram lá e não voltaram mais", diz Kent. "Então eram tipo 3h da manhã quando eu resolvi escrever e gravar um gancho. É minha voz lá."[79]

★ ★ ★

Biggie Smalls estava longe de ser a única colaboração com quem Jay-Z trabalhou em suas longas horas no D&D naquela primavera, com

---

76. Uma referência à alegação de Tupac de ter dormido com a esposa de Biggie em "Hit 'Em Up".
77. Cenas do vídeo que foram intercaladas com fragmentos do filme *O Professor Aloprado*.
78. The Making Of Reasonable Doubt Told U So, *XXL*, agosto de 2006.
79. Ibid.

a adrenalina o mantendo acordado por semanas a fio. Ele reuniu um forte time de produtores para fornecer suas batidas, cada um trabalhando entre outras gravações e competindo para colocar suas faixas no disco de Jay-Z. Seu time foi encorajado a mergulhar no soul dos anos 1970 para pegar samples e inspiração, uma fonte rica de emoção e significado para Jay. As antigas faixas de Isaac Hayes, The Stylistics e The Four Tops tinham um brilho de magia da infância para ele e Jay ansiava pela satisfação de sentir que continuava a linhagem desses artistas imortais da coleção de discos de seu pai, fazendo uma homenagem a eles ao recriá-los.

Então, Knobody[80] lhe deu um vocal de fundo provocante para "Can't Knock The Hustle" que ele tinha composto com os coprodutores Sean C e Dahoud Darien a partir de samples de "Much Too Much" de Marcus Miller, "Fool's Paradise" de Meli'as Morgan e "I Know You Got Soul" de Eric. B & Rakim na casa da sua mãe em 1994.[81] Irv Gotti, da mesma forma, recorreu ao clássico de Isaac Hayes "The Look of Love" como inspiração para "Can I Live", enquanto estava em uma gravação em outro estúdio com o Camp Lo, Ski Beatz produziu e apresentou o sample de Ahmad Jamal para "Feelin' It", uma música que não era para Jay-Z a princípio, como Ski explicou. "Éramos eu e Geechi Suede do Camp Lo, era meu gancho e tudo o mais. Jay ouviu e ficou tipo: 'Eu quero essa música. Não sei o que você faz, mas eu quero essa música'. Eu não queria dar para ele, mas tive de fazer isso porque eu sabia que ele seria o cara na época. Então eu disse: 'Foda-se, pegue a música. Ele matou a pau de sua maneira.'"[82]

Se isso soa mercenário, apenas reflete a vantagem competitiva e os padrões exigentes que Jay-Z estimulou nas gravações. Por exemplo, no espaço de uma tarde Ski chegou antes de Kent com sua versão de "Politics As Usual", usando um sample do grupo Stylistics, adorado por Jay-Z, que por coincidência Kent também trabalhava exatamente ao mesmo tempo. "Eu estava andando de carro com a mãe de meu bebê", lembra Ski. "Eu coloquei na emissora de sucessos antigos e tocou 'Hurry Up This Way Again' do Stylistics. Eu disse: 'Ei, essa merda é doida.

---

80. Um produtor de NY aclamado por seu trabalho em "Funky Piano" da trilha sonora do filme *New Jersey Drive* e que impressionou seus vizinhos Dash e Jay-Z com as primeiras batidas que ele fez desde que seu grupo se separou.
81. A faixa também acabou tendo a participação de Mary J. Blige, gravando seus vocais de "Can't Knock The Hustle" junto com Jay durante uma série de apresentações fora de Nova York, em Tampa, na Flórida. Retrabalhar o gancho vocal de "Fool's Paradise" em "Can't Knock The Hustle" foi ideia de Blige.
82. The Making Of Reasonable Doubt Told U So, *XXL,* agosto de 2006.

Se eu samplear isso aqui e cortar bem e deixar Jay ouvir, ele vai ouvir essa porra e adorar'. Naquele mesmo dia, ela me levou a uma loja de discos antigos e eu levei para casa naquela noite, cortei e toquei para o Jay no dia seguinte. Ele ficou louco com ela. O engraçado é que, ao mesmo tempo, Clark encontrou o sample também e fez. Mas acho que o meu era um tiquinho mais legal."[83]

Kent discorda. "Eu levei para ele a mesma batida, tipo, uma hora depois. Jay falou: 'Dag, acho que a sua tá um pouquinho melhor (...) mas ele [Ski] me mostrou primeiro'."[84]

Sean C se lembra do método incomum da Roc-A-Fella pagar os participantes do disco. "Eles pagavam aos manos com uma caixa de sapato com dinheiro. Eram notas de cinco ou de um (...) tinha uns três contando o dinheiro. Não era muito. Digamos que não passava de dez paus."[85]

Assim como a gravação atingia um pico intenso no início de abril de 1996, o lançamento do single de "Ain't No Playa" mudou o andamento de toda a máquina. A música foi escolhida para a trilha sonora do novo filme de Eddie Murphy, *O Professor Aloprado,* e foi um estrondo, chegando ao número 50 do Hot 100 da *Billboard* e ao topo da parada Hot Dance Music. De repente, Jay-Z era o queridinho e suas ligações para os rappers eram respondidas de cara. Esse enorme novo respeito era ainda mais evidente pelo envolvimento de DJ Premier, vulgo Primo, um contato para mix-tapes entre os melhores produtores de hip-hop de todos os tempos graças a seu trabalho com Ice-T, Cookie Crew, Soul II Soul, Biggie e Nas. Premier produziu três faixas: "Friend Or Foe",[86] "Bring It On"[87] e "D'Evils", para a qual ele usou seus contatos com a costa oeste para conseguir permissão para retrabalhar versos e usar samples de Dr. Dre e de Snoop Dogg. Mas seu maior presente para o projeto foi bem maior: seu nome e endosso. O fato de Primo estar a bordo fez de Jay-Z um figurão.

Na verdade, a única colaboração de um grande nome que não saiu como o planejado foi Nas. Quando Jay-Z finalmente o convenceu a participar de uma faixa no álbum, "Bring It On", junto com seu parceiro de Firm AZ, os dois não apareceram na gravação. Jay-Z então chamou alguns velhos amigos para preencher o espaço: Big Jaz e Sauce Money. Mas o bolo de Nas não seria esquecido.

---

83. Ibid.
84. Ibid.
85. Ibid.
86. Criada sobre um sample de "Hey, What's That You Say" do Brother To Brother.
87. Sampleando "1, 2, Pass It" do D&D Allstars.

Então, Jay-Z tinha um sucesso nas paradas, um álbum quente a caminho, sua própria gravadora muito comentada, um contrato com uma grande gravadora internacional e um bando de astros do rap e grandes produtores acrescentando peso e renome a seu disco. Seu novo império do rap estava quase completo. Tudo que ele precisava agora era um aprendiz.

Ele já tinha a música pronta para ele. Chamava-se "Coming of Age", um dos números de Kent envolta em um tipo de balanço no estilo blaxploitation de "Inside You" de Eddie Henderson e a rima que Jay escreveu sobre ela foi uma conversa entre um aspirante a traficante e o mentor o entrevistando para o emprego. O personagem do mentor de Jay-Z na música, vendo um pouco de si na ambição do garoto que "supervisiona minhas pedras", sente uma lealdade em seu entusiasmo e resume para ele o caminho profissional do traficante desde empurrar 1/8 de onça [seis gramas] de droga até mudar de peso, tudo enquanto mantém seu perfil fora do radar. Mas o teste final coloca a ganância contra o comprometimento. Jay oferece ao garoto mil dólares para se livrar dele e o garoto recusa: "Eu quero as riquezas e vadias a longo prazo". O garoto começa na segunda.

Jay tinha um jovem rapper em mente para o papel de *trainee* nesse cenário: Shyheim, com que cantou em "Show & Prove" de Kane. Mas o primeiro álbum de Shy, *AKA The Rugged Child*, já tinha chegado ao número 7 da parada de R&B nesse ponto e as pessoas ao redor dele não viam seu astro em ascensão como aprendiz de ninguém. "É uma honra que eu tenha um impacto desses sobre ele [Jay]", Shyheim diria mais tarde. "Eu nunca realmente tive noção da extensão com que era visto. É meio perturbador porque, ao ser um artista quando se é jovem e tal, as pessoas tomam decisões por você e essa [não aparecer naquele disco] foi uma que não sei quem tomou (...) mas eu particularmente não diria não. Se alguém me dissesse algo como: "Yo, Shy", então talvez nós tivéssemos tido aquele diálogo e teria um resultado diferente (...) Poderia, deveria, teria, mas é o que é."[88]

Então Jay-Z saiu à caça de um garoto com o mesmo tipo de artilharia e atitude que vira no jovem Shyheim, alguém para aconselhar do nada, para introduzir no rap. E que lugar melhor para encontrá-lo do que no Marcy, onde os jovens combatentes famintos dilaceram as gargantas um do outro à noite?

No dia seguinte da rejeição de Shyheim, Jay estava lá nos círculos no pátio de novo, dessa vez observando à margem em vez de roubando

---

[88] *HipHopDX.com*, Sean Ryon, 10 de novembro de 2010.

a cena. Ele percebeu um rapper magro de 18 anos com um flow parecido com fogos de artifício e um brilho ávido nos olhos chamado Malik Cox que vivia dois andares acima dele em seu bloco no Marcy. O adolescente estava disposto, mas, para manter o espírito e a história da música, Jay o testou. Ele deu 24 horas para Malik aprender suas partes de "Coming of Age", então o mandou embora com um papel de letras manuscritas ilegíveis de propósito, impossíveis de ler. Na noite seguinte, no apartamento de Jay-Z, Malik chegou pilhado e entusiasmado. Jay se ofereceu para comprar comida para ele. Malik pediu seis cheeseburgers com bacon e devorou tudo. De barriga cheia, mas ainda cheio de fome, ele então ricocheteou pelos versos de "Coming Of Age" como um lêmure engaiolado. Ele era exatamente o que Jay-Z queria. Horas depois ele gravou os vocais no estúdio no porão de Kent e o nome de Malik foi esticado e contorcido para caber na lenda do hip-hop que Jay queria que ele se tornasse. Adeus Malik Cox, olá Memphis Bleek.[89]

No fim da gravação, Jay estava aliviado. "Nem era como se eu estivesse fazendo música", ele disse. "O estúdio era mais um divã de psiquiatra para mim. Toda a merda que eu passei e toda a merda que eu queria dizer saía. Era como um 'afe!'"[90]

Veio maio de 1996, bem no prazo, o álbum estava pronto para ser enviado ao Platinum Island Studios na Broadway para a mixagem. E qualquer dúvida desarrazoada sobre o brilhantismo de Jay-Z estava prestes a ser apagada.

No melhor estilo da máfia.

---

89. Em turnês futuras, quando Jay-Z e Memphis Bleek reencenavam a história de "Coming of Age" ao vivo, Jay entregava a Bleek um punhado de dólares falsos no verso "Here's a thou'..." [Eis aqui mil] e Bleek jogaria o dinheiro no público com o aparte casual: "A G? I ride wit you for free..." [Mil paus? Vou contigo de graça].
90. *Blues & Soul*, Pete Lewis, dezembro de 1998.

Capítulo 5

Streets Is Watching

"Ok, ok, ok, cara, você quer ganhar uma boa grana, hein? Vamos ver se é durão. Você sabe alguma coisa sobre cocaína? Tem um monte de colombianos chegando na sexta, novatos, eles dizem que têm dois quilos para nós para o começo, cocaína pura. Quero que vá até lá e se eles disserem a verdade você compra e traz de volta. Se puder fazer isso, ganha 5 mil."
— Pain In Da Ass recitando o roteiro de *Scarface*, *Reasonable Doubt*

As quatro garotas no carro, estacionado do lado de fora do prédio residencial em plena luz do dia, estavam impacientes.

"Ele está lá agora", disse a motorista, irritada. "Você sabe o que ele está fazendo? O que está rolando?"

Do banco de trás, uma segunda garota espumava de raiva. "Eu acho que a gente devia ir lá e meter bala no seu traseiro mentiroso e traidor. Nós vamos lá meter bala ou o quê? Ele está te traindo, garota. Ele. Está. Te. Traindo."

Mary J. Blige, a rejeitada no banco da frente, levanta seus óculos escuros com estampa de oncinha e olha a rua. Ela bate o olho em Jay-Z, de fedora preto, terno Michael Corleone e echarpe branca estilo *Poderoso Chefão* quando ele sai do edifício suspeito, com a amante pendurada para beijar seu pescoço.

Um sorriso conhecido.

Enquanto uma trilha sonora no piano digna de um vacilante filme mudo dá lugar a um balanço soul suave, Jay-Z empurra sua amante para um lugar seguro e se joga para se proteger.

Então, do carro, as balas começam a voar.

Daí, com a fala introdutória de *Scarface* recriada por Pain In Da Ass e com o esquete de abertura no vídeo para sua primeira faixa "Can't Knock the Hustle", determinou-se o tom para o álbum de estreia de Jay-Z, *Reasonable Doubt*. Esse era um disco criado para embaçar as fronteiras entre o fato do tráfico e a ficção cinematográfica, imprimir um senso de mito, mistério e classicismo do culto ao crime sobre uma história de vida bem real. *Reasonable Doubt*, na tradição de *Only Built 4 Cuban Linx...* de Raekwon e *Doe Or Die* de AZ, foi um disco de rap mafioso, fazendo uma caricatura do mundo de Lexuses, Cristal e das durezas do tráfico de Jay-Z acomodando-o no celuloide antiglamour do crime organizado. Eram fatos envoltos em fantasia.

Exceto pela batalha com Biggie em "Brooklyn's Finest", as cambalhotas das rimas da melancólica "22 Two's" e a briga do rap de "Ain't No Nigga", *Reasonable Doubt* foi quase inteiramente feito de missivas semiautobiográficas da vida de Jay-Z nas ruas. Jay o arranjou para contar uma história, traçar o arco do traficante desde a arrogância do jogador em ascensão até o maníaco paranoico no topo da árvore. Então "Can't Knock The Hustle", esvaindo-se em um uma pulsação funk deliciosa e com refrões quentes de diva do soul de Blige, retratava um traficante ambicioso de sucesso novo na jogada, "fazendo metas de curto prazo" e um bom dinheiro, "seis dígitos e contando", mantendo dinheiro o suficiente à mão para pagar sua própria fiança e desperdiçando o resto em jogos de dados, carros rápidos, diamantes e champanhe. Havia indícios de algum perigo distante, mas eles eram esmagados e deixados de lado pela sensação de invencibilidade trazida pelo estoque ilimitado de cédulas, "let's get together and make this whole world believers at my arraignment" [vamos nos reunir e fazer o mundo todo acreditar em minha denúncia].

Na música com aparência de disco "Politics As Usual", com uma sirene ao fundo do Stylistcs, vemos o mesmo traficante com a cabeça um pouco cheia. Agora ele tinha de verificar o histórico de compradores em potencial, trabalhar em empregos diurnos para tirar a receita federal de sua cola e avisar seus inimigos para não subestimá-lo. Ele percebia que, uma vez perdido para a vida criminal, os laços nunca serão totalmente cortados: "Sucking me in like a vacuum/I remember telling my family 'I'll be back soon'/That was December '85/Then Jay-Z rise 10 years later/Got me wise, still can't break my underworld ties [Sugando-me como um vácuo/Lembro de dizer à minha família: 'Eu volto logo'/Isso foi dezembro de 85/Então Jay-Z surge dez anos depois/Percebi a jogada, ainda não consigo quebrar meus laços com o submundo]". E por "hittin' towards a mil'" [chegar ao milhão]" no banco ele poderia sentir uma mudança em si enquanto era arrastado mais para dentro: "The game changed, it's like my mind just ain't right [A jogada mudou, é como se minha mente não estivesse bem]".

"Dead Presidents" nunca conseguiu chegar ao *Reasonable Doubt* e em seu lugar ficou "Dead Presidents II", a mesma faixa com uma letra diferente nas estrofes. Onde a original temia o informante, a sequência sentia a rede dos federais se fechando e as gangues rivais carregando as armas. Em uma referência aos tiros quase fatais em Jay: "I had near brushes/Not to mention three shots close range/Never touched me" [Eu tive quase um ataque surpresa/Sem mencionar três tiros à queima-roupa/Nunca me tocaram], esse traficante sabia agora que "factions from the other side would love to kill me/Spill three quarters of my blood into the street [as facções do outro lado adorariam me matar/Derramar três quartos de meu sangue na rua]" e que "the Feds is buggin' my life [os federais estão me atrapalhando a vida]". A honra ainda mandava nas ruas: Jay jurou "trucidar" os assassinos de um membro de sua equipe morto a tiros disparados de um carro em movimento, mas tanto quanto o dinheiro aumentava e os caras maus continuavam ganhando,[91] ele sabia que era hora de ascender no negócio ou se mudar.[92]

Primeiro, ele pensou em se mudar. A faixa no estilo lounge tocada no piano "Feelin' It" foi uma visão do estilo de vida extravagante do hip-hop com que Jay-Z começava a se acostumar. Aqui o sucesso chamava sucesso, a equipe concordava, garantia que ninguém em seu círculo ficasse rico para que "ninguém caísse, pois todos são a muleta um do outro". Agora o superastro do rap poderia se lembrar de seus caminhos no tráfico com um alívio silencioso e uma pontada de remorso pelo dano que causou, mandando salves a "all the towns like Cambridge that I killed wit shit" ["todas as cidades, como Cambridge, que eu matei com essa merda"] e à sua mãe que "prayed I'd stop/Said she had nightmares snipers hit me with a fatal shot" ["rezou para eu parar/Disse que tinha pesadelos com atiradores da elite me matando"]. Embora nesse cenário Jay estivesse fora, sua liberdade é difícil de comprar.

Então, depois desse universo paralelo mais sombrio, Jay explorou a trajetória do traficante que mergulha mais fundo na jogada. Iniciada com a criação Snoopesca redentora de Ski, "D'Evils" era uma litania de desespero e violência de um traficante tomado por sua cobiça por lucro, entrando em desespero porque "for the love of money I'm giving lead

---

91."I'll tell you half the story, the rest you fill it in/Long as the villain win" [Vou te contar metade da história, você preenche o resto/desde que o vilão vença], Jay cantava, sugerindo uma meia verdade em sua história. Um aparte interessante e enganoso, pois ele depois insistiu em suas credenciais como um "verdadeiro" ex-criminoso: "You fake thugs is *Unplugged* like MTV/I empty thee, take your treasure, my pleasure [Vocês bandidos falsos são Acústicos como na MTV/Eu esvazio vocês, pego seu tesouro, com prazer]".
92. "Dead Presidents II" se tornou a versão definitiva da faixa, considerada a 16ª melhor música de rap no *About.com*.

showers" ["por amor ao dinheiro estou mandando chumbo grosso"]. Ele se voltou contra um amigo da infância quando eles brigaram por território, sequestrou-o, subornou e por fim tentou assassinar a "mãe do bebê" do cara para descobrir seu paradeiro. No final da música ele estava roubando e despojando as pessoas nas ruas, um maníaco tão fora de controle quanto qualquer viciado em crack, firme no domínio desses "D'Evils" [Demônios] internos. Na épica digna de uma orquestra de jazz "Can I Live", o personagem reconheceu que traficava por "a sense of hopelessness, sort of desperation (...) sorta like the fiends we accostumed to serving" ["uma sensação de desesperança, um tipo de desespero (...) meio como os diabos que estamos acostumados a servir"] e galgou os postos para se proteger de "every nigga watching me closely" ["cada neguinho me observando de perto"] e para acalmar seus medos e psicoses, observava a distância seus trabalhadores selarem os negócios na linha de frente. Mas até esse ponto ele não conseguia dormir, sempre nervoso, sua mente estava "fried to a fricassee" [frita como uma omelete] e ele ainda estava desafiadoramente temendo por sua vida, por isso o verso agora lendário: "I'd rather die enormous than live dormant" [Prefiro morrer enorme do que viver entorpecido]". Sua vida passou de suítes presidenciais caríssimas em Vegas e viagens a Maui ao entendimento das "atrocidades" que tinha de supervisionar nas ruas para manter isso tudo. No fim, mesmo afirmando viver um sonho, ele ainda implorava para o deixarem apenas existir, sem medo.[93]

No resto do álbum, Jay-Z tratou das minúcias do tráfico, descrevendo o tipo de cenas convencionais que um traficante encontra diariamente. Após um esquete curto no qual uma gangue rival se prepara para atacar a operação de Jay-Z por causa de dinheiro, a carregada de instrumentos de sopro de metal de Premier "Friend Or Foe" mostra Jay enfrentando invasores forasteiros se intrometendo em sua área em um embate de coragem e armas. Suas ameaças calmas, mas cruéis, encerraram a competição de vez e Jay até os assustou a ponto de eles darem a chave de seu quarto de hotel onde suas drogas e armas estariam estocadas e depois fugirem.

Em "Coming of Age", em um brilhante ritmo de soul do DJ Clark Kent, ele recrutou o aprendiz Memphis Bleek. Depois de interpretar o cafetão ronronando em "Cashmere Thoughts", comparando suas rimas a mercadorias de alto nível: cashmere, ouro, pele de mink, bons vinhos, tapetes persas, diamantes, filé mignon e pérolas, e de ser defrontado furiosamente sobre dinheiro, carisma e peso por Big Jaz e Sauce Money

---

93. Em sua autobiografia *Decoded*, Jay-Z diz ter aprendido sozinho a segregar mentalmente e descartar tais pensamentos, aqueles "que sabotam".

em "Bring It On", o álbum terminava em um tríptico completo do dano que o tráfico pode causar.

"Regrets", um balanço nervoso cheio de um triângulo cintilante e um refrão com um violão recorrente juntados pelo produtor Peter Panic a partir de "It's So Easy Loving You" dos mestres do jazz Earl Klugh e Hubert Laws, descrevia três cenários: no primeiro um chefão das drogas observando de sua BMW com um binóculo uma operação policial que pode ter deixado um de seus aprendizes morto. No segundo, um traficante em ascensão se vê apontando uma arma com mãos trêmulas em seu primeiro mau negócio. No último, uma rixa de gangues entre velhos amigos, parecida com a de "D'Evils". Todos os três personagens estavam surtando sob a pressão emocional e cheios de remorsos: o chefe por colocar sua equipe em situações ameaçadoras, o jovem traficante pela culpa que carregará com ele e a dor que causará à sua mãe por atirar em um homem e o membro da gangue briguento, bem, ele lutava contra as "tendências suicidas", a eternidade no inferno garantida para ele e a perda de um pai que poderia tê-lo tirado de seu caminho de solidão e vingança. A mensagem de "Regrets" foi que, seja qual for a estrada para a qual a vida no tráfico o arrasta, só pode terminar em morte, angústia e uma consciência torturada que arruína uma vida inteira.

Foi esse arroubo de verdade franca de dentro da jogada, combinado com uma honestidade pessoal brutal, vulnerabilidade emocional e sabedoria, tudo envolto nos cobertores familiares do soul e do funk clássicos dos anos 1970, que fez de *Reasonable Doubt* uma referência instantânea do rap. Embora tenha trazido à tona a obstinação e a arrogância dos muitos em voga no gangsta rap, com detalhes grotescos do tráfico em abundância, ele ao mesmo tempo enfraquecia essa imagem com toques de medo, remorso, desespero e humanidade. Em vez de uma figura impenetrável e irritadiça do submundo do gueto como aquelas retratadas por Ice-T, N.W.A., o próspero Wu-Tang Clan ou o combatente beligerante da liberdade de Chuck D, Jay-Z era o rosto sossegado, seguro e humano do rap mafioso, suas rimas são tão afiadas quanto as da poesia modernista e suas batidas são tão familiares e dignas de confiança quanto *Shaft*.

Embora a condição seminal do álbum demorasse décadas para se estabelecer por completo, pois só em 2003 as revistas *Rolling Stone* e *Blender* o incluiriam em suas listas dos 500 maiores álbuns de todos os tempos e entre os 500 CDs que você deve ouvir antes de morrer respectivamente, só em 2004 a *Vibe* o incluiria em sua parada dos 51 álbuns representativos de uma geração, um som e um movimento e só em 2007 a MTV o consideraria o sexto melhor álbum de hip-hop já feito, as críticas iniciais foram bem favoráveis. Dimitri Ehrlich da *Entertainment Weekly* deu ao álbum de Jay-Z uma nota B+, elogiando sua "confiança irresistível, uma voz que transpira a autenticidade de um valentão e batidas sem enfeites, mas convenientemente combativas". A *The Source* o classificou com quatro de cinco microfones e seu crítico Charlie Braxton comentando: "[Jay-Z] flui como se conversasse com você em uma festa ou na rua, dando relatos de conquistas masculinas ou contando histórias simples da sobrevivência na rua", embora também repreenda o respeito aparente de Jay-Z pelas mulheres no álbum.

Demoraria para os críticos reconhecerem a mudança cultural no rap iniciada pelas letras do álbum. "Os MCs definitivamente abordaram (...) o tráfico". Dream Hampton disse: "mas Jay falou sobre o que ele pode causar à paz interior da pessoa e o que pode fazer com sua cabeça". Na revista *Vibe*, em 2011, ela ampliou seus comentários para interpretar *Reasonable Doubt* como pertencente a uma "era que só agora podemos compreender como um zênite no hip-hop", posicionando o álbum ao lado das prolíficas gravações de Tupac e os auges de Biggie, Mary J. Blige e Nas: "Jay conseguia dizer em três compassos o que outros compositores precisavam de três estrofes para comunicar (...) O que ele não dizia parecia tão importante quanto o que dizia, suas pausas tinham peso, ele tratava o espaço como um bloco de concreto, envolvendo uma batida, pintando imagens com flexões tão frequentes quanto o vocabulário (...) Jay preenchia os detalhes e, ainda mais importante, traçava o perfil do dano colateral psíquico do estilo de vida (...) Paranoia, inveja, cobiça e vício foram o preço do sucesso". Steve Huey do *AllMusic* declarou que a destreza lírica de Jay "ajuda *Reasonable Doubt* a se classificar como um dos melhores álbuns do renascimento do hip-hop nova-iorquino dos anos 1990 (...) Sua petulância beira a arrogância, mas ele é brincalhão e espirituoso e transpira uma tranquilidade sem esforço e impassível o tempo todo (...) Jay-Z grava pensativo, não entusiasmado, sobre o lado negro das ruas". Em 2001, Steve Juon da *RapReviews* o aclamaria como "não só o álbum definitivo do catálogo da H To The Izzo, é um dos dez discos de rap mais importantes de toda a década de 1990. É possível viver sem tê-lo ouvido, mas depois que o ouve, você vai querer saber como conseguiu ficar sem ele". Ryan Schreiber da *Pitchfork* o chama apenas de "um dos álbuns marcantes do hip-hop".[94]

---

94. A influência do disco no hip-hop se espalharia também. O The Clipse recriou a vibe de *Reasonable Doubt* para "We Got It For Cheap" em 2006, enquanto gente como The Game, Jean Grae, Chubb Rock, Termanology, Apathy, Mary J. Blige e De La Soul samplearam ou falaram do álbum nas músicas.

Porém, até em 1996 muitos notaram logo de cara como ele trazia um refinamento de primeira qualidade ao rap e como Jay se saía bem contra Biggie em "Brooklyn's Finest", citando a faixa como algo extraordinário. Como resultado, os dois amigos começaram a conversar sobre outras colaborações, talvez em um supergrupo de rap chamado The Commission que também incluiria Sean Combs, uma MC chamada Charli Baltimore e um monte de outros, no estilo da versão da costa leste do coletivo da Death Row formado por Tupac Shakur, Snoop Dogg e Dr. Dre. Em noites regadas a brandy e tardes cheias de champanhe Cristal, conquistando salas dos fundos inteiras de restaurantes prestigiados de Manhattan, Biggie o estimulou a batalhar por um *status* de ganhador de disco múltiplo de platina e encher arenas, tornando-se o primeiro superastro de arena do hip-hop. Mas mesmo com *Reasonable Doubt* chegando às ruas em 25 de junho de 1996 e atingindo o número 23 na parada Hot 200 da *Billboard*, rumando para 420 mil cópias vendidas em seu primeiro ano,[95] Jay ainda insistia que seu *status* de disco de ouro seria o último, que ele sairia do rap para focar na administração de seus negócios. Foi uma atitude estimulada, como se suspeita, por sua falta de alcance fora da cidade de Nova York em 1997 ou pelas ameaças de morte que ele recebia sempre que tinha um show agendado na costa oeste por causa de sua ligação íntima com Notorious B.I.G. e, por isso, a polícia de Los Angeles o obrigava a cancelar suas apresentações na Califórnia. O promotor da primeira apresentação de Jay-Z em Vegas, Andreas Hale, que mais tarde se tornaria editor chefe do site de rap *HipHopDX*, relatou que a sessão de autógrafos em sua loja de discos logo depois do lançamento de *Reasonable Doubt* atraiu cerca de dez fãs e a apresentação no muito ambicioso Huntridge Theater reuniu mais ou menos o dobro desse número, apesar da pechincha de dez dólares pelo ingresso.

Mas, enquanto o álbum se espalhava por Nova York, tornando-se um clássico da costa leste, e enquanto "Can't Knock The Hustle", lançado como single em 27 de agosto, e seu vídeo cinematográfico inspirado em *O Poderoso Chefão*, dirigido por Hype Williams, consolidavam sua posição chegando ao número 73 na parada da *Billboard* e o número 30 no Reino Unido,[96] a recepção dos garotos na rua ficou cada vez mais intensa, começou a impressioná-lo. Ele começou a ver que tocava as pessoas, afetava vidas.

---

95. E ganhou disco de platina uma década depois, atingindo 1,5 milhão de cópias vendidas até 2006.
96. Onde os discos de Jay-Z foram lançados pela Northwestside Records.

Ele contou à revista *Vibe:* "Uns camaradas se aproximavam de mim dizendo: 'Você deve estar olhando na minha janela ou seguindo minha vida'(...) Foi emocionante. Tipo esses presidiários grandões, durões, violentos, casca-grossa, presos pela terceira vez, com cicatrizes e dente de ouro simplesmente piravam. Era algo a ser pensado, como: eu devo estar indo para algum lugar onde há algum tempo as pessoas queriam que alguém fosse".[97]

Enquanto sua reputação na costa leste explodia, entretanto, Jay-Z estava prestes a descobrir que a vida no hip-hop poderia ser exatamente tão traiçoeira, cruel e fatal quanto nos mais altos escalões do mundo do tráfico.

Mais uma vez, a mira estava apontada diretamente para ele.

★ ★ ★

"I'm a Bad Boy killer/Jay-Z die too" [Sou um matador de Bad Boy/Jay-Z morre também"]
– Tupac, "Bomb First (My Second Reply)", gravada em agosto de 1996

O ar denso do deserto soprando pela Strip estava quente em seu peito, o barulho da multidão apinhada ressoava em seus ouvidos, coroando-o como um campeão. O valente Tupac Shakur estava de pé no teto solar da BMW 750 sedã preta novinha de Suge Knight, embebedando-se com as luzes indistintas de neon dos cassinos. A noite já tivera alguns percalços, quando foram detidos por um policial em uma moto por alguns minutos por ouvirem o rádio do carro alto demais e guardarem as chapas dos automóveis no porta-malas, mas agora eles estavam a caminho, saindo da luta de Tyson contra Seldon no MGM Grand para a noite sem fim.

Quando flertou com duas garotas em um carro que parou do lado da BMW na Flamingo Road às 23h daquele dia 7 de setembro, convidando-as a se juntar a seus amigos no Club 662, propriedade de sua gravadora Death Row, ele provavelmente já tinha esquecido de sua discussão pós-luta no lobby do Grand.

Uma discussão com um membro da gangue Southside Crips. Um cara de 21 anos chamado Orlando "Baby Lane" Anderson, que tinha roubado um membro da equipe da Death Row em 1996, em uma Foot Locker. Tupac soube que Anderson estava na vizinhança e, com o apoio de Suge e seu séquito, eles se juntaram para bater no garoto. Retaliação no estilo Death Row.

O ar quente em seu peito. O grito da luta. Invencível.

---

97. *Contemporary Back Biography: Jay-Z*, Laura Hightower e Jennifer M. York, Gale, 2009.

O Cadillac branco de quatro portas parando à direita da BMW.
A janela abaixando.
O brilho do metal preto.

Tupac Shakur morreu, com apenas 25 anos, de hemorragia interna na unidade de tratamento intensivo do Las Vegas University Medical Center na tarde de 13 de setembro, depois de sobreviver por cinco dias a uma cirurgia de emergência, à retirada de um pulmão perfurado e outras ameaças de morte de atiradores em carros, que ligaram para os escritórios da Death Row prometendo invadir o hospital para "liquidá-lo", os dedos apontados ansiosamente. Os parceiros de Anderson no Crips eram os principais suspeitos, os namorados ciumentos das garotas que Tupac cantava eram possibilidades remotas. Talvez fosse até um um golpe atrasado de alguém chateado por ele ter tido um álbum no número um das paradas com *Me Against the World* em 1995 enquanto estava preso por estupro.

Mas, mal sabendo que ele tinha só semanas de vida, Tupac sem querer deixou sua própria lista de suspeitos.

Uma lista que alguns levaram a sério demais.

"Fontes me dizem que vários rappers menos afortunados se juntaram em uma conspiração para assassinar não só o sr. Shakur, mas também a Death Row Records", dizia um falso repórter em um esquete na introdução de "Bomb First (My Second Reply)", gravada apenas dias antes de sua morte para a abertura do quinto álbum de Tupac *The Don Killuminati: The 7 Day Theory*. "Nas, o suposto líder, está furioso com Tupac, desculpem, a agressão verbal de Makaveli a Mobb Sleep, Notorious P.I.G. e vários outros rappers de Nova York, Jay-Z, famoso por 'Hawaiian Sophie', Big Little sei lá o quê e vários outros filhos da mãe cafonas estão compreensivelmente agitados com esse lançamento."

Os boatos de que Biggie Smalls estava por trás da morte de Tupac eram frequentes na imprensa e nas ruas horas depois do acontecimento, mas também eram os mais espúrios e especulativos, baseados apenas na rixa nas letras dos dois. Em 2002, em um artigo para o *Los Angeles Times* de Chuck Philips, um repórter investigativo ganhador do Pulitzer, afirmou ter provas ligando Biggie ao homicídio através de um membro anônimo do Crips que supostamente foi contratado como segurança durante suas presenças na costa oeste, mas o jornal se retratou de todas as afirmações em 2008 depois de descobrir que a prova se baseava em documentos falsos. Não se estabeleceu nenhum elo firme entre Biggie e os atiradores de Vegas, e a família Wallace, a partir desse dia, nega veementemente que Biggie estivesse envolvido de alguma forma com a morte de Tupac.

Nada disso serviu de consolo para Jay-Z quando ele estava sozinho entre a multidão chorosa no enterro de Biggie Smalls, em março de 1997. A confusão, a perda e a descrença com a tragédia descortinada diante dele o deixaram mudo e reticente o dia inteiro. A escolta de GMC Suburbans saiu de uma festa após o Soul Train Music Awards no Petersen Automotive Museum de Los Angeles em 8 de março, com Biggie no banco de passageiros do carro da frente, um Chevrolet Impala SS preto parou ao lado de sua Suburban em um semáforo a 4,5 quilômetros da festa, o atirador estava de terno azul e gravata com a 9 milímetros de aço azul, a porta ficou crivada de balas. Parecia tão surreal, tão Hollywood, tão *Scarface*, ele não conseguia acreditar que seu amigo tinha sito atingido, tão novo. O homem que apenas alguns meses antes tinha sentado com ele no Bad Boy Studio Daddy's House para ouvir o turbilhão cinematográfico de "Street Is Watching",[98] a primeira música gravada para o segundo álbum de Jay, insistindo que ele tocasse essa faixa intensa de paranoia do traficante 20 vezes seguidas, frustrado e desafiado por ela ser tão boa e inquietante que o segundo álbum de Jay, se atingisse o mesmo padrão, poderia varrer o segundo álbum planejado de Biggie de 1997 para fora da cena. "Nós o tocamos tanto que eu dei para ele", Jay lembra. "Eu só disse, 'Aqui, fica com ele'."[99]

O homem que não tinha a menor vontade de entrar em uma discussão, tanto que, em uma casa noturna nessa mesma noite, ele evitou entrar em uma confrontação com alguns garotos com uma queixa contra ele indo para casa.

O homem que o encorajara a adotar um apelo mais comercial e mais amplo desacelerando seus raps e gravando com Puffy e que o convidou a contribuir com uma estrofe típica de ostentação de dinheiro em "Love the Dough" para seu próximo álbum *Life After Death*.[100] O cara que apoiou Jay completamente quando ele rescindiu o contrato de distribuição com a Freeze Records porque os procedimentos da gravadora atrasavam seu dinheiro, usou sua dureza do tráfico nas ruas para negociar sua saída enquanto manteve o controle de suas fitas máster e os direitos à sua música[101] e então resolveu revender *Reasonable Doubt* em meio a um leilão entre a Sony e a Def Jam e acabou vendendo um terço da Roc-A-Fella para a Def Jam por 1,5 milhão de dólares no início

---

98. Produzida por Ski a partir de samples de "I Got The" de Labi Siffre, uma continuação da atmosfera soul de *Reasonable Doubt*.
99. *The Boombox.com*, 2 de setembro de 2009.
100. Por ironia, lançado três semanas depois da morte de Biggie.
101. Um cenário praticamente sem precedentes no rap nessa época, tamanho era o poder de barganha de Jay-Z e sua abordagem no melhor estilo da malandragem na sala de reuniões.

de 1997.¹⁰² E, o que é ainda mais doloroso, aquele que o assegurou que a rixa nas gravações com Nas sobre um desprezo pessoal que ele lera em "The Message"¹⁰³ de Nas era uma briguinha inofensiva e benévola.

Aquele cara, sua grande rocha de língua presa do Brooklyn, foi arrebatado. A vida de Jay parecia ter sido lançada na desordem, no medo, na raiva e no descontrole. Ele não falou praticamente com ninguém no velório e saiu cedo. "Ir para o enterro de Big foi uma grande coisa para mim", ele diz em sua defesa. "Eu não vou a enterros, ponto final. Não quero que essa seja minha última memória das pessoas."¹⁰⁴ Sua homenagem a Biggie seria feita no estúdio, gravando uma estrofe para "Young G's" do Puffy para ir ao lado da de seu saudoso amigo: "Solemnly we mourn all the rappers that's gone (...) I told my nigga Big I'd be multi before I die" ["Solenemente nós lamentamos todos os rappers que partiram (...) Eu disse para meu mano Big que seria multi antes de morrer"].

Depois do choque e da angústia e duas semanas de reclusão e luto voluntários em uma ilha no Caribe onde ninguém poderia encontrá-lo, Jay voltou depois de tirar um senso de determinação firme da morte de Notorious B.I.G. Como se fosse uma homenagem a seu amigo abatido, ele jurou fazer de seu negócio um sucesso. Ele já tinha começado se enfiando na área de A&R contratando artistas, como Sauce Money, The Rangers, Ruffness, Michelle Mitchell e Christión para a Roc-A-Fella. Além disso, a experiência de discutir contratos de 1 milhão de dólares em uma luxuosa mesa de escritório com seu exemplo Russell Simmons na Def Jam provocou nele uma ambição desmedida. Ele negociou com Simmons de forma tão dura para manter sua maior parte na Roc-A-Fella a ponto de um dia também estar na posição de Simmons, na presidência de seu próprio império fonográfico multimilionário.

---

102. O contrato foi firmado como o seguinte: a Def Jam ganhou os direitos de lançar uma segunda edição do *Reasonable Doubt* e o segundo álbum de Jay, e comprou um terço da Roc-A-Fella mais uma porcentagem dos direitos de quaisquer gravações máster futuras de Jay-Z. A Def Jam deveria cobrir os custos de produção e vídeos com todos os lucros dos discos divididos com a Roc-A-Fella: Dash, Jay e Burke detiveram 67% dos lucros depois de uma negociação pesada de Dash, a quem o presidente da Def Jam Russell Simmons dá o crédito de estar por trás do fenômeno Jay-Z.
103. "There's one life, one love, so there can only be one king" ["Há só uma vida, um amor, então só pode haver um rei"], Nas cantava, desafiando Biggie pelo título de rei do rap de Nova York. Na póstuma "Kick In The Door", Big respondeu "ain't no other kings in this rap thing/They siblings, nothing but my children" [Não há outros reis nesse lance do rap/Eles são irmãos, nada além de meus filhos"].
104. Jay-Z: The Life, *Vibe*, Dream Hampton, dezembro de 1998.

Mas, acima de tudo, Jay voltou do Caribe desesperado para exorcizar sua dor e confusão na música. Seu juramento de fazer apenas um álbum teria de ser quebrado. Ele usou o luto de um período que mais tarde ele descreveria como o mais difícil de sua vida para escrever rimas dos sofrimentos, da pobreza e das adversidades. E, é claro, as medidas que ele tomou para escapar.

Mesmo com o quarto single de *Reasonable Doubt*, "Feelin' It", sendo lançado em 15 de abril de 1997, destinado ao número 79 da parada da *Billboard* e acompanhado por um vídeo de baixo orçamento da vida luxuosa na praia e negócios com grandes somas de dinheiro em Miami,[105] Jay se jogou de novo no estúdio com Combs, como seu produtor executivo, para supervisionar o trabalho do criador de sucessos centrados no pop mais trapaceiro. Combs recomendou de seu celeiro na Bad Boy nomes como Teddy Riley, The Hitmen e The Trackmásters. Ski, Premier e Big Jaz também contribuiriam, mas dessa vez Jay buscava um som mais comercial e acessível, uma fatia do bolo comercializado da Bad Boy. Os quase meio milhão de cópias vendidas de *Reasonable Doubt* pareciam fichinha comparadas com os 4 milhões de cópias negociadas de *Ready To Die* de Biggie. Com Nova York ainda atordoada com a perda de seu rei do hip-hop e desesperada para coroar seu sucessor, Jay-Z quis reivindicar o trono de Biggie antes que alguém coroasse Nas em seu lugar. E Big Boy, a seu ver, era o guardião do cetro.

Se seu círculo leal, competitivo e trabalhador de produtores se sentiu um pouco deixado de lado por esse novo enxame de grandes nomes, Jay por sua vez encontrou seus próprios discípulos o rejeitando. Disposto a adotá-lo por mais tempo, Jay convidou Memphis Bleek para cantar em uma faixa do álbum, só para Bleek, se achando agora que ganhou fama ao redor do Marcy, dar o bolo na gravação. Jay ligou para seu apartamento, a mãe de Bleek disse que ele estava doente demais para sair para cantar. Então Jay entrou em seu Lexus, dirigiu até o Marcy, bateu na porta de Bleek e o encontrou em seu quarto com uma garota. Furioso ao ver que Bleek não aprendeu nada com ele sobre lealdade e prioridades, Jay o cortou do álbum e de sua turnê seguinte na hora. Bleek, como tantos outros aprendizes da rua, teria de aprender por mal.

Em vez dele, Jay recorreu a parceiros mais confiáveis. De nomes regulares como Foxy Brown e Sauce Money a agregados da Bad Boy, como Lil' Kim, namorada de Biggie e membro da equipe da Junior M.A.F.I.A, encorajada por Biggie, Blackstreet, seu herói da estrada Too

---

105. O refrão de "Feelin' It" mais tarde foi exposto ao ridículo por 50 Cent na faixa de 2002 "Be A Gentleman".

Short, Kelly Price e Puffy em pessoa. Ele também se juntou ao bastião do R&B Babyface para o pop comercial lustroso "(Always Be My) Sunshine", uma faixa que o produtor Daven "Prestige" Vanderpool juntou a partir de samples de Alexander O'Neal, Kraftwerk e o Fearless Four.

As gravações do álbum foram estressantes e cheias de emoção para Jay. Lutando com a perda de Biggie e suspeitando que as figuras da indústria fonográfica ficariam em cima de seu trabalho, ele trabalhou o disco com seus olhos criativos bem abertos, completando-o da melhor forma possível. Trabalhando rápido como sempre, o álbum estava pronto meses depois e o primeiro material novo foi exibido só cinco semanas depois do lançamento de "Feelin' It".

"Who You Wit" foi a faixa perfeita como uma ponte entre *Reasonable Doubt* e sua nova direção futura: produzida por Ski a partir de um sample de "Night Love" de Jeff Lorber Fusion, era cheia de funk, grudenta ao extremo e tão divertida quanto qualquer pop comercial. A letra era apropriadamente convencida, com Jay apresentado como o sedutor perfeito de "vadias" e homens de negócios, nenhum dos quais roubariam suas riquezas recém-adquiridas. "Givin' a chick half my trap like she wrote half my raps?/Yeah, I'm having that/You be the same chick when you leave me/The bankbook and the credit cards and take everything you came with" ["Dar para uma mina metade de meus bens como se ela tivesse feito metade de meus raps?/Sim, está rolando isso/Você vai ser a mesma mina quando me deixar/o mesmo extrato bancário e os cartões de crédito e pegue tudo o que você trouxe"], ele avisava a qualquer futura ex-mulher interesseira em potencial. Enquanto ele afirmava sua posição como um figurão da indústria fonográfica com o tráfico como firmemente uma parte de sua história, de acordo com sua abordagem mais comercial ele exalava um gregorismo generoso, mimando as namoradas com férias no estrangeiro e interpretando o pacificador do hip-hop no aniversário do assassinato de Biggie: "frivolous beef, please, we lookin' past that" ["reclamações frívolas, por favor, nós deixamos isso para trás"]. Quando ele se afastou de sua vida criminosa de vez, construiu uma persona mais afável aqui, reconhecendo sua maturidade: "Had beef of all sort but I turned it around/Chose my steps more wisely, I'm learning the ground/I was so gung-ho when I earned my first Pound/Now it's million dollar deals, straight turning 'em down" ["Tive rixas de todos os tipos, mas mudei de atitude/Escolhi meus passos com mais sabedoria, estou sentindo o terreno/Fiquei tão entusiasmado quando ganhei meu primeiro tostão/Agora são contratos de 1 milhão, rejeitando-os direto"].

Mas havia também um humor brincalhão no clima da faixa, combinando seu lançamento às pressas em 20 de maio de 1997 para coincidir com o filme de comédia *Sprung* do qual era trilha sonora.[106] O vídeo também era uma confusão, com uma reunião de tipos cartunescos de cafetões vindos de todos os cantos do país para competirem na final do campeonato Playa of the Year [Garanhão do Ano], cujo grande troféu Jay-Z previsivelmente ganha. Se seus vídeos até hoje foram uma chance para Jay-Z curtir as homenagens a *Scarface* e as recreações exageradas da vida nos iates, este era sua primeira incursão completa de audácia cômica (pelo menos desde "Hawaiian Sophie"), outro vislumbre revelador do ser humano por trás da máscara do traficante.

Se "Who You Wit" foi um flagrante single tapa-buracos das emendas cheias de soul de *Reasonable Doubt*, o choque da verdadeira guinada estilística de Jay estava apenas a um verão de distância. "(Always Be My) Sunshine" "saiu" em 16 de setembro, acompanhada por um vídeo que cativou a atenção, filmado em grande parte dentro de um enorme Cubo de Rubik iluminado, com rotinas de dançarinos vestidos com roupas brilhantes entrelaçados com imagens de Jay e sua parceira Foxy Brown sobrepostas com passeios em áreas descobertas. O vídeo refletia a atmosfera disco-pop artificial da faixa, com Babyface fornecendo um refrão R&B esperto de romance agradável à faixa e George Fontenette acrescentando toques de teclado mais harmonizado com "The Message" do Grandmáster Flash do que com a ameaça predominante do rap mafioso.

Porém, as estrofes de Jay-Z e Foxy exibiam uma profundidade maior do que o verniz pop da música. Jay interpretou o mesmo avarento desconfiado que conhecemos em "Who You Wit", mas dessa vez Foxy o vence e a música seguiu os testes da dedicação dela a ele com o crescimento da relação. A princípio ele precisava "double-check your story" ["reexaminar sua história"] para garantir que ela não estivesse com ele "purely out for the bucks" ["só pela grana"], então, um ano depois, ele a mimava com presentes a ponto da criminalidade para deixá-la feliz: "Risked a four to life bid to keep that shit on her arm" ["Arrisquei uma sentença de quatro anos a perpétua para manter essa merda no braço dela"]. Mas, frente ao homens tentando roubá-la de si, suas inseguranças não desvanecem e ele continuou a testar sua dedicação. Ela "hit the block" ["ficaria na rua"] por ele se todo o dinheiro acabasse, ela o perdoaria pelas traições, compartilharia de suas convicções criminosas,

---

106. O single chegou ao número 84 na parada da *Billboard*.

até lhe doaria os rins se ele precisasse? Por baixo desse lustroso lampejo pop estava à espreita uma música de obsessão e posse, mas que terminava, o caráter de Jay enfim aparecia, com um juramento de compromisso tão firme quanto qualquer gangsta poderia fazer. "Me and you ballin', from the heavens or the hell/Won't let you hit the ground if I'm fallin' myself" ["Eu e você curtindo, do céu ou do inferno/Não vou deixar você cair se eu mesmo estou caindo"].

"...Sunshine" foi um choque lateral nos preconceitos de seus fãs. *In My Lifetime... Vol. 1* foi um soco no estômago com força total. Qualquer fã teimoso de *Reasonable Doubt* que ficou surpreso ou decepcionado pelo reflexo popular do single[107] ficaria enojado pelo álbum em seu lançamento em 4 de novembro, por estar envolto em resplandecentes ganchos R&B e samples pop propícios ao rádio. Os balanços soul dos anos 1970 do álbum de estreia cederam espaço a um som eletrônico e artificial moderno que, aos ouvidos de alguns fãs, soava como um artista legal e digno de crédito se vendendo para o sistema. Ele até voltou atrás em seu plano purista de parar com o rap depois de um álbum, pois o "... Vol. 1" do título sugeria toda uma série de sequências. Seus resmungos introdutórios nem ofereciam uma desculpa: "I did it again niggas/Fucked up, right?/I know what you niggas asking yourself/Is he ever gonna fall off?/No" ["Eu fiz de novo, manos/Fodi tudo, certo?/Eu sei o que vocês estão se perguntando/Algum dia ele vai cair?/Não"] Aqui estava ele, no típico estilo do segundo álbum, reclamando sobre as ciladas do sucesso, as críticas desfavoráveis da imprensa, as entrevistas repetitivas, as garotas interesseiras e a facilidade com que ele pode "agarrá-las". A introdução[108] falada sem crédito parecia até zombar dos fiéis, com seus sussurros de "look at these suckers, I ain't a rapper, I'm a hustler, just so happens I know how to rap" ["Olhe só esses otários, eu não sou rapper, sou um traficante, só por um acaso eu sei fazer rap"]. Havia muito aqui para irritar os fãs de *Reasonable Doubt* e Jay veio mordido.

Mas, ignorando o refinamento na produção de Puffy, ouvir *... Vol 1* foi recompensador. Com a contribuição dos ex-colaboradores de *Reasonable Doubt,* Premier, Ski e Big Jaz em cinco das 14 faixas, ele dá uma ponte sólida entre o álbum de estreia e a nova direção comercial de Jay, incluindo faixas como "A Million and One Questions/Rhyme No More", "Street Is Watching" e a continuação direta briga

---

107. Sem dúvida havia alguns, já que o single chegou apenas ao número 95.
108. Provavelmente feita por Pain In Da Ass, pois ele fez a introdução de vários álbuns de Jay-Z da era.

no submundo do crime de "Friend Or Foe" em "Friend Or Foe '98" de Premier. Ao mesmo tempo, no estilo de "In My Lifetime Remix", consolidou-se o que seria uma marca registrada de Jay-Z: reivindicar sem vergonha refrões bem famosos de sucessos clássicos do pop ou até de musicais da Broadway e cercá-los de histórias de violência, drogas e a falta de laços familiares arraigados com uma seriedade e perigo novos. Ele se tornou o homem que cobriu o mainstream de trevas.

Sua primeira tentativa foi provavelmente a de menor sucesso. Puffy e seu coprodutor Ron "Amen-Ra" Lawrence do The Hitmen levou para ele uma batida que assimilava um ritmo glam de "A Fly Girl" de Boogie Boys, parecida com uma versão eletrônica atual de "We Will Rock You" do Queen, com o refrão pegajoso do sucesso de 1982 "I Know What Boys Like" da banda new wave The Waitresses. Em volta dela Jay e Lil' Kim cantaram uma rotina de sedução bruta chamada "I Know What Girls Like", com Jay apreciando o estilo de Kim de uma forma estúpida no melhor estilo futebolista ("I never seen a face like yours before/And I been around some cute whores before/That either me or my boys tore it up before" ["Nunca vi um rosto como o seu antes/E eu já estive com algumas lindas putas antes/Que eu ou meus meninos comeram antes") e Kim não ligava para o que ele acha dela desde que ela recebesse sua fatia do dinheiro ("When chickens cluck give up the buck... you can call me a slut, who gives a fuck?... fuck a pre-nup, give me half up front" ["Quando as galinhas cacarejam desista da grana... você pode me chamar de vadia, quem liga?... foda-se o pré-nupcial, me dê metade logo de cara"]. O par termina vivendo em uma mansão multimilionária repleta de Rovers, Benzes, Rembrandts e jet skis no lago particular. Foi um tipo de romance extravagante ordinário, mas que poderia vir a ser uma novidade pop descartável divertida se Combs não tivesse estragado tudo com seus assobios supérfluos e apartes por toda a faixa e vários refrões de seu canto atonal de propósito. De toda a carreira de Jay-Z até agora, foi um ponto baixo.

Por sorte, "I Know What Girls Like" estava em uma companhia mais classuda. Na faixa de abertura da "velha escola" do álbum, "A Million and One Questions/Rhyme No More",[109] Jay-Z insistia em suas credenciais do tráfico nas ruas contra os críticos e entrevistadores que duvidavam que seu histórico poderia ser tão corajoso ou que ele poderia realmente ter tanto dinheiro quanto se gabava de ter em suas músicas. Contando mais histórias (provavelmente exageradas) de seu passado no

---

109. Uma faixa em duas partes reunida por DJ Premier a partir de samples de Aaliyah, Latimore, Main Ingredient, Ferrante & Teicher e Isaac Hayes.

tráfico sobre os ruídos funkeados no piano de Premier, ele contou sobre como "I used to be O.T., applying the force/Shoot up the whole block, then the iron I toss... Started from the crack game and then so sweet/ Freaked it to the rap game" ["Eu costumava fazer serão, aplicando a força/Atirava no quarteirão inteiro, depois lanço o ferro... Comecei com a jogada do crack e depois tão doce/passei para o rap"]. História confirmada, ele se virou para o interrogatório cansativo dos entrevistadores fazendo aqueles milhões de perguntas[110] em seu favor, afirmando que as partes inventadas de qualquer traficante falso na jogada do rap se curvariam sob o tipo de questionamento com que ele lidava com apenas uma pequena agitação. "Motherfuckers can't rhyme no more 'bout crime no more/Til I'm no more/Cause I'm so raw my flow exposes holes that they find in yours" ["Os filhos da mãe não conseguem rimar mais sobre o crime, não mais/Até eu não existir mais/Porque meu flow é tão cru que expõe os buracos que ele pode encontrar no seu"].

Depois de colocar o álbum em uma trilha familiar, Jay lançou seu primeiro petardo. Em "The City Is Mine", Jay-Z lavava a roupa suja de sua ascensão, zombando de seus imitadores e críticos e fazendo valer seus direitos ao trono do hip-hop de Nova York no velório de Biggie,[111] mas ele fez isso contra a cortina de fundo da faixa disco funk revigorante compilada pelos produtores pop Teddy Riley e Chad Hugo "You Gonna Make Me Love Somebody Else" do The Jones Girls e o gancho de rock do MOR de "You Belong To The City" do compositor ex-Eagles Glenn Frey, cantada nessa faixa pelos superastros do R&B Blackstreet. Alguns críticos disseram que "The City is Mine" se aproximava demais dos sons que Nas usou no ano anterior sob seu disfarce como Escobar na estreia do The Firm, principalmente por um rapper tentando usurpar a afirmação de Nas sobre Nova York, mas não se pode negar que foi uma música inspirada, de uma mescla dos gêneros rock, R&B e rap para um efeito ultracomercial. Um sinal de que Jay-Z não considerava nenhum território musical além de seus limites.

---

110. "Can you really match a Triple Platinum artist buck by buck by only a single going Gold?... Do you really have a spot like you said in 'Friend Or Foe', and if so, what block?" [Você pode mesmo igualar um artista ganhador do disco de platina triplo tostão por tostão com um único single ganhador de disco de ouro?... Você tem mesmo um ponto como aquele que você disse em 'Friend Or Foe' e, se sim, em que quebrada?"]
111. "You held down long enough, let me take those reigns/And just like your spirit the commission remains... I'm the focal point, like Biggie in his prime... the city is mine". ["Você aguentou bastante tempo, deixa-me tomar esses reinos/E assim como seu espírito a autoridade continua... Sou o ponto focal, como Biggie em seu apogeu... a cidade é minha".]

Depois de "I Know What Girls Like" consolidar a atitude do álbum de experimentação com o pop direto, ... *Vol. 1* demorou um pouco para consolidar, reviver o traficante. Nós voltamos ao território provocante de *Shaft* para "Imaginary Player" do Prestige, um título que criaria a teoria de que a persona traficante de Jay-Z não passava de fingimento, apesar da seguinte admissão de Jay: "I got blood money, straight up thug money/That brown paper bag under your mattress drug money" ["Eu tenho dinheiro sujo, direto do crime/Esse saquinho marrom debaixo de seu colchão é dinheiro das drogas"]. Na verdade, os gângsteres de mentira aqui eram os "pivetinhos" roubando o estilo de Jay-Z e "talking about how they found stack" ["falando sobre como eles encontraram uma pilha"] sem provar com Hummers, diamantes e relógios Rolex. Foi uma faixa-padrão do marketing de marca engenhoso de Jay no extremo luxuoso do hip-hop. Em seu mundo, o *status* não é nada sem seus símbolos.

"Streets Is Watching", a faixa que tanto impressionou e preocupou Notorious B.I.G., e "Friend Or Foe '98" nos mandam de volta para a violência e a paranoia do comércio de drogas. A primeira tinha Jay como um traficante importante famoso demais para trabalhar nas ruas, que se protege sabendo que há um preço por sua cabeça e prestígio nas ruas para qualquer um que abatê-lo. Seu medo de gangues rivais, sequestradores, psicopatas ou subordinados ambiciosos observando cada erro seu que eles poderiam usar para destrui-lo eriçava as cordas vibrantes e o baixo urgente tensos e Jay resmungava: "It's like a full-time job not to kill niggas, can't chill" [É como um trabalho integral não matar os manos, não dá para relaxar] como se estivesse debaixo da mesa, abraçando uma espingarda. Com toda a certeza, a falta de drogas, prisões e morte dizimaram sua equipe no fim e o pouco de consciência de Jay. "Was this a lesson God teaching me?... I'm playing the game straight from hell which few came back... Public apologies to the families of those caught up in my shit... the life and time of a demonic mind excited with crime" ["Essa seria uma lição que Deus me dá?... Estou fazendo a jogada direto do inferno de onde poucos saíram... Desculpas públicas às famílias daqueles pegos em minha merda... a vida e a época de uma mente demoníaca excitada com o crime"].

Então "Friend Or Foe '98" revisitava a história de Jay expulsando uma gangue rival da cidade da "Friend Or Foe" original, exceto que dessa vez seus adversários pegaram em armas e voltaram para cobrar vingança, para tomar o pedaço de vez. Isso não era um problema para o sempre alerta Jay-Z, ele armou uma emboscada para o líder no motel onde os valentões da gangue estão "lined up in adjoining rooms/Like some wild cowboys coming to get me at high noon" ["alinhados nos quartos vizinhos/Como uns cowboys selvagens vindo me pegar ao meio-dia em ponto"] e arrebentou o cara, depois de um discurso final moralista. Apropriadamente, Premier acrescentou[112] o som de um bando de criminosos em marcha.

"Lucky Me" foi um exemplo primordial do novo jeito de Jay para acertar as arestas do pop. O refrão soul provocante de Karen Anderson e a produção R&B suave de Stevie J e Buckwilde não poderiam ser mais acessíveis, uma melodia que escorria como mel dos alto-falantes do rádio. Mas nas cercanias, Jay ainda temia por sua vida, resumindo como ele era um alvo tanto como rapper quanto como traficante, exceto que em vez de Feds e balas agora ele evitava processos por assédio sexual, "girls with ulterior motives" ["garotas com segundas intenções"], competição invejosa e inimigos homicidas. "Niggas wanna strip to the bone for shit you own" ["Neguinho quer tirar toda merda que você tem"]. Lá pela estrofe três ele estava se preparando mais uma vez para matar ou ser morto, mas sabia que restariam seus raps "like a dart from the speaker to your heart" ["como uma flecha do alto-falante ao seu coração"]. Depois de um meio de álbum tão imerso em neuroses e pânico, para dar um alívio tão necessário vieram as brigas no relacionamento mais despreocupadas de "... Sunshine" e "Who You Wit II", uma reprise exata de "Who You Wit" com a estrofe final sobre tratar garotas nos feriados e os vinhos finos substituídos por uma cena de sexo explícita demais para chegar à versão do single.

Mas o mais brutal e baixo ainda estava por vir. Trocando versos entre si como garotas em uma orgia, Jay-Z e Sauce Money interpretaram libertinos rudes em "Face Off", dividindo conquistas com desdém por sua equipe e trepando com vadias nos banheiros. Embora a batida de fundo disco chick-a-chick-a de Trackmásters, completa com uma nota de trompa como se passasse uma viatura dos anos 1940, fosse tranquilizadora, "Face Off" foi o primeiro mergulho de cabeça de Jay na misoginia depois de tratar as mulheres com uma mistura de desconfiança e dedicação no resto do álbum e seria a faixa mais recitada quando os críticos mencionavam a banalidade lírica do disco, sua obsessão repetitiva com o sexo fácil, a violência e o consumismo.

---

112. De um sample de "Car of Love" do grupo de R&B dos anos 1970 Main Ingredient.

Da mesma forma, tanto a faixa relaxada, no estilo costa oeste de Anthony Dent "Real Niggaz" e a faixa que escorrega no crack cheia de scratches de Big Jaz "Rap Game/Crack Game" seguiam outro dos temas recorrentes do álbum, a comparação do rap com o tráfico. Na primeira, Jay-Z e Too Short falavam: "flipped the script" ["trocamos o roteiro"] das drogas para a música, mas ainda se viam cercados pelo mesmo tipo de predadores e inimigos, pois as gravadoras não eram menos mercenárias do que as gangues de drogas e a polícia ainda estava em sua cola, convencida de que eles ainda deveriam vender para sustentar o estilo de vida luxuoso que eles almejavam. Na segunda, Jay usava o tráfico como uma metáfora direta para o rap: desde cozinhar seu disco para fazer um reconhecimento do mercado, deixar as rádios viciadas em seu produto, construir uma clientela, aumentar a demanda e depois observar a expansão explodir, a melodia enchendo os ouvintes com uma sensação tão violenta, eufórica e fugaz quanto qualquer pedra de crack, deixando-os fissurados por "mais uma dose". Mas as duas faixas têm intenções bem diferentes. "Real Niggaz" termina com Jay-Z interpretando o negociador da paz, argumentando que as costas leste e oeste viviam bem demais para arruinar isso com amargor: "How sweet niggaz' lives can get/Put beef aside, the East and Westside connect... I want Biggie to rest in peace as well as Pac/How real is that?" [Como a vida dos manos pode ser doce/Deixando as brigas de lado, os lados leste e oeste se unem... Quero que Biggie descanse em paz assim como Pac/ Isso é verdadeiro?"] "Rap Game...", por outro lado, sampleou de um modo travesso outro verso de Nas: "somehow the rap game reminds me of the crack game" ["de alguma forma a jogada do rap me lembra do crack"], da faixa "Represent" do álbum *Illmatic*. Uma ação planejada para provavelmente estimular a animosidade crescente. Afinal, com a briga entre Biggie e Tupac concluída de forma tão trágica, com certeza havia espaço para outra rivalidade menos fatal roubar as manchetes.

Até agora, ...*Vol. 1* foi uma criação divertida, mas inconstante. Ele esvoaçava entre o familiar e o inesperado, o grosseiro e o sublime, a magnanimidade e a misoginia, a paranoia e a segurança, o desafio e o desânimo, os horrores do tráfico e as irritações do rap, o soul calmante e o pop irritadiço, sexo e morte. Poderia parecer ao ouvido mais crítico comercial demais e com letras insípidas. Mas em seu dístico de encerramento, ...*Vol. 1* enfim iluminou as profundezas. Depois das abundantes referências superficiais ao tráfico de crack, a sorumbática, mas melódica "Where I'm From"[113] foi onde Jay realmente desencavou a sujeira de

---

113. Uma produção do Hitmen incorporando samples de Yvonne Fair e Fat Joe junto com versos que Jay canta de "Young Gs" de Puffy.

sua infância no Marcy. Uma letra de um escopo panorâmico, ela absorvia a política distópica e a religião distorcidas da pobreza no conjunto habitacional, como a "política própria" das ruas, em que as equipes de notícias nunca se arriscavam em relatar crime negro, a polícia só aparecia em batidas na madrugada e a fé em qualquer Deus ou igreja esmorece junto com o dinheiro e a esperança. Mas seus verdadeiros demônios estavam nos detalhes: os meninos perdidos para o necrotério e as garotas perdidas para os garotos dos melhores bairros, adolescentes escrevendo testamentos, estoques jogados ao menor zumbido de uma sirene, as mercadorias roubadas comercializadas pela metade do preço, casos judiciais pegos e perdidos, coletes à prova de balas que você não pode deixar em casa nem por um dia, "os cafetões, prostitutas e senhores das drogas". No fundo, um senso de honra e verdade conquistado com dificuldade. Jay-Z expôs algumas regras aqui: você não canta sobre o que não viveu e, se você tomar a palavra, é seu dever contar ao mundo todos os terrores do gueto. "Promessa cumprida": nos termos do hip-hop, isso era coisa de Don DeLillo.

Em "You Must Love Me", a faixa final de... *Vol. 1*, Jay-Z absorveu sua visão, do macro para o micro, do político para o pessoal. Sobre cordas e sinos de igreja solenes e fúnebres e corais soul épicos,[114] ele expôs com calma e pesar três cartas confessionais abertas àqueles próximos a ele, como se tentasse dar satisfações por todo o mal que fez em sua vida. A primeira estrofe foi para sua mãe, que ele atormentou "since my date of birth" ["desde que eu nasci"] com pequenos furtos, audiências judiciais e tráfico de drogas. A música ia até o ponto de sugerir que ele vendeu crack para Gloria para ajudá-la a escapar da dor do abandono de seu pai, uma história (provavelmente fictícia) exposta em detalhes de partir o coração no disco, mas nunca mencionada em entrevistas. "All you did was motivate me/Don't let 'em hold you back/What I do, I turned around and I sold you crack/I was a bastard for that/Still I'm drowning in shame" ["Tudo que você fez foi me motivar/Não os deixe te deter/O que eu faço, eu me virei e te vendi crack/Fui um degenerado por isso/ Ainda estou mergulhado na vergonha"]. Quando ele diz: "ran across this memory... it stung the brain" ["repassei essa memória... ela grudou na cabeça"], o pensamento de um ato desses, de que ele poderia "ever destroy the beauty from which one came" ["destruir a beleza de onde se veio"], atormentava-o, principalmente desde que ele admitiu que não seria nada sem o amor e o encorajamento de sua mãe. No fim, ele a

---

114. Juntados por Nashiem Myrick do The Hitmen a partir de samples de "What Am I Waiting For" do The O'Jays e vocais originais da estrela em ascensão do soul Kelly Price.

agradecia por superar seus problemas e ficava grato e impressionado por ela ainda encontrar amor por ele.

A segunda estrofe detalhava o tiro em seu irmão Eric, provocado (como a música explica) por uma infância inteira com os dois companheiros de quarto brigando e compartilhando ou roubando as roupas e as coisas um do outro. A letra acrescentou detalhes à cena: a presença de "Mickey, Andy e a garota que comprou [o anel]" e Jay pedindo para seu irmão sair da casa, mas atirando nele enquanto descia uma escada, mas a imagem que fica é a do garoto tomado pela raiva: "ya drillin' it and my ego hurt combined/Drove me bezerk, saw the devil in your eyes... confused I just closed my young eyes and squeezed" ["você fazendo isso combinado com meu ego ferido/Me deixou maluco, vi o Demônio em seus olhos... confuso, eu só fechei meus olhos e apertei"]. O perdão de Eric no hospital no dia seguinte parece ainda mais pungente e generoso pela loucura do momento.

A estrofe final era endereçada a uma garota por quem Jay nutria fortes sentimentos e que tentou proteger a muito custo dos perigos do tráfico, mas mesmo assim, por insistência da garota, ela se deixou usar como mula. Depois da fachada cínica e insensível com as mulheres que ele exibiu no resto do álbum, esse foi um momento raro de ternura, embora guarnecido de exploração. Porém, mais do que qualquer outra letra até hoje, ela vai no cerne do dilema do traficante: que a busca pelo dinheiro pode se tornar tão atraente que, no calor dela, o traficante não se importa com quem ou o que sacrificará. É um pedaço incandescente de vergonha com que Jay, o ex-criminoso, luta profundamente aqui e fecha um álbum muitas vezes frio e insensível com um pulso redentor de humanidade.

A princípio, *...Vol. 1* foi recebido com uma onda de aclamação e sucesso em seu lançamento em 4 de novembro. Disposto a manter o ímpeto crítico de *Reasonable Doubt*, as críticas foram gloriosas. "Um repertório sólido como rocha com apelo pop e nas ruas", disse Steve Jones do *USA Today*. "Arrogante, mas acanhado, insensível, mas bonitinho, um original assustador", disse Robert Christgau do *The Village Voice*. "Jay-Z se estabeleceu como aquele raro rimador do underground com apelo comercial", prosseguiu Soren Baker do *Chicago Tribune*. O público também foi varrido junto com a onda Jay-Z, mandando o álbum para o número 3 da parada da *Billboard*, disco de ouro a caminho da platina. O terceiro single do álbum, "The City Is Mine", também superaria as colocações de seus antecessores, atingindo um respeitável número 52 nos Estados Unidos e o número 28 no Reino Unido em fevereiro de 1998, com a ajuda de outro videoclipe intercalando imagens de Jay-Z como uma peça de Nova York com uma recriação das cenas de Kevin Spacey do filme *Os Suspeitos* exibindo spoilers e tudo.

Mas entre os aplausos da imprensa mainstream houve rosnados. Susan Baker também teceu comentários sobre o efeito alienador do envolvimento de Puffy e o crítico oculto da *Vibe* The Blackpot cutucou ainda mais a ferida. "A palavra-chave aqui é 'inconsistência'. Em algumas músicas Jay-Z dispara rimas com uma intensidade totalmente automática, enquanto em outras ele dá socos com o impacto de marshmellow do hip-hop. 'The City Is Mine', por exemplo, afunda a uma profundeza que ninguém poderia imaginar que Jay atingiria. Aqui nosso herói vai atrás da asneira de Puff usando como gancho um sucesso popular dos anos 1980."[115]

Chris Norris da *Spin* também culpou Combs por embaçar a magia de Jay-Z, dizendo: "sem uma visão confiante e orientadora, o projeto de Combs parece mundano ou embaraçoso". Foi uma opinião que, enquanto o álbum era dissecado com o tempo, se tornou predominante, mesmo para Jay-Z. "Acho que 85% dele é sólido", ele confessou a Dream Hampton da *Vibe*, "e esse 85% era melhor do que o álbum de todos os outros na época."[116] Mas, enquanto o álbum se arrastava em vez de correr na direção do disco de platina, Jay-Z começou a concordar que (a seu ver) ele vendia pouco graças a um trabalho feito nas coxas.

"O que eu fiz com *In My Lifetime... Vol. 1* foi tentar fazer discos", ele diria mais tarde. "Eu tinha acabado de fazer *Reasonable Doubt* (...) ele não teve sucesso em termos da indústria fonográfica. Foi um clássico cult nas ruas, mas não teve sucesso no mercado fonográfico e eu tentei mesclar os dois. Se você analisar *In My Lifetime... Vol. 1*, havia músicas brilhantes nele. Eu não ouço esse álbum porque acho que estraguei tudo. Tem 'Where I'm From', 'Streets Is Watching', 'You Must Love Me' e 'Lucky Me'. São tantas gravações incríveis lá que acho que perdi a oportunidade de ter dois clássicos em seguida tentando chegar às rádios. Isso me magoa muito porque o álbum era tão bom. Não consigo ouvi-lo. Quando esse disco começa, ele só me aborrece. Não me arrependo, mas musicalmente o álbum foi longe demais."[117]

Mas, ele ficaria menos balançado pela crítica dos especialistas em rap com a desaceleração de seus raps para ganhar mais fãs. As experiências de vida que ele tentava transmitir, ele diria, exigiam que ele

---

115. In My Lifetime...Vol. 1 Review, *Vibe*, novembro de 1997.
116. *Vibe*, Hampton, 1998.
117. The Boombox.com, 2009.

desacelerasse seu estilo para transmitir a mensagem com mais clareza. "No início era tudo técnica", ele disse, "eu era como um malandro, driblando sem saber, só tentando impressionar as pessoas. Mas quando eu comecei a ter experiências de vida, tive de contar uma história, então a técnica precisou desacelerar um pouquinho. Eu precisava abrir caminho para a história e a emoção (...) Eu estava esclarecendo e dando uma opinião clara. Acho que as pessoas se ligavam a uma verdade real."[118]

Por ironia, depois de desacelerar mais seus raps e ignorando a crítica de The Blackspot a "The City Is Mine", Jay-Z faria a primeira de suas fortunas no hip-hop.

E ele faria isso em uma telona em 12 meses também. E tudo isso graças a uma adorável ruiva órfã de uma lenda...

---

118. *Guardian,* Simon Hattenstone, 20 de novembro de 2010.

Capítulo 6

Annie Pega sua Arma

"Stead of treated, we get tricked!/'Stead of kisses we get kicked!" ["Em vez de bem tratados, nós somos enganados/Em vez de beijados, somos chutados!"]

O berro dos homens de barriga cheia cantando a música de uma garotinha perturbou. Cédulas de 20 dólares voavam no ar como nuvens em formato de cogumelo da mesa virada bem além das mãos das garotas da faculdade de Norfolk State e flutuaram por cima da borda para caírem como graxa verde no Oceano Atlântico. Os integrantes da Roc-A-Fella batucavam na mesa com a palma da mão no ritmo da batida, virando taças de champagne e doses de conhaque no convés, rindo e bradando em triunfo junto com a faixa que o DJ soltava. A faixa sentimental e seu refrão de sorte que os deixou todos ricos.

O canto orgulhoso, por ironia, da vida de luxo.

"It's a hard-knock life for us! It's the hard-knock life..." [É uma vida dura a nossa! É uma vida dura..."]

No final de semana do Dia do Trabalho em setembro de 1998 e a bordo do barco de convés duplo que Timbaland alugou na costa da Virgínia para comemorar o feriado, Jay-Z e o bando da Roc-A-Fella estavam com um temperamento estridente virando doses de bebidas e berrando seus sucessos para o alto-mar. Enquanto o maior sucesso no rádio de Jay-Z até então cedia o espaço para outra de suas músicas que se apoderavam das ondas por todo o verão, sua colaboração com Jermaine Dupri, "Money Ain't A Thang", a equipe começou a tirar cédulas de suas carteiras e as arremessar no ar para os estudantes tentarem agarrar. Já era setembro, mas 1998 ainda provava ser um ano esplêndido e produtivo para a Roc-A-Fella e Jay-Z. Enquanto o mundo do rap ainda sacudia como resultado dos homicídios de Tupac e Biggie, o gênero estava dividido: DMX conseguiu colocar dois álbuns no número 1 nos

Estados Unidos com a violência de seu rap destruidor refletindo tempos de homicídio, enquanto Lauryn Hill do The Fugees produziu um dos álbuns mais vendidos do ano, suavizando o rap em um caldo de gospel emocionante em *The Miseducation of Lauryn Hill*, como se acalmasse a década, forçando o hip-hop a respirar fundo e contar até dez.

Jay-Z ficava em cima do muro entre os dois: o soul e o rap de rua.

Despreparado para pular direto para um terceiro álbum depois da recepção instável de *...Vol. 1*, a Roc-A-Fella começou o ano concentrando-se na expansão de seu império. Jay contratou um impressionante plantel de artistas e buscava uma maneira de exibi-los. Dash, por outro lado, ficou obcecado em ampliar seus negócios para o cinema, imaginando-se como um produtor famoso, talvez pela Roc-A-Films. Por já ter feito uma virada profissional drástica, Jay não estava muito animado com a ideia de passar para os filmes, mas eles estavam indo bem demais com *...Vol. 1* para fazer as vontades do Spielbierg interior de Dash por um tempo. Eles criaram um projeto que atenderia às necessidades dos dois, sem lançar mão de grandes orçamentos.

Streets Is Watching, anunciado como "um video-clipe de longa metragem de Abdul Malik Abbott", foi o conceito de Dash para reunir os vídeos existentes de Jay e as novas filmagens de Abbott para faixas que não foram singles formando uma história coesa baseada nos raps mais cinematográficos e narrativos de Jay até agora. Com um micro--orçamento vinculado, seus valores de produção eram inevitavelmente baratos, um enredo imaturo e suas interpretações das músicas de Jay dolorosamente literais. Abrindo com um discurso para a câmera de um Pain In Da Ass armado proclamando a reputação estilo *Scarface* de Jay, por mais de 40 minutos o vídeo segue uma história exagerada e adaptada da vida no tráfico de Jay. Há uma emboscada inesperada de sua gangue no conjunto habitacional Marcy, tambores de revólveres ardendo no fundo de "Where I'm From", sugerindo o início do tipo de guerra de baixo escalão pela área nada incomum entre as equipes de traficantes nos conjuntos habitacionais. Depois, uma representação fiel dos confrontos das duas edições de "Friend Or Foe" mostra a equipe de Jay matando ou buscando casualmente a competição e se tornando mandachuvas, só para a psicose do vídeo original de "Streets Is Watching" levar o fio mais coerente da narrativa do filme a um fim desconcertante.

Daqui em diante, Abbott apenas transforma as faixas de Jay-Z em cenários cinematográficos. A sexualidade sem emoção de "Face Off" é uma desculpa para uma cena gratuita e imprópria de uma atmosfera de pornô soft às vezes explícito em uma boate de strip-tease em uma mansão particular só para Jay e sua equipe, que termina com Jay e Dash atirando sem maiores explicações em um cara transando com uma das muitas garotas de topless. "Imaginary Player" é recriada com precisão em uma cena em uma casa noturna onde um bando de aspirantes a mandachuva passava o tempo em volta de uma mesa, juntando dinheiro o suficiente para uma garrafa de Cristal entre eles, enquanto Jay-Z, Dash e os integrantes da Roc-A-Fella conseguem as garotas, bebem várias garrafas de champanhe e deixam os zé-ninguém beberem seus restos enquanto eles seguem para as limusines.

Na faixa final de destaque, "You Must Love Me", Jay está em um banco de uma igreja se lembrando das maldades que cometeu, desde uma encenação do tiro em seu irmão até apertar uma cinta com drogas na cintura de sua namorada e mandá-la para a cadeia. Com imagens de crack sendo cozido e cortado e de um ator mirim interpretando um jovem Jay repreendendo seu eu mais velho por seus crimes, é uma composição bem emocionante finalizada por uma coda sem sentido aleatória na qual dois grupos de garotas do Marcy brigam por Jay e sua gangue.

Por toda a sua nudez crua, uma violência viril casual e uma tentativa de baixo orçamento de recriar filmes de gangues como *Os Donos da Rua* e *Perigo para a Sociedade*, fazendo ironicamente da Roc-A-Fella os participantes imaginários do mundo do cinema gangsta, *Streets Is Watching* tem sim seus momentos intensos. Imagens de abertura dos conjuntos habitacionais do Marcy no outono fazem os edifícios de tijolo vermelho e os pátios com três linhas parecerem um lugar ilusoriamente idílico, enquanto Jay testemunha seus horrores ocultos em uma superposição de voz. E os créditos de encerramento contêm uma joia oculta na forma de uma nova faixa de Jay-Z e Memphis Bleek chamada "It's Alright", criada por Dash e um coprodutor chamado Mahogany a partir de um sample desacelerado do clássico do Talking Heads "Once In A Lifetime" enfiada no meio dos ruídos de despedaçar copos de "Hall Of Mirrors" do Kraftwerk, outro exemplo de Jay e seus produtores reclamando um gancho de um sucesso cult como seu para seus fins desleais no hip-hop.

"It's Alright" formava a salva de abertura do lado de Jay-Z da barganha de *Streets Is Watching*: a trilha sonora. Esse álbum era basicamente uma forma de expor os artistas contratados por Jay para a Roc-A-Fella, mas sob o resguardo de seu nome. Então ele cantava junto com Memphis em "It's Alright", Rell em "Love Is Free", Christión em "Your Love" e Sauce Money, Wais e Memphis de novo em "Celebration". Em outra parte, os contratados da Roc-A-Fella contribuíram com canções que agiam como interlúdios musicais entre as músicas de Jay no filme: "Pimp This Love" de Christión, "The Doe" de Diamonds In Da Rough e "Crazy" de Usual Suspects. Por uma credibilidade a mais, Jay chamou DMX, um Ja Rule em ascensão e artistas de NY bem estabelecidos, incluindo M. O. P. e DJ Clue e Noreaga para dar mais peso ao lançamento.

Embora o lançamento direto para o vídeo de *Streets Is Watching* tenha chegado a 100 mil cópias vendidas e rendido 2 milhões de dólares à Roc-A-Fella, artisticamente o álbum foi muito mais valioso, pelo menos por "It's Alright". Nessa letra típica da primeira geração, Jay-Z se gabava de seu dinheiro, joias, jatinhos, destreza no rap e habilidade de evitar os federais e liquidar seus rivais, tudo adornado com metáforas referentes ao jogo, e Memphis Bleek, agora perdoado de sua mancada no segundo álbum e com permissão para voltar à luta com a Roc-A-Fella, interpretava o aprendiz da rua "levando nove no peito" por seu mestre Jay. Mas a música era um pulo exuberante encaixado em uma síntese cultuada entre a calma e a era espacial, o amálgama perfeito dos flows inigualáveis de *Reasonable Doubt* e o toque pop de ...*Vol. 1*. Ela soava como um sucesso, e logo seria.

Dentre as outras participações de Jay-Z na trilha sonora havia vários destaques. Ele faz uma ponta esperta na canção R&B no estilo pegador "Love For Free" de Rell como o conquistador de quem Rell rouba uma garota impressionável em um vídeo bem marcado com logos da Roc-A-Fella. Na música própria "You're Only a Customer",[119] ele interpreta um novo rico, rememorando a impetuosidade tola do tráfico em sua juventude e aspirando ao disco triplo de platina, à lista dos mais ricos da Forbes e aos 500 mais da Fortune, um primeiro indicador importante que Jay considerava ao expandir suas explorações no rap em outras tendências de rendimento. Ela também é sua declaração mais ousada à supremacia no rap (avisando aos impostores que imitá-lo é "como se assemelhar a Deus") e descreve a velocidade e admiração com que a fama de Jay-Z se espalhava em alguns de seus versos mais poéticos: "I shoot through the city like a rumour... paper heading read 'Jay-Z breathes, 80 degrees'" ["Eu percorro a cidade como um rumor... manchetes de jornais diziam 'Jay-Z respira, 80 graus'"]. Mas a polícia ainda o persegue, buscando sinais da continuação de seus antigos caminhos no crime: "Can't stop for the Feds, say cheese/You know they wanna take a nigga picture/Pray for the day to get ya/But I'm a parlay

---
119. Um ritmo seguro e pesado formado por Irv Gotti e incluindo um sample no refrão de "All Night Long Remix" de Mary J. Blige e LL Cool J.

and stay richer for now/Jigga hasn't done dirt for a while" ["Não posso parar para os federais, diga x/Você sabe que eles querem tirar uma foto do negão/Reze para o dia te pegar/Mas eu sou um acumulador e fico mais rico agora/Jigga não faz sujeirada há um tempão"].

A combinação cruel de Jay, Ja Rule e DMX fizeram o som matador de "Murdergram" a faixa mais agourenta e assustadora até agora no cânone de Jay-Z, um tratado brutal na arte de matar.[120] As grandiosas e alegres trompas funkeadas de "Celebration" fecharam o disco em uma lufada de palavras cuspidas tão rápidas e enérgicas que Jay, Sauce, Memphis e Wais deveriam estar respirando pelo globo ocular para cantar. A trilha sonora de *Streets Is Watching* teve sua cota justa de pancadas por dólar, pelo menos quando Jay cristalizou um de seus apelidos mais duradouros, criando rimas como Ali: "I'm the God MC, me, Jay-hovah" [Eu sou o Deus dos MCs, eu, o Jay-hovah"].

Por mais lendária que sua persona de God MC/Hova se tornasse, não foi o que deu a fortuna de Jay naquele ano. Não foi o que o motivou a jogar dinheiro como confete no ar e berrar suas músicas a estibordo do barco de Timbaland.

Não, a fortuna foi semeada mais cedo naquele ano, nascida de uma epifania que ele pediu aos céus do disco.

★★★

"I'm wishing on a star/To follow where you are..." [Estou fazendo um pedido para uma estrela/Segui-lo onde você vai..."]

A voz cortava como cristal, elevava-se como um pássaro. Fazia um perfeito sentido. Ele cantou sobre samples e regravações de melodias clássicas antes, como "What's the Meaning of Life?" do Soul II Soul, "I Know What Boys Like" do The Waitresses, mas agora uma nova avenida de associação com o passado se abria para ele. Observando Gwen Dickey do Rose Royce pelo vidro de sua cabine de gravação no estúdio recriar o refrão de devaneio de sua balada de 1978 "Wishing On A Star", Jay sabia que ele estava em algo grande. Ele não precisava mais pedir emprestado as maiores melodias da história, pois agora poderia ficar ao lado delas.

Em um balanço suave produzido por Trackmásters que previu o potencial de mistura de "Stan" do Eminem dois anos antes, Jay se lembrava com melancolia de sua juventude, das garotas com quem ele nunca se juntou por estar ocupado demais com o tráfico, dos jogos

---

[120]. Na ficção, é claro, em 1998 Jay insistia para Dream Hampton da *Vibe* que ele mesmo nunca matou ninguém.

perdidos e da pobreza de sua infância, de suas primeiras batalhas, dos amigos que "passed right in front of my eyes" ["faleceram bem diante de meus olhos"], os pedidos que ele fazia para as estrelas. Acompanhada por um vídeo em preto e branco de um ator mirim interpretando um Jay-Z pré-adolescente enquanto ele cresce admirando os carrões e a estica dos traficantes, lutava nas ruas, ganhava seus primeiros dólares traficando, tentava impressionar as garotas, testemunhou seu primeiro tiro e apresentava seus primeiros raps, a faixa não galgou muitas posições nas paradas dos Estados Unidos, mas foi um sucesso no Top 20 do Reino Unido, chegando ao número 13.[121] Frente à sua melhor colocação nas paradas internacionais até então, um grande lançamento, Jay percebeu que estava em algo grande. E começou a procurar um conceito de mistura ainda maior.

Enquanto passava o verão de 1998, Jay-Z invadiu as ondas de rádio com uma intensidade cada vez maior. Primeiro em maio com sua colaboração atrevida e esbanjadora com o produtor Jermaine Dupri em "Money Ain't a Thang",[122] uma reelaboração das trompas gloriosas de "Weak At the Knees" do ministro do soul dos anos 1980 Steve Arrington com os dois rappers soltando rimas grudentas sobre seus carros esportivos, suas centenas de joias grandes e até suas balas cravejadas de diamantes e veio com um vídeo de uma corrida de Ferraris, uma jogatina extravagante e cédulas voando como tiras de papel, a inspiração para as carteiras voando no barco de Timbaland no Dia do Trabalho. É uma música que também incluía uma premonição evidente, quando Jay cantava sobre como o rapper vendedor de milhões de cópias que "hit na R&B chick and she fit the bill ["chegaria na mina do R&B e ela seria o que preciso". Então, em julho, as ondas do rádio pulsavam junto com o lançamento do single de "It's Alright", completo com o vídeo obrigatório mais recente filmado na praia no refúgio de luxo em Cancún, no México. Mas nos bastidores ele preparava o terreno para uma bomba ainda maior no rádio.

Mas primeiro ele realmente teria de inventar um passado falso para si.

O DJ Mark The 45 King lhe deu a faixa. O 45 King, antigo membro do grupo Flavor Unit de Queen Latifah voltando depois do vício em drogas, viu um contrato de produção com a Warner Brothers ruir no início dos anos 1990. Kid Capri foi um dos últimos recrutados para a

---
121. Ela foi incluída no lançamento britânico de *In My Lifetime... Vol 1*.
122. Pela qual Jay ganharia sua primeira indicação ao Grammy em 1999 por melhor apresentação de rap de uma dupla ou grupo.

produção de seu terceiro álbum, junto com nomes em ascensão como o produtor interno do Ruff Ryders Swizz Beatz e um garoto novo chamado Timbaland, que faria grandes trabalhos nos álbuns de estreia de Missy Elliott e Aaliyah, tocou a faixa para ele pela primeira vez enquanto Jay estava na turnê do ...*Vol. 1* pelos Estados Unidos. A trilha sonora do ônibus da turnê era eclética naquele ano, abrangendo Alanis Morissette, Sarah McLachlan, Scarface e a música favorita de Jay na época, "I Don't Want To Miss A Thing" do Aerosmith, mas essa faixa nova esticaria as fronteiras até o ponto de quebrar. Contendo apenas a batida e um sample do gancho na ocasião, Jay a adorou tanto que caçou The 45 King e o convenceu a entregar a faixa em vez de guardá-la para sua própria compilação.

Não era apenas a batida tranquila do gueto com sua linha de baixo elástica vigorosa, toques em uma tecla só no piano e o estrondo estranho dos tímpanos da Broadway que Jay curtia. O crucial foi o fato de girar em torno de um refrão central que o ouvinte reconhecia na hora. O refrão fundamental do musical *Annie,* no qual a personagem principal e suas amigas órfãs lamentam sua situação trágica e criação traumática: "It's the hard knock life for us/It's the hard knock life for us/'Stead of treated we get tricked/'Stead of kisses we get kicked" ["É uma vida dura a nossa/É uma vida dura a nossa/Em vez de tratados, somos enganados/Em vez de beijados, somos chutados"].

Uma canção sentimental, um sample audacioso, mas emocionou Jay-Z. Ele teve sucesso e ganhou a atenção por usar ganchos populistas famosos e houve poucos mais famosos ou populistas do que "Hard Knock Life". Era um refrão gravado na consciência do público como uma memória genética passada de geração em geração, reconhecida de modo tão automático quanto "Consider Yourself" e "Over The Rainbow".

Ela transcendeu gêneros e críticas por vir de tão longe de fora do rap que era irrepreensível, sem a carga de intromissões ou meandros musicais, mas falou direto ao coração e às raízes do hip-hop, seu vigor político ainda mais potente por sua total simplicidade. Como Jay-Z contaria à *People Weekly*: "Essas crianças cantam sobre a vida dura, coisas que todos no gueto sentem vindo (...) Este é o hino do gueto".

"Sabe", ele disse em uma entrevista para a *Blues & Soul,* "eu sabia como as pessoas no gueto se identificariam com palavras como 'Em vez de tratados, nós somos enganados' e 'Em vez de beijados, nós somos chutados'(...) É como quando assistimos a filmes e sempre torcemos para o vilão ou o pobre coitado porque é quem sentimos que somos:

nós contra a sociedade. Para mim, a forma com que as crianças cantam o refrão: 'It's a hard knock life' ['é uma vida dura'] é mais como se elas se alegrassem disso. Como se mostrassem que são fortes demais para deixar a vida desanimá-las."[123]

Com Jay-Z listando as piores agruras do conjunto habitacional: cenas de homicídios e prisões, armas e invasões de gangues, mães strippers e inimigos assassinos, tudo envolto em seu alívio em ter habilidades no rap, ficar rico e sair, "Hard Knock Life (Ghetto Anthem)" voou da Broadway ao Brooklyn e aterrissou como uma bomba. O único problema foi que The 45 King não conseguiu a liberação dos direitos autorais pelo sample. O musical *Annie* tinha uma reputação definida construída em 20 anos desde sua estreia na Broadway em 1977 e consolidada pela adaptação para o cinema em 1982, e os detentores dos direitos, o compositor Charles Strouse e o letrista Martin Charnin, detestaram macular seu derradeiro musical familiar pela associação com as drogas e violência predominantes no rap. Então Jay-Z inventou uma pequena parte de um passado para ganhá-los. Ele escreveu uma carta diretamente para eles para dizer que na escola ele ganhou em uma competição de redação na sétima série o prêmio de ver o musical na Broadway. Ele ficou tão emocionado com a história, escreveu, que podia ver uma ligação direta entre os órfãos da história e as crianças desamparadas, sem pais, sem esperança do Marcy. Seu ponto de vista sociológico de que essas crianças presas na cultura do crack no gueto seriam a nova geração *Annie* era perspicaz e seu argumento de que a história de *Annie* era universal era convincente, só a competição de redação foi inventada para comover aqueles que são profissionais nisso. E funcionou. Direitos aprovados.

"Se o pedido tivesse sido enviado sem a música, não acho que teríamos aceitado", Charnin contou à revista *Vibe*, admitindo terem recebido entre 25 mil e 30 mil dólares pelo uso inicial da música, além de uma parte dos royalties. "Dizer que você quer fazer um 'hino do gueto' é algo muito amplo. Precisa ser demonstrado em vez de apenas discutido (...) [Mas] aqui estava um artista sério com uma opinião. O fato de eles [Annie e Jay-Z] terem vidas paralelas que se encontraram era empolgante."[124]

Como um rapper cada vez mais rico e famoso, Jay lutava para recriar o vigor e a paixão de *Reasonable Doubt* da perspectiva de sua nova vida bem mais confortável, livre das dores e paranoias do tráfico. Ele estava preocupado, depois das críticas brandas feitas a ...*Vol. 1*, que ele nunca mais recuperasse sua credibilidade na sabedoria das ruas do

---

123. *Blues & Soul*, Pete Lewis, dezembro de 1998.
124. *Vibe*, Jacob Ogles, novembro de 1999.

álbum de estreia. Então ele pulou nessa nova ligação a suas origens, esse pedaço lustroso de verdade das ruas. Ele estava tão feliz com a permissão para o sample concedida que decidiu dedicar todo o terceiro álbum ao conceito, o elo entre o mercantilismo popular e os esforços do crescimento e da vida nos conjuntos habitacionais do Brooklyn. Ele chamou o álbum de *Vol. 2... Hard Knock Life*.

Diferentemente da correria de *Reasonable Doubt* e do estresse de ...*Vol. 1, Vol. 2* foi uma delícia de gravar, saindo do estúdio em um mês. "Neste álbum eu estava mesmo baratinado", Jay disse. "Eu estava como [Michael] Jordan naquela noite quando ele acertou nove arremessos de três e saiu da quadra gritando "Eu sou o Cara! Não posso errar agora!"(...) Com meus convidados, eu me achava um regente conduzindo um concerto (...) Sempre que eu ia ao estúdio, era uma grande festa e acho que traduzi isso na música."[125]

Mas antes de lançar o ataque matador de "Hard Knock..." no mundo do hip-hop, Jay tinha uma guerra dos sexos para supervisionar.

★ ★ ★

Prédios e carros explodiram. Os heróis deram saltos mortais de telhados ou de passagens em ruínas. Os parceiros de kung fu desafiavam a gravidade para chutar os oponentes na cara ao mesmo tempo. Nos telões atrás do bar onde Chris Penn de *Cães de Aluguel* virava garrafas de vodka parecendo um palhaço como um estagiário de Tom Cruise em *Coquetel*, rolava a ação arrasa quarteirão, com um trailer do filme *A Hora do Rush* em cuja trilha sonora a música era a faixa principal. Outro estúdio de cinema que simpatizava com a crença de rua cultuada de Jay-Z e queria cavar uma fatia em seu filme. Mas no bar, onde as dançarinas vestidas de cetim rebolavam e balançavam, ninguém ligava para aquelas cenas perigosas e pirotecnias de grande orçamento. Eles tinham sua própria briga de grande orçamento para lembrar.

"Can I get a 'fuck you' to the bitches from all of my niggas who don't love hoes, they get no dough" ["Posso ouvir um 'foda-se' para as vadias de todos os meus manos que não adoram prostitutas, eles não têm dinheiro"], disparava um impassível Jay-Z, sabendo que seu garoto Ja Rule o apoiaria. "Can I get a 'WHOOP WHOOP!' to these niggas from all of my bitches who don't got love for niggas without dubs" ["Posso ouvir um 'WHOOP WHOOP!' para esses manos de todas as minhas vadias que não têm amor por manos sem carrões"], respondeu Amil do grupo Major Coins que Jay contratou para a Roc-A-Fella, cercada

---

125. *Blues & Soul*, Lewis, 1998.

por suas amigas dançarinas desafiadoras, liderando a retaliação feminista contra os homens com rodas inadequadas. E assim se esgotava o argumento do hip-hop mais antigo: os homens que detestam as mulheres que querem seu dinheiro e as mulheres que exigem que eles o deem a elas. Havia um nível menor de sofisticação adicionada em "Can I Get A...", a produção efervescente de Irv Gotti e Lil Rob com participações de Amil e Ja Rule, quando Jay perguntava se uma garota ainda se interessaria por ele se ele fosse pobre ou sem talento e Amil respondia que falta de dinheiro é igual a falta de ambição e ela ficava excitada com ambição. Isso e grifes. Era uma letra sem vencedores: as mulheres pareciam fúteis, exigentes e mercenárias e os homens pareciam cruéis, insensíveis e manipuladores, principalmente Ja Rule, dizendo que daria cem dólares para uma conquista mesmo se ela não quisesse, só para "fazê-la se sentir prostituída". Por melhor que soasse, "Can I Get A..." era um repúdio sexual dançável.

Como tal, ela foi um grande sucesso nos Estados Unidos. Com o refrão de Jay censurado para "Can I get a 'what what'", possivelmente aumentando bastante a atitude e o apelo comercial da música, "Can I Get A..." foi um estouro nas rádios, cristalizando a guerra dos sexos de uma forma que uma cultura popular cada vez mais marginalizada e sexualizada poderia adotar. As pistas de dança de todo o país tremiam ao som do cântico "WHOOP WHOOP!" e a faixa chegou ao número 19 na parada da *Billboard* em agosto de 1998, lançando Jay-Z direto para a estratosfera do hip-hop. Bem na hora de "Hard Knock Life (Ghetto Anthem)" começar a devorar as rádios e para o álbum *Vol. 2... Hard Knock Life* arrebentar nas paradas.

Por sua introdução, porém, você acharia que Jay já tinha se aposentado,[126] desistido do espírito hip-hop, entregado o bastão e se submetido ao túmulo. Sobre um batimento cardíaco, um abatido Pain In Da Ass recitava uma elegia a Jay-Z, desculpando-se com Biggie por abandoná-lo e nomeando Memphis Bleek como seu sucessor: "Bleek's gonna be a good rapper/New improved Jay-Z/I quit, I'm retiring/Ain't enough money in this game to keep me around/Sorry Big, I tried" ["Bleek vai ser um bom rapper/Um novo Jay-Z melhorado/Eu desisto, estou me aposentando/Não tem dinheiro nessa jogada pra me manter/Desculpe, Big, eu tentei"]. Sua frase de efeito "Okay, I'm reloaded!" ["Tudo bem, recarreguei as energias!"] abriu o caminho para uma abertura solo[127] de

---

126. Afinal, seu acordo inicial com a Def Jam de dois álbuns terminou com *Vol. 2...*
127. Dirigida por DJ Premier a partir de um sample de "Are You Man Enough" do The Four Tops para dar a Bleek um maior crédito em *Reasonable Doubt* como o novo Jay-Z.

Bleek em "Hand It Down", como se assumisse o lugar de Jay-Z, sem Jigga por perto para ser ouvido. Mas essa ratificação na vida real de "Coming Of Age", com Bleek parecendo se apresentar para administrar toda a operação, era obtivamente um subterfúgio, um escárnio, já que depois do rap de Bleek sobre o tráfico de baixo nível e sua cobiça pelos Jordans mais novos entrava "Hard Knock Life (Ghetto Anthem)" e Jay anunciava sua volta da forma mais enfática possível. "I stretched the game out/X'd your name out/Put Jigga on top and drop albums non-stop" ["Eu prolonguei a jogada/Cortei seu nome/Coloco Jigga no topo e lanço álbuns sem parar"].

A volta foi justificada por "If I Should Die", a primeira das três produções de Swizz Beatz no álbum que, junto com as faixas inspiradas de Timbaland, faria de uma forma coesa o cruzamento com o pop comercial que a Bad Boy tentou fazer de forma tão desajeitada no ...*Vol. 1*. A principal evolução de Swizz e Timbaland para o mundo de Jay-Z foi tirar a ênfase nos samples de soul. Nenhuma faixa tinha créditos por seus samples, sugerindo batidas completamente originais. Foi uma mudança que acabaria frustrando os fãs de *Reasonable Doubt*, levando Steve Birchmeier do *AllMusic* a lembrar com saudade de ...*Doubt* como "uma era passada, quando os samples abasteciam as batidas e os pratos de toca-discos forneciam os ganchos, separando *Reasonable Doubt* do trabalho posterior de Jay-Z". Mas seria essencial ao fazer de *Vol. 2...* o álbum mais coerente e de maior sucesso da trilogia "Lifetime" de Jay e o catapultando, aos 28 anos, para toda uma nova liga de hip-hop moderno. Uma liga que ele um dia dominaria.

Em relação à letra, "If I Should Die" também continuava o tom reflexivo de "You Must Love Me", um ângulo que daria emoção e eco aos álbuns de Jay-Z daquele momento em diante. Ela tinha Jay enfrentando a morte com um sorriso no rosto, lembrando seus encontros sexuais no colégio, suas melhores batalhas e seus duetos com Mary J. Blige, os tiroteios e fugas de prisões e concluindo que ele teve uma jornada bem decente. Foi um testamento do rap na tradição das previsões de Biggie e Tupac de suas mortes, por conta de um lado intenso e nervoso pelas batidas bulbosas, artificiais com as cordas insistentes de Swizz, com estrofes urgentes de Wais e Half Dead lembrando seus triunfos e arrependimentos. Ela acabaria revelando sua parte devida de ostentação fútil, mas desde seu salve de abertura *Vol. 2...* se moldava para ser um disco mais maduro e cuidadoso nas letras do que seu antecessor, interferindo em expressões: social, política e pessoal.

E em meio a uma chamada familiar de armas, dinheiro, joias, garotas, rixas e tráfico de alto nível tracejada na tensa e sussurrada "Ride Or Die" de Stevie J, mais segredos são expostos. "I probably make more money off your álbum than you" ["Eu provavelmente ganho mais dinheiro com seu álbum do que você"], Jay revela para os "wack rap niggas... that get fucked for they publishing" ["manos malucos do rap que se fodem com a divulgação deles"]: "I'm Platinum a million times nigga, check the credits/S. Carter, ghost writer" ["Ganho disco de platina 1 milhão de vezes, mano, olhe nos créditos/S. Carter, ghost-writer"]. Foi a primeira admissão em disco de que Jay escrevia rimas para outros rappers escondido, uma prática comum no hip-hop, mas vista com vergonha pelos rappers cantando as rimas de outra pessoa. Embora Jay não pudesse por contrato falar muito sobre para quem ele escrevia, contando à revista *Vibe*: "Eu recebo muito dinheiro para não te contar para quem eu escrevo", Dr. Dre o usou abertamente como ghost-writer no single do ano seguinte "Still D.R.E", do qual Jay-Z se orgulha especialmente. "Meu melhor momento de todos é como ghost-writer", Jay diria para mim anos depois. "Ele [Dre] é visto como o maior produtor do hip-hop, então ninguém vê isso de nenhuma maneira porque ele não é um rapper de profissão. Ele é um artista, é realmente um grande produtor. Então se era Dre ou Puff nesse caso, ninguém se importava mesmo."

Outro de seus momentos mais orgulhosos foi o próximo no *Vol. 2...* Com "Nigga What, Nigga Who – Originator 99", dois conjuntos de inovação foram declarados. Na letra, enterrada sob cenas de contrabando, tiroteio violento e sexo explícito com mulheres passíveis de ser traídas, Jay e Big Jaz (ex-Jaz-O) lembraram um mundo do hip-hop começando a aceitar o rap veloz que eles fizeram primeiro no "The Originators" lá em 1990, cantada em um exemplo inacreditavelmente rápido do estilo. E musicalmente "Nigga What..." era uma maravilha, depois de Timbaland criar o amálgama perfeito das nuvens elétricas de cordas estrondosas, sons eletrônicos intermitentes e uma percussão cheia de estampidos e estalos que parecia a Jay como um vislumbre de seu futuro estilístico.

Essas nuvens elétricas intensificadas para a segunda contribuição de Swizz, "Money, Cash, Hoes", e desse denso nevoeiro cinematográfico saía DMX, aludindo a cachorros loucos, cadáveres mutilados e canibalismo, rosnando e latindo como um lobo em fúria. Jay deu grandes pulos se apresentando como a face melódica, com traços de soul e acessível do gangsta rap, mas essa foi a primeira vez que se apoderou do dólar do rap demoníaco, arrebentando com uma orquestração de horror de leve, os rosnados de sucesso de DMX, papos sobre homicídio e um sintetizador tocado como uma *A Família Monstro* maluca. "Money, Cash, Hoes" foi um esforço combinado para Jay-Z ser levado a sério pela crescente fraternidade do rap assassino e trazer uma fuligem do submundo ao *Vol. 2*... pelo menos como uma compensação pelo sample de *Annie,* o que poderia estimular um rótulo de novidade do rap vendida. Os lampejos pop do R&B de ...*Vol. 1* pareciam a uma vida de distância daqui.

O envelope empurrado, a familiaridade foi chamada. "A Week Ago" e "Coming Of Age (Da Sequel)" revisitaram a aptidão de Jay pela música narrativa sobre o tráfico e seu modo de continuar suas histórias de um álbum a outro. Em "A Week Ago" ele era um traficante dedurado para a polícia por um parceiro transformado em informante pego em uma batida policial. No intervalo de uma semana o ex-amigo de Jay foi de repartir seu pão e fazer juramentos de sangue a ser desleal e arruinar sua reputação nas ruas para sempre. "Your son gotta grow up like 'this is my dad?'/The labeling of a snitch is a lifetime scar/You'll always be in jail nigga, just minus the bars" ["Seu filho vai crescer dizendo: 'é este o meu pai?'/O rótulo de um informante é uma cicatriz para a vida toda/ Você vai sempre estar na cadeia, manos, só que sem as barras". Sobre uma batida soul reformada do Isley Brothers, Jay e Too Short dissecam a lealdade criminal e a honra taciturna da jogada com uma realidade abrasiva e expõem as minúcias de um canto tão específico da mentalidade do tráfico, o que só dava mais credibilidade a uma história de fundo cutucada e examinada sob o microscópio cético da imprensa musical.

Uma ode semelhante à lealdade, a brilhantemente tensa "Coming of Age (Da Sequel)" retomou a história do recrutamento de Memphis Bleek por Jay como seu aprendiz em *Reasonable Doubt*. Você imaginaria que Jay a escreveu como uma lição para Bleek saber seu lugar, depois de não aparecer para as gravações no ...*Vol. 1*. Agora o personagem de Jay se mudou para o subúrbio enquanto Bleek tomou a cidade correndo, encarando bem as situações ameaçadoras, o medo e o estresse enquanto era cercado por pessoas lhe dizendo que o chefe ficou preguiçoso, velho, ideal para substituição. Então Bleek botou os olhos na posição de Jay no topo e os dois se enfrentaram na rua, medindo-se, cada um refletindo em seu monólogo interno. Com uma das faixas de fundo mais cheias de ação, explosivas e apavoradas mexendo com a sensação de conflito iminente e Bleek proferindo rimas desesperadas sobre merecer seu lugar no topo, ela era uma cena interessante, destacando cada detalhe desse momento nas ruas que poderia transformar uma parceria de fraternidade para inimigos mortais. Jay, sentindo a inquietação e insatisfação de Bleek e visitando-o "fore he decide to get cute" ["antes de ele decidir ficar espertinho"], identificou um "sorriso falso" e considerou matá-lo naquela hora. Bleek, com seu pensamento confuso pela droga, percebeu que Jay estava em cima dele e não teve escolha a não ser reafirmar sua fidelidade. A proximidade deles era enfatizada pelo medo como eles trocavam versos e terminavam a rima um do outro e no fim a tensão se dissolveu e o conflito foi evitado. Eles eram irmãos de novo, por ora, e nós, ouvintes, ganhamos quatro minutos íntimos dentro da cabeça de um gângster muito humanizado, a trilha sonora perfeita se Spike Jonze decidir algum dia fazer um filme chamado *Como Ser John Gotti*.

Depois de uma obra-prima tão criteriosa, "Can I Get A..." agia como um alívio pop para pular junto antes de a suave "Paper Chase" de Timbaland nos dar outra foto instantânea em alta definição da jogada e uma onde os sexos estão um pouco mais unidos. Aqui, Foxy Brown interpretava uma das garotas que Jay usaria para começar as novas operações do tráfico em cidades pequenas para ele, abrindo a faixa com uma luta hercúlea: xingar "vadia" 11 vezes nos primeiros 40 segundos, como se tivesse saído direto de uma sequência inicial de Tarantino. Depois, Jay, o Clyde para sua Bonnie, ia até a cidade rondar as vizinhanças locais, assustá-los até eles se submeterem, recrutar os mais dispostos e maleáveis e tomar conta do lugar. A dedicação e riquezas que o personagem de Jay esbanjava com Foxy na estrofe final de "Paper Chase" em contraste com a retirada de fundos de Amil em "Can I Get A..." era um indicador da divisão na abordagem de gênero nesse ponto, ela refletia sua postura perante a cultura do tráfico em geral, isto é, ele desprezava aquelas mulheres que queriam ganhar dele ou controlá-lo e dava lealdade e mercadorias luxuosas para aquelas que o ajudavam a prosperar.

Enquanto o álbum se aproximava do fim, havia espaço para mais um esforço da consciência musical coletiva. Os wah wah na guitarra e a linha de baixo no estilo cafetão de "Theme From *Shaft*" são reconhecíveis em todas as partes (a seu modo) como qualquer canção de *Annie*, e seu sample em "Reservoir Dogs", uma posse cut com participações de Beanie Sigel, Sauce Money e Sheek Louch, Styles P e Jadakiss do The LOX,[128] deu à faixa um ar maneiro e cultuado, como se os seis rappers estivessem rolando em ação como o sr. White e o sr. Pink do filme de mesmo nome da faixa. Cheio de raiva e arrogância em grupo, as estrofes

---

128. Um grupo da Bad Boy de quem Jay gosta muito depois de seu comovente tributo a Biggie "We'll All Love Big Poppa".

se distorcendo com assuntos escorregadios das gangues: roubos, tempo na cadeia, tiroteios, expansão dos impérios das drogas, blocos cheios de ecstasy e cocaína e a imagem construída de uma gangue agitada, cada personagem mais malvado, mortal e talentoso do que o anterior. Mas Jay-Z mandava na banca, guardando a retaguarda com um jorro estelar de rimas sobre a palavra "pop", provando que ele era o Senhor desses "(...) Cachorrões". Ele estava tão envolvido na direção que saiu do ritmo. Se os temas eram comuns, a performance era uma correria.

Não foi surpresa que, depois de seu lançamento inicial em 29 de setembro de 1998, o *Vol. 2...* logo tenha sido relançado com os efervescentes sucessos das rádios "It's Alright" e "Money Ain't A Thang" acrescentados no fim,[129] antes disso, "I'm Like That" era um encerramento fraco para um disco vigoroso. Uma produção galopante de Kid Capri com um refrão suavemente pegajoso, ela recauchutava os temas de tráfico, sexo e vingança de Jay sem nenhum discernimento ou impacto específicos, uma sombra de "You Must Love Me". Seu único verso digno de nota foi a promessa de Jay de que havia mais por vir: "I recycle my life/I shall return" ["Eu reciclo minha vida/Eu voltarei"]. Isso e a revelação: "I only bone divas" ["Só traço as divas"].

Um encerramento desfavorável para um álbum impressionante, que conseguiu melhorar e modernizar o som de Jay para a parada e o público das rádios enquanto focava em sua habilidade de destacar as nuances, detalhes e emoções complexas da vida no submundo do gueto e se espalhar para considerar um retrato sociopolítico mais amplo. Embora às vezes seus temas ficassem à beira da autoparódia, do clichê gangsta ou da presunção cheia de testosterona, em outras eram profundos e pensativos e qualquer disco que conseguisse fazer uma canção de um show da Broadway soar como uma retórica política mordaz tinha de receber algum pequeno fragmento de genialidade.

Os críticos cederam: "Um bom álbum periodicamente", declarou a *NME*, "uma composição incisiva de letras intensas", disse Soren Baker dos *Los Angeles Times*. "Antes, Jay-Z não tentava tocar segundo as regras do mainstream, mas aqui ele tenta se apropriar delas", argumentava Stephen Thomas Erlewine do *AllMusic*. Mas os fãs de Jay foram mais enfáticos em sua opinião sobre o *Vol. 2...* O disco vendeu 300 mil cópias em sua primeira semana, voou direto para o número um do Hot 100 da *Billboard* e pousou lá com triunfo por cinco semanas, um recorde para um álbum de rap, mantido nas alturas com o lançamento em 27 de outubro e a colocação no número 15 da parada

---

129. Uma versão "clean" do álbum também foi relançada, sem nenhuma palavra ofensiva.

dos Estados Unidos do single "Hard Knock Life (Ghetto Anthem)", com seu vídeo agradável e condutor da consciência de crianças no conjunto habitacional balançando, enfeitando-se e cantando junto com a emoção desse refrão global.[130]

Antes de se esgotar, *Vol. 2...* vendeu 5 milhões de cópias, ganhou cinco discos de platina, recebeu duas indicações ao Grammy e se tornou o maior álbum da carreira de Jay-Z, do passado ou do futuro, garantindo a ele entre 15 milhões e 20 milhões de dólares no processo. Ele também iniciaria uma temporada de álbuns número um consecutivos para Jay que no fim o faria ultrapassar Elvis Presley como o artista solo com o maior número de álbuns no topo das paradas americanas. Mas, por enquanto, ao passo que ele era impulsionado aos níveis mais elevados da fama, fortuna e do sucesso no hip-hop, atacado nos jogos de futebol no Dia do Trabalho e exigido em cada emissora de TV e rádio no planeta, Jay começou a reconhecer seu apelo cultural mais extenso.

"Primeiramente eu me vejo como muito mais do que um rapper", ele disse. "Eu quis representar e contar a história de todos que passaram pelo que eu passei ou conhecem alguém assim. Eu também quis falar sobre nosso estilo de vida àqueles que, embora pudessem viver, digamos, nos subúrbios e não fizessem parte desse mundo, ainda quisessem saber sobre ele e entendê-lo."[131]

Notando que seu álbum ficou no topo de um Top 4 da *Billboard* na frente da psicodelia sulista de OutKast, os raps suaves de A Tribe Called Quest e o estilo de soul clássico de Lauryn Hill, Jay pôde ver que de repente ele estava na vanguarda de uma operação divisora de águas no hip-hop, um relaxamento da dependência do rap em violência, raiva e referências às culturas de gangue e das drogas para permitir tons mais sutis e inventivos. E Jay estava bem no ponto mais extremo da nova face aceitável do rap. Mas quando 1998 terminou e seu contrato inicial de dois álbuns com a Def Jam foi cumprido, ele estava mais focado em expandir seus negócios do que em consolidar suas conquistas no rap. Ele e Dash sentiam que o selo que construíam era mais do que apenas uma coleção de artistas de hip-hop e eles iniciavam uma mudança cultural ou, como disse Dash no documentário de 2000 *Backstage*, "quando neguinho pensa na Roc-A-Fella, não pensa só em Jay-Z, não pensa só em mim, pensa em todo o movimento e no que nós representamos".

---

130. O single foi um sucesso ainda maior na Europa, onde chegou ao Top 10 em seis países e ao número 2 no Reino Unido.
131. *Blues & Soul*, Lewis, 1998.

Por isso, a Roc-A-Fella tinha planos grandiosos e elaborados para 1999 que iam muito além de um escritório precário perto de Wall Street. Depois de descobrirem um filão de talento na Filadélfia, eles contrataram muitos deles e os trouxeram para NY para formar o que o advogado de entretenimento Bernie Resnick chamaria de "fábrica" nos moldes de um Andy Warhol do hip-hop. Ao longo de 1999 a Roc-A-Fella planejava lançar álbuns de DJ Clue, Memphis Bleek, Beanie Sigel,[132] Amil, Rell e Diamonds In Da Rough. Eles também pretendiam firmar um contrato com M.O.P., N.O.R.E. e Murder Inc. de Irv Gotti e Jay apostava em um jovem produtor emergente badalado saído da Chicago State University chamado Kanye West, que ele esperava trazer para seu time oficial de produtores. Além disso, Jay e Dash já escalavam, em grande parte entre seu plantel da Roc-A-Fella, amigos próximos e família, outro roteiro de cinema sobre três traficantes do Harlem, que eles pretendiam produzir, dirigido por Abbott e estrelando eles mesmos. Houve a criação de uma ala de produção chamada Roc-A-Bloc para arranjar isso, supervisionada por Ski,[133] e havia a primeira grande turnê nacional em arenas de Jay agendada para divulgar *Vol. 2...*

Havia também uma possível entrada no mercado da moda. Os planos estavam em ação para a linha de roupas Roc-A-Fella, focando em roupas baggy. Grandes planos, tramados com cuidado. Mas mal sabia Jay que, quanto maior sua bolha ficasse em 1999, mais perto seus relacionamentos mais íntimos chegavam ao ponto de estourar.

---

132. O álbum de estreia de Sigel *The Truth* vendeu 1 milhão de cópias em seu lançamento em 2000.
133. O projeto da Roc-A-Bloc não duraria muito, dissolvido quando Ski se mudou de NY para dar um tempo na carreira no mercado fonográfico em 1999.

Capítulo 7

Caçado

"Não acho que planejamos fazer história, ela simplesmente aconteceu."
– Jay-Z, documentário, *Backstage*

Rappers recebendo lap dance de garotas seminuas nos corredores dos bastidores ou boquetes nos banheiros. Hotéis abarrotados de fãs histéricas e grupos violentos. Vários baseados fumados em sedas tão grossas quanto sacolas do correio. Mais garotas pulando nuas em trailers adaptados. Jogos de azar de dados com apostas altas nos camarins, 1.500 dólares por rodada. Os ônibus da turnê balançados em meio à algazarra e vans espaçosas fervilhando com cantos de gangues. Sessões de autógrafos virando tumultos. Method Man e Redman voando sobre a multidão em fios. Puffy, Chuck D e Busta Rhymes passando o tempo com conversas com os astros com camisetas de basquete da turnê: Ja Rule, Amil, Memphis Bleek, Beanie Sigel, DJ Clue e, se eles conseguissem passar pelo cão de guarda da segurança e pelos avisos de "não perturbe" de seu camarim, DMX. Champanhe rolando como água da torneira, baforadas de charutos como JR e a cada cidade que eles chegavam, essas arenas escancaradas com multidões bombando de dezenas de milhares de fãs.

As vozes dos rappers da programação[134] resumiram tudo. "Um concerto de hip-hop mundial", "estar nessa turnê é o lugar certo na hora certa", "é um grande dia para o hip-hop", "levará o hip-hop ao próximo nível", "caras como Garth Brooks agora sabem nosso nome". De fora, a turnê *Hard Knock Life* de 1999, todos os seus dois meses e meio e 54 shows, parecia como a maior turnê de rap, mais revolucionária e de maior sucesso já concebida. E de dentro, parecia como a festa mais louca a cair na estrada.

---

134. Como comentado na abertura do documentário sobre a turnê *Backstage*.

Para Jay-Z, viajando um pouco longe do caos em um ônibus com proibição de álcool ou drogas a bordo, esse evento marcante do hip-hop criado por ele era uma excursão comemorativa. Improvisando a cada oportunidade que aparecesse, com DMX no camarim, para frequentadores casuais em sua própria base ou para salas nos bastidores cheias de festeiros animados, ele observava a confusão da turnê ricochetear a seu redor com um sorriso malicioso e um aceno de cabeça compreensivo. Fora dos palcos ele poderia ser encontrado boxeando com Pain In Da Ass ou agindo como o cabeça dos jogos de dados de mil dólares por rodada. No palco ele não passava de um herói do hip-hop, tocando rap nas arenas com toda a destreza no palco que ele aprendeu com suas turnês mais modestas e de ser parceiro de Big Daddy Kane.

Seu filme introdutório era uma cena de perseguição com ele vestido de macacão pelos túneis subterrâneos parecida com uma fuga da prisão, com Jay-Z enfim chegando a uma escada que ele subia bem na hora em que o Jay verdadeiro subia no palco por uma tampa de bueiro envolto em fumaça. Ao som de um trecho de uma música nova chamada "Jigga My Nigga" ele tirou seu macacão e começou a cantar "A Million And One Questions" para uma multidão barulhenta que arrancaria qualquer teto. Em seguida, depois de uma "Can I Get A..." sem "foda-ses", ele dividiu os sexos com uma Amil atrevida incitando as mulheres a resistir e um Ja Rule sem camisa pedindo para elas baixarem a bola e se renderem; Jay correu pela arena para aparecer de surpresa em um palquinho atrás dos enormes corredores, começando "Money, Cash, Hoes" de lá antes de a segurança acompanhá-lo correndo pela multidão para ele se juntar a DMX no palco principal de novo. E sua amostra mais dramática de destreza no palco veio no fim do show, quando ele interrompeu "Hard Knock Life" no verso "flow infinitely like the memory of my nigga Biggie" ["fluindo infinitamente, como a memória de meu mano Biggie"], cantou algumas das rimas de Biggie e passou um vídeo de entrevistas com seu amigo nos telões da arena. Depois, como um tributo para Biggie e Tupac, ele voltou direto para "Hard Knock Life" como se nunca tivesse perdido uma batida. Perfeito.

Uma turnê comemorativa agitada, desde a noite de abertura no Charlotte Coliseum na Carolina do Norte em 27 de fevereiro quando Jay-Z vendeu todos os 19.200 ingressos (mais do que qualquer artista negro tinha conseguido na história do local), até o último show na Miami Arena em 7 de maio, onde todo o elenco se juntou a Jay no palco para o bis, agradecendo a todos que vieram ver "uma turnê que diziam que nunca aconteceria". Mas, ao longo do caminho, uma voz soou discordante repetidas vezes.

"Você é o presidente de uma empresa, certo? Então isso quer dizer que você é esperto, certo? Então não sente lá e se finja de idiota. Se todo mundo na turnê está usando uma jaqueta da Def Jam, qual seria a percepção geral?"[135]

Em um banheiro ladrilhado, barba por fazer e sendo televisionado, Damon Dash repreendia um representante da Def Jam por presentear cada um dos artistas da turnê com uma jaqueta da Def Jam com o nome do rapper bordado nela. O cara da Def Jam ficou na defensiva, culpando um "erro", mas Dash só gritou mais alto. "Esses 'errinhos' que você comete fazem parecer que é sua turnê!"[136]

Dá para entender a raiva de Dash. Ele era um homem tão dedicado a seu negócio que tinha Roc-A-Fella tatuado em seu braço junto com os nomes de seu filho e sua mãe, e ele colocaria seu traseiro na reta por essa turnê e pelo futuro do rap. A princípio os promotores abordaram Jay-Z para excursionar junto com um grupo de R&B para aparar as arestas ásperas para o público das arenas, mas Dash rejeitou esses avanços e, imaginando um futuro em que Jay pudesse fazer turnês em estádios no estilo do U2 por todo o mundo para um público enorme e díspar, em vez disso criou sua própria visão nova de um circo do rap em turnê com artistas consolidados e em ascensão da Roc-A-Fella e da Ruff Ryders. Promotores e figuras da indústria menosprezaram todo o conceito dizendo que nunca funcionaria. Os shows de rap no fim dos anos 1990 eram cancelados com regularidade por ordem da polícia em função de rumores de violência de gangues e tiroteios, a tropa de choque ficava em formação fora de muitos dos locais e fizeram o diretor da turnê Ron Byrd desistir de trabalhar na turnê, pois as pessoas achavam que um grupo tão grande de artistas voláteis se desintegraria em uma semana.

Mas Dash lotou arenas por todo o país, manteve toda a coisa no trilho e ganhou 18 milhões de dólares no processo.[137] A turnê *Hard Knock Life* não só provou que o hip-hop seria viável, senão essencial, no nível das arenas, ela também ajudou a destruir a imagem dos shows de rap (e sua cultura) como perigosa, cheia de perturbações da paz por vândalos. Não é de se admirar que Dash estivesse tão inflexível em garantir que a

---

135. Documentário da *Backstage,* 2000.
136. Ibid.
137. A única data com que eles não conseguiram lucrar na turnê foi em Denver. O tiroteio em Columbine aconteceu perto, então se decidiu doar toda a renda do show para uma caridade relevante.

Roc-A-Fella recebesse o crédito pelo sucesso de um evento de investimento tão arriscado no rap.

Da mesma forma, Dash estava na vanguarda na tentativa de fazer um álbum da turnê. Havia um plano para gravar um álbum com a participação de todos os artistas enquanto estavam na estrada, com cada um deles sendo conduzido ao ônibus do DJ Clue para cantar sobre as batidas que Clue pretendesse produzir ao longo do caminho. Quando o plano parecia fadado ao fracasso por causa da relutância de Clue em produzir faixas tão rápido e a atitude apática dos rappers para com o projeto, foi Dash quem tentou estimulá-los e irritá-los até eles gravarem, apontando que eles precisavam manter a força de seu sucesso ou tudo poderia terminar amanhã. No fim o álbum nunca foi gravado, mas não por falta de tentativas de Dash.

Mas, enquanto Dash muitas vezes era encontrado relaxando em pós-festas e nos camarins, conduzindo corridas de curta distância em corredores, participando de lutas de paintball nos bastidores ou até deixando a equipe do DMX "sequestrá-lo" de brincadeira para ser devolvido para Jay-Z após um resgate de quatro dólares, seu estilo agressivo de administração, visto de perto, começava a irritar Jay. O choque fica claro na cara de Jay na cena no documentário da turnê, *Backstage*, onde a altercação de Dash com o organizador da festa da Roc-A-Fella termina em lutas de brincadeira com uma tendência violenta.

Porém, mais alguns anos se passariam antes de as diferenças entre Jay-Z e Dash ficarem irreconciliáveis e, enquanto isso, a atitude franca de Dash era firme para manter o caminhão Jay-Z rodando e os novos rios de dinheiro fluindo. Ele comprou um Mercedes-Benz E-class 320 e colou um logotipo da Roc-A-Fella no capô para circular por NY como um veículo promocional, distribuindo CDs, adesivos e pôsteres. E ele decidiu que Jay começaria a ser pago pela divulgação dos nomes das grifes em suas rimas, grifes que desde então veriam suas vendas e lucros aumentarem como resultado da propaganda gratuita como parte da estética luxuosa da Roc-A-Fella. Ele marcou uma reunião com a grife de roupas Iceberg, que Jay mencionou em uma música e usava em vídeos e cuja renda triplicou como resultado (pelo menos aos olhos da Roc-A-Fella). Eles foram exigir que a Iceberg pagasse a eles milhões para montar sua própria filial da grife e deixar a Roc-A-Fella usar seus jatinhos particulares, mas a Iceberg ofereceu roupas de graça e nada mais, sem saber se queriam explorar a associação com o rap. Assim como aquelas reuniões com as gravadoras no passado, Dash saía furioso, mas determinado. Se ninguém os pagaria para promover suas roupas, eles simplesmente tinham de promover as próprias.

Três velhas máquinas de costura pretas foram compradas e instaladas em um canto no fundo do já apertado escritório da Roc-A-Fella na John Street. Lá, funcionários costuravam à mão as camisetas da Roc-A-Fella, demorando três semanas por camiseta, visto que nenhum deles sabia costurar. Um dia, Dash pediu um conselho a Russell Simmons, que lançou sua própria linha de roupas Phat Farm com grande sucesso, e Simmons o colocou em contato com os especialistas em moda Alex Bize e Norton Cher, que orientaram a Roc-A-Fella em sua primeira linha séria de roupas: jeans, blusões de moletom, roupas infantis e de tamanho grande, sapatos e uma colônia chamada 9IX.

Por meio de contratos de licenciamento com fabricantes e promovendo a nova linha nas músicas de Jay-Z, a recém-criada grife Rocawear cresceria daquelas três máquinas de costura para movimentar mais de 80 milhões de dólares em 18 meses.

Dash também foi fundamental em ajudar a manter imaculada a reputação nas ruas de Jay quando ele ameaçou ser polido pelo mainstream em 1999. Quando rolou o 41º Grammy Awards em 24 de fevereiro, a turnê Hard Knock Life ainda estava para começar, mas apesar das indicações para melhor álbum de rap e melhor performance solo de rap por "...(Ghetto Anthem)" e Melhor Performance de Rap de uma Dupla ou Grupo, Jay-Z e Dash não estavam presentes. Eles resolveram boicotar a cerimônia em protesto por DMX não receber indicações e depois de saber que nenhuma das apresentações do prêmio de rap receberia tempo no ar na transmissão nacional pela TV. Jay e Dash viram isso como uma censura ao hip-hop pelo sistema musical em uma ocasião em que o gênero realmente se revelava e ganhava uma forte posição segura no mainstream e se recusaram a se curvar a essa hegemonia, ser cúmplices na exclusão e supressão do rap para fabricar sua própria camuflagem na cultura pop. Ao não aparecer para aceitar seu Grammy por melhor álbum de rap pelo *Vol. 2...*, Jay-Z manteve um pé íntegro e subversivo fincado no underground musical.

O fato de o prêmio ter acontecido depois do lançamento mais sombrio e matador de Jay-Z até então só aumentou sua mística modernista gélida. "Money, Cash, Hoes (Remix)", com seu corajoso vídeo urbano guarnecido de cenas de batidas da polícia e os tiroteios do filme *O Corruptor*, com Mark Wahlberg e Chow Yun-Fat, do qual era trilha sonora, chegou ao número 19 apesar de terem tirado a maior parte da contribuição de DMX no remix para favorecer duas novas estrofes de Memphis e Beanie. O contraste com o realismo fofo de "Hard Knock Life (Ghetto Anthem)" não poderia ser maior.

E no fim de 1999 a imagem de gangsta generoso de Jay-Z seria destruída no brilho de uma lâmina...

★ ★ ★

"Não quero que todos pensem que tudo é 'Bounce Bounce', 'Can I Get A...' ou 'Hard Knock Life' (...) Eu também tenho meus dias negros."

– Jay-Z, *Fox 5 News*

"Um grande astro do rap é preso. Jay-Z se entregou hoje e os policiais começaram a trabalhar em sua ficha corrida acusando-o de um esfaqueamento em uma festa (...) ele teve uma briga com o produtor musical Lance Rivera (...) Jay-Z e sua equipe cercaram Rivera, de 33 anos, e seu irmão Corey, de 29. Testemunhas disseram que Jay-Z supostamente enfiou uma faca no estômago da vítima e quebrou uma garrafa na cabeça de Corey antes de fugir da casa noturna (...)"

– Fox 5 News, *10 de dezembro de 1999*

Nas primeiras horas de 10 de dezembro Jay-Z estava sentado em sua suíte no Trump Hotel em NY assistindo à sua vida se desenrolar na CNN. As notícias apareciam cheias de escândalo e rumores: um esfaqueamento no Kit Kat Club em Times Square onde Q-Tip dava uma festa de primeira qualidade para comemorar o lançamento de seu álbum de estreia *Amplified*, um grande nome do rap fugindo da cena, sussurros de um mandado. O medo o transformou em criança novamente, escondendo-se a noite toda da culpa de atirar em seu irmão. Mas dessa vez, ele sentia, com a avalanche da mídia e o público ladrando por um bode expiatório do hip-hop para demonizar, que não conseguiria se safar tão fácil.

Aos poucos, quando o bafo dos eventos da noite começou a sumir, ele repensou várias vezes nas causas, ações e consequências.

Cara, a coisa estava feia.

Até novembro de 1999, o *Vol. 3... The Life and Times of S. Carter* foi protegido à perfeição. A única dica de um novo material de Jay-Z em todo aquele ano viera na forma de dois lançamentos de singles ausentes do álbum. Em junho, o single com um sintetizador lento "Jigga My Nigga", com participação de Amil, em uma amostra confiante de autoexaltação com exibição de armas soando não muito diferente de "Cars" de Gary Numan para um maior efeito populista, alcançou o número 28 na parada da *Billboard,* com um destaque proeminente na compilação da Ruff Ryders, *Ryde Or Die Vol. 1.* Em outubro, uma música de amor aos diamantes com uma pegada mais pop chamada "Girl's Best Friend" foi lançada para promover o filme sobre roubo de diamantes *Um Tira Muito Suspeito,* um sucesso nas bilheterias.[138] Mas essas duas músicas só fariam parte de seu quarto álbum como faixas bônus escondidas depois do encerramento oficial do disco. O álbum mesmo estava lacrado a sete chaves.

Enquanto isso, em setembro, Jay surpreendeu seus fãs mais fanáticos lançando um dueto com Mariah Carey chamado "Heartbreaker". Sua estrofe como convidado no single principal ultrapop do sétimo álbum de Mariah, *Rainbow,* era a voz de um namorado tímido tentando lidar com uma parceira exigente e desconfiada, Carey. Para um homem que se recusava a excursionar com artistas de R&B e não mediu esforços com o filme *Streets Is Watching* e faixas como "Money, Cash, Hoes" como contraponto de seus elementos mais pop com a coragem incisiva do gangsta, essa colaboração doce e pueril foi um choque, mas um chamariz pessoal fantástico para Jay. Se ele fosse ampliar seu apelo, deixar o rap menos ameaçador e mais comercial e ficar em cima da divisão entre pop e hip-hop, então não havia melhor oportunidade do que responder à oferta de Carey. Ela teve 13 músicas no número um das paradas americanas e era improvável que essa principal faixa de trabalho do álbum viesse com azar.

Com certeza, "Heartbreaker" deu a Jay seu primeiro gostinho da vida no topo da parada de singles Hot 100 da *Billboard*[139] e também aumentou sua reputação de sofisticado. Como ele foi proibido por contrato de aparecer em um vídeo por duas semanas depois de filmar o clipe de "Girl's Best Friend", Jay-Z não podia aparecer no vídeo de "Heartbreaker" e a animação usada para substituí-lo aumentou o custo do vídeo já dispendioso para mais de 2,5 milhões de dólares, um dos mais caros já feitos. Tinha-se a impressão que Jay não saía da cama por menos de 3 milhões de dólares.

Então ele atiçou a fome de seu público por faixas novas, chegou ao topo das paradas de singles no mundo todo, declarou suas credenciais milionárias, firmou um novo contrato com a Def Jam e gravou um quarto álbum que com certeza o colocaria como o rei incontestável do

---

138. Com um vídeo de Jay cantando dentro de um diamante gigante cercado por dançarinas reluzentes, "Girl's Best Friend" chegou ao número 52 nos Estados Unidos e foi incluída na trilha sonora de *Um Tira Muito Suspeito.* Os dois singles eram faixas de Swizz Beatz.
139. Bem como as paradas de singles no Canadá, na Nova Zelândia e na Espanha.

hip-hop. O relógio foi acertado para a explosão: ele lançaria essa bomba em 28 de dezembro.

Então, no pior momento possível, logo quando o lançamento de "Nigga What, Nigga Who (Originator 99)"[140] fechou o livro de *Vol. 2...* a tempo para o pavio do *Vol. 3...* ser aceso, a Roc-A-Fella soube que o *Vol. 3...* já estava nas ruas. As pessoas o tocavam nos carros, vendiam cópias falsas nas ruas. Um mês antes, o álbum tinha sido pirateado. Isso nunca tinha sido uma grande questão nos álbuns anteriores de Jay-Z e eles sempre baixavam suas expectativas para cerca de 100 mil cópias vendidas, sempre levando em conta as cópias piratas. Mas esse vazamento era uma torrente de fitas nas ruas.

Jay e Dash ficaram furiosos, voltaram ao álbum para mudar a lista de faixas para despistar os pirateadores[141] e invadiram o escritório da Def Jam exigindo respostas. Embora a gravadora não tenha apresentado nenhuma, um nome sempre aparecia. Lance "Um" Rivera, produtor de uma faixa do álbum chamada "Dope Man" junto com DJ Clue, Darrell Branch e Ken Ifill. Lance saberia mais, segundo dizia o burburinho.

Foi por pura sorte que Jay-Z e a equipe da Roc-A-Fella encontraram Rivera no Kit Kat Club em 9 de dezembro. Depois de vir de uma festa exclusiva para o álbum no Irving Plaza onde Jay apresentou uma seleção de faixas do disco, Jay reconheceu Rivera no outro lado do Kit Kat e, ainda enfurecido, foi até lá para resolver a questão com ele. Jay não planejava usar de violência, só uma discussão firme, mas ficou chocado com a resposta de Rivera. Ele foi vago, impetuoso e não mostrou arrependimentos,[142] fugindo das acusações de Jay e deixando o rapper atordoado.

Jay-Z se refugiou no bar, destroçado com tensão, raiva e confusão. Algo primitivo veio de dentro dele, uma grande onda de raiva e vingança. Depois veio a cegueira temporária.

Já do resto nós só podemos juntar as peças.

Testemunhas na festa relataram que Jay-Z e sua turma cercaram Rivera e seu irmão na área VIP, Jay disse: "Lance, você me magoou", e depois esfaqueou Rivera no estômago com uma faca de 12 centímetros escondida, provavelmente enquanto os outros membros do grupo de

---

140. Com uma edição para o rádio mudando "Nigga" para "Jigga" no título.
141. Como as versões britânica e europeia do álbum já tinham sido fabricadas, não puderam ser modificadas. Elas têm a lista original de faixas, incluindo "Hova Interlude" e "Is That Yo Bitch", com participações de Missy Elliott e Twista. No lançamento americano, essas faixas foram trocadas por "Watch Me" e "There's Been A Murder", respectivamente, e "Anything" foi retirada como a 16ª e última faixa e acrescentada depois no álbum como uma faixa bônus escondida depois de "Jigga My Nigga" e "Girl's Best Friend".
142. De fato, não está claro se Rivera estava por trás de qualquer pirataria do álbum.

Jay-Z os distraíam e provavelmente teve outra facada nas costas. Felizmente os ferimentos de Rivera não foram fatais. Quando o caso foi a julgamento pelo júri, Jay-Z alegou inocência e sua defesa tentou convencer com relatos de testemunhas e a filmagem CCTV da casa que ele não estava nem perto na hora do ataque. Só dois anos e muitos depoimentos depois é que se chegou a uma conclusão. Em sua autobiografia, entretanto, Jay expressa arrependimento pelo ataque ter acontecido, citou uma perda de controle e jurou nunca mais colocar a si mesmo e seus dependentes em um risco desses.

Na suíte do Trump Hotel nas primeiras horas de 10 de dezembro, Jay-Z se sentou com seu advogado de entretenimento Michael Guido, que o ensinava a jogar um jogo de cartas com apostas elevadas chamado *guts* no qual o jogador deve tomar decisões rápidas e por instinto, mas que muitas vezes se provam ser erradas. Era uma lição que Jay estava prestes a aprender da pior forma: ele estava diante de um máximo de 17 anos de prisão. Pela manhã ele tinha um advogado nos moldes da grande figura legal Murray Richman, que não só representou DMX no passado, mas também o chefão da máfia John Gotti. Mesmo em um problema tão grave Jay-Z não deixava passar a oportunidade de interpretar sua imagem *Scarface*.

Jay se entregou por vontade própria para interrogatório naquele dia e depois de várias horas sob custódia foi solto sob uma fiança de 50 mil dólares. Uma entrevista coletiva foi organizada para tentar mitigar as suposições crescentes da imprensa de que a agressão faria parte de outra guerra do rap nos moldes de Biggie e Tupac ou que a coisa toda foi um golpe de marketing preparado para acentuar a imagem de gângster na véspera do lançamento de seu novo álbum. Afinal, tudo aconteceu apenas cinco dias antes da chegada às lojas do single principal de *Vol. 3...* Não ajudava em nada Jay estar usando uma jaqueta de náilon da Rocawear de modo tão manifesto quanto possível.

"Foi só uma briga de bar", Jay diria a Simon Hattenstone do *Guardian* muitos anos depois. "Não vou culpar o sucesso por isso, mas há uma briga de bar todas as noites e ela não vai para a primeira página do jornal e ninguém leva sete anos por isso. O cara não se machucou, ele tomou uma aspirina e foi para casa. Sou um homem caçado. Mas isso me serviu de alerta. Eu preciso ter mais cuidado e prestar atenção em meu temperamento. Tudo tem de mudar."[143]

Então uma sombra ensanguentada pairava sobre o lançamento do *Vol. 3...* e seu single principal "Do It Again (Put Ya Hands Up)", lançado

---
143. *Guardian,* Simon Hattenstone, 20 de novembro de 2010.

em 14 de dezembro com participações de Beanie e Amil. A abertura desse hino das casas noturnas foi infeliz, uma declaração sobre um fundo de rock metálico e sombrio com Jay mandando todo mundo para a pista de dança e: "all the bustas, we're giving you five seconds to get close to an exit/It's about to get real ugly in here" ["a todos os vacilões, vocês têm cinco segundos para chegar em uma saída/A coisa vai ficar feia aqui"]. A estrofe de Jay sobre os milhões que ele ganhou e os estilos que foram roubados dele foi contrabalançada ironicamente pela estrofe de Beanie Sigel, incluindo o verso: "If a nigga wanna draw then the blood it can drip in the club" ["Se um mano quiser briga, então o sangue vai pingar no clube"]. Até o vídeo era uma lembrança sinistra do incidente no Kit Kat, com cenas da polícia atendendo uma perturbação em um clube lotado. Mas a batida da Rockwilder era uma mistura suave adornada com cordas meio hindus, uma música para pacificar o furor e as rimas de Jay-Z eram menos agressivas e mais obcecadas em seduzir e descartar garotas fáceis do que em uma desforra. Era, no máximo, uma calmaria antes da tempestade do álbum.

★★★

Como último episódio de uma autobiografia em três álbuns, *Vol. 3... The Life and Times of S. Carter* era propositalmente glamouroso, épico, pretensioso, pomposo, arrogante e direcionado a quem o odeia. Afinal, se os dois primeiros volumes descreviam a transição de Jay da infância pobre no conjunto habitacional primeiro para a venda de drogas nas ruas, depois para o comando do tráfico daí para rapper e traçavam sua ascensão gradual ao topo do hip-hop nova-iorquino, então esse disco era para retratá-lo no apogeu do rap no século XX, refletindo o estado mental de um artista olhando sua vida e música do topo. O estilo de vida extravagante da riqueza ostentada de modo flagrante e das grifes em que ele entrou a partir de uma sensação de espírito alquebrado e entorpecimento interno. O dinheiro torrencial, a chuva de garotas e o vazio que as duas coisas traziam com elas. O excesso de outros rappers querendo falar mal dele, torcendo para arrancá-lo de seu pedestal para eles mesmos o escalarem. As horas de mãos, manifestas ou ocultas, pegando seu dinheiro, seu negócio, sua fama. As exigências infinitas sobre seu tempo, seu talento, seu endosso, seu nome. E acima de tudo o traficante dentro de si que o odiava por ter ficado certinho.

Em seu lançamento em 28 de dezembro, escolhido a dedo para garantir um álbum número um em meio à calmaria de janeiro, *Vol. 3...* precisava mostrar que a vida não era tão afortunada no topo.

Em relação à sonoridade, o álbum absorveu uma miríade de estilos bem mais ampla do que qualquer disco anterior de Jay-Z. Riffs de rock, sinos árabes, canto coral, orquestração cinematográfica e sons eletrônicos progressivos mesclados agora com as batidas de funk, soul, disco, pop e hip-hop enquanto Swizz Beatz, Timbaland, Clue, Gotti e Premier ampliavam suas imaginações musicais para criar uma mistura inovadora no rap da qual Jay poderia beber. Veja só a faixa introdutória "Hova Song Intro", uma reiteração da persona de Deus dos MCs de Jay-Z como Jay-Hova ("Hova the God... Mike Jordan of rap") que dava as boas-vindas ao ouvinte ansioso pelos álbum sobre coros celestiais, grunhidos sujos na guitarra e Pain In Da Ass ponderando significativamente sobre o que Biggie diria sobre honra, amizade e as regras das ruas. Soava como uma visão do céu da Hollywood dos anos 1950 e seu esplendor de Busby Berkeley era um mero indício das glórias futuras.

"So Ghetto" de Premier abria com um breve surto de jazz rock antes de ceder espaço para um loop harmônico no piano sampleado de "Sporco Ma Distinto" de Enio Morricone que dava uma atmosfera de uma criminalidade da era de proibição arcaica ou do ska britânico de Madness e The Specials. Uma faixa de fundo cativante e inspirada para a letra de Jay reconhecendo seu estilo de vida hedonista de sexo e festas, suas tendências assassinas e sua incapacidade de deixar a vida de gangsta armado apesar de seu sucesso no rap: "We tote guns to the Grammys, pop bottles on the White House lawn/Guess I'm just the same old Shawn... thug nigga to the end" ["Nós carregamos armas para os Grammys, estouramos garrafas de champanhe no gramado da Casa Branca/Acho que sou o mesmo velho Shawn... mano matador até o fim"]. Era uma música criada para insistir na fidelidade de Jay às suas raízes no Brooklyn, mas, como ele zombava as emissoras de rádio por ter de tocá-lo apesar de sua linguagem ofensiva e as revistas manipuladoras por colocá-lo nas capas embora chamassem suas letras de fúteis, no fim Jay-Z era a vítima. Por causa da reputação tosca que insistia em manter, ele parecia pegar só as garotas do gueto.

A efervescente "Do It Again (Put Ya Hands Up)" cedeu lugar a uma faixa ainda mais experimental, "Dope Man" do DJ Clue. É especialmente irônico ela ter sido coproduzida por Rivera, pois estava amarrada por notícias falsas cobrindo o julgamento fictício de Jay-Z na música, apelidado de The Dope Man, acusado de distribuir raps "crus" tão viciantes quanto drogas para a juventude mundial desde 1996. A acusação apresentou as provas, incluindo "prova A: *Reasonable Doubt*" e "uma dose letal chamada *Volume 2*" e tentou arrastar os colaboradores da Roc-A-Fella com ele, envolvendo até a Murder Inc. de Irv Gotti no escândalo. Uma reflexão cósmica da sensação de Jay que o superastro do rap está sempre sob vigia, perseguido ou em julgamento apenas por ter sucesso, ela tinha toda a importância de um drama de tribunal cinematográfico graças às cordas grandiosas e aos badalos de sinos e até terminava com um clímax dramático bem adequado. Jay-Z deu um depoimento inspirador sobre como o Estado reprime e subjuga o pobre, mata suas ambições e sonhos e depois espera que eles não se rebelem entrando para o crime. Com referências ao ocupante do corredor da morte Mumia Abu-Jamal, um membro dos Panteras Negras que foi (e continua a ser) assunto de controvérsia quanto à sua culpa e a imparcialidade de seu julgamento, foi um indiciamento surpreendente do próprio sistema judicial e The Dope Man inevitavelmente saiu livre, como um novo ícone da subcultura. Um resultado pelo qual o verdadeiro Jay-Z só poderia rezar em 1999.

Se a presença de Mariah Carey retribuindo Jay por "Heartbreaker" na faixa seguinte, "Things That U Do", tinha ainda mais o sabor de um rap vendido do que qualquer coisa de que Jay-Z tenha sido acusado antes, a faixa de Swizz Beatz era a redenção da parceria. Inspirada pela música shinto tradicional japonesa, tinha flautas e kotô e Carey adotando uma abordagem branda e aveludada no refrão de R&B, em um tipo de criação experimental de batidas que ecoaria pelas décadas para inspirar as invenções do R&B e do pop no século XXI que hoje conduzem faixas de Beyoncé como "Run The World (Girls)" e "Single Ladies (Put A Ring On It)". Convenientemente, o rap criativo de Jay-Z tomou um ângulo mais espiritual nas origens do flow "concedido por Deus" e pronúncias que desafiavam o dicionário, contemplando um poder supremo o impedindo de ficar "perdido no sistema", ser morto em acidentes de carros ou levado para a prisão: "I know I must be part of some grand mission" ["Sei que devo fazer parte de alguma missão grandiosa"]. De uma posição de segurança e sucesso, essa era a oração de agradecimento ao anjo que pousava no capô de seu Lexus em todas aquelas estradas frias do tráfico.

"It's Hot (Some Like It Hot)" anunciou a chegada de Timbaland ao *Vol. 3...* com o tipo de cordas sintetizadas solenes que acompanhariam a chegada de um anel em Mordor ou um juiz do *X Factor* a seu pódio. Elas logo ficariam de lado para abrir caminho para uma batida divertida construída com palmas e decorada com um baixo elástico, uma guitarra estilo surf music, silvos eletrônicos ao fundo, "pop-pops" percussivos apimentando um rap barulhendo de Jay-Z e duas estrofes espirituosas de um verso só. Mencionando que ele tinha uma série de sucessos como Michael Jackson, trouxe à tona um "ee-heee!" no estilo Jacko no fundo e depois teve um cutucão em um novo contratado da Columbia Records sobre quem Jay ouvia com muita comoção: "I'm about a dollar, what the fuck is 50 Cents?" ["Eu só quero dólar, o que raios é 50 Cents?]".

Embora a rima densa de Jay-Z em "It's Hot..." viesse de uma primeira estrofe de enrolar a língua que provava seu domínio da arte culminando em um final cheio de sexo, roubos de bancos, sequestros e tiroteio que expunham a escassez de temas no *Vol. 3...*, o brilhantismo da música nunca mostrou qualquer sinal de ser maçante. Timbaland também estava por trás das bases futuristas estilo Prodigy de "Snoopy Track" que Jay-Z e Juvenile[144] usaram para brindar aos figurantes extras da "cultura negra", desde as dançarinas de pole dance aos membros de gangues, garotas Gucci, maconheiros, groupies e as mamães dos filhos deles, com um "eat a dick" ["chupa"] reservado àqueles "the haters" ["que têm ódio"]. E então veio "S. Carter", a música mais grudenta de Jay-Z desde "Hard Knock Life (Ghetto Anthem)" e a primeira contribuição dos produtores Russell Howard, Sean Francis e Chauncey Mahan. Um single que nunca foi óbvio, essa música de uma presunção alegre e ameaças de morte cruéis foi um sucesso pop saltitante com um quê da tradição do dancehall,[145] cordas sintetizadas e um refrão desafinado de propósito de Amil que era ainda mais melódico por sua gravidade intencional. Por todas as suas imagens violentas de câmaras de tortura e sexo bruto, o gancho "no, no, no" de Jay era tão tranquilizador quanto uma rima infantil e uma emboscada espalhafatosa brilhante para a mistura.

Mais riffs de rock eletrônico adornavam "Pop 4 Roc", com Amil, Beanie Sigel e Memphis Bleek se revezando para gravar seus nomes na parede da fama da Roc-A-Fella. Bleek como o aprendiz ficando bom, Amil como a gata glamourosa e diva da gravadora ("Diana Ross da ROC", como Jay a chama) e Beanie como o natural do rap atrasado que veio para manter a chama da Roc-A-Fella ardendo. Ele canta: "I'm the reason why Jay feel comfortable retiring" ["Sou o motivo pelo qual Jay se sente confortável em se aposentar"], reacendendo mais um milhão de rumores de que este seria o último álbum de Jay-Z. A faixa agia como uma propaganda de "em breve" para um álbum de 2000 que Jay pretendia lançar com faixas dos vários artistas da Roc-A-Fella. Ele planejava chamá-lo "Roc La Familia" para enfatizar o elo familiar da

---
144. Membro do Hot Boys que teve um sucesso solo em 1999 com um single obcecado por bunda, "Back That Thang Up".
145. Mais especificamente, de "Heads High" do Mr. Vegas.

gravadora, embora quando ele tenha chegado às ruas seria uma coisa bem diferente.

Lamentavelmente, os compradores dos Estados Unidos ficaram sem "Hova Interlude", a reprise de "Hova Song" com que Jay pretendia terminar o álbum nesse ponto, uma rima que lembrava brevemente o ouvinte de sua riqueza, sua atração sexual, sua necessidade de armas e sua posição como divindade: "Hova the God", com Bleek e Sigel como seus "discípulos". Em vez disso, ela foi substituída pela comum "Watch Me" com participação de Dr. Dre apregoando um refrão de puro narcisismo sexual e Jay expondo um argumento convincente para você gastar seu dinheiro enquanto pode, já que o sexo podia matar e a polícia tinha um ressentimento por ele. "Save for what? Ball 'til your days is up" ["Economizar para quê? Esbanje até o dia acabar"], ele insistia, o Demônio transformado em consultor financeiro, seus diamantes iluminando a noite aonde quer que vá, todo bar comprado e nunca conquistando sexualmente a mesma pessoa duas vezes. A consciência sociopatológica de "Dope Man" e a alma espiritual de "Things That U Do" pareciam a uma longa distância para trás de nós agora. E Hova só ficou ainda mais indecente antes de acabar com isso.

O próprio Jay-Z se arrepende agora da letra de "Big Pimpin", sua parceria com os hip-hoppers do sul UGK inspirado pelo rei cafetão Pretty Tony do filme *The Mack*. "Algumas [letras] ficaram bem profundas quando você as vê escritas", ele disse depois ao *The Wall Street Journal*. "Mas não 'Big Pimpin'. Essa é a exceção. Foi como, não acredito que disse aquilo. E continuava dizendo. Que tipo de animal diria esse tipo de coisa?"[146] Sua autobiografia afirma que a arrogância e as baboseiras ditas às mulheres se deviam à música ter sido escrita no auge de seu estilo de vida de festas tresloucadas e o egoísmo que vinha do fato de ser tão rico e repentinamente tão procurado, pois as groupies o faziam se sentir tão manipulador e superficial como um cafetão e desconfiado das garotas que poderiam estar atrás dele e de seu acordo pré-nupcial lucrativo. Na música, saber que seu estoque de drogas poderia mandá-lo para a prisão para sempre faz o personagem principal querer cair rápido no esquecimento. Mesmo assim, era um sentimento brutal: ele nunca se apaixona por uma mulher, só as usa quando o desejo toma conta dele, mas qualquer "grude" delas e ele cai fora. "Heart cold as assassins/I got no passion" ["De coração frio como os assassinos/Não tenho paixão"], ele cantava, pronto para desfrutar de todo o prazer que pudesse sem pensar no sentimento dos outros. Você quase sente pena dele.

---

146. *The Wall Street Journal,* John Jurgensen, 21 de outubro de 2010.

Mas, musicalmente, "Big Pimpin" era uma revelação, uma transposição de limites, com Timbaland pegando fogo. Juntando scratches e gemidos a um sample do compositor egípcio Baligh Hamdi que Timbaland descobriu em uma compilação para dança do ventre do Oriente Médio, seus sons árabes deram ao *Vol. 3...* toda uma nova dimensão, uma amplitude global. Era algo pioneiro: essa faixa abria não só a música de Jay-Z, como também o hip-hop como um todo a um mundo de novas influências e possibilidades, e não é inconcebível considerá-la como a fonte dos ritmos mundiais de M.I.A. Se Jay-Z era a cobra, Timbaland era o encantador.[147]

A seguir, os fãs britânicos receberam a cinemática estilosa do rap acelerado de "Is That Yo Bitch" com participações de Missy Elliott e Twista, uma expansão de "Big Pimpin" ao ponto onde o personagem de Jay-Z agora dormia abertamente com a esposa errante de um amigo, prejudicando seus amigos tanto quanto as garotas. Os Estados Unidos, enquanto isso, levavam tiros, sirenes, um sample sou de Alana Davis[148] e um som menos vital, mas uma letra mais intrigante em "There's Been A Murder", a primeira das três músicas que vinculariam a ostentação e galinhagem de *Vol. 3...* às raízes de Jay-Z no Marcy. Aqui ele imagina a matança metafórica de sua persona no rap e uma volta a Shawn Carter, o traficante, aposentando-se do rap como ele prometera no primeiro álbum, visto que "my life is like a see-saw" ["minha vida é como uma gangorra"]. Era uma oportunidade, entre o brilho luxuoso geral do *Vol. 3...*, para revisitar os sentidos e as motivações do tráfico de um modo ainda mais minucioso, falar sobre as minúcias como a falta de lágrimas que os traficantes duros e sem amor deveriam derramar quando seus amigos morriam, preferindo derramar bebida no chão com uma oração em sua homenagem. E ela terminava com uma nota dolorosa: Jay-Z reconhecia que não importava quanto ele crescia no rap, o peso de seu passado no tráfico e as reflexões provocadas por ele sempre o botavam para baixo, espiritual e emocionalmente. Mesmo assim ele parecia ver essa época como tendo uma sensação de liberdade e vigor juvenil, "playing cops and robbers, like shots can't stop us/Flipping a bird to the choppers... reckless abandon" ["brincando de polícia e ladrão, como se os tiros não nos parassem/Mostrando o dedo do meio para os helicópteros... abandono negligente"]. Mesmo a adolescência passada fugindo da morte e da prisão e congelando nas esquinas não estavam livres do

---
147. "Big Pimpin" seria até colocada no Top 500 das músicas de todos os tempos pela revista *Rolling Stone* em 2010.
148. De uma faixa chamada "Murder".

resplendor nostálgico do retorno de Saturno.¹⁴⁹ Jay tinha acabado de fazer 30 anos.

"Come And Get Me" atualizou essa história, com os inimigos do passado de Jay-Z tramando sequestrá-lo ou privá-lo de suas riquezas do rap apesar de ele ter feito maravilhas para a reputação do Marcy sem vender suas raízes nos conjuntos habitacionais, argumentando que "I ain't crossover, I brought the suburbs to the hood/Made 'em relate to your struggle" ["Não sou vendido, eu trouxe os subúrbios para os bairros/Fiz com que eles se identificassem com sua luta"]. Um indiciamento condenatório da ingratidão e da natureza traiçoeira do rap e da cultura dos conjuntos habitacionais e isso magoava muito Jay: "I represent y'all every time I spit a verse/And that's the shit that hurts" ["Eu represento todos vocês sempre que canto uma estrofe/E essa é a merda que magoa"]. Então, mesmo no auge da jogada do rap, dizia a música, ele ainda carregava armas e escondia revólveres em seu apartamento, preparado para matar para proteger o que ganhou. Era uma afirmação que a polícia levaria um pouco a sério demais nos meses seguintes. A paranoia de Jay-Z de que os tiras o caçavam logo provaria estar certa.

A faixa de Timbaland, construída em volta de um sample do tema de atirador de "The Contract Man" de Bullet, refletia a elegância gangsta das palavras, mas ainda conseguia romper os limites e estilhaçar expectativas. A faixa incluía uma seção central abstrata de flautas e sinos tibetanos vanguardistas, barulhos de derrapagens ao fundo, batidas de bateria irregulares e música de pássaros em um tipo de explosão psicodélica que exemplificava as ambições revolucionárias e experimentais de Jay-Z e Timbaland no rap. O que o Radiohead fazia com o rock, à sua própria maneira, eles faziam, bem ali, no hip-hop. Por um minuto então, Jay-Z tinha sua própria "Revolution 9".

Com batidas trêmulas e uma guitarra estridente e cortante, "NYMP" apresentou um resumo de encerramento da vida de rua no fim do século XX, citando todos os seus perigos, de policiais, sequestradores, atiradores e demônios até a própria morte. Desse modo, o fato de Jay-Z encerrar sua autobiografia em três partes com ele de volta ao tráfico e descarregando violência nas ruas refletia o sentimento de que o pivete de rua do Marcy sempre estaria em seu âmago, mas de sua posição elevada de sucesso ele podia passar uma perspectiva mais ampla da "batalha" da vida nas "bocas de lixo". Ele cantava sobre o pranto

---

149. O retorno de Saturno é o estado de reflexão na vida por volta da idade de 29, refletido no retorno de Saturno ao mesmo ponto de sua órbita ao redor do Sol que ele ocupava no dia em que alguém nasceu, marcando uma mudança da juventude para a vida adulta.

espectral das "almas torturadas" nas prisões e como mostrar fraqueza poderia ser fatal no gueto, mas também mudava do micro para o macro, fazendo referências à morte de JFK, implicando o governo e a política nas tragédias humanas descritas por ele. Ele cantava: "It's all political now, I think big when I spit at you now" ["É tudo político agora, eu penso grande quando canto para você agora"], ecoando os comentários sociais de "Dope Man" e "Hard Knock Life (Ghetto Anthem)".

Mas logo voltou ao pessoal. Para um álbum jogando sua impetuosidade, dinheiro, sexo, invulnerabilidade e talento em sua cara de modo implacável, *Vol 3...* termina com o conhecimento de que a vida e o sucesso sempre vêm cercados pela derrota. "NYMP" fechava com uma admissão de que fama, dinheiro e medo alquebraram seu espírito no fim, um vislumbre de humanidade e fraqueza e quase uma confissão da dor oculta conduzindo os excessos loucos do álbum. A mais humana de todas, depois dela veio uma coda final de "Hova Song (Outro)", uma última mensagem de esperança que descrevia um jovem Shawn Carter cantando na chuva em sua janela, sem perceber todas as glórias conquistadas, os obstáculos ultrapassados, o pai perdido. *Vol. 3...* foi um avanço musical espetacular e uma exploração lírica incisiva das crueldades e extravagâncias que continuam dentro da bolha da fama, mas a autobiografia terminava com um momento emocionante, o superastro Jay-Z estendendo a mão para uma criança do Marcy quase perdida.

Alguns críticos saboreavam seus ataques a *Vol. 3...* declarando que o talento de Jay-Z se esgotou e suas melhores rimas estão em um passado remoto. Mas, em geral, ele recebeu uma grande aclamação, com muitas críticas reconhecendo a originalidade e diversidade sonoras modernas e pioneiras e anunciando Jay-Z como o maior MC do hip-hop. Na virada do milênio, o *Vol. 3...* se tornou o primeiro álbum número um da *Billboard* no século XXI, vendendo 462 mil cópias em sua primeira semana, um terço a mais do que o *Vol. 2...*, com ou sem pirataria. Mas o fato de o álbum ter mandado 2 milhões de cópias em um mês, mas ter estacionado em 3 milhões de cópias vendidas em vez das 5 milhões alcançadas pelo *Vol. 2* pode ter sido em consequência a uma temporada malfeita de singles promocionais.[150]

A parceria com Mariah Carey, "Things That U Do", foi escolhida como o próximo single do álbum a ser lançado em 15 de fevereiro de 2000, mas recebeu pouca promoção e nenhuma versão em CD, ficando fora das paradas. Por quê? Porque a Roc-A-Fella tinha o que pensavam

---

150. Ele acabaria recebendo um disco triplo de platina com 3 milhões de cópias vendidas um ano depois.

ser uma bomba ainda maior para lançar apenas duas semanas depois. Como "Hard Knock Life (Ghetto Anthem)" foi tão bem sampleando um espetáculo da Broadway e relacionando-o à sociedade do gueto moderna, eles pensaram, por que não poderiam fazer de novo? Então o produtor Sam Sneed recebeu permissão para samplear outro espetáculo de sucesso, *Oliver!*, pegando o refrão do clássico de Lionel Bart "I'd Do Anything" e incrementando-o com estalos e pancadas hip-hop. Jay-Z acrescentou uma rima de um amor enorme por seu bairro, tirando o sentimento do verso "I'd do anything for you" para se referir à dedicação e confiabilidade que Jay tinha por seus membros da equipe e família. A primeira estrofe foi um juramento de fé para seus compadres da Roc-A-Fella, mencionando Gotti, Dash, Burke e Ja Rule. A segunda estrofe foi uma dedicatória e um agradecimento à sua mãe por toda a sabedoria e cuidado para com ele e as ambições que ela fomentava nele e desculpas pela dor que causou nela. Por fim, a terceira estrofe estava cheia de amor e aconselhamento para seus jovens sobrinhos, dizendo-lhes que estaria sempre presente para eles, mesmo disposto a substituir seu pai se este falhasse com eles. E a adoração de Jay por seus sobrinhos sempre foi forte, deixando-o devastado apenas alguns anos depois.

Uma famosa melodia grudenta, uma letra universal e comovente com pouca violência ou palavrões para desconcertar as multidões da Broadway, um vídeo de Jay-Z fazendo uma visita aos conjuntos habitacionais do Marcy e a maioria dos fãs de Jay-Z não teria a faixa, já que ela apareceu no álbum de Beanie Sigel *The Truth* em vez de no *Vol. 3...* Uma pepita de ouro, certo? Dinheiro no banco. Como poderia não ser um sucesso, o novo "...(Ghetto Anthem)"? Entretanto, "Anything" fracassou, não conseguiu entrar para as paradas assim como seu antecessor.[151] Pode-se considerar um motivo para esse desastre um pedaço de falsidade no sentimento de irmãos para sempre da música. O mentor de Jay-Z, Jaz-O, por exemplo, não está presente em lugar nenhum do *Vol. 3...* e não apareceria em nenhum álbum posterior de Jay-Z. Mas um motivo mais provável para o fracasso do single foi que a letra comovente se chocava com o conceito cínico. Depois de gravar um álbum tão pioneiro e cheio de ideias, essa recauchutagem desavergonhada de "...(Ghetto Anthem)" parecia dolorosamente transparente e formulaica. Seu público agora esperava mais dele.

Pasmo com seu estilo de vida extravagante, fascinado por seus discos de platina e punhos de diamantes e agora chocado com esses dois grandes fiascos, Jay-Z poderia ser perdoado por achar que sua bolha

---

151. Porém, o single chegou ao Top 20 no Reino Unido.

explodiu com as primeiras rolhas das garrafas de champanhe abertas do milênio, e ele nunca quis ser muito além de um rapper do século XX e seu número no hip-hop foi chamado, começou a reação. Encarando um tribunal e uma possível sentença de prisão por esfaquear Rivera, com certeza alguns meses foram estressantes e incertos para ele.

Mas "Big Pimpin" mudou tudo isso. Determinado a não sofrer uma terceira decepção seguida, para assegurar que eles entrassem no programa da MTV *Making The Video*, a Roc-A-Fella colocou 1 milhão de dólares em seu clipe promocional, dirigido por Hype Williams entre os satãs besuntados de óleo e bailarinas rebolando cheia com miçangas do carnaval de Trinidad e no obrigatório iate enorme cheio de modelos em Miami. Jay até acrescentou uma estrofe com um fragmento sobre o tráfico na faixa, como se para nos lembrar de seu passado delinquente depois da limpíssima "Anything". Funcionou e "Big Pimpin" chegou ao número 18, tornando-se o single de maior sucesso do *Vol. 3...* O burburinho foi enterrado quase na hora.

Mas a trilogia "Lifetime" estava completa e viu Jay-Z ascender de um rapper veloz respeitado fincando o pé no mundo do pop para um fronteiriço do hip-hop inovador, rapper de arena completo, Rei de Nova York incontestável e Deus dos MCs festeiro, pegador e exibido. Então para onde ele iria daqui?

Ele precisava de um novo início, uma nova fase, uma nova equipe. Ele precisava deixar o hip-hop simples de novo.

E ele tinha um plano mestre novinho.

Capítulo 8

Desmoralizando o Filho de Deus

"You see me with a bodyguard that means police is watchin'/And I only use his waist to keep my Glock in/But when shit goes down you know who's doin' the poppin'/And if you don't know, guess who's doin' the droppin'/S dot again" ["Você me vê com um guarda-costas, o que significa que a polícia está de olho/E eu só uso a cintura dele para guardar meu Glock/ Mas quando dá merda você sabe quem está atirando/E se você não souber, adivinhe quem está com o queixo caído/S fez de novo"].
– Jay-Z, "Streets Is Talking", 2000

As sirenes não o surpreenderam. O cantar dos pneus dos tiras na porta do seu Chevy não era um choque. Sua paranoia se justificava. O departamento de polícia de NY realmente estava atrás dele, vigiando, reunindo informações, ansioso por atacar. Inferno, ele sabia que haveria pelo menos um oficial específico e dedicado pago em tempo integral para ficar na cola dele, sentado fora de cada clube aonde ele ia, de cada bar por onde ele passava. Ele conseguiu conhecer o cara e contava piadas para ele.

Então quando a van da polícia disfarçada parou de repente na frente de sua Chevrolet Suburban novinha enquanto ele saía do Club Exit em Hell's Kitchen, no lado oeste de Manhattan, às 3h do dia 13 de abril de 2000, depois de ele ter passado 20 minutos lá dentro para cantar "Can I Get A..." com Ja Rule, não foi mais do que ele esperava. Ele vinha chamando a atenção da polícia, não só com letras dizendo abertamente para sempre ter armas à mão e ficar preparado para matar quem aparecesse para derrubá-lo ou gravando uma música chamada "Guilty Until Proven Innocent" com R. Kelly, ele mesmo recentemente vítima de acusações de contravenção, incluindo perturbação do sossego em seu carro. Houve ainda outras questões de criminalidade levantadas por uma cena no filme *Backstage*[152] na qual Jay-Z era visto empurrando uma mulher pelo rosto, nos bastidores. Alguns espectadores acharam a cena perturbadora e agressiva, acusando Jay de bater na mulher na frente das câmeras, mas Jay-Z respondeu dizendo que a mulher em questão era a antiga sócia da Roc-A-Fella Chaka Pilgrim e o incidente seria parte de uma brincadeira amigável e o movimento era "brincadeirinha". De fato, a imagem de playboy insensível de Jay estava de alguma forma mais branda desde que a imprensa o unia à atriz em ascensão do filme *Kids* Rosario Dawson.

Todavia, as autoridades podem ter ficado ainda mais irritadas com a declaração de Jay na revista *Vibe* em dezembro de 2000, contra a recomendação de seus advogados, sobre os atrasos nas audiências de seu processo pelo esfaqueamento de Rivera. Sem data marcada para seu julgamento um ano depois do incidente, ele sentia que era usado como um exemplo por seu *status* de celebridade, pois a polícia arrastava a publicidade bem mais do que o necessário. Agora que ele finalmente tinha uma audição marcada para a próxima segunda, quem não esperaria que os federais descessem do carro, procurando por algo para incrementar as acusações?

Confuso, ele olhou para um bando de negros e brancos gritando, fardas azuis reluzentes, sons de sirenes. Não foi uma surpresa ser arrastado para fora do carro e revistado. Com certeza não foi um choque os policiais encontrarem a arma que procuravam, enfiada na cintura da calça do guarda-costas de Jay-Z, Hamzah Hewitt – uma pistola semiautomática Glock carregada, como dizia em "Streets Is Talking". A colisão de lado, depois que Hewitt mostrou aos oficiais que a arma era sua legalmente, foi para o policial confuso revistando-o anunciar as palavras "Peguei Jay-Z" no rádio e para Jay ser preso junto com Hewitt e os outros dois ocupantes do carro, o executivo de gravadora Tyran Smith e o proprietário de uma empresa de limusines Romero Chalmers, e acusado de posse criminosa de arma em terceiro grau.

Uma simples verificação teria esclarecido a situação lá mesmo. Em vez disso, Jay e sua equipe foram levados ao distrito e exibidos diante dos fotógrafos que esperavam na rua em seu caminho até o edifício. Se Jay suspeitava então que a polícia, querendo prendê-lo, tinha motivos para publicidade, justificativa dos recursos e mitigar

---

152. Um documentário sobre os bastidores da Hard Knock Life Tour produzido por Dash e lançado pela Roc-A-Fella via Dimension Films em setembro de 2000 como um empurrão pada as ambições cinematográficas de Dash.

uma indignação pública perceptível quanto à imagem, letras e comportamento dos rappers, isso aumentou pelo que ele viu na sala de interrogatório. Em uma parede, um quadro de rappers que uma nova divisão de 2001 conhecida como Gang Intelligence Unit [Unidade de Inteligência contra Gangues] escolheu para captura. Era ainda pior do que Jay suspeitava: a polícia de NY tinha seu próprio Esquadrão do Rap.

"Seria ignorância desconsiderar o fato de que ocorreram incidentes violentos onde o único denominador comum é a indústria fonográfica", disse o porta-voz da polícia Sgt. Brian Burke sobre a vigilância dos artistas de hip-hop iniciada por causa dos assassinatos de Biggie e Tupac e um tiroteio mais recente no Club New York pelo qual Sean Combs e Shyne eram julgados na ocasião. "Em um esforço para assegurar a segurança dos indivíduos na indústria fonográfica, bem como de outras vítimas, nós iniciamos essa força-tarefa (...) Nós monitoramos clubes e a vida noturna para evitar futuros atos de violência e impedir que as pessoas da indústria fonográfica se tornem alvos ou vítimas", ele disse. "Não é só hip-hop, é toda a música."

Embora Jay-Z sentisse que sua prisão fizesse parte de uma ação planejada depois de meses de vigilância[153] e embora a licença de Hewitt provasse que a arma carregada era legalizada, abriram um inquérito e o processo poderia se complicar porque o guarda-costas Hewitt foi preso em novembro de 2000 pela posse de uma pistola diferente enquanto estava nos bastidores de uma apresentação de Jay-Z em Boston. Jay não se preocupou com esse caso: depois de declarar-se inocente e pagar uma fiança de 10 mil dólares em sua acusação, ele ficou nos degraus do Manhattan Criminal Court, apontou o monte de microfones da imprensa para sua mãe e disse: "Aquela é minha mãe. Ela pode ir para qualquer lugar no mundo e manter a cabeça erguida porque seu filho é 100% inocente".

Os fotógrafos se aglomeravam, os repórteres registraram, a polícia conseguiu o furor da imprensa, uma onda de cobertura infinitamente maior do que a falta da reportagem sobre a retirada das queixas depois naquele mesmo ano, ofuscada pela história mais atraente do julgamento por agressão mais tarde naquele ano. Mas, se Jay-Z podia se sentir uma vítima, ele não seria derrotado. Porque ele sabia que apenas horas antes de sua prisão ele esteve no estúdio de gravação Baseline de Manhattan trabalhando em uma faixa chamada "Izzo (H.O.V.A.)". Combinando

---

153. A polícia combatia essa afirmação alegando que as prisões não foram feitas pela Gang Intelligence Unit, mas pela mais geral Street Crime Unit [Unidade de Combate aos Crimes de Rua], embora eles admitam que ficaram "de olho" em Jay-Z.

muito bem um refrão pop grudento com um sample de uma das músicas mais amadas da história da Motown, "I Want You Back", do The Jackson 5, rearranjada até virar um detalhe nostálgico afetuoso no fundo da música, ela foi o maior sucesso nas paradas até então e o alicerce de um álbum tão seminal que criou um novo paradigma para o hip-hop do século XXI.

Agora a música ganharia uma mensagem para os promotores também. "Cops wanna knock me, DA wanna box me in/But somehow I beat them charges like Rocky". ["Os tiras querem me derrubar, os promotores querem me prender/Mas de alguma forma eu acabo com as acusações dele como Rocky".]

★ ★ ★

Os alicerces de *The Blueprint* foram lançados um ano antes de sua concepção. Em julho de 2000, Jay-Z buscava um novo conceito, uma nova direção ou trilogia para se envolver. Depois do sucesso intenso de "Big Pimpin" veio o single exclusivo ligado a um filme, "Hey Papi", do segundo filme da franquia de Eddie Murphy *O Professor Aloprado II: The Klumps*. Com Memphis Bleek sob sua asa e Timbaland criando a batida de funk rock cheia de trompas, a rima de Jay parecia planejada para reparar alguns dos danos que "Big Pimpin" fez ao lado pegador de sua persona, agindo como um contraponto um pouco mais galanteador. Seis meses depois do *Vol. 3...*, Jay dizia ser um cara mudado "longe daquela merda de galinhagem", que seus dias de roubar as garotas dos outros caras e depois chutá-las ao amanhecer e se recusar a pagar seu táxi ou os pedidos do serviço de quarto acabaram. Agora ele era um material ideal para namorado: "You can stay all night/We can go bowling, it ain't like before... I was so immature" ["Você pode ficar a noite toda/A gente pode sair para jogar boliche, não é como antes... eu era tão imaturo"]. Mas ele claramente não tinha superado o estilo de vida chamativo, pois o vídeo de grande orçamento Hype Williams catapultou o conceito de "esbanjamento" a novas estratosferas, marcado em uma mansão do tamanho de uma ilhota, mostrando Jay-Z e Dash dando um rolê em um jatinho particular CGI e incluindo até uma ponta de Pamela Anderson. E eles também não abriram mão da autopromoção. O vídeo foi a primeira aparição em filme do sinal da Roc-A-Fella, com os polegares e os indicadores unidos na forma de um diamante, um gesto que indicava afiliação a Roc com tanto orgulho quanto o chifrinho mostrava em relação ao metal.

Enquanto isso, retomou-se o projeto abandonado de uma compilação dos artistas da Roc-A-Fella, o álbum que nunca foi feito na turnê

Hard Knock Life. Ele seria chamado *The Dynasty: Roc la Familia* e teria faixas da maioria do celeiro da Roc-A-Fella com Jay-Z como rapper convidado para costurar a coisa toda. Havia até uma foto de Jay mostrando o sinal da Roc-A-Fella na capa do álbum, o máximo da gestão de marca.

Buscando uma mudança de tom e abordagem de sua trilogia "Lifetime" para distinguir o disco de seu trabalho solo, Jay-Z resolveu não chamar Timbaland e Swizz Beatz para o projeto, atuais grandes nomes graças a seu trabalho nos maiores sucessos de Jay-Z, mas em vez disso testou um bando de talentos da produção novos e emergentes. Só Blaze era um produtor que tinha trabalhado nos outros álbuns da Roc-A-Fella de Beanie Sigel e Amil em um estágio inicial, ajudando a criar um som soul arrojado distinto da gravadora cheio de drama e sentimento, mas Jay mesmo nunca tinha usado suas batidas antes e quis experimentá-lo mais. Da mesma forma, junto com talentos em ascensão como Blink! e Rick Rock, ele ouviu coisas promissoras de uma dupla formada pelos garotos Pharrell Williams e Chad Hugo chamada The Neptunes que o impressionaram com seu trabalho com Mase, N.O.R.E., Kelis e Ol' Dirty Bastard. E como ele poderia esquecer aquele outro jovem arrogante aguardando esperançoso sua grande chance, um tal de Kanye West?

Mal sabia Jay-Z que essa amostra do projeto paralelo mudaria o curso de sua carreira para sempre.

Enquanto as batidas rolavam, provocantes e comoventes, e as estrofes escritas eram mais quentes do que nunca, estava claro que alguns artistas carimbariam sua marca na identidade Roc-A-Fella mais do que outros. Principalmente Amil, Beanie, Memphis e o próprio Jay-Z. Eles roubaram o álbum e Jay-Z acabou decidindo, para ajudar em seu perfil e vendas, que ele deveria ser lançado como um álbum solo com uma grande participação desses três artistas mais algumas vagas para grandes nomes, para aumentar o encanto.

A primeira onda real da galeria de *The Dynasty...* veio em outubro de 2000, quando "I Just Wanna Love U (Give It 2 me)" com o The Neptunes bombardeou as ondas do rádio. Um sucesso enorme, número 11 da parada Hot 100 da *Billboard* e o primeiro número 1 de Jay na parada hip-hop/R&B. Ela transformou a lenda do funk "Give It To Me Baby" de Rick James em um grindpop para a pista de dança com um balanço de guitarra estilo Prince e o próprio Pharrell completando os versos do refrão. Beirando uma atmosfera sensual, Jay-Z expõe no agrupamento ávido de modelos da música seu acordo romântico regular: um pouco de luxo das grifes em troca de bastante sexo de alta qualidade. Ao contrário do título, o amor é a última coisa em sua cabeça.[154]

Por ser um projeto de compilação decente no qual ele muitas vezes soava como um figurante, *The Dynasty...* tinha carne e magia o bastante para figurar com orgulho no cânone de Jay-Z até agora. Musicalmente era um abertura destemida e corajosa com uma "Intro" de Just Blaze do cintilante hair rock dos anos 1980, gemidos de um cantor de soul e um retrato fulgurante do artista como um jovem pivete faminto e sem pais, mas ambicioso com a fala de Malcolm X "por quaisquer meios necessários" soando em seu ouvido. Depois vinha um brinde de boas-vindas à Roc, uma sequência musical de créditos chamada "Change The Game" apresentando os músicos principais, Jay-Z, Beanie e Bleek, e seus flows matadores sobre uma pulsação de baixo robusta e um gancho robótico. Depois vieram momentos frívolos: o suporte funk de "I Just Wanna Love U...", as sátiras espirituosas do estilo de rap gritado do Beastie Boys em "Stick 2 The Script" e as linhas de baixo cartunescas e elásticas popularizadas por um rapper branco novo e agressivo de Detroit chamado Eminem em "Parking Lot Pimpin" e "Squeeze 1st". Houve os hinos sobre coca e armas que eram marca registrada ("Squeeze 1st", "You, Me, Him and Her") e ostentação de generosidade ("Parking Lot Pimpin" era um catálogo de carros caros e a ação que eles conseguiam). Mas, crucialmente, também há momentos de profunda angústia e emoção, um exame de consciência intenso, uma provocação ardente e arroubos de esclarecimento. *The Dynasty...* soava como Jay-Z acordando da festa louca e egocêntrica do *Vol. 3...* e se reconectando com seu coração e sua alma, amadurecendo o playboy. Foi um disco para lidar com seus problemas de cabeça erguida.

Seu caso de agressão iminente? Isso foi discutido duas vezes. "Streets Is Talking" igualava-se à paranoia do criminoso dos anos 1970 de "Streets Is Watching", mas agora, além de olhos sobre ele, Jay ouvia sussurros de sua culpa em todo lugar, rumores sobre sua vida enrolada, tensa e contorcida por toda a cidade: ele fez isso, sua carreira acabou, ele está prestes a ter um filho? Sem rimar nada que pudesse afetar sua defesa, ele esclarece em algumas reportagens, sugerindo que o "queixoso" tirou vantagem dele, que ele tentou ser o mais calmo e sensato possível, mas estava sob muita pressão e que ele agora mantinha sua arma no cinto de seu guarda-costas, pois os tiras estavam de olho nele.

---

154. O single veio com um vídeo ostentando outra mansão cheia de modelos seminuas, mas com um toque de comédia: Jay-Z dublava o gancho, sua primeira tentativa, ainda que falsa, de cantar em uma de suas faixas.

Mas não se arrependia e estava frágil da mesma forma na "Guilty Until Proven Innocent", quase uma sequência de "Dope Man", mas dessa vez um comentário sobre a conclusão de culpa que a imprensa e o público tiraram na hora, muito antes de seu caso ser julgado. Fazendo uma admissão indireta de que o incidente foi provocado pela pirataria: "anxiously the public can't wait/Niggaz had to have it before its release date" [ansioso, o público não podia esperar/Os manos tinham de tê-lo antes do lançamento"], ele esclareceu seus pensamentos sobre o caso. Sua recusa em ter seu trabalho roubado, o estresse, a vergonha, a difamação e a invasão infligidas sobre ele e sua mãe pela imprensa e pela polícia, os advogados caros que precisou contratar para garantir sua absolvição, os oportunistas que quiseram tomar cada centavo dele afirmando que os tinha atacado e sua determinação em não ficar encarcerado muito tempo.

Como um artista disposto a cantar diretamente sobre sua vida, essa era uma amostra inflexível e desafiadora da mentalidade do banco dos réus que cercava um testemunho musical pré-julgamento, mas também expunha a questão mais ampla de que, para a celebridade acusada, esses meses e anos entre a prisão e o veredito são um julgamento longo e contínuo pela opinião pública, das algemas aos tribunais. Mas um aspecto enganoso dessas músicas foi a referência de Jay-Z em "Streets is Talking" ao pai ausente com quem ainda não tinha contato: "I ain't mad at you dad/Holla at your lad" [Não estou bravo com você, pai/Ligue para seu garoto"]. Enganoso porque os momentos mais angustiantes em *The Dynasty...* vinham da perda da família.

Com todos os estalidos do vinil, piano pesaroso e um refrão cantado por uma criança desolada, "Where Have You Been" era uma balada franca, brutal e emocionante, gravada no momento em que Benie Sigel chorava e se irritava com seu pai abusivo e Jay-Z tapava os buracos furioso com seu pai, repreendendo-o pela pobreza em que ele deixou sua família e o insultando por causa do dinheiro que ele deixou de dar. E "This Can't Be Life" era ainda mais crua. Construída por Kanye sobre um sample de Dr. Dre de "Xplosive",[155] pretendia ser uma exploração incisiva das pancadas mais duras da vida. A estrofe de Jay-Z falava sobre o aborto de sua namorada, a separação de sua família, os riscos de ele ser morto ou preso e seus medos de uma carreira fracassada em uma cena de rap dominada pela costa oeste, mas era a estrofe sombria e desesperada de outro grande rapper convidado, Scarface, que calou

---

155. A autobiografia de Jay-Z também credita uma melodia de Harold Melvin & The Blue Notes como sampleada na faixa.

mais fundo. Enquanto esperava para gravar sua estrofe, Scarface recebeu uma ligação com a notícia de que o filho de um de seus amigos tinha morrido. Descartando a estrofe sobre seus problemas que ele a princípio pretendia colocar na faixa, Scarface escreveu um tributo à tragédia de seu amigo na hora. Sobre a batida levada de soul de Kanye, ela contribuiu para devastadores cinco minutos e meio.

A atitude de Jay-Z perante os relacionamentos na música teve mais uma mudança em *The Dynasty...* também. Enquanto "Get Your Mind Right Mami" era uma canção de cafetão manipuladora (com participação de Snoop Dogg) sobre glamourizar, treinar e bater em uma garota até ela estar pronta para se vender, na música assustadora e fantasmagórica com o theremin* "Soon You'll Understand"[156] Jay considerava a situação complicada de ter a irmã mais nova de um grande amigo dando em cima dele, uma garota que ele conhecia desde criança, levou para a faculdade, comprou joias para ela e ficou amigo íntimo. Ele tinha pavor de chatear seu amigo e a mãe que o considerava seu filho. Ele implorava para a garota esquecê-lo, mas na segunda estrofe eles começaram uma família e ele inevitavelmente a trai. Seu pensamento de querer se separar era complexo, baseado no amor e no respeito pela garota e sua nova família e sua incapacidade de ser o homem de família dedicado, mas ele ficou destruído com o conhecimento de que também estava prestes a se tornar um dos pais errantes que ele tanto criticou em outras faixas do álbum. Não é surpresa a última estrofe ser outra carta aberta pedindo perdão para sua mãe. Nessa história fictícia, Jay-Z chegava a uma conclusão e compreendia a partida de seu pai e até reconhecia um pouco do fugitivo nele.

Nem tudo era coração partido e desespero, claro. "The R.O.C." era uma batida efervescente sobre mafiosos, toda cheia de barulhos de bolhas e estalos dos dedos. E a mambembe em ritmo de soul com instrumento de sopro de metal a "1-900-Hustler"[157] foi um novo ângulo divertido na rima de traficante que Jay-Z chamou de sua. Ele imaginava uma Linha Direta de Traficantes tripulada por Jay-Z, Bleek e outro rapper da Roc-A-Fella, Freeway, dando conselhos para os outros traficantes tentando explorar novos territórios, protegendo seu quarteirão ou fazendo algum dinheiro até sair seu contrato no hip-hop. O conselho é

---

*N.R.: Theremin é um instrumento musical eletrônico que produz sons sem contato com o instrumentista. Surgiu nos Estados Unidos nos anos 1920.

156. Uma música ainda mais misteriosamente parecida com o sucesso de Eminem daquele ano, "Stan" do que "Wishing On A Star", com seus barulhos de trovão e atmosfera de filme de terror.

157. Baseada em um sample de "Ain't Gonna Happen" do Ten Wheel Drive & Genya Ravan.

ser firme e agressivo: começar pequeno, infiltrar-se, ficar grande com métodos silenciosos, mas estar disposto a liquidar qualquer um que se opuser, não gastar todo o dinheiro com jogo e prostitutas e nunca falar sobre seu negócio pelo telefone.

E esse Manual do Tráfico para Iniciantes completou um álbum multifacetado que unia sem costura a futilidade despreocupada com o desespero sombrio, emoção profunda e crueldade sem emoção. Um conceito inclusivo, com um conceito de gravação abrangente desde o início, também parecia conter toda a carreira de Jay-Z até agora, o novo grupo de produtores referindo-se aos balanços soul de *Reasonable Doubt* enquanto também continuava com o trabalho pop pioneiro da trilogia "Lifetime". *The Dynasty...* provaria ser um álbum intermediário entre as grandes fases na carreira de Jay-Z, mas não seria esquecido nem desprezado. Até os críticos que acharam o disco um "trabalho árduo" ainda elogiavam os ritmos inovadores, cadências, mudanças e quebras na técnica de rap de Jay-Z, especialmente Kelefa Sanneh do *Village Voice*, que disse: "seus álbuns evocam uma fantasia de controle total: mente sobre matéria, mente sobre boca (...) as sílabas são despejadas com confiança, como em uma conversa, como se ele nos fizesse acreditar que todos os seus pensamentos são uma parelha de versos primorosa", e elogiou sua "predileção pela rima polissilábica repetindo palavras e sons de modo que cada verso se entranha no seguinte".

O público também ficou enfeitiçado. Esse foi o terceiro álbum número 1 de Jay-Z nas paradas Hot 100 e de hip-hop/R&B da *Billboard*, vendendo ainda mais rápido do que o *Vol. 3...* atingindo 557 mil cópias vendidas em sua primeira semana e chegando até 2,3 milhões de cópias. A implicação era clara: se a polícia e o centro da América estavam tentando derrubar Jay-Z logo depois de sua prisão, seu fã-clube só ficou mais obsessivo. Apenas nove meses depois do início do novo milênio, Jay já tinha lançado um álbum que se tornaria o 20º disco de hip-hop mais vendido da próxima década.

Mais dois singles manteriam *The Dynasty...* bem em 2001, embora nenhum deles tenha incendiado as paradas. Em janeiro, "Change The Game" chegou ao número 86 apesar de um vídeo hilário no qual Jay-Z, Bleek e Sigel se encontravam trabalhando como instaladores de calotas na única oficina mecânica para motos quase só com modelos trabalhando com o impulso de fazer topless do nada. E em março, "Guilty Until Proven Innocent" foi um pouco melhor nas costas de um vídeo que dramatizava o julgamento iminente de Jay-Z e toda a conversa fiada no redemoinho causado pelo noticiário, com Jay e R. Kelly pronunciando suas acusações na "justiça" da mídia em massa do banco de testemunhas.[158] O desempenho modesto nas paradas de "Guilty..." foi logo esquecido em meio à alternância e por causa das cinco semanas no número 1 alcançadas pelo sucesso R&B tropical de R. Kelly "Fiesta (Remix)" em maio, com participação de Jay-Z soltando uma rima sobre armas e garotas e dirigindo microcarros pelas estradas de terra caribenhas no vídeo.

De qualquer forma, se era notoriedade que Jay-Z cortejava enquanto o verão de 2001 se aproximava, ele estava prestes a acertar o alvo.

★ ★ ★

O estrondo cessou. Os rostos na fila do gargarejo passaram de maravilhados para confusos e decepcionados. A cortina no fundo do palco se recusava terminantemente a se mexer.

Então começou o que Jay-Z descreveria depois como os 90 segundos mais longos de sua vida.

Afinal, não há medo maior do que apresentar um dos maiores astros da música no palco e ele não subir.

"Sei que é melhor o Michael Jackson sair de trás dessa porra de cortina", ele disse no microfone enquanto o pânico aumentava e a multidão ficava inquieta. Alguns começaram a rir, outros apenas ficaram confusos com a pausa bizarra na normalmente impecável apresentação principal no Hot 97 Summer Jam 2001 no Nassau Coliseum em Long Island. Depois de um deslumbramento de grandes nomes, incluindo QutKast, Jadakiss, Nelly, Ja Rule, Eve, R. Kelly e Destiny's Child, tomarem o palco, todos recebidos com grande entusiasmo, exceto o Destiny's Child, que teve a apresentação inteira vaiada, Jay-Z fez logo seu show com energia e extravagância desde a abertura com o avanço até o palco de um exército de rappers para sua seção de "Best of Me Remix"[159] de Mya até a participação de Missy Elliott para "Is That Yo Bitch", agora destramente reintitulada "Is That Yo Chick" para tranquilizar os censores. Mas o destaque do show, a grandiosa introdução para seu novo single, com o sample do Jackson 5 "Izzo (H.O.V.A.)", que já arrasava nas ondas do rádio antes mesmo de seu lançamento em 22 de junho, logo se tornava um dos maiores desastres de sua carreira nos palcos.

---

158. O vídeo causou bastante frisson para garantir o lançamento de um documentário, *Making of Guilty Until Proven Innocent*, em junho, que mostra os bastidores da filmagem do diretor Paul Hunter.
159. Uma participação que ele gravou no início de 2000.

"Vocês querem que eu volte lá e pegue-o eu mesmo? Tá, eu vou buscá-lo".

Segundos depois, coberto de alívio, Jay voltou ao palco de braços dados com um frágil e confuso Michael Jackson, posando para fotos e deixando Jacko dar uma palavrinha no microfone: "Amo todos vocês". Depois Jackson foi tirado do palco enquanto o loop acrobático do sample de "I Want You Back" começou a tocar dentro de "Izzo..." e a apresentação de Jay-Z terminou com triunfo.

Mas a verdadeira notoriedade veio antes da apresentação. Jay-Z tinha material para um álbum inteiro pronto para gravar na manhã seguinte de julho, possivelmente o melhor de sua carreira até então, e usou a Summer Jam para exibir um pouco dele. Uma rima específica, a segunda estrofe de uma faixa redondinha e de blues chamada "Takeover",[160] assustou, pois era a primeira incursão total na tradição da *diss song* (canção de ataque verbal a outro artista). Além de declarar que era a Roc-A-Fella que "administrava essa porra do rap" na costa leste, ele deu uma alfinetada em Nas com o verso "Ask Nas, he don't want it with Hov, no" ["Pergunte para o Nas, ele não a quer com o Hov, não", mas principalmente ele foi pra cima de Prodigy da dupla do Queen Mobb Deep: "I don't care if you Mobb Deep, I hold triggers to crews/You little fuck, I got money stacks bigger than you/When I was pushing weight back in eighty-eight/You was a ballerina, I got your pictures, I seen ya". ["Não estou nem aí se você é Mobb Deep, eu aperto o gatilhos em multidões/Seu merdinha, tenho pilhas de dinheiro maiores que as suas/ Quando eu vendia drogas em 88/Você era uma bailarina, eu tenho as fotos, eu já vi"]. Para provar o que diz, nesse momento no Jumbo Tron do Coliseum ele mostrou várias fotos de Prodigy como um dançarino infantil, vestido de Michael Jackson e fazendo alguns movimentos de dança clássicos do Jacko. As ameaças de morte do resto da estrofe cortaram o riso com ecos sombrios de Biggie e Tupac.

Um golpe baixo, mas não espontâneo. Além das divergências sobre o uso dos samples nas músicas de Jay-Z e Nas não ter aparecido nas gravações de Jay, as raízes dessa rixa são enroladas e foram incitadas desnecessariamente pelos figurantes. Em 1999 Prodigy se ofendeu com vários versos que percebeu serem ataques a ele e seu grande amigo Nas nas letras de Jay-Z e Memphis Bleek, principalmente o verso "seu estilo de vida está escrito" em "My Mind Right" de Bleek, que Prodigy convenceu Nas de ser uma referência ao título de seu segundo álbum *It Was Written*.

---

160. Construída baseada em um sample de "Five To One" do The Doors.

Embora Nas já tivesse alfinetado Jay-Z na faixa "We Will Survive" de seu terceiro álbum *I Am...*,[161] ele relutou em entrar em um conflito verbal direto com Bleek ou Jay-Z sobre algo tão pequeno, mas Prodigy atiçou o fogo. Nas entrevistas Prodigy também mencionou um ataque percebido contra sua rixa com Snoop Dogg e a Death Row em "Money, Cash, Hoes",[162] a mudança na imagem de iates para camisetas de basquete para o vídeo de Jay-Z de "Where I'm From", que ele considerava uma imitação direta dele e Nas e tinha um verso nessa música que ele via como um ataque: "I'm from a place where you and your man's hung in every verse in ya rhyme" ["Sou de um lugar onde você e seu cara estão pendurados em cada estrofe de sua rima"].

"Eu falei tipo: 'Nas, nós precisamos ir para cima desses manos'", ele contou ao site *Planet Ill*, "porque número um, o carinho dele está tentando te atacar, falando que sua vida está escrita e toda essa porra... Eu falei, tipo, esses manos tão te atacando subliminarmente e, foda-se isso, nós precisamos partir para cima desses manés [sic]. Vamos fazer uma música sobre eles, filho. E ele falou tipo: nah, nah, nada disso, mano, ninguém vai fazer isso, filho (...) tá tudo bem, eu estou na paz. Porque na minha cabeça eu vou tratar disso da minha maneira. Não dou a mínima para o que esse mané faz. Eu te adoro Nas, mas vou lidar com isso porque você está enchendo o saco".[163]

A raiva de Prodigy com a banca da Roc-A-Fella aumentou ainda mais quando ele ouviu Jay-Z, Freeway, Beanie Sigel e Young Gunz improvisando no show de Flexmáster Flex na Hot 97 junto com um cara novo que eles apresentaram como H Moneybags. Quando Prodigy ouviu isso, estava no estúdio com um amigo dele apelidado de E Moneybags, que afirmava ter ido à escola com Jay-Z. A dupla telefonou para a emissora para acusar Jay e esse cara novo de roubar o nome artístico de E. Na linha telefônica da Hot 97 a rixa esquentou.

O ataque de Jay-Z a Prodigy em "Takeover" e a exibição das fotos dele dançando foram uma resposta direta à raiva de Jay que Prodigy

---

161. Em uma estrofe dirigida ao falecido Biggie Smalls, Nas cantava: "It used to be fun, making records to see your response/But now competition is none, now that you're gone/ And these niggas is wrong using your name in vain/And they claim to be New York's king?" ["Era divertido fazer discos para ver sua resposta/Mas agora não há competição, agora que você se foi/E esses manos estão errados em usar seu nome em vão/E eles dizem ser o rei de Nova York?"]

162. O verso: "it's like New York's been soft/Ever since Snoop came through and crushed the buildings/I'm trying to restore the feelings" ["é como se Nova York tivesse amolecido/ apareceu e visitou os prédios/Estou tentando restaurar os sentimentos"].

163. Prodigy: An Infamous Walk Down Memory Lane, *PlanetIll.com*, Ipoppedoff, 26 de janeiro de 2010.

mostrava em entrevistas e telefonemas, mas o show da Summer Jam só deixou Prodigy ainda mais furioso. Ele disse que as fotos eram de quando ele era pré-adolescente e ajudava na escola de sapateado de sua avó. "Ele [Jay] coloca no telão e muda a data", ele disse, "e (...) ele diz em uma rima 'Você foi uma bailarina, eu tenho as fotos, eu te vi'(...) Então as pessoas que não estavam naquele show, automaticamente disseram: 'Jay-Z tinha uma foto de P de tutu!'. Porque foi assim que ele colocou lá, saca? Mas essa nem é a realidade. Então o mané está mentindo (...) 'Uau, esse mano é um puta de um impostor falso, cara'. Você não fez as pessoas rirem, isso não é engraçado (...) De volta pra realidade, a risada acabou (...) e agora? Vai encarar? Está doido, filhinho? Sabe como eu levo isso para o lado pessoal? Eu vou fazer uma porra de uma vingança pessoal pelo resto da minha vida para garantir que vou te expor para as pessoas saberem o que é verdade e o que não é."[164]

Prodigy responderia pessoalmente em duas faixas do próximo álbum do Mobb Deep, *Infamy* naquele inverno, chamando Jay-Z de "uma maninha, um rapper homo, H para você sabe o quê" em "Crawlin", e declarando "sua retaliação foi fraca, fotos de bebê". Mas a resposta de Nas viria bem mais rápido. Semanas depois do show Summer Jam, enquanto Jay-Z estava preocupado em acelerar as gravações de seu sexto álbum *The Blueprint* em apenas duas semanas (e escrevendo as letras, segundo se diz, em um fim de semana no Baseline, terminando nove faixas em 48 horas: "Eu trabalho a jato", ele disse),[165] Nas apareceu em um programa de rádio improvisando sobre a batida de "Paid In Full" de Eric B. & Rakim, possivelmente por si só um ataque a Jay-Z por não ter ganho permissão para os samples de Nas. No improviso, a princípio sem nome, mas depois chamado de "Stillmatic", "Stillmatic Freestyle" ou "H To The Omo", Nas foi brutal em seu ataque a Jay-Z, chamando-o de traficante fingido cantando "fake coke rhymes/And those times, they never took place, you liar/Un' was your first court case, you had no priors/You máster fabricated stories of streets" ["rimas falsas sobre coca/E esse tempo nunca aconteceu/Até seu primeiro julgamento você não tinha antecedentes/Você fabricou as histórias das ruas"]. Ele não parou aí, Nas abusou da Rocawear ("your wack clothes line" ["sua grife de merda"]), a equipe da Roc-A-Fella ("Rip the Freeway, shoot through Memphis... remove the fake kings of New York" ["Descanse em paz Freeway, atiro no Memphis, expulso os reis falsos de Nova York"]) e insinuou que Jay-Z roubou seu estilo e seus ganchos de Nas enquanto zombava ao

---
164. Ibid.
165. *The Making of Collision Course*, DVD, 2004.

mesmo tempo das letras da última faixa de Jay "Izzo (H.O.V.A.)": "For shizzle you phony, the rapping version of Sisqo/And that's for certain, you clone me" ["Com certeza, seu impostor, a versão rapper de Sisqo/ Tenho certeza de que você me copia"]. Ele era ardiloso em sua ironia sobre a sexualidade de Jay-Z, referindo-se a "all you hip-hop queers" ["todas essas bichinhas do hip-hop"] em vez de acusar Jay diretamente de ser gay (por ora), mas franco ao tratar da questão do sample: "I count off when you sample my voice" ["Eu anoto quando você sampleia minha voz..."].

Logo depois de ouvir o improviso de Nas e sentir o reflexo de vingança de novo, Jay-Z voltou a "Takeover" e acrescentou uma terceira estrofe bem mais cáustica. Foi um verdadeiro combate. O primeiro alvo: a carreira de Nas. Ele parou de ter sucessos, a estrofe zombava, sua chama inicial de talento, propaganda e respeito se apagou, ele só lançava um grande álbum a cada década, agora até seu guarda-costas fazia rap melhor do que ele. Depois, Jay-Z reagiu às acusações de ser um traficante falso e gay, chamando Nas de "the fag model from Karl Kani/ Esco ads" ["modelo bichinha dos comerciais da Karl Kani/Esco"] e um "matador falso" que nunca viu uma arma TEC-9 até o próprio Jay-Z lhe mostrar uma na turnê com Large Professor do Main Source. Jay até insinuou ter algum podre de Nas, dizendo "you know who did you know what with you know who" ["você sabe quem fez você sabe o que com você sabe quem"] e alertando-o a não terminar como "the next contestant on that Summer Jam screen" ["o próximo concorrente naquele telão do Summer Jam"]. Por fim, em um de seus melhores versos, Jay respondeu ao ataque de Nas a ele por causa dos samples declarando que, financeiramente, "you ain't got a corn nigga, you was getting fucked/And I know who I paid God, Serchlite Publishing" ["você não vai ganhar nenhum tostão, mano, você foi fodido/E eu sei para quem eu paguei Deus, Serchlite Publishing"] e soltando um dos ataques mais delicados da história do hip-hop: "Yeah I sampled your voice, you was using it wrong/You made it a hot line, I made it a hot song" ["Sim, eu sampleei tua voz, você a estava usando ela errado/Você fez um verso bom, eu fiz uma boa canção"].

O homem de A&R da Roc-A-Fella Lenny "S" Santiago se lembra da gravação. "Todo mundo lá obviamente era superparcial. Grandes fãs de Jay e defensores no mundo. Todos ficamos 100% entusiasmados, botando pilha para Jay fazer isso."[166] Gimel "Young Guru" Keaton, o engenheiro da Roc-A-Fella trabalhando com Kanye West na produção

---

166. *XXL*, Rob Markman, outubro de 2009.

da faixa, lembra da calma de Jay com toda a gravação. "Não havia uma super-raiva no ar. Eu nunca vi Jay fulo da vida ou ele não demonstrava, ele sempre estava com cara de paisagem."¹⁶⁷ O próprio Jay é breve e confiante sobre seus motivos por trás das novas estrofes. "Só consegui aguentar aquele tanto", ele disse.¹⁶⁸

Sejam quais fossem as motivações por trás da rixa crescente (e Jay-Z depois a consideraria, de sua parte até certo ponto pelo menos, um golpe publicitário para substituir Tupac e Biggie como a rixa mais ardente e infame do hip-hop), elas fariam muito bem para os dois lados. O perfil de Nas estava mesmo esquecido em 2001 e a atenção ajudou a reafirmá-lo como uma das figuras principais do hip-hop, segundo a crítica, senão em termos de vendas. Quanto a Jay-Z, sentir-se perseguido por rivais e pela sociedade como um todo por um lado e curtir a fama com seu maior sucesso nas paradas até então com o número 8 da celebrada história no tráfico "Izzo (H.O.V.A.)", permitiu que ele flertasse com o público mais comercial enquanto mantinha sua reputação de perigoso nas ruas.

Só Deus sabe que não foi o ataque mais grave recebido por Jay em 2001. Este veio de Damon Dash, questionando as habilidades nos negócios de seu sócio na revista *The New Yorker* na véspera do lançamento da primeira bebida alcóolica com a marca Roc-A-Fella, a vodka Armadale.¹⁶⁹ A briga com Nas impulsionaria a Roc-A-Fella ainda mais, mas essas diferenças com Dash um dia os separariam.

---

167. Ibid.
168. Ibid.
169. Um empreendimento lançado junto com os fabricantes de vodka escoceses William Grant & Sons para que os artistas da Roc-A-Fella pudessem anunciar sua própria vodka em suas rimas em vez de fazer propaganda gratuita para outras empresas.

Capítulo 9

Preparando *The Blueprint*

B alançou Nova York. As repercussões foram sentidas em toda Manhattan, em todo o país e em todo o mundo por uma década inteira. Dois aviões chocando-se contra o metal 99 andares acima do chão, mergulhando o século XXI em guerra, luto e um medo incomensurável.Tirados de caixas em silêncio para as prateleiras das lojas do centro com um estrondo bem mais brando do que merecia naquela manhã devastadora de 11 de setembro de 2001, *The Blueprint* apareceu para um mundo muito mais sombrio do que aquele no qual foi feito.

Ele também redefiniu a época.

Desenrole *The Blueprint* sucesso por sucesso, agarre-o quando vier, estude seus detalhes e nuances quando eles aos poucos se tornam visíveis, e ao longo do processo de sua criação até seu lançamento a coisa toda parecia uma ostentação colorida, mas indecifrável. O primeiro vislumbre, nos modelos do vídeo para "Izzo (H.O.V.A.)", prometia uma cornucópia glamourosa de convidados e pontas especiais. A parada presidencial encenada em homenagem a Jay-Z é aplaudida nas telas de TV por seus colegas Nelly, Eve, Kanye West, OutKast e Destiny's Child, um sinal da intimidade crescente entre Jay-Z e uma certa cantora de R&B. Mas mesmo com todos os apoios de celebridades no vídeo, o álbum veio com apenas uma participação de convidado listada: a última sensação do hip-hop Eminem aparecia na faixa "Renegade".[170]

---

170. Além disso, o single de Jay-Z lançado duas semanas antes do álbum nem estava nele. Era "20 Bag Shorty", de uma compilação chamada *The Projects Presents: Balhers Forever*, uma sonzeira soul tentadora, mas nada excepcional, com participação dos rappers de Baltimore Frody e Gotti que teve pouca promoção, não teve ação nas paradas e com um vídeo sem o orçamento e a classe usuais de Jay-Z com meia dúzia de modelos de bíquini em um barquinho penduradas em dois rappers agitando montes claramente falsos de dinheiro, nenhum dos quais era Jay-Z. O nome de Jay estava escrito em letras grandes na capa, mas isso era uma coisa muito grave de músico imaginário.

E as melodias, a princípio, pareciam incongruentes. "Izzo..." era uma sonzeira pop brilhante como primeiro single, mas a faixa de abertura do álbum, "The Ruler's Back",[171] embora compartilhasse da autoexaltação orgulhosa e da arrogância provocadora de "Izzo..." diante de suas acusações criminais[172] e custos com fiança, transpirava uma glória soul reformada, trompas contagiantes e exultantes e cordas em espiral vindas do espaço celeste. Seus versos tentam colocar Jay-Z junto de Malcolm X, Martin Luther King e Rosa Parks como um lutador pela liberdade de uma cultura negra íntegra, mas não combinavam com o fato de ele enfrentar acusações possivelmente justificáveis de agressão violenta. Além disso, abriu caminho para o blues rock furioso, confuso com um jorro de rancor de "Takeover", disparado da outra extremidade do espectro da cultura negra clássica.

Aproxime-se, então, da confusão. Mas deslize uma dúzia de passos para trás, absorva todo o afresco, infiltre-se nele de longe e *The Blueprint* parecerá menos como um esboço de um esquema grandioso, mas não realizado, e mais como a obra-prima finalizada. Foi um álbum que colocou o foco do hip-hop de volta sobre o sample, uma prática "perdida" que tornou *Reasonable Doubt* tão coeso e celebrado. Mas a inovação de *The Blueprint* foi combiná-lo com o lado modernista, o bom senso populista e o artifício tecnológico que Jay-Z e seus vários produtores acumularam em sua jornada pela trilogia "Lifetime" e em *The Dynasty...* Então samples de soul acelerados misturados sem qualquer emenda com ganchos pop, gravações de estúdio e batidas falhas respingavam da eletrônica de ponta e do trip-hop. O resultado foi a primeira obra unificada e completa de Jay-Z, um disco que se coloca ao lado dos melhores clássicos do soul e da Motown em vez de sufocá-los em rima, técnica e retórica gangsta. Foi um projeto não só para o som soul corajoso e dramático do futuro dos discos da Roc-A-Fella, mas para toda a próxima década do hip-hop.

Também foi o álbum mais pessoal e revelador até então de um artista já conhecido por escancarar sua vida e sua história, seus medos, sua ostentação e raiva no disco. Se "Takeover" foi uma ferida nova óbvia sendo aberta à força, "Izzo..." enganava com seu brilho pop. À

---

171. Uma produção de Bink! criada com sample de "If" de Jackie Moore. Curiosidade: quando Bink! foi mixar a faixa completa o disco estava riscado, forçando-o a voltar para o estúdio onde trabalhava para vasculhar desesperadamente pilhas de discos para achar o de Jackie Moore e sampleá-la de novo em tempo de recriar a faixa arruinada para *The Blueprint*.
172. "I'm too sexy for jail like I'm Right Said Fred" ["Sou sexy demais para a prisão, como se fosse Right Said Fred"].

espreita embaixo dela estava uma das visões mais precisas e detalhadas de Jay-Z sobre seus dias no tráfico até então. Ela examinava três estágios separados de suas vida e carreira na letra: primeiro como o chefe do sindicato da coca de uma cidade, depois como um rapper assumindo o comando do mercado fonográfico usando as mesmas estratégias e por fim voltando ao início em um foco aguçado: um holofote sobre sua esquina no Marcy, os cachimbos de crack na palma da mão e seus vigias mantendo a guarda, vendendo crack e contando a seus ouvintes suas experiências não como orientação para uma vida criminosa, mas como um aviso moralista. "Niggas acting like I sold you crack/Like I told you sell drugs; no, Hov did that/So hopefully you won't have to go through that" ["Manos agindo como se eu te vendesse crack/Como se eu te disse para vender drogas; não, Hov fez isso/Então esperamos que você não tenha de passar por isso"], ele cantava em um momento raro de carinho e cuidado entre rapper e ouvinte.

Por ironia, ao gravar "Izzo..." os vigias legais de Jay-Z o abandonaram. Achando o refrão repetitivo demais, Jay aceitou o conselho de Tone (do Trackmásters) de colocar uma voz feminina no gancho. A voz a mais aumentou muitíssimo a qualidade artística do refrão, mas a garota em questão ficou brava por sua contribuição não aparecer nos créditos (pois apenas artistas de renome apareciam nos créditos de "participação") ser ou bem recompensada. "O melhor e o pior erro que já fizemos", Jay disse depois. "Eu fui processado por me meter com Tone em 'Izzo...' porque ele tinha uma garota com ele que nós pusemos no gancho. Ela disse que o criou".

Quando Young Guru questionou a credibilidade de usar uma melodia tão famosa quanto "I Want You Back" na música, Jay-Z mostrou o raciocínio para ele. "Isso se tornou a chave para seu sucesso", Guru contou à revista *XXL*. "Ele dizia: 'Guru, eu poderia cantar rap para sempre e te agradar (...) essas são as músicas que mantêm os registros soando".[173] Na verdade, Jay-Z teve sorte em terminar com a faixa já que a batida quase terminou como uma música de Cam'ron. "Nosso sistema realmente estava em alguma Motown da nova era", explica o chefe de A&R da Atlantic Gee Robertson. "Nós não a tratamos diferentemente de quando Berry Gordon mandava seus produtores inventarem as batida e então ele a dá para seus escritores e vencia a melhor música."[174]

---

173. *XXL*, Rob Markman, outubro de 2009.
174. Ibid.

"Girls, Girls, Girls" de Blaze foi tão enganadora quanto. Um lindo enlevo galopante de soul estilo sensual clássico,[175] aparentemente ela era um catálogo das damas que Jay-Z tinha acompanhado em todo o mundo. Espanholas caseiras, princesas negras, românticas francesas, oportunistas nativas americanas, estudantes, modelos, aeromoças, mulas de drogas e hipocondríacas, garotas de todos os tons de pele, em todas as cidades. Dando um breve resumo de cada uma e do relacionamento, era a homenagem de Jay e o pastiche da tradição de grande amante do soul de Barry White e Tom Brock cujo gemido "ooooh baby" se repete por trás dos vocais convidados de Q-Tip, Biz Markie e Slick Rick no refrão. Mas o tom da faixa é revelador, pois o sarcasmo, o afeto e até a insinuação de flerte e romance na oferta "I would love to date ya" ["Adoraria me encontrar com você"] marcava uma mudança na atitude de Jay-Z para com as mulheres e os relacionamentos. Embora a música tratasse de promiscuidade e infidelidade, a atitude humana mais comunicativa e divertida para com essas garotas que ele admitia "amar" e "adorar" parecia combinar mais com sua imagem crescente de mistura entre distanciamento e afeto. Com certeza melhor do que o abusivo ímã de "vadias", manipulador e indiferente que aparecia em *Vol. 3...*

A princípio Jay queria que Tone da Trackmásters supervisionasse a produção do álbum todo, impressionado com a forma com que ele trabalhava as batidas do mesmo jeito que os rappers faziam com suas rimas. Mas não se podia confiar na presença no estúdio de Tone e ele perdeu a glória de ser o idealizador de *The Blueprint*: "Era para ele supervisionar *The Blueprint*", disse Jay, "ele perdeu toda a oportunidade. Eu me mataria por isso."[176] Mas o único crédito de produção de Trackmásters no disco veio em "Jigga That Nigga", um interlúdio R&B pop símbolo com vocais de grupos de garotas das desconhecidas Stephanie Miller e Michelle Mills e uma rima sobre impressionar uma dessas "Girls, Girls, Girls" para levá-la para a cama com carros caros, roupas, calotas e braceletes e apartamentos panorâmicos. Mas havia um toque de comédia nessa narrativa tradicional do pegador extravagante: quando ele não estava prestes a "matar de prazer na cama ou no sofá" onde "o sexo é explosivo", ele estava tão chapado a ponto de não se mover. Ao contrário da faixa, segundo Jay. "Ela o mantinha desperto", ele disse. "Era uma dessas faixas fora de propósito, mas no bom sentido."[177]

---

175. A partir de samples de "There's Nothing In This World That Can Stop Me From Loving You" de Tom Brock. No início Blase pensou em passá-la para Ghostface Killah.
176. *XXL*, Rob Markman, outubro de 2009.
177. Ibid.

Depois da sacudida do meio do álbum, *The Blueprint* logo volta ao que interessa. "U Don't Know" foi uma música fundamental tanto para o álbum quanto para o hip-hop. Sua abertura seminal agora é logo reconhecida como qualquer outro dos sucessos comerciais que Jay-Z tinha assimilado em seus raps antes, graças à sua combinação de cordas estridentes e um sample vocal de "I'm Not To Blame" de Bobby Byrd, acelerada até um raio fino de prata. Foi um som que seria repetido por Just Blaze e Kanye West em suas faixas e imitado em toda a música urbana daquele momento em diante, formando a base do rap, do R&B e do grime-pop em todo o mundo. E foi um som saído da competição saudável, mas ferrenha, no estúdio.

"Eu tinha duas salas no Baseline", lembra Jay-Z. "Uma era uma sala grande (...) onde eu gravava. Então havia uma sala menor onde Just ficava criando as batidas. O que acontecia era que Just enfiava sua cabeça e ouvia o que Kanye e eu estávamos fazendo e voltava fulo da vida (...) Era uma pancadaria de pesos pesados. Por três dias eles só se nocauteavam. E eu lembro dele tocando essa faixa e eu falando: 'Meu Deus'."[178]

Como eles gravavam muito rápido, o próprio Blaze não ficou totalmente feliz com a faixa, jogando-se nela várias vezes antes de sentir que acertou, embora ele afirme que foi a música que cimentou o relacionamento de trabalho entre ele e Jay para sempre. Mas a rima de Jay-Z foi tão potente e fulgurante quanto a batida exigia e era a música que mais mostrava sua vaidade até então. Levando-nos de volta às piores bocas de lixo, ele nos lembrou primeiro das armas, drogas, violência e extorsões policiais de seus dias no Marcy com um jato de rimas afobadas e brilhantes que não fluíam tanto quanto a erupção de um gêiser. Depois ele declarou como ele chegou longe desse início mortal. Ele declarou uma fortuna inicial de 900 mil dólares apenas do tráfico, mas isso não é nada. "Could make 40 off a brick, but one rhyme could beat that" ["Conseguia tirar 40 de um tijolo, mas uma rima podia ganhar disso"], ele estimou, contando seu crescente extrato bancário: "One million, 2 million, 3 million, 4/In just five years 40 million more/You are now looking at the 40 million boy" [Um milhão, 2 milhões, 3 milhões, 4/Em apenas 5 anos mais 40 milhões/Você está olhando agora para o garoto dos 40 milhões"]. E o rap calculava que a Rocawear fez ainda mais por ele. Essa planilha mortal coloca sua renda em 80 milhões dólares. Em termos musicais ou matemáticos, "U Don't Know" foi tão ousada como um rap sobre o tráfico jamais foi.

Os clássicos continuaram vindo. A única contribuição de Timbaland para o álbum, "'Hola', Hovito" foi uma história tradicional com

---

178. Ibid.

Jay enganando os tiras, roubando garotas e humilhando os rivais do hip-hop, mas envolta no júbilo de uma festa latina, como se imaginasse Jay-Z passeando por Little Havana, com a capota abaixada. Jay tinha amigos e sócios latinos e caribenhos regulares, como Juan Perez da República Dominicana, por exemplo, então a volta na favela chique com Jay-Z recebido como um irmão de um gueto diferente pelas comunidades mexicana e latina era totalmente natural. E, sobre trompetes mexicanos de Miami, bestas do reggae e coros de latino-americanos, Jay solta algumas de suas palavras mais sábias e reveladoras. Os versos: "Push perrico If I need to, for the rule of evil/Was born in the belly, that's the way the streets breed you", [Empurro coca se preciso, por ordem do mal/Nascido na barriga, é assim que as ruas o criam"], por exemplo, sugeriam que uma vida imersa em pobreza e cercada pelo crime produz uma perversidade praticamente desde o nascimento, uma conduta mais profunda e condenatória do que seu ponto de vista anterior de que a ameaça de morte ou prisão como uma juventude nas ruas sem esperança torna uma vida de crime e violência só um pouco mais perigosa do que um caminho honesto. Como diz a rima: "My food for thought so hot it give you dude ulcers" ["Meu alimento para o raciocínio é tão quente que dá úlceras"].

Como se essas confecções imaculadas felizes não fossem impressionantes o bastante, a lenda de *The Blueprint* foi selada por um trio de faixas sublimes, encharcadas de emoção, deixando o tempo gradualmente mais lento e a disposição cada vez mais perto do coração partido. "Heart Of The City (Ain't No Love)" era a que tinha mais metais do grupo, com Kanye distorcendo a obra-prima pomposa do soul de Bobby "Blue" Bland "Ain't No Love In The Heart Of The City" em um demônio empoeirado de cordas funkeadas e flautas galanteadoras apoiadas no canto sentimental inimitável do refrão. Fazendo referência a "Mo Money, Mo Problems" de Biggie, Jay em sua rima se desesperava com a falta de amor e respeito entre os competidores na cena do rap e com a inveja e o ódio que seu sucesso inspiraram em seus rivais quando tudo que ele tentava fazer era ganhar alguns milhões e dormir com mais do que algumas mulheres dopadas por vez. "Every day I wake up, somebody got a problem with Hov'... young fucks spitting at me/Young rappers getting at me" ["Todos os dias que acordo alguém tem um problema com Hov'... os cuzões novos cuspindo em mim/Jovens rappers me atacando"], ele cantava antes de soltar a resposta condescendente perfeita: "sensitive thugs, you all need hugs" ["malandros sensíveis, todos vocês precisam de um abraço"].

Era uma rima que saía como uma bala de um coração ferido. Young Guru se lembra de sentar no estúdio ouvindo a batida por 30 minutos, depois ver o vídeo de "Fiesta" aparecer na tela da TV. Jay deu um tapinha em seu ombro, disse que estava pronto. Ele foi para a cabine, cuspiu três estrofes e voltou para a mesa de mixagem antes de o vídeo de "Fiesta" terminar. "Ele gravou essa música rápido assim."[179]

A ironia sobre o pulso soul orgulhoso de Kanye "Never Change"[180] era que, é claro, Jay mudou drasticamente. Essa é uma música que diz "still fucking with crime, 'cause crime pays" ["ainda envolvido com o crime, pois o crime compensa"], cantada por um homem alegando ter deixado seus caminhos criminosos bem para trás de si. Mas a letra era sobre algo mais fundamental: um conselho para permanecer verdadeiro consigo e suas raízes, uma confissão de que o traficante despachado, determinado e honroso das ruas de sua juventude nunca o deixará realmente.

A música incluía uma dissecação detalhada de quando ele perdeu todo seu suprimento em sua prisão na Trenton High School e depois lutou e batalhou para compensar sua perda ou uma situação muito parecida com ela, já que a música menciona a perda de "92 bricks" ["92 tijolos"], muito mais do que ele poderia carregar naquele dia em uma memória de suas experiências mais duras no tráfico e um exemplo da coragem e da persistência pé no chão que eram o suporte de seu caráter até agora, como um artista ganhador de discos de platina múltiplos. Ele ainda era o mesmo, ainda traficando, ainda fazendo o crime trabalhar para ele, mas agora na arena da música de primeira categoria. Quando ele cantava sobre estar "knee deep in coke... we flood streets with dope" ["ajoelhado no meio da coca... nós inundamos as ruas com narcótico"], foi tanto uma metáfora para as referências às drogas inundando suas letras e as rimas igualadas aos narcóticos em que ele mergulha a nação como uma declaração literal de sua destreza no tráfico.

A exposição de sua história com os "92 tijolos" foi demais para o chefe de A&R da Def Jam Tyran, "Ty Ty" Smith, que argumentava com veemência que o verso deveria ser cortado por motivos legais. Mas para o ouvinte, o mais duro de suportar foi a tragédia inerente na estrofe de encerramento autobiográfica sobre a infância de Jay: a de que uma criança tão jovem ("my big sis still playing wit Barbie" ["minha mana veia ainda brincando de Barbie"]) tivesse de aprender todas as lições para sobrevivência na rua. As armas, a vigilância, a acumulação das verdinhas por qualquer meio necessário.

---
179. Ibid.
180. Criada sobre um sample de "Common Man" de David Ruffin.

É incrível pensar que uma faixa tão suave e fluida como "Song Cry" fosse formada por um completo desmembramento engenhoso. Blaze fatiou praticamente cada nota ouvida na faixa finalizada, fazendo 70 cortes ao todo no sample de "Sounds Like a Love Song" de Bobby Glenn. Nas mãos de um mestre, o resultado foi tão impecável quanto uma laparoscopia. Pianos melancólicos e cantoras de soul sépias apaixonadas decoravam uma trilha sonora tão triste e glamourosa quanto o divórcio de uma diva. Que fundo melhor para o rap mais intricado e abastecido de emoção de Jay-Z até hoje. Com um arroubo repentino de humanidade honesta, como se rompesse completamente o escudo gangsta e a postura de pegador de seus álbuns anteriores e de "Girls, Girls, Girls", pois aqui o estilo de conquistador de Jay-Z finalmente o alcançou. Casado, mas ausente por meses a fio, namorando fora da cidade, a garota que o acompanhou desde a pobreza até a riqueza perdeu a paciência, começou a traí-lo e exigiu uma separação. De repente Jay-Z sente remorso pela forma com que tratou essa garota, termina sozinho e de coração partido, admite emoções verdadeiras, mágoa e perda reais. "You don't just throw away what we had, just like that... I'll mourn forever/Shit, I gotta live with the fact I did you wrong forever" ["Você não joga fora o que tivemos assim desse jeito... Vou lamentar para sempre/ Merda, tenho de viver para sempre com o fato de que te fiz mal"].

Sem sarcasmo e arrogância, essa foi de longe a revelação romântica mais crua de Jay-Z até então e uma grande mudança em sua imagem. Ele foi pioneiro em cantar sobre suas emoções e experiências mais dolorosas antes, mas nunca se mostrou tão vulnerável, sensível e desanimado. Ao contrário da grande maioria das canções de amor no hip-hop, ele deixou a garota na letra em uma combinação de eventos de três relacionamentos separados, mas reais de Jay, fundidos em uma garota, a traí-lo, ele se deixa perder e ser prejudicado por isso em vez de sempre ser o cara que ganha a garota. "Jay se desafiou a como terminar a música" disse o diretor de A&R da Roc-A-Fella Lenny Santiago. "Ele não queria um final típico. Jay sentia que não era real na vida. Então (...) ele deixou a garota traí-lo e ficou realmente magoado. Ele definitivamente tirou um minuto para ser só vulnerável. Nós estávamos todos sentados lá e dava para ver em seus olhos."[181]

Se "All I Need"[182] foi uma reparação, um restabelecimento da confiança, uma fatia tradicional de soul esbanjador, foi uma correção necessária do equilíbrio do álbum antes de "Renegade". No meio de 2001, Eminem estava em uma ascensão estratosférica ao auge da fama

---

181. *XXL*, Rob Markman, outubro de 2009.
182. Produzida por Blink! a partir de um sample de "I Can't Break Away" de Natalie Cole.

e do sucesso no hip-hop[183] graças a seus raps melódicos e de virar a língua únicos combinando sons do tema do seriado familiar *Família Monstro* da manhã de sábado com as imagens mais brutais e violentas, apartes sarcásticos e confrontativos, ataques maldosos a personalidades famosas, surtos de raiva maníaca e uma autobiografia angustiada. Seu sucesso foi acelerado pela novidade inicial de seu histórico morando em um trailer, todo um novo tipo de criação no gueto com que um americano viciado em *The Jerry Springer Show* poderia se identificar na hora. Em um projeto com uma alçada cultural e estilística tão ampla quanto *The Blueprint*, Jay sentia que Eminem cabia perfeitamente. Uma colaboração entre os dois seria um murro duplo potente da aristocracia do hip-hop e um *zeitgeist* da próxima geração que trabalhava bem para os dois. Eminem ganharia respeito de uma cena que até então o via como um rapper branco simbólico, um artista pop e marionete de Dr. Dre. Jay-Z, e o hip-hop como um todo, daria um passo enorme na direção de uma aceitação cultural mais ampla, pegando um pouco do potencial de mistura comercial de Marshall Mathers. Todos sairiam ganhando.

Eles fizeram o convite, ele seria o único grande convidado de todo o projeto. "Jay me ligou e perguntou se eu poderia fazer algo para nós para seu álbum", Eminem disse. "Foi uma honra (...) 'Renegade' parecia certa para ele [Jay] participar. É uma batida esparsa, aberta, feita para jogar para fora, e eu sabia que ele seria ótimo nele."[184]

O time de Jay-Z tinha uma batida preparada para Eminem, mas Marshall tinha suas próprias ideias, uma faixa que tinha construído retrabalhando "Renegades" da dupla de Michigan Bad Meets Evil, que tinha aparecido em uma música com o nome deles em *The Slim Shady LP* do Eminem em 1999. Eminem gravou o gancho e suas estrofes e enviou para Jay, a última faixa a ser completada no álbum. Jay ficou pasmo com o bramido de desafio de Eminem diante da ofensa pública e o debate que levantou, essa defesa enérgica contra os políticos e os "caridosos de merda" fazendo dele um bode expiatório, chamando-o de semeador de discórdia e arremessador de sujeira. Em vez do rap em si, ele afastou a paixão e o tema, não podia esperar para colocar as estrofes que já tinha escrito, fascinado pela ideia de sua faixa para lidar com as percepções das pessoas sobre ele e explorar sua própria noção de ser um renegado, uma figura do underground disposta a expôr uma sociedade alternativa que o mundo quer ignorar. Seus alvos foram os críticos que o descreviam erroneamente como "tolo" e diminuíam a dor

---

183. Seu segundo álbum *The Marshall Mathers LP* tinha vendido 1,76 milhões de cópias em sua primeira semana em maio de 2000 e ganhou o Grammy de 2001 para Melhor Álbum de Rap.
184. *XXL*, Rob Markman, outubro de 2009.

e a verdade em suas palavras, aquelas às quais ele sabia que as pessoas nos conjuntos habitacionais se ligavam como uma corda de segurança ou de orientação por seu caminho perigoso, classificando-as com estrelas: "how you rate music that thugs with nothing relate to it?" ["como você classifica música com que os pivetes sem nada se identificam?"]. Ele usou a faixa para defender suas conquistas em alertar a cultura pop sobre as gerações de tragédias humanas se contorcendo embaixo de seu nariz, sob a fila do pão para os mendigos, além dos códigos postais aceitáveis. A voz do mundo enterrado, varrido do mapa.

"A coisa toda de Jay ser um renegado era (...) dizer 'mesmo eu estando no rap e você vendo o rap assim, nós somos pessoas inteligentes e pensantes'", disse Young Guru. "A expressão de Jay é: 'Vou ser um renegado para a perspectiva negra entranhada na cidade. Você nos coloca nessa posição de não nos respeitar e nós deveríamos ser esquecidos, os filhos de escravos (...) Somos renegados porque não acreditamos nisso. Então vamos fazer o que quisermos, vamos nos vestir como quisermos e começar nossas próprias empresas'."[185]

A faixa era uma composição triste cheia de cordas acossadoras e órgãos pulsantes, uma eletrônica monacal animada pelas rimas impossivelmente esticadas de Eminem e o berro histérico de "renegade!" no refrão. Ela contribuiu para um final estrondoso e honrado para um álbum praticamente impecável, aquele com o som, a coesão e a melodia mais consistentes da carreira de Jay-Z, depois do qual ele poderia só deixar rolar os créditos, que seriam, na verdade, de uma vida inteira até agora. "Momma Loves Me" era um catálogo de agradecimentos a todas as pessoas e vizinhos que o apoiaram e acreditaram nele. A primeira estrofe foi dedicada à sua família e amigos íntimos, cheia de detalhes da infância como ser alimentado e vestido por seu irmão e irmãs e até uma admissão de como ele sentia saudades de seu pai. A segunda foi para seus parceiros no tráfico e primeiros mentores do rap, produtores e parceiros da Roc-A-Fella. A terceira foi para as equipes de Bleek e Beanie e aos sobrinhos e sobrinha que ele amava como seus filhos. Com frases de "Free At Last" de Al Green se repetindo suavemente no fundo, "Momma Loves Me" foi um encerramento pessoal e reflexivo para o álbum tanto quanto "You Must Love Me" e "Regrets" e lida como um discurso de recebimento do Grammy que *The Blueprint* merecia, mas nunca ganhou.

Duas faixas à espreita se escondiam depois de um curto silêncio no fim de *The Blueprint*. "Breath Easy (Lyrical Exercise)" era exatamente

---
185. Ibid.

isso, um teste para ver até onde alguém poderia esticar a metáfora do rap como esporte. Com uma respiração ofegante como uma seção rítmica e as frases de piano sonoras de Just Blaze tiradas de uma faixa de Stanley Clarke[186] formando uma transpiração de tensão, Jay abria com golpes certeiros seguidos como Ali irritando um oponente: "I'm the all-time heavyweight champion of flow-ers/I'm leading the league in at least six statistical categories right now/Best flow, most consistent, realest stories, most charisma..." ["Sou o campeão de todos os tempos dos pesos pesados do flow/Estou liderando a liga em pelo menos seis categorias estatísticas até agora/Melhor flow, mais consistente, histórias mais reais, maior carisma..."]. Então soa o gongo e ele lançava por vários rounds comparações no esporte e no exercício para o rap ou o tráfico, as entrevistas eram uma pré-temporada, as drogas eram pesos, ensinava-se a cocaína a "alongar" e ele fazia agachamentos ao se esquivar de rivais. Foi uma lição de mestre em trocadilhos e jogos de palavras de um homem cujo talento era "cantar rap sob o uso de esteroides".

A faixa oculta final era "Girls, Girls, Girls (Part 2)", um novo trabalho de Kanye sobre a primeira faixa, dessa vez sobre samples do brilhinho pop efervescente "Trying Girls Out" e com vocais não creditados de Michael Jackson. Como uma piscadela final descarada, Jay-Z folheou mais ainda seu livrinho negro para nos bombardear com expressões de duplo sentido sobre uma estudante a quem ele "ensinava em casa" enquanto "se movimentava por seu corpo estudantil" e uma desconfiada aspirante a atriz cansada de sua agenda ocupada, antes de detalhar finalmente como seria uma mulher perfeita para ele. Qualquer peso, altura ou tom de pele servia, desde que ela tivesse um traseiro considerável, fosse divertida, mas fiel, que se vestisse de modo extravagante, cozinhasse bem e se sentisse tão confortável cozinhando cocaína para fazer crack quanto se estivesse negociando descontos em poltronas da primeira classe com a linha aérea. Uma dama e tanto. Entretanto, um ano depois Jay-Z engoliria as palavras na abertura da música: "Não sou cara de uma garota só...".

★★★

Eles viram mesmo a histeria aumentar. Lá mesmo, em seu estúdio, na frente de suas caras. Amigos e colegas apareciam para ouvir o álbum finalizado, saíam emudecidos e então apareciam de novo um ou dois dias depois com cinco amigos, insistindo para eles ouvirem também.

---

186. "Got To Find My Own Place".

Em certo momento eles mal conseguiam se mover lá dentro por causa dos frequentadores empolgados gritando.

"As sessões de audição do álbum estavam ficando cada vez maiores entre nós", Jay lembra. "As pessoas voltavam com seus amigos e tal, dizendo: 'Yo, você tem de ouvir essa porra'. Havia tanta energia no estúdio que eu ficava: 'Ah, isso é especial. Isso vai ficar sério'."[187]

Quando os CDs promocionais chegaram às mesas da imprensa, o fogo virou um incêndio. A combinação fácil de apelo comercial e um toque urbano atingiram um nervo crítico. As críticas foram quase universalmente efusivas, juntando uma resenha favorável com cinco microfones na *The Source*, um XXL perfeito da *XXL* e a avaliação máxima com cinco discos e a escolha como Álbum do Ano na *Vibe*, a aclamação da crítica a *The Blueprint* acabaria levando-o a boas colocações nas listas de Álbuns da Década na *Rolling Stone*, na *Billboard*, na *Paste*, *Rhapsody* e *Entertainment Weekly*. Kanye e Blaze foram aclamados como gênios da produção. Ao longo dos anos, as retrospectivas o apontariam como o melhor trabalho de Jay-Z desde *Reasonable Doubt* e uma referência no hip-hop moderno, criando uma geração de imitadores dos samples centrados no soul. Apesar do choque da América com os ataques de 11 de setembro, as 427 mil cópias vendidas na primeira semana o lançou direto ao número 1, seu quarto em muitos anos. Até o fim do mês, tinha alcançado 1 milhão de cópias.[188]

Se há uma coisa que a imprensa adora mais do que um álbum clássico para bajular, é uma briga entre celebridades bem pública. Os fofoqueiros de plantão pularam sobre "Takeover" e a crescente rixa entre Jay-Z e Nas e, quando Jay partiu em uma curta turnê em locais pequenos para promover o álbum[189] e o lançamento de "Girls, Girls, Girls"[190] junto com um vídeo convenientemente cheio de gostosas com pontas de Tamala Jones, Carmen Electra, Paula Jai Parker e Amil como algumas das garotas cujos defeitos Jay disseca exaustivamente, a imprensa atiçou a briga até o ponto de ebulição. E os dois rappers morderam a isca.

Nas respondeu. No dia 18 de dezembro ele lançou seu quinto álbum, *Stillmatic*, no qual, indo contra sua atitude indiferente à briga de antes, ele atacou Jay-Z com gosto. Sua segunda música, a mesma posição de "Takeover" em *The Blueprint*, chamava-se "Ether" e tinha uma lufada pungente de retaliação. Abrindo com um sample da voz de Tupac

---

187. *XXL*, Rob Markman, outubro de 2009.
188. Atualmente o álbum é disco duplo de platina, com mais de 2 milhões de cópias vendidas apenas nos Estados Unidos desde 2001.
189. As primeiras duas datas foram adiadas por causa do 11 de Setembro.
190. Esse sucesso chegou ao número 17 da parada Hot 100 da *Billboard*.

cortada e aparafusada de sua faixa "Fuck Friendz" de modo que ele dizia "fuck Jay-Z", os ataques soavam como tiros disparados. "I keep my eyes on Judas with 'Hawaiian Sophie' fame" ["Fico de olho no Judas famoso por 'Hawaiian Sophie"]; "this Gay-Z e Cock-A-Fella Records wanted beef" ["esse Gay-Z e a Cock-A-Fella Records queriam briga"]; "you got nerve to say that you better than Big/Dick sucking lips, why not you let the late great veteran live?" ["Você tem a audácia de dizer que é melhor do que Big/Lábios chupadores de pau, porque não deixam o grande veterano falecido viver?"] Nas dizia ter se sentido magoado e traído por esse rapper que ele se orgulhava de ter visto conseguir fama e sucesso: "what's sad is I love you 'cause you're my brother" ["o triste é que eu te amo porque você é meu irmão"], mas ainda vai mais fundo nas feridas que acabou de abrir. "You traded your soul for riches" ["Você vendeu sua alma por riqueza"], ele acusava, "you seem to be only concerned with dissing women/Were you abused as a child, scared to smile, they called you ugly? ["você parece se preocupar apenas em atacar mulheres/Você foi abusado quando criança, com medo de sorrir, elas o chamavam de feio?"] Lembrando de quando ele acolheu o jovem Jay quando, "getting chased through your building, calling my crib" ["perseguido em seu prédio, ele ligou para minha casa"], ele afirma que o Jay que ele conheceu não era o traficante de alto nível como ele gosta de se retratar: "no TECs, no cash, no cars, no jail bars Jigga, no pies, no case... you a fan, a phony, a fake, a pussy" ["sem TECs, sem dinheiro, sem carros, sem grades Jigga, sem drogas, sem caso... você é um fã, um impostor, um falso, um veado". Fazendo outras alusões à homossexualidade na equipe da Roc-A-Fella ("I rock hoes, you rock fellas... you a dick-riding faggot" ["Eu curto vadias, você curte camaradas... você é um bichinha montado no pau") e zombando "Eminem murdered you on your shit" ["Eminem acabou contigo na sua porra"], ele alegava haver um caso entre Jay-Z e Foxy Brown, que ele era o bode expiatório no esfaqueamento de Lance Rivera e, por fim, que ele sempre roubava Biggie: "how much of Biggie's rhymes is gonna come out of your fat lips?" ["quantas rimas de Biggie vão sair de seus lábios gordos?"].

"Ether" foi uma rajada de balas cáustica de bile a cada pedacinho, tão preparada e aguçada quanto "Takeover", e para Prodigy foi sua deixa para se afastar. "Então ela se tornou a coisa Nas/Jay-Z", ele contou à *XXL*. "Quando ele soltou 'Ether', eu pensei em recuar de qualquer forma. Eu nunca poderia ter feito uma música como aquela, uau!"[191]

---

191. Prodigy: An Infamous Walk Down Memory Lane, *PlanetIll.com*, Ipoppedoff, 26 de janeiro de 2010.

Saindo das cordas, Jay-Z contragolpeou na hora, bem abaixo da cintura. Em questão de dias depois do lançamento de "Ether" em *Sttillmatic* ele fez a pública "Supa Ugly", um improviso sobre "Got Ur Self A..." de Nas declarando: "tirei as luvas", e se esquivou bem. Dizendo não ter sido atingido pelos ataques de Nas, ele criticou seu oponente por adotar uma identidade no submundo: "This nigga never sold aspirin/ How you Escobar?" ["Esse mano nunca nem vendeu aspirina/Como você poderia ser Escobar?"], e então remexeu aos montes na lama que tinha ameaçado em "Takeover". Depois de um sample cortado de "Bad Intentions" de Dr. Dre do verso "all I know is that your ho wants to be with me" ["tudo que sei é que sua vadia quer ficar comigo"], a terceira estrofe insinuava que Jay teria dormido com Carmen Bryan, mãe da filha de Nas, Destiny, assim como fez alguém chamado AI, em uma referência ao jogador de basquete Allen Iverson com quem Bryan admite explicitamente também ter dormido em sua autobiografia *It's No Secret*. Jay afirma que seus encontros com Carmen aconteceram até no Bentley de Nas e respondeu às insinuações do rival sobre ser gay com um detalhe horrível: "You was kissing my dick when you was kissing that bitch" ["Você estava beijando meu pau quando beijava aquela vadia"].

Quando Gloria Carter ouviu a faixa no rádio ficou enojada e chamou seu filho para insistir que ele se desculpasse com Nas e sua família por seu desprezo cruel. No fim, na *Rolling Stone*, ele se desculpou com a advertência de que ele tinha mencionado seu relacionamento com Carmen como uma reprovação justa por Nas ter dito que ele era gay. Mas a rivalidade continuou. Em uma entrevista de rádio na Power 105, Nas espancou os rappers que ele considerava marionetes da indústria fonográfica, referindo-se a Nelly, Cam'ron,[192] N.O.R.E. e, é claro, Jay-Z.

Para a mídia, tudo isso era ouro puro, um conflito real entre titãs do hip-hop. A emissora de rádio Hot 97 iniciou uma pesquisa por telefone para determinar se os ouvintes preferiam "Ether" ou "Supa Ugly" ("Ether" venceu) e a MTV investigou DJs, magnatas e rappers para determinar quem vencia a batalha Nas x Jay-Z. Funkmáster Flex e DJ Kay Slay ficaram do lado de Nas por "usar a coroa da batalha das ruas" e ter "a última gravação mais quente em seu castigo merecido (...) até Jay-Z fazer uma melhor do que 'Ether' vai continuar assim".[193]

---

192. Isso complicou ainda mais a questão quando se desenvolveu uma briga paralela entre Nas e Cam'ron, com Cam'ron insultando a mãe de Nas e este fazendo referêncais aos rumores de que o outro teria AIDS em sua faixa de 2002 "Zone Out".
193. Nas Vs Jay-Z, Grade-A Beef, *MTV.com*, 2001.

Damon Dash se ofendeu pela briga ser tocada nas rádios. "Não considero uma perda", ele disse. "Foi um improviso contra uma música. Acho que se nós vamos duelar deveríamos manter isso na rua. Não a coloque no rádio. Ele a comercializa. Então você tem pessoas demais julgando (...) 'Super Ugly' foi só um improviso feito para mix-tapes, mas ela foi colocada em um local tão maior, ela foi considerada uma música." Entretanto, ele deu a entender que viriam mais golpes de Jay-Z. "Quem conhece Jay-Z, sabe o que ele vai fazer. Ele nunca deixará nenhuma questão sem resposta."[194]

Na ocasião Jay-Z ficou de bico fechado, concentrando-se nas apresentações promocionais do *The Blueprint* e se jogando nas gravações de sua sequência, que começaram em dezembro, dois meses depois do impacto poderoso de *The Blueprint*. Mas sua postura em relação à briga estava clara nos comentários que ele fez para a MTV antes naquele ano. "Nas vai definitivamente tirar o melhor de mim. Ele vai me colocar em minha melhor forma. Espero que eu faça o mesmo por ele. É como jogar basquete com um cara. É só disputa verbal, ninguém está brigando, são só músicas."[195]

Socos foram desferidos, os perfis progrediram, a situação crítica da ameaça das ruas foi conservada na memória, as vendas subiram vertiginosamente. A briga de Nas contra Jay-Z foi um golpe de mestre nas relações públicas para os dois artistas e Jay, de propósito ou não, teve um bônus a mais. Foi um truque de magia publicitária para distrair os olhares da mídia quando, em outubro, ele apareceu diante da corte e contou ao juiz "eu esfaqueei Lance Rivera", declarando-se culpado de uma acusação de contravenção por agressão, negociada em troca de uma sentença de três anos de liberdade condicional. Embora ele tivesse ainda de chegar a um acordo em um processo civil com Rivera pela agressão por algo entre 500 mil e 1 milhão de dólares, ele estava feliz em deixar o caso para trás e disposto a evitar a histeria da imprensa e a demagogia do promotor que se encarregou do julgamento de Puff Daddy no ano anterior. Ao atacar Nas verbalmente, por ironia Jay evitou se tornar o último bode expiatório famoso da mídia e do governo em uma agressão na vida real.

Por volta da mesma época, Damon Dash ficou silenciosamente um pouco deslocado do quadro da Roc-A-Fella. Embora ele ainda fosse visto badalando todo brejeiro junto de Jay-Z em todo vídeo, ele estava arrasado com problemas pessoais, remoendo emocionalmente a morte

---
194. Ibid.
195. Ibid.

de sua namorada, a cantora Aaliyah, em um acidente de avião no caminho de volta da filmagem de um vídeo nas Bahamas em agosto, um golpe trágico na tradição do clipe promocional tropical. Não se sabe se esse desastre deixou Dash distraído com seus negócios por um tempo, mas entre 2000 e 2001 ele foi afastado aos poucos do cargo de sócio majoritário e conselheiro de Jay-Z a favor de um especialista em marketing chamado Steve Stoute. A abordagem multimídia de Stoute aos negócios de Jay ficou clara desde o início, foi ele quem convenceu o rapper a fazer uma referência à Motorola em "I Just Wanna Love U (Give It To Me)" de *The Dynasty*. E sua visão para expandir o fluxo de renda de Jay em todas as direções seria posta em ação instantaneamente.

Para a Jay-Z Incorporated, era hora de começar a venda séria.

★ ★ ★

O álbum ao vivo acústico. O *Greatest Hits*. O segundo longa-metragem. O álbum de colaboração de grande visibilidade. E tudo isso enquanto continuava com as sessões de composição e gravação regulares para completar o próximo álbum. A maioria dos artistas, vendo-se com um sucesso comercial e de crítica grandioso da estatura de *The Blueprint* em mãos demoraria anos para formular com cautela uma sequência, tomando o cuidado de não desapontar as expectativas elevadas de seus fãs e críticos e não apagar o fogo crescente em seu auge.

Mas não Jay-Z. Na virada de 2001 para 2002 havia um tsunami de produtos de Jay-Z enchendo as prateleiras. Em 18 de dezembro de 2001, mesmo dia do lançamento de *Stillmatic* do Nas e da explosão da rixa, a Roc-A-Fella colocou no mercado *Jay-Z: Unplugged*, uma gravação ao vivo do programa *MTV Unplugged 2.0* em 18 de novembro, quando Jay tocou versões acústicas de seis faixas de *The Blueprint* intercaladas com uma seleção de sucessos antigos que combinassem com a instrumentação mais tranquila de sua banda de acompanhamento para a ocasião, The Roots.[196] "Bem-vindos ao meu sarau", Jay-Z brincou enquanto conduzia The Roots por um repertório carregado de cordas, funkeado e íntimo de levadas líquidas e recriações orgânicas de seus samples de soul,[197] seus sucessos vestidos de veludo.

---

196. "Big Pimpin", "Ain't No Nigga", "Can't Knock The Hustle", "Jigga What, Jigga Who", "Can I Get A...", "Hard Knock Life (Ghetto Anthem)" e "I Just Wanna Love U (Give It To Me)". O álbum chegou ao número 20 e vendeu 600 mil cópias.
197. Até um backing vocal cantando todos os samples vocais, incluindo o refrão de *Annie* de "Hard Knock Life..." .

Em 18 de janeiro, dois dias depois do lançamento do single "Jigga That Nigga",[198] Dash realizou a estreia do segundo filme da Roc-A-Fella Films, *State Property*, um drama sobre o comércio de drogas dirigido por Abdul Malik Abbott e produzido por Dash e Phyllis Cedar. Mais uma vez, sua rede para selecionar o elenco não foi jogada muito longe dos escritórios da Roc-A-Fella, já que o filme, baseado na história da gangue da Filaldélfia JBM nos anos 1980 e 1990, era estrelado por Beanie Sigel como um líder de uma equipe de drogas (chamada com criatividade de Beans) pronta para tomar a cidade e conquistar o maior sindicato do crime, cujos chefes foram interpretados por Jay-Z e Dash (nos papéis de Untouchable J e Dame, respectivamente) em pontas. Embora ele inevitavelmente tivesse um tom caseiro, faturou 10 milhões de dólares de bilheteria no mundo todo e possibilitou uma sequência em 2005.

No dia 11 de março houve o lançamento da compilação dos primeiros singles de Jay-Z *Chapter One: Greatest Hits*, em uma retrospectiva em 18 faixas reunindo seus maiores singles só dos três primeiros álbuns, as faixas mais recentes foram guardadas, talvez, para um planejado *Chapter Two...* Incluindo remixes dignos de nota de faixas como "I Know What Girls Like", "Wishing On A Star", "Can't Knock The Hustle" e "Ain't No Nigga", dava aos fãs um resumo carregado de ganchos (se tiverem pouca vantagem e emoção) do início de sua carreira e deu novas migalhas da realeza para parceiros de produção descartados, como Ski e Big Jaz.

E apenas duas semanas depois, um álbum completante novo. Anunciado em uma coletiva de imprensa no luxuoso hotel Waldorf-Astoria em janeiro e badalado como um encontro definidor de geração de talentos meteóricos, *The Best Of Both Worlds* foi a primeira parceria de um álbum inteiro com R. Kelly, gravado basicamente a distância durante sessões separadas em Nova York e Chicago entre outubro de 2001 e janeiro de 2002, com Poke & Tone pilotando o computador, Kelly dominando o trinado no refrão e Jay dominando as rimas das estrofes. O título condensava o conceito com a simplicidade dessas séries de compilações pop bregas, isto é, apresentar uma combinação imaculada de hip-hop e R&B dos maiores músicos de cada gênero na esperança de acabar com a divisão cultural e de gênero no mercado, fisgar mais garotas para o rap e atrair mais garotos para o R&B. Foi um experimento na fusão de bruto e macio, bandido e amante, diamante e gelo.

Em termos de música urbana, isso foi uma grande notícia, com certeza seria o mais vendido do ano, coisa de Álbum do Século. Entre

---

198. Um música de menor sucesso no número 66.

eles, 30 milhões de álbuns foram vendidos, dez discos de platina recebidos, vários números 1. As expectativas eram altíssimas para um álbum no qual os dois empurram um ao outro para alturas criativas vertiginosas. "Quando você junta duas pessoas como essas, envia um sinal", disse Jay-Z na coletiva. "É maior que a música. É como uma reunião de Martin e Malcolm."

Infelizmente, essa coletiva de imprensa cheia de estrelas, com Puffy e Russell Simmons aparecendo para dar apoio, foi tão agitada quanto o projeto seria. Não só porque a demanda pelo disco era tão grande que houve uma pirataria desenfreada semanas antes do lançamento, forçando um adiantamento da data em uma semana.

Em 3 de fevereiro, uma gravação em vídeo de fonte anônima chegou a uma mesa do *Chicago Sun-Times*. Era a filmagem de um homem transando e urinando no que a embalagem afirmava ser uma garota de 14 anos. O homem na gravação seria R. Kelly.

O escândalo se espalhou, o vídeo foi um viral nas redes de compartilhamento de arquivos ilegais que a internet primitiva de 2002 permitia. Kelly negou veementemente que fosse ele na fita, mas era tarde demais, a parceria dourada de Kelly e Jay-Z agora ficou manchada. A Def Jam cancelou todos os vídeos e a promoção do álbum e Jay-Z se recusou a dar entrevistas, fazer fotos ou promover o álbum com Kelly, e adiou os planos de anunciar uma turnê até a questão ser esclarecida. Sua precaução foi astuta: em junho, ainda declarando sua inocência, Kelly foi indiciado em 21 acusações de pornografia infantil, com testemunhas se apresentando para atestar que a garota no vídeo era mesmo uma menor.[199] Todos os planos para a turnê *Best of Both Worlds* de 2002 foram cancelados. O disco foi um fiasco.

Quando ele enfim chegou às lojas, um tanto vergonhosamente, *The Best of Both Worlds* provou ser tão pouco convincente quanto sua tentativa. O disco rebaixou Jay-Z, não por envolvê-lo no escândalo de R. Kelly, mas por diminuir sua reputação crescente como um artista inovador pela associação com a imitação comercial insípida e formulaica de Michael Jackson. Suas farpas líricas e temas corajosos foram necessariamente refreados e ele pareceu confinado e em desacordo com os vocais supersuaves de Kelly. Soava menos como um encontro de gêneros, mais como um compromisso entre eles.

---

199. O caso de Kelly demorou seis anos para ir a julgamento. Nesse meio-tempo, as acusações foram reduzidas a 14. Kelly foi absolvido de todas elas depois de um julgamento de três semanas em 2008.

Ele começou de forma impressionante. Na faixa título Jay promovia o álbum como uma reunião estremecedora de talentos titânicos, lamentava a morte de Aaliyah e alfinetava ainda mais Nas ("I eat 'Ether' and breathe acid, weak bastards" ["eu como 'Ether' e respiro ácido, malditos"], uma abertura ousada e agressiva apropriada. "The Streets" foi uma chance rara e agradável de ouvir Jay-Z indignando-se com uma história clássica de um adolescente abandonado perdido para as armas e o crime de ganghes em um R&B puro. O prosaico soul sensual de "Take You Home With Me A.K.A. Body" tinha algumas das descrições mais poéticas de Jay do sexo violento do gueto até hoje: "this ain't R&B smooth, I ain't a R&B dude" ["isso não é um R&B suave, não sou um cara do R&B"], ele cantava sobre um fundo bem R&B, e "It Ain't Personal" delineava uma forte amizade acabando por causa de dinheiro com uma sugestão de graça e tristeza. Mas mesmo com todas as melhores tentativas da Trackmásters de imbuir um pouco da batida hip-hop e do enigma árabe, o disco logo caiu em R&B em números e de relatos sexuais triviais em faixas como "Pussy", "Naked" e "Somebody's Girl": sexo depois da briga, sexo com as namoradas dos outros caras, sexo com garotas com genitais hipnóticos. Até mesmo, em uma consideração desastrosa, sexo com meninas menores de idade, embora isso estivesse em uma estrofe de "Pussy" cantada por Devin The Dude no qual ele alega ter dormido com uma menina de 11 anos quando ele tinha 7. Só a música com um colorido dos anos 1970 "Honey", com Jay lançando suas melhores rimas bramidas no disco, mostrou alguma criatividade em termos de relacionamentos, Jay e Kelly divididos entre o amor por uma garota e seu casamento anterior com o tráfico nas esquinas.

Embora Jay-Z contribuísse com uma certa força urbana ao projeto e exibisse seu flow sempre elástico em cada oportunidade, pouco do charme ardiloso de *The Blueprint* estava lá. Jay parecia muito mais um convidado distante e deslocado na área de R. Kelly e as tentativas de Kelly de imitar sua retórica do gueto e linguagem agressiva em seu sussuro de cristal R&B e de estimular uma rixa com Sisqo, como se o R&B pudesse ser tão malévolo quanto o rap, soavam ridiculamente forçadas e incongruentes.

Apesar das críticas negativas, da pirataria, de um blecaute promocional e um escândalo miserável no tabloide nas asas, o álbum chegou ao número 2, com 285 mil cópias vendidas na primeira semana, mas logo caiu nas paradas e da memória de quase todos os fãs mais ávidos. Três semanas depois, como para lembrar ao mundo como seus raps podem ser sublimes e potentes e para apagar *The Best of Both Worlds* da mente corrompida do público, Jay-Z lançou "Song Cry" e ganhou outra indicação ao Grammy.

O vídeo de "Song Cry" retratava esse bandido sensível parando em sua antiga casa em junho de 2002, lembrando de ter se mudado para lá com uma mulher dez anos antes e vendo esse relacionamento de uma década se desintegrar. Embora os espectadores possam ter ligado a imagem à separação de Jay e Rosario Dawson em 2002, mal sabiam eles que ele estava naquele momento no início de um novo relacionamento que se tornaria um dos mais secretos, poderosos, sólidos e admirados da história musical.

E, apesar de ser um vínculo tão particular, foi um namoro ensaiado em frente às câmeras.

Capítulo 10

Crazy In Love

Um Aston Martin como carro de fuga. O esconderijo na mansão abandonada. Os pacotes de dinheiro guardados em uma maleta Louis Vuitton. A pompa de uma parceria criminosa de primeira categoria em fuga. Com comboios de carros utilitários pretos do FBI em sua cola, é difícil passar despercebido quando você vira cabeças onde quer que vá, correndo até a fronteira mexicana enquanto mantém seus padrões exigentes de grifes de luxo sofisticadas.

Mas isso não é problema para esse Bonnie e Clyde dos tempos modernos. Eles ficaram facilmente um passo à frente dos federais com coletes à prova de balas com alguns truques simples. Escondendo-se em motéis cafonas, depois de pôr uma lona sobre o Lexus, sandália cravejada de pedras em escadas empoeiradas, contando dinheiro em um quarto barato, mas sempre saindo pela saída de emergência antes de os tiras derrubarem a porta. Namorando em cabines de telefone ao lado de murais enormes de homenagem a Tupac enquanto os agentes verificam denúncias, sem perceber que seria o lugar natural para um fugitivo do hip-hop se esconder. Depois de trocar seu carro esportivo por uma caminhonete em um posto de gasolina e mandar os pobres coitados para a autoestrada nos braços ansiosos do bloqueio do FBI.

Eles formaram um casal escandaloso. A estrela do pop glamourosa e certinha arrastada para o mundo bandido do hip-hop de criminalidade casual. Mas a visão da vida de filme romântico na correria era apenas parte da história. Isso vinha no refrão. Na hora em que Jay-Z colocou seu braço no ombro de Beyoncé e murmurou: "All I need in this life of sin is me and my girlfriend" ["Tudo que preciso nessa vida pecaminosa é de mim com minha namorada"]. E Beyoncé respondia cantando, olhando em seu olho: "Down to ride 'til the very end, it's me and my boyfriend" ["juntos até o fim, eu e meu namorado"].

Pandemônio.

Claro, havia um monte de licença artística a ser interpretada em "03 Bonnie & Clyde" e seu vídeo com dois amantes levando a melhor sobre o pequeno exército de policiais em sua cola. Jay-Z fez muitas referências a casais criminosos em seus raps, um fascínio que aparece na referência feita a Mickey e Mallory de *Assassinos por Natureza* e até na representação de um assalto a banco na rima com Foxy Brown como sua parceira em "Bonnie And Clyde (Part 2)" no álbum de 1999 de Foxy, *Chyna Doll*.[200] Essa nova versão com toques de flamenco teria sido inspirada pelo filme de 1967 *Bonnie And Clyde*, então essa poderia facilmente significar Jay-Z realizando sua fantasia cinematográfica de amantes em fuga. Mas a música não era sobre parceiros no crime no sentido tradicional. Era sobre como dois grandes astros ficariam insuportáveis caso se tornassem parceiros no amor e na música e como suas personalidades se complementariam perfeitamente. Jay-Z sugeriu abertamente que eles seriam o casal poderoso mais novo da música com uma vida doméstica íntima: "the new Bobby and Whitney, only time she doesn't speak is during *Sex And The City*, she gets Carrie fever" ["o novo Bobby e Whitney, a única hora em que ela não fala é durante *Sex and the City*, ela pegou a febre de Carrie"]. Até os samples pareciam espalhafatosos: a batida de "Me And My Girlfriend" de Tupac, os versos líricos tirados de "If I Was Your Girlfriend" de Prince.[201] Nenhum dos dois admitia um affair publicamente, mas a música e o vídeo pareciam uma declaração tão alta e orgulhosa de seu amor quanto a exibição de qualquer aliança de amor eterno de milhões de dólares.

Já havia rumores há alguns anos em colunas de fofocas sobre um possível envolvimento entre Beyoncé e Jay-Z. Eles se apresentaram juntos no Summer Jam em 2001 e o Destiny's Child fez uma ponta surpresa no vídeo de "Izzy (H.O.V.A.)" sugerindo uma ligação entre gêneros incomum que causava estranheza. Com certeza o casal se conheceu no circuito de celebridades urbanas, mas até o início de 2002 Beyoncé dizia em entrevistas que tinha encontros, mas havia conhecido o homem certo e foi ligada de modo romântico pela imprensa a Eminem e a Pharrell Williams. Por ser uma garota criada na igreja metodista da classe média em Houston e ganhando fama em shows de talento, ela parecia uma estrela improvável para se meter com rappers com reputações de brutamontes, mas um psicólogo apontaria os sinais clássicos: o

---

200. Da qual muitos críticos afirmavam que "03 Bonnie & Clyde" seria um remake.
201. A melodia também incluía uma intercalação de "Pastime Paradise" de Stevie Wonder e letras de "How Much" de Mariah Carey.

pai e chefe rígido que treinava o Destiny's Child em ensaios rigososos e exigentes e sua juventude tímida e impopular namorando meninos religiosos bonzinhos. Ao se rebelar e procurar por familiaridade e segurança, um poeta promíscuo em liberdade condicional como Jay-Z marcou vários pontos. De sua parte, como um homem que Jaz-O acreditava não se sentir atraente e que dependia de sua fortuna para atrair mulheres, Jay-Z deve ter ficado nas nuvens ao conhecer, como previu "Money Ain't A Thang", a gata do R&B que daria conta do recado.

Não se tem certeza se o relacionamento foi pré-programado da parte de Jay: se houve sinais prévios, flertes ou encontros, se chamar Beyoncé como convidada em seu próximo disco no início de 2002 foi o prelúdio de uma proposta de namoro, se esta já tinha sido feita ou se, como ele insistiu na época, ele só queria a melhor cantora do país em seu álbum. Mas é certo que, desde o primeiro dia, ele só queria o melhor para ela. "Ele me disse uma semana antes que precisava de uma música para ele e Beyoncé", Kanye West contou à MTV na ocasião. "Lembro de ele ter me ligado e dito: 'Nós temos essa música, precisa ser a melhor batida que você já fez. Imaginasse só se você consegue meu primeiro single Hov e Beyoncé, como você ficaria importante'."[202]

Talvez fosse um impulso de cupido travesso ou uma premonição o que levou Kanye a escolher "Me And My Girlfriend" de Tupac, mas ele achou a batida perfeita para eles. Seja o que for, ela saiu do álbum *The Don Killuminati: The Seven Day Theory* de Shakur como o veículo perfeito para a canção. Ele programou as batidas, colocou um cara chamado E Dog que ele e Blaze usavam na Baseline para tocar o baixo e as guitarras ao vivo e entregou tudo para Jay em uma semana. Talvez deixando transparecer como ele estava obcecado com o aspecto visual da parceira, Jay-Z criou o roteiro do vídeo antes mesmo de escrever a letra. "Eu a levei para Hov naquela noite", Kanye lembra, "ele ouviu, pensou no tratamento do vídeo antes de pensar no rap. Ele sabia que esta seria a música."[203]

"03 Bonnie & Clyde" acabou sendo um triunfo, uma mistura bem mais verossímil e coesa de rap e R&B do que *The Best of Both Worlds*. E a natureza sugestiva do refrão claramente passou para o mundo real. O par começou a sair junto por volta da época da gravação. A mídia logo ficou sabendo e em julho, três meses antes da data de comercialização do single, apareceram fotos na imprensa do casal se abraçando e Beyoncé admitiu na *Newsweek* que poderia rolar algo romântico. Nas

---

202. Jay-Z Camp Refutes Tupac-Biting Claims, MTV.com, 9 de outubro de 2002.
203. Ibid.

condições favoráveis de serem "bons amigos", ela revelou: "É difícil confiar nas pessoas, mas estou esperançosa". Se Beyoncé tomava o cuidado considerando as histórias de pegação como "Girls, Girls, Girls", Jay-Z também relutava em se entregar completamente. O peso do abandono de seu pai ainda estava sobre seus ombros.

Chegando às lojas em 10 de outubro, "03 Bonnie & Clyde" foi o estouro rap-pop que *The Best Of Both Worlds* pretendia ser. Chegou ao número 4 na parada da *Billboard* americana, o segundo Top 10 de Jay-Z e o primeiro sucesso solo de Beyoncé, e assolou os altos escalões das paradas em todo mundo, alcançando o número 1 na Suíça, o número 2 na Austrália e no Reino Unido e chegando ao Top 10 por toda a Europa e no Canadá. Uma presença conjunta apresentando a música no *Saturday Night Live* em 2 de novembro atiçou a gravação para além do ponto de ebulição. Chegou o novo casal magia da música.

Mas tão logo eles se estabeleceram alguém tentou derrubá-los. Depois de já ter se esquivado por pouco de algumas questões tensas de direitos autorais sobre a faixa quando a mãe de Shakur se negou a autorizar o uso dos samples até um dia antes do lançamento do single, formou-se mais uma tempestade quando a cantora de R&B Toni Braxton lançou uma declaração afirmando que Jay-Z só teve a ideia de samplear "Me And My Girlfriend" de Tupac depois de ouvir, com Kevin Liles da Def Jam, uma versão pré-lançamento de uma faixa do álbum de 2002 de Braxton, *More Than A Woman*, chamada "Me & My Boyfriend", gravada no verão de 2002 e também com um sample da faixa de Shakur. "Jay-Z e Beyoncé estão se metendo com meu dinheiro", Braxton bradou em uma entrevista por telefone com uma emissora de rádio de Nova York. "Eles tão tentando roubar minha inspiração."[204]

Todos os músicos no lado da Roc-A-Fella na disputa alegaram coincidência. "Não tinha ideia sobre a música de Toni Braxton", disse Kanye. "Ela não pode agir como se ninguém nunca tivesse ouvido 'Me and My Girlfriend' antes. As pessoas ouvem a música o tempo todo."[205]

"Foi tudo uma infeliz coincidência", Dash acrescentou. "Sei que ele não fez a mesma gravação que ela de propósito. Não acho que ele a tenha ouvido."[206]

O próprio Jay, afirmando que Liles nunca tocou a faixa para ele e que ela não teve "nenhuma" influência em sua gravação, filosofou sobre

---

204. Deja Feud: Jay-Z, Toni Braxton Tracks Sample Same Tupac Song, *MTV.com*, 8 de outubro de 2002.
205. Jay-Z Camp, *MTV.com*, 2002.
206. Ibid.

a nova rivalidade. "Eu não ia querer tirá-la dela", ele contou para a MTV. "Eu nem penso assim. Meu primeiro pensamento seria: 'Talvez eu pudesse ligar para ela, talvez eu conseguisse continuar essa gravação'. A explicação mais óbvia é que não é nenhuma de nossas gravações. Não é como se você tivesse uma ideia original. Ela não é do hip-hop, mas isso acontece muito. Nós sampleamos a mesma coisa e meu disco saiu primeiro. Sinto muito. O que mais posso fazer?"[207]

A hipótese de que ele estaria aceitando sugestões de cantores pop deve ter parecido bem ridícula para Jay-Z. Nesse ponto ele se sentia bem adiante na jogada, bem lá no topo, sem rivais, um pioneiro solitário na vanguarda do rap que começava a ficar desiludido com seus pares. "Hovi Baby", o single lançado em novembro de 2002 como uma introdução a seu oitavo álbum de estúdio,[208] expôs isso com franqueza. Em uma de suas letras mais arrogantes até então, ele se retratou como um gigante titânico do hip-hop, um rapper e um executivo com o mundo todo do rap subindo em seus ombros para ver mais alto ou tentando derrubá-lo em batalhas no melhor estilo Davi contra Golias. Sobre uma produção de Just Blaze no estilo novela dramática, com sintetizadores fervorosos em constantes crescendos, ele cantava: "I'm so far ahead of my time I'm about to start another life... ain't no living person can test him/Only two resting in heaven can be mentioned in the same breath as him". ["Estou tão à frente do meu tempo que estou prestes a começar outra vida... nenhum ser vivo pode testá-lo/Apenas dois descansando no céu podem ser mencionados na mesma expressão que ele"]. A música sugeria que ele um dia seria forçado a esmagar seus difamadores mesquinhos e revelar o próximo estágio em seu projeto para o hip-hop moderno. "How they propose to deal with my perfect present/ When I unwrap *The Gift & The Curse* in one session?" ["Como eles se propõem a lidar com meu presente perfeito/Quando eu desembrulho *The Gift & The Curse* em uma sessão?"]

Uma maldição, um presente, uma oferenda a ser temida. A grande obra estava sobre nós...

★★★

---

207. Backbiting, *Entertainment Weekly*, Gary Susman, 15 de outubro de 2002.
208. Sem um vídeo, pois era a trilha sonora de uma campanha publicitária da Reebok TV em mais uma evidência da nova abordagem ultracomercial de Jay-Z nos negócios. Talvez pela falta de um clipe promocional para passar nas emissoras, o disco não chegou ao Hot 100 da *Billboard*.

Depois dos aplausos, muitas vezes vem o comodismo. Um artista que vê um de seus álbuns ser declarado uma referência, um clássico seminal de seu gênero elogiado por sua perfeição concisa e lampejos fantásticos de talento e inspiração, muitas vezes se convencerá de que não pode cometer um erro na música, não produz nenhum tapa-buraco. Depois de receber carta branca para gravar e lançar o que quiser por suas gravadoras bajuladoras que se curvarão à opinião pública de que lidam com alguém talentoso, o artista se acomodará sob o pretexto de tratá-lo como um álbum duplo cheio de experimentações, conceitos de ligação e um vasto espectro de estilos como prova de que o artista em questão pode transpor limites. *The Beatles* do The Beatles. *Mellon Collie And The Infinite Sadness* do The Smashing Pumpkins. *Tusk* de Fleetwood Mac. *Tommy* do The Who.

E agora *The Blueprint²: The Gift & The Curse*.[209]

Gravado durante quase oito meses entre dezembro de 2001 e agosto de 2002, em um contraste total com as duas semanas que levaram para produzir seu antecessor, tinha 25 músicas por mais de 110 minutos,[210] cheio de convidados (de novo diferente de *The Blueprint*) e prometendo um salto atrevido de criatividade, uma grande ostentação de estilos e escopo. Dividido em dois CDs, *The Gift,* em seus 50 minutos, consistia em grande parte de faixas mais alegres e propícias às casas noturnas com uma inclinação para o lado pop e lounge do cânone de Jay-Z, enquanto *The Curse*, com uma hora de duração, mergulhou em suas profundezas mais sombrias e perigosas. Seu sucesso não só solidificou a posição de Jay-Z como um artista operando no auge de seu gênero, mas também trouxe a credibilidade ao hip-hop como uma forma tão merecedora e capaz de declarações formidáveis e grandes esforços artísticos como qualquer outra antes dele. Assim como *Fear of a Black Planet* de Public Enemy e *Wu-Tang Forever* do The Wu-Tang Clan, *The Blueprint²: The Gift & The Curse* era o hip-hop ocupando seu lugar na mesa principal da cultura musical.

Marcaria também para um homem vacilando incerto prestes a ter um amor verdadeiro, uma mudança pequena, mas perceptível em atitude e perspectiva. A promiscuidade diminuiu, foi tratada de outra forma ou desculpada, o romance aumentou, sua reputação como playboy/esbanjador/malandro foi contestada, suas profundezas pensativas foram mais exploradas. Sua imagem mudou muito pouco, do gangsta milionário avariado e perigoso com um centro suave para o malandro adorável com um lado afiado.

---

209. Lançado em 12 de novembro de 2002.
210. Selecionadas de um total de 40 escritas para o disco.

Apropriado para um projeto grandioso disposto a derrotar o rock em seu jogo envolto em pompa, ele abria com ruídos de guitarras em um estádio dignas dos góticos de arena mais assustadores e uma voz de além-túmulo. Essa era a magnífica "A Dream" de Kanye: orquestras nefastas, acordes quebrados, guitarras que poderiam ser tocadas por The Crow, Faith Evans com um trinado maravilhoso e Notorious B.I.G. em uma estrofe inteira sampleada indiscriminadamente de sua faixa "Juicy",[211] fazendo sua segunda participação como convidado em uma faixa de Jay-Z, pelo menos em espírito. Nesse "...Sonho" Jay era visitado pelo espírito de Biggie contando que o mataram por inveja de sua fama e sucesso e aconselhando Jay: "remind yourself nobody built like you, you designed yourself... just keep doing your thing" ["lembre-se de que ninguém se desenvolveu como você, você se criou... só continue fazendo suas coisas"]. Era Jay reivindicando a bênção dos deuses do hip-hop a introdução perfeita a seu álbum mais corajoso até então.

"Hovi Baby" foi o primeiro sinal de experimentação, com seu ataque incansável de acordes de sintetizador deslocados e vertiginosos soando como um tema de policial psicótico da era espacial. Então "The Watcher 2" invade com a ameaça e o silêncio de um arrombador. Dr. Dre produzindo um remake de sua "The Watcher" do *The Chronic* de 2001 com sua trompa constante, cordas tangidas, guitarra no melhor estilo James Bond e o próprio Dre sussurrando o título com uma sensação de clandestinidade e más intenções. Se alguém deveria ter medo disso seriam os inimigos de Jay-Z, pois sua estrofe meio sussurrada os coloca em seu lugar por desrespeitar um rapper bem mais experiente e bem-sucedido do que eles. "I was doing this shit when you was shitting Pampers, you got a few little bitches you think you're Hugh Hefner, you just ridiculous... I gave life to the game, it's only right I got the right to be king" ["Eu fazia essa porra enquanto você cagava em sua Pampers, só de conseguir umas vadiazinhas você já se acha um Hugh Hefner, é ridículo... eu dei vida para a jogada, está certo eu ter o direito de ser o rei"]. E, para provar sua posição, ele se aliou a Dr. Dre e Rakim[212] na faixa, todas as lendas dando seu melhor, mas tomando cuidado.

"03 Bonnie & Clyde" prenunciou o primeiro segmento sedutor do álbum, seu romance criminoso com toque de flamenco dando espaço a "Excuse Me Miss", uma produção do Neptunes[213] que envolvia cordas

---

211. Com pequena alteração: o verso "blow up like the World Trade" [explode como o World Trade], que foi uma referência ao bombardeio do World Trade Center em 1993 quando Biggie escreveu o verso, teve as duas últimas palavras apagadas na estreia do 11 de Setembro.
212. E o parceiro de Dre, Truth Hurts, que ralhava com insolência no gancho do refrão.
213. A partir de samples de "Take You Out" de Luther Vandross e "Big Poppa" de Biggie.

de soul com toque sensual em um redemoinho futurista fascinante, enquanto Pharrel Williams murmurava e sussurrava em falsete preparado para seduzir uma garota em um clube. Mas essa não era apenas outra conquista casual de Jay-Z como em todas aquelas rimas anteriores de pegação na festa, pois sua mentalidade sobre o relacionamento passou para a letra. Ele fala sobre "confiança", precisar de uma "patroa" e de uma "parceira", no refrão ele pede à garota para "ter meu filho". Acontece uma reviravolta em sua reputação de playboy, ele começa a evitar as groupies, com o compromisso perto. Algumas mensagens de texto e ele está pronto para sossegar: "either she the one or I'm caught in the *Matrix*" ["ou ela é a mulher de minha vida ou fui pego pela *Matrix*"]. No fim ele está dando para ela "chaves e códigos de segurança", dando para ela "de verdade, para uma coisa séria". Depois das insinuações de um relacionamento sério observadas em "03 Bonnie & Clyde", essa poderia muito bem ser uma mensagem que ele deixou ou deixaria com satisfação de ser galinha se pudesse confiar que a mulher certa ficaria.

Com a deixa dos clangores afro-elétricos e a percussão tribal de "What They Gonna Do" de Timbaland, uma pancada pop para casa noturna com um toque de world music e uma coda profunda com um toque selvagem que foi a melodia mais sintetizada e modernista de Jay-Z desde o *Vol. 3...* Ela iniciou o período festeiro de *The Gift* com Jay levando sua rima a extremos, com uma estrofe inteira no final de versos com o mesmo esquema de rima, todas terminando com a palavra "flow", mas com ostentações e argumentos sarcásticos e pertinentes: "In some places they say this, I am God with the flow/Like my office, but they're biased, too involved with the flow" ["Em alguns lugares eles dizem isso, sou Deus com o flow/É como meu ofício, mas eles são parciais, envolvidos demais com o flow"]. Depois *The Gift* voltou com força aos samples de soul cintilantes de *The Blueprint* e *Reasonable Doubt* para "All Around The World", uma música exultante produzida por No I.D.[214] que sampleou George Clinton, Ed Hawkins, Digital Underground e "Brooklyn's Finest" do Jay-Z. Uma faixa comemorativa, mostrava Jay viajando pelo mundo do sul da França para o Japão, de Londres para St. Barts, festejando, cantando as garotas e ganhando *status* de superastro em cada território, mas sem esquecer suas raízes. Ele sempre voltava a Nova York para encontrar a inspiração para sua música e rimas e para sua

---

214. Um nome novo no círculo de produtores de Jay-Z, mas é frequentador da mesa de Cam'ron e o homem que apresentou Kanye West à produção, agindo como seu mentor em suas primeiras sessões de gravação e apontando o homem de A&R da Roc-A-Fella Kyambo "Hip-Hop" Joshua na direção de West.

mãe, que tinha a passagem para o mundo todo. Se havia algum sentido mais profundo subjacente a toda essa ostentação de tantas viagens, era subliminar. Sobre uma festa especialmente glamourosa, ele fala: "pool look like a hundred Beyoncés" ["parece que há umas cem Beyoncés na piscina"], antes de acrescentar com incongruência: "a couple fiancées" ["algumas noivas"] como uma migalha para as colunas sociais ou uma doce ilusão inadvertida.

Se "All Around The World" ganhou um babado feminino com a acrobacia R&B da cantora convidada LaToiya Williams, o balanço estilo boyband da próxima faixa, "Popping Tags",[215] apesar de seu tema de compras de mercadorias de grifes, era dominado por um elenco só de homens com Jay, Twista, Killer Mike e Big Boi do OutKast competindo por um novo título de flow mais rápido. Todos saíram vencedores. Twista disparou versos da vida de luxo da alta-costura com estampidos de pistolas, Killer Mike transformou a faixa de um dia de compras para um dia de matança em uma estrofe no estilo gangsta e a fala arrastada intensa sulista de Big Boi do OutKast fez sua estrofe arriscada sobre o sofrimento do dinheiro acabando ainda mais sobre-humano. Era uma companhia competitiva para Jay, cuja estrofe era um catálogo disparado de seu estilo de vida de designer que fez sua segunda divulgação da vodka Armadale, uma marca cuja distribuição americana a Roc-A-Fella assumiu no início de 2002. Aqui brotava outro braço do império de Jay-Z. Assim como ele passou a anunciar sua própria grife Rocawear em suas rimas em vez de enriquecer outra linha de roupas, Jay não promoveria mais uma marca de destilado que não lhe desse dinheiro. Já chega ele ainda dar à Cristal tanto crédito na cultura do rap.

Na estrofe de Jay-Z em "Poppin' Tags", ele volta sem arrependimentos à cena festeira, pegando carros cheios de garotas a ser vistas no "método primeira a chegar, primeira a ser servida", mas quanto à primeira música inteira sobre sexo do álbum, mais uma vez havia indícios de uma mudança de coração para esse antigo macho sem coração. Sobre um fundo de R&B adequado do Neptunes que soava como mais uma tentativa de quebrar o mercado mainstream, em "Fuck All Night" Jay-Z a princípio aprontava dormindo com as namoradas bem-dispostas de outras pessoas, mas na segunda estrofe a situação muda, Jay é aquele com sentimentos por uma "mami" que não deixará seu homem por ele. De repente há uma profundidade e uma narrativa no que antes teria sido um monólogo egoísta e simples: "lately I've been having the strangest feelings/Your boy young Hov catching feelings/And it's messing up my

---

215. Uma produção de Kanye West sampleando "After All" do The Marvelettes.

dealings" ["ultimamente eu tenho tido os sentimentos mais estranhos/ Seu menino jovem Hov percebendo sentimentos/E está atrapalhando meus negócios". Assim como em "Soon You'll Understand", era um Jay-Z mais maduro passando a perceber as consequências de seus modos promíscuos e encontrando a emoção real o esfaqueando por meio de seu escudo de sexo animalesco irracional.

O pop indiano eletrônico de "The Bounce" de Timbaland, como uma Bollywood povoada por androides, era ainda mais irreverente. Ridicularizando não só os rappers imitadores, mas até a Al-Qaeda com o sucesso crítico e comercial de *The Blueprint* nos primeiros versos: "couldn't even be stopped by Bin Laden/So September 11 marks the era forever/Of a revolutionary Jay Guevero/Now it's a whole museum of Hov MCers/Everybody duping the flow" ["não fui parado nem por Bin Laden/Então 11 de setembro marca a era para sempre/De um revolucionário Jay Guevero/Agora temos um museu inteiro de Hov MCers/Todos imitando o flow"]. Na segunda estrofe Jay parecia revelar que não era tudo aquilo que aparecia no disco. Ele zombava daqueles que só ouviam seus singles mais fúteis, mais fixados em dinheiro, armas e sexo, e pensavam que eles fossem uma representação precisa de seu caráter, dizendo que como ele estava tão focado no negócio agora, não estava tanto na farra e então não mostrava como muito mais refinado ele poderia ser: "In real life I'm much more distinguished" ["Na vida real sou muito mais distinto"]. Mas, crucial para seus críticos, ele sugeriu que continuava a cantar sobre aqueles tópicos populares apenas para "keep the register ringing" ["manter a caixa registradora girando"], uma revelação que beirava o escárnio a seus fãs e que só jogou lenha na fogueira daqueles duvidando da verdade e da extensão da história pitoresca e das ostentações mais loucas de Jay-Z.

Mas seu olho para um talento em ascensão não estava em questão aqui. "The Bounce" foi a primeira parceria gravada entre Jay-Z e Kanye West, com Kanye usando a estrofe final para se promover como astro do rap, inovador e sex symbol e carimbar sua propriedade da música "Takeover" resmungando com um rosnado em uma faixa duplicada. Foi uma introdução tranquila para um grande astro do rap do futuro, mas Kanye parecia sedento por isso.

The Gift fecha com uma faixa que tem sido o canto do cisne de muitos cantores. Um sample de Paul Anka cantando o clássico perene dos funerais de Frank Sinatra "My Way" introduzia o que normalmente seria a faixa final dos álbuns de muitos artistas, "I Did It My Way", uma versão hip-hop de uma faixa tão usada como um resumo das conquistas e dissabores de uma vida e uma celebração da individualidade. Produzida por uma nova dupla para o disco de Jay-Z, Jimmy Kendrix e Big Chuck, foi um tema perfeito para Jay pegar e retrabalhar e pelos comentários chocados sobre pessoas esperando por cinco dias em um aeroporto japonês para vê-lo chegar "como se eu fosse um Beatle e tal" sobre o sample de abertura, era apropriadamente orgulhosa e desafiadora. Um breve sumário de sua infância, dos anos no tráfico, do tiro quase fatal e da ascensão no rap logo deu lugar a um comentário sociopolítico sobre o ostracismo do homem negro endinheirado pela margem mais rica da sociedade. Como um multimilionário caseiro em um mundo de negócios do homem branco, claro que Jay não esperava favores e em vez disso enaltecia suas credenciais de ter vencido por esforço próprio, pintando a si mesmo e o time da Roc-A-Fella como um Rat Pack do hip-hop, um "Rap Pack". Com Jay como Sinatra, claro.

O curioso é que, uma vez estabelecido seu direito ao respeito e à dignidade, ele usou a segunda estrofe para lançar uma tirada semelhante contra um sistema judiciário tentando demonizar e perseguir rappers por publicidade enquanto ao mesmo tempo confessa ter esfaqueado Lance Rivera. A questão era que o furor teve mais importância do que o crime: a letra diminuía o incidente como um "arranhão" do qual Rivera "foi embora sem uma aspirina" e disse que os dois voltaram a ser amigos agora, mas isso não justificava suas ações. Aqui estava um homem confessando um ato público de violência enquanto reclama por ser punido publicamente por ele. Um fim amargo para um disco sólido.

Desde seus primeiros acordes sacros fatídicos, *The Curse* era claramente o Hyde do Jekyll de *The Gift*. Mais sombrio, intenso, irritado, pensativo, político e indignado com questões. A sonora e sinistra "Diamond Is Forever" expandiu-se no argumento de "I Did It My Way" de que as crianças do gueto nunca seriam aceitas em territórios ricos por mais bem-sucedidas que elas se tornassem, dando bronca em residentes de um bloco de apartamentos de aluguel elevado por dizer que alguém como Jay-Z seria "uma ameaça, ele nunca poderia ser um inquilino", incapaz de ver além de sua história, raça e experiências para o homem de negócios atrevido e poeta das ruas subjacente. Foi uma condenação aguçada do protecionismo, separatismo e racismo quase suprimido que infestava os altos escalões da sociedade, um baluarte contra uma mobilidade social tão vertiginosa quanto a de Jay-Z com os ricos se protegendo contra qualquer um que, aos seus olhos, deveriam ser os pobres. Esse era o lance de Jay-Z como um aríete nos portões do sistema de classes.

"Guns & Roses" era bem menos fervorosa e é a tentativa inexperiente de Jay-Z de invadir o território do blues rock clássico em parceria com Lenny Kravitz. A produção trabalhosa de Heavy D teve mais dificuldade pelas letras confusas de Jay sobre a natureza instável do destino (crianças pobres de Nova York acabam mandando na cidade, jogadores de basquete famosos morrem jovens) e os lados opostos da moeda da vida: "in order to experience joy you need pain/Every time a baby is born, somebody slain" ["para sentir alegria você precisa de dor/Sempre que um bebê nasce, alguém morre"]. Junto a versos sobre abuso policial, namorar modelos, tornar-se um magnata da moda e defender suas credenciais roqueiras mencionando os rolês com Bono, elas abafavam a mensagem central em clichês e palavras vagas de uma sabedoria de charlatanismo: nunca perder a esperança de mudar uma vida dura. Foi uma das faixas de menor sucesso do álbum e, seguido do remix revigorado, mas desnecessário de "U Don't Know" de *The Blueprint*, que foi basicamente uma vitrine tapa-buraco para as habilidades de enunciação impressionantes de Lil' Fame e Billy Danze do M.O.P. (futuros contratados da Roc-A-Fella),[216] sugeria que as ideias para *The Blueprint²: The Gift & The Curse* poderiam ter acabado e eles estariam esticando o álbum para preencher os buracos.

A comovente e instigante "Meet The Parents" reteve o declínio, uma produção inquietante de Just Blaze formada por riffs de guitarra originais, um baixo sombrio, cordas opressoras e um piano portentoso. Aqui Jay-Z esclarece uma de suas histórias mais interessantes e perturbadoras. No enterro de um amigo íntimo e membro da equipe, um garoto como aquele que Jay matou em um tiroteio, ele imaginou a figura da mãe do menino, Ísis, soluçando destruída pelo arrependimento e se culpando pelo pai dele tê-los deixado e ela não conseguir criá-lo com bom senso para ele se proteger ("damn near impossible, only men can raise men" ["quase impossível, só homens criam homens"]). O sofrimento de Ísis a manda direto para a dependência de drogas, fumando crack e pó de anjo para aliviar a dor, perdida na reminiscência romântica de seu namoro com Mike, o pai estúpido e violento do menino.

Mike era um lutador das ruas e motoqueiro que a excitou tanto com seu fogo da juventude que ela recusou a segurança de uma vida no campo com um cara simples chamado Shy para fazer uma algazarra pela cidade com seu bandido indomável. Mas Mike rejeitou a responsabilidade tanto quanto a lei e, quando Ísis teve seu filho, ele viu a criança só uma vez antes de negar que o menino fosse dele e partir.

---

216. Além de uma estrofe clássica de Jay-Z sobre assassinato e dinheiro.

Então, a reviravolta fatal: depois de nunca ter visto seu filho crescer ou ter contatado Ísis desde que partiu, quando Mike aos 32 anos começou uma briga com um garoto de 15 anos muitos anos depois, ele ficou irritado com a familiaridade no rosto do menino. Quando Mike sacou seu 38 de cano curto, o menino se espantou, "there was something in this man's face he knew he'd seen before/It's like looking in the mirror seeing himself more mature" ["havia algo na cara desse homem que ele sabia que tinha visto antes/É como se olhar no espelho e se ver mais maduro"]. Mike atirando em seu próprio filho foi uma metáfora ousada para um mal-estar maior do gueto, a dos pais ausentes abandonando seus filhos para crescerem sem orientação iniciando na vida de crime, perigo e morte, basicamente matando-os por sua falta de cuidado. Mas como uma parábola, repleta de sentimento profundo e detalhes, tais como o despejar ritualístico do brandy Hennessy no chão em homenagem à morte de um membro da equipe, os suspiros de "por que ele agora? Era um menino tão bom" no enterro, o congelamento final do filho olhando nos olhos de seu pai perdido, "Meet The Parents" era provavelmente a melhor tragédia das ruas de Jay-Z. Um mini-*Hamlet* do hip-hop.

A provocante com alma suave "Some How Some Way"[217] focava mais nessas crianças abandonadas economizando e traficando para comprar seu tênis novo, a roupa nova da Rocawear, as últimas Glocks. Beanie Sigel pintava um quadro destacado da pobreza no gueto, com quatro crianças dormindo em uma cama, vivendo de asas de frango e cereal, brigando por cada dólar, só pensar nisso tudo os levou às drogas. Scarface emprestou seu choro comovido a uma estrofe sobre as pressões do tráfico. Mas a estrofe de Jay foi a mais severa, com um catálogo das várias formas de uma pessoa sair do gueto, seja pelo basquete, pelo rap, com um trabalho duro sem fim em uma fábrica, tráfico ou morte. Mas ele acabou se posicionando como uma esperança e inspiração: "look man, a tree grows in Brooklyn" ["olhe, cara, uma árvore cresce no Brooklin"] e desejou que pudesse levar todo o mundo do conjunto habitacional para sua esfera: "take us all on this magic carpet ride through the sky" ["nos leva a todos nesse passeio em um tapete mágico pelo céu"]. Foi um ranger de dentes da injustiça comovente de que, não importava o quanto você ficasse rico e famoso, havia partes do mundo que ele nunca mudaria, partes alojadas bem lá no fundo em seu passado e sua alma.

---

217. Terceira faixa de Blaze seguida, com samples acelerados de "Castles Of Sand" de Jermaine Jackson.

Contra a cortina de fundo de uma luta universal no gueto, "Some People Hate" soava ainda mais ferida do que as pessoas de sua vizinhança representadas por Jay, abrindo a porta para cantar para ela e desejando uma vida melhor em suas rimas, ainda sentiam tanta inveja e ódio por ele. Com Kanye distorcendo com hélio "World Called Love" de Brian & Brenda Russell em um fundo de uma corda bem esticada, Jay se desesperava com a falta de respeito por seu trabalho, "a desvantagem da liderança", e perdoava o "chip on my shoulder the size of the Golden Nugget" ["o chip em meu ombro do tamanho do Golden Nugget"]. Mas ele apareceu desafiador, como o Muhammad Ali do hip-hop: "I'm back, stronger than ever, surprise surprise". ["Estou de volta, mais forte do que nunca, supresa surpresa"].

"Some People Hate" não dá nomes. "Blueprint²" não era tão modesta. Jay ainda não estava interessado em abafar a briga com Nas, não quando ele estava em desvantagem nos insultos sarcásticos e a publicidade estava alta. Então, com a imitação cômica excêntrica da frase de efeito do espião satírico Austin Powers de Mike Myers "Oh behave!" ["Comporte-se"] dando um toque de frivolidade ao ataque, Jay pensou em voltar à luta. Seus primeiros alvos foram os rappers e produtores o atacando em artigos em revistas, antigos sócios reclamando que não ganhavam dinheiro o suficiente dele ou apoio que um dia deram a eles. Possivelmente este era um monsprezo por Jaz-O, que ficou chateado com Jay-Z desde que seu relacionamento começou a se deteriorar depois de Jaz se recusar a assinar com a Roc-A-Fella bem no início por não confiar em Dash e Burke e, segundo os rumores, estava por trás de algumas das informações usadas por Nas contra Jay em "Ether". Na verdade, Jay supostamente já tinha gravado uma faixa para uma mix-tape alternativa lançada por DJ Kay "The Drama King" Slay chamada "Fuck Jaz-O AKA Jaz Ho",[218] e continuou depois em "Blueprint²" declarando: "I'ma let karma catch up with Jaz-O" ["Vou deixar meu karma atingir Jaz-O"].[219] Mas Jaz não foi o alvo principal de Jay.

Com desculpas à atriz Rosie Pérez, que foi a público considerando as rimas de Jay sobre Carmen Bryan em "Supa Ugly" um golpe baixo e afirmando "minha mãezinha não pode salvá-lo dessa vez", Jay recomeçou sua rixa com Nas, primeiro zombando dele por cair em sua "booby trap... just to see how the dude react" ["cilada... só para ver como o cara reage"] e depois criticando-o por sua falta de caridade (ao contrário das

---

218. Embora não haja muito vestígio dessa faixa.
219. Jaz retaliou em outra mix-tape do DJ Kay Slay com uma faixa chamada "It's Ova" e depois com uma faixa de ataque contra Jay-Z chamada "Friends Betrayed".

declarações de Jay aqui de que ele financia programas de doação no conjunto habitacional e deu uma porcentagem de cada ingresso de todas as apresentações de *The Blueprint* aos fundos de caridade do 11 de Setembro] e pela poesia indecifrável de suas letras: "'cause you don't understand him, it don't mean he nice/It just means you don't understand all the bullshit that he write" ["só porque você não o entende, não quer dizer que ele é legal/Só que você não entende toda a besteira que ele escreve"]. Proclamando-se o vencedor da briga e de longe o maior rapper, Jay disse que Nas deveria agradecê-lo por ressuscitar sua carreira com a batalha e por fim declarou guerra. A violência e as revelações pessoais diminuíram um pouco, mas esse embate estava longe de terminar.[220]

"Blueprint²" foi o número de sample nostálgico do álbum nos moldes de "Hard Knock Life (Ghetto Anthem)", "Wishing On a Star" e "Izzo (H.O.V.A.)", só que dessa vez recorrendo às trilhas sonoras de faroeste espaguete de Ennio Morricone para inspiração, selecionando suas firulas no piano, os estrondos orquestrais, os toques funerais e as árias do oeste selvagem de "Ecstasy Of Gold" de *The Good, the Bad and the Ugly*. E "Nigga Please", ostentação clássica de Jay-Z direcionada aos rappers de baixo nível em ônibus de turnês em vez de jatinhos, sem groupies ou colares com seu logo incrustado de diamantes, foi a faixa latina parecida com "Hola' Hovito" sem recursos, graças a estalos de sintetizador minimalistas do The Neptunes, e uma coda no estilo James Brown com Pharrell em pessoa, tirou seus melhores movimentos vocais estilo Soul Godfather. Quando Timbaland sacou seu segundo número de Bollywood androide do álbum com "2 Many Hoes", *The Curse* começava a soar como se circulassem em um velho terreno, apesar da letra influenciadora de escândalos na qual Jay-Z manda embora um fã incômodo que o interrompe quando ele tenta faturar em um clube.

Então "As One" veio como um alívio, esse chiado disco efervescente[221] parecido com "Izzo (H.O.V.A.)" e o microfone passado com rapidez entre Jay-Z, Beanie, Bleek, Freeway, Young Guz, Peedi Peedi, Sparks e Rell para apregoar seu domínio do hip-hop em alguns versos para cada, como uma sessão de karaokê da Roc-A-Fella. Como uma propaganda para o plantel da gravadora aparecer era extraordinária e iluminava *The Curse* a tempo de seu encerramento triste.

---

220. Em retaliação, o álbum de Nas *God's Son* continha uma faixa chamada "Last Real Nigga Alive", atacando Jay por forçá-lo a entrar nessa briga enquanto ele cuidava de sua mãe em estado terminal.
221. Preparada por Just Blaze a partir de "Fantasy" de Earth, Wind & Fire.

Embora Jay-Z tenha comentado várias vezes em suas letras sobre questões sociais, abuso policial e a política do crime e da pobreza, ele ainda nunca tinha se referido a seu crescente interesse político. "A Ballad For The Fallen Soldier" pôs um dedo tentador nesse território, sem ir tão longe a ponto de condenar a invasão do Afeganistão comandada por George W. Bush em 2001. Em vez disso, Jay usou a música para traçar semelhanças entre um soldado indo à guerra e um traficante lutando por sua sobrevivência na quebrada, mas os detalhes descritos foram aguçados para destacar a agonia e o sofrimento da guerra moderna. A distância da família, as rivalidades internas, as solitárias, a ameaça das armas químicas (o crack no mundo de Jay-Z) e dos terroristas (a polícia). A mentalidade do tráfico e do serviço militar, Jay declarava, é idêntica, ou seja, proteger e sustentar sua família e estar pronto para morrer por seus parceiros e sua honra. Mas a conclusão era que ninguém deveria ter de recorrer a nada disso.

Como *Vol. 3...* e *The Blueprint*, *The Blueprint²: The Gift & The Curse* continha faixas bônus no fim do álbum, embora dessa vez elas estivessem listadas na capa: "Show You How", "Bitches & Sisters" e "What They Gonna Do Part II". Em álbuns anteriores, as faixas bônus foram o lugar onde Jay poderia esconder melodias retrabalhadas, experimentos líricos e singles diferentes que não combinassem com o flow do álbum. Essas faixas realmente aumentavam a influência artística de *The Blueprint²: The Gift & The Curse*. "Show You How" é um rap de vanguarda de Blaze com um sintetizador distorcido sem um gancho no refrão e Jay dando seu conselho em rimas sobre como ficar tão rico quanto ele: sequestro, vender crack, roubo dos traficantes, tudo ao redor de uma única linha repetida: "I'll show you how to do this, son" ["Vou te mostrar como fazer isso, filho"]. "Bitches & Sisters" foi formada com uma estrutura semelhante, só que dessa vez as cordas de Kim Weston e o rap de Jay giravam em torno de um grito de "bitch!" [vadia] selecionada de "A Bitch Iz A Bitch" do N.W.A.

Depois de se defender de acusações de misoginia em "Blueprint²", essa foi a tentativa de Jay de esclarecer suas opinião sobre as mulheres diferenciando aquelas que ele considerava "irmãs" das que ele dispensava como "vadias". No parecer da música, uma "irmã" trabalha duro, apoia seu homem, dirige, cozinha e cuida dos filhos e faz um sexo tranquilo. Uma "vadia", por outro lado, gruda no cara, mente, irrita, exige passeios e trepa com fúria. Não que "Bitches & Sisters" descartasse dormir com elas, claro.

O álbum termina com "What They Gonna Do Part II", a mesma rima de "What They Gonna Do" nas mãos do novo nome da produção Darrell "Digga" Branch para transformá-la em um desenvolvimento musical fascinante para Jay, com uma percussão barulhenta em um prato de estanho e uma pulsação monótona como um cabo de aço girando, uma maior tensão hipnótica a uma faixa já afobada. Ela completava uma punhalada sólida e impressionante no trabalho brilhante do álbum: uma expansão ampla da música que era mais remendada do que *The Blueprint*, menos teimosa com seus limites estilísticos, com uma melodia menos radiante e um foco menos aguçado e menos experimental do que o projeto sugeria a princípio. No entanto, um álbum duplo com tanta consistência e aventura assim é raro. *The Blueprin²: The Gift & The Curse* foi uma façanha formidável cheia de retaliações, política, comentários sociais, vida da classe alta, infância da classe baixa e até um vislumbre de romance. Chegou ao número 1, claro, aliás foi o quinto de Jay-Z em seguida, vendendo meio milhão de cópias na primeira semana em seu caminho até 3 milhões no total.

Embora "Guns & Roses" tenha se tornado um sucesso nas rádios, apenas mais um single oficial do álbum foi lançado, o sucesso no número 8 "Excuse Me Miss",[222] com seu vídeo de grande orçamento, estava repleto de produtos no qual Jay-Z imagina todas as viagens de jatinho, os passeios de helicóptero, os carros caros e as joias com diamantes com os quais ele compraria com satisfação a garota que ele vê em um elevador. O projeto terminou enfim com uma versão em um disco chamada *The Blueprint 2.1* em 8 de abril de 2003, uma versão editada para aqueles fãs assustados com o tamanho do álbum original. E para atrair também quem gostava da versão completa, três novas faixas foram acrescentadas para promover o álbum condensado.[223] A faixa principal era "La-La-La (Excuse Me Miss Again)", uma sequência da original produzida também pelo The Neptunes que se afastava do R&B modernista suave da primeira parte na direção de um toque street-raga sujo com um refrão gótico eletrônico sombrio e uma letra mais agressiva chovendo drogas, violência, riqueza e uma doença lírica que nenhuma prescrição médica ou curandeiro vudu poderia curar. O lado B era uma faixa de Swizz Beatz chamada "Stop", uma agitação insistente de sintetizadores agudos, sons de trompas, estalos, gritos e suspiros sobre os quais Jay falava sobre sua lenda no conjunto habitacional, inclusive

---

222. Lançado em 4 de fevereiro de 2003.
223. Bem como o álbum da trilha sonora do filme *Bad Boys II*, onde "La-La-La..." também aparecia.

uma memória pessoal doce de pegar sua mãe arrumando seus presentes embaixo da árvore em um Natal e culminando no aviso de outra lenda futura. "*The Black Album* vem aí..."

Como se essa notícia não fosse uma isca para seu fã mais ávido, seu remix de "Beware Of The Boys"[224] de Panjabi MC, a nova faixa final do *The Blueprint 2.1* provou-se ser ainda mais empolgante. Em uma visita a Londres no início de 2003, Jay ouviu "Mundian To Bach Ke" de Panjabi em um clube, uma combinação cintilante de tumbis dedilhados de Bollywood, festas jamaicanas e o tema famoso da série de TV de David Hasselhoff com o carro falante dos anos 1980 *Supermáquina*. Como alguém que já meteu o nariz nos estilos indianos em seus álbuns, Jay adorou. No dia seguinte, ele procurou o pessoal de Panjabi MC e perguntou se poderia fazer um remix e mostrou suas estrofes com sua retórica política mais manifesta até então. Ele bramiu sua postura antiguerra ainda mais alto enquanto dava assentimentos líricos aos protestos ao redor do mundo contra a guerra recém-iniciada contra o Iraque e afirmou "only love kills war, when will they learn?" [só o amor acaba com a guerra, quando eles vão aprender?"]. Depois ele comparou Osama Bin Laden com Ronald Reagen por "sua indiferença à destruição que cada um deles trouxe à cidade onde vivo".[225] Declarações ousadas salientando uma postura política que deve ter surpreendido muitos de seus caluniadores: antiviolência, esquerdista, pacifista, com referência às drogas como uma mazela da sociedade.

"Beware of the Boys" foi um indício evidente da vontade de Jay-Z de prolongar suas habilidades no hip-hop, mas com sua declaração musical definitiva completada nos moldes de ...*The Gift & The Curse*, sua desilusão com o rap aumentou. Ele lança um álbum por ano desde 1996, produziu pelo menos dois grandes clássicos do hip-hop, ganhou sete discos de platina, vendeu 18 milhões de cópias e as muitas comparações entre ele e o jogador de basquete Michael Jordan se tornavam ainda mais pertinentes. Assim como Jordan em seu esporte, Jay-Z começava a acreditar que ele estava cheio de tudo que tivesse a ver com o hip-hop, já disse tudo que queria. Ele achava todo o gênero "banal" e faltava competição para obrigá-lo a se esforçar. Apesar de gente como OutKast fazer álbuns que repensavam radicalmente o hip-hop, Jay considerava o rap um peso morto. Além disso, as ameaças e os perigos inerentes ao rap, mesmo no nível mais elevado, ainda eram parecidos demais com aqueles das ruas, um ponto que ficaria ainda mais enfatizado para ele

---

224. A tradução em inglês do título original da faixa.
225. *Decoded*, Jay-Z, 2010.

quando chegou ao estúdio para gravar "Moment Of Clarity" para seu próximo álbum de estúdio com Eminem e este apareceu usando um colete à prova de balas.

Enquanto isso, outros interesses o distraíam, como seu novo relacionamento, a dissolução de sua parceria com Dash, questões familiares e seus vários negócios que incluíam agora duas linhas de roupas, uma marca de vodka e outros em desenvolvimento. Um bar em Nova York foi mencionado, uma coleção de tênis personalizados, um time de basquete todo seu.

Ele deu a entender isso em praticamente todo álbum que fez, mas dessa vez ele estava decidido.

Mais um álbum e o Deus MC pararia com o rap.

Capítulo 11

Blecaute

Os bares cintilavam com caixas dos melhores champanhes. As *hostesses* seminuas brilhavam com tinta corporal dourada. Os telões em todas as paredes reluziam com grandes jogos em progresso. As camisetas de basquete, as bolas de beisebol e lembranças sem preço nas caixas de vidro se alinhando em todas as paredes brilhavam com as lendas do esporte. E a lista de convidados reluzia como nenhuma outra naquela noite. Jay-Z e Beyoncé, Chloë Sevigny, 50 Cent, Kanye, OutKast, Pharrell, Missy Elliott e a Miss Estados Unidos misturados com astros da NBA e a elite do esporte de Nova York.

Era o dia 18 de junho de 2003, e a abertura do 40/40 Club na West 25th Street, NYC, o primeiro bar de esportes luxuoso, onde os perspicazes viciados em basquete do hip-hop poderiam se divertir com os jogadores e falar sobre tática até tarde na noite,[226] também estava prestes a brilhar com a lenda do rap.

De microfone na mão com smoking branco e gravata preta e uma Beyoncé toda trabalhada no dourado a seu lado, Jay-Z cumprimentou seus convidados, agradecendo por sua presença nessa inauguração histórica, e fez uma declaração ainda mais memorável. Ele lançaria seu oitavo álbum, *The Black Album*, em seu ponto tradicional no início do inverno. E seria o último.

O maior astro do rap do planeta anunciava sua aposentadoria.

Jay-Z não descrevia como uma aposentadoria, ele via mais como uma longa pausa, mas quando a imprensa escolheu o conceito ele não negou, era um passo que ele consideraria. Foi um ano ocupado para Jay,

---

226. O clube, aberto com os sócios Desiree Gonzalez e Juan Pérez, recebeu o mesmo nome de outro clube exclusivo, o dos jogadores de beisebol que acertaram 40 home runs e roubaram 40 bases em uma temporada.

cheio de revolta misturada com segurança, sucesso maculado com tristezas, e ele precisava de uma grande mudança em sua vida.

A produção da Roc-A-Fella em 2003 o ajudou a consolidar sua decisão. No início do ano, a Roc-A-Fella Films lançou seu quarto filme produzido por Dash, dessa vez com ele mesmo sentado na cadeira do diretor junto do diretor de fotografia e câmera David V. Daniel. Beanie Sigel estava de novo no papel principal de um filme de crime, *Uma História Real*, mas dessa vez o filme era uma comédia seguindo as desventuras de uma equipe de ladrões de casas de quinta categoria que por imprudência invade a casa de Jay-Z, interpretando si mesmo.

A experiência seria a última de Jay na frente das câmeras de cinema, depois de perceber que a falsidade da interpretação colidia com sua franqueza. "Acho que eu seria um ator horrível", ele me disse alguns anos depois. "Acho que eu ficaria no caminho. Há certas coisas que não faria. Não vou fazer uma luta falsa com alguém. Para ser um bom ator você precisa se afastar para deixar o personagem aparecer. Enquanto eu não conseguir fazer isso oficialmente, só posso interpretar a mim mesmo em um filme por dez segundos. Jay-Z como si mesmo."

Se Jay estava se sentindo atraído para longe dos holofotes depois de *Uma História Real*, a atenção intensa da imprensa focada em seu relacionamento com Beyoncé como uma luz ultravioleta ampliada também o fazia ansiar por mais privacidade. Em março de 2003, as colunas de fofocas publicaram histórias de que o casal estava em crise, afirmando que Jay tinha sido visto com outra mulher em uma casa noturna.

Preferindo falar sobre seu relacionamento na música em vez de nas páginas de fofocas, eles reponderam com a negação mais brilhante imaginável. Em 20 de maio Beyoncé lançou seu single solo de estreia "Crazy In Love", uma obra-prima funk-pop cheia de trompas sobre se consumir por seus sentimentos por um homem. Para enfatizar a solidez de seu relacionamento em casa, Jay-Z cantou em uma estrofe da música,[227] com Beyoncé dançando em volta dele em um microvestido refletindo as chamas de um carro queimando. Tanto pela declaração arrojada de devoção quanto pelo incrível gancho com trompas, a música foi um dos sucessos da década. Número 1 na parada da *Billboard* só tocando na rádio, não arredando o pé de lá por oito semanas e vendendo mais de 5 milhões de cópias em todo o mundo, dois prêmios Grammy, considerado o melhor single da década na *NME* e na VH1, o segundo single de maior venda

---

227. Escrita na hora no estúdio, durante uma visita às 3 h enquanto Beyoncé gravava seu álbum de estreia *Dangerously in Love*.

desde 2000.²²⁸ Beyoncé falou em entrevistas sobre como achava Jay inteligente, charmoso, dedicado, um cavalheiro de quem seus pais gostavam cada vez mais. O sentimento na música e no vídeo, ela bradou, era palpável. De repente, a América tinha seus novos queridinhos.²²⁹

O esporte foi outra distração de sua música durante 2003. Enquanto se deleitava em desenvolver projetos para o clube temático de esporte 40/40, apareceu uma oferta para Jay-Z comandar um time de basquete no torneio Entertainers Basketball Classic em Holcombe Rucker Playground, um campeonato anual de basquete amador onde times formados por figuras da indústria do entretenimento e alguns profissionais disputavam em uma arena normalmente reservada a dançarinos de break e punks grafiteiros. Entre as gravações para seu álbum novo e voltando dos dois dias por semana em que ele cantava junto com 50 Cent na turnê Rock The Mic para divulgar ... *The Gift & The Curse* naquele verão, Jay usou o campeonato como uma oportunidade de promover o novo tênis S. Carter desenvolvido com a Reebok. Um calçado de 150 dólares, lançado em abril de 2003, vinha embalado com uma mix-tape em CD com 24 faixas de improvisos novos, remixes de faixas antigas, esquetes com participações de Mariah Carey e Russell Simmons e uma entrevista em arquivo com Notorious B.I.G. A mix-tape foi um sucesso cult, tocava alto nos carros de todos os bairros, um emblema de identidade que cabia tão confortavelmente na juventude negra quanto o próprio tênis, principalmente, o improviso na abertura, "Young Gifted and Black", no qual Jay cantava com orgulho em ser "America's worst nightmare... young, black and holding my nuts" ["O pior pesadelo da América... jovem, negro e segurando minhas bolas"], e expôs as diferenças extremas entre a dura sobrevivência no gueto e a segurança confortável da classe média.²³⁰ Sem dúvida, graças à nova música de Jay-Z incluída, o tênis vendeu mais rápido do que qualquer outro na história da Reebok, quando 10 mil pares sumiram das prateleiras na primeira hora de venda.

O time EBC de Jay divulgou o tênis. Cobrando cada favor que lhe deviam no mundo do esporte, ele recrutou grandes jogadores para seu time, incluindo LeBron James, Jamal Crawford e o astro em ascensão Sebastian Telfair. Eles chegaram ao parque em um ônibus de turnê com

---

228. Derrotado apenas por "Hips Don't Lie" de Shakira.
229. Quando apareceu o álbum de estreia de Beyoncé *Dangerously In Love*, Jay estava lá também, cantando sobre como até os brutos têm corações moles na faixa "That's How You Like It".
230. Uma letra que expunha um pouco dos preconceitos de Jay por acreditar que todos os garotos da classe média não precisavam se preocupar com seus empregos, já que seus pais são normalmente ricos.

Roc-A-Fella em harmonia: Damon Dash, Shawn "Jay-Z" Carter e Kareem "Biggs" Burke.
LARRY FORD/CORBIS.

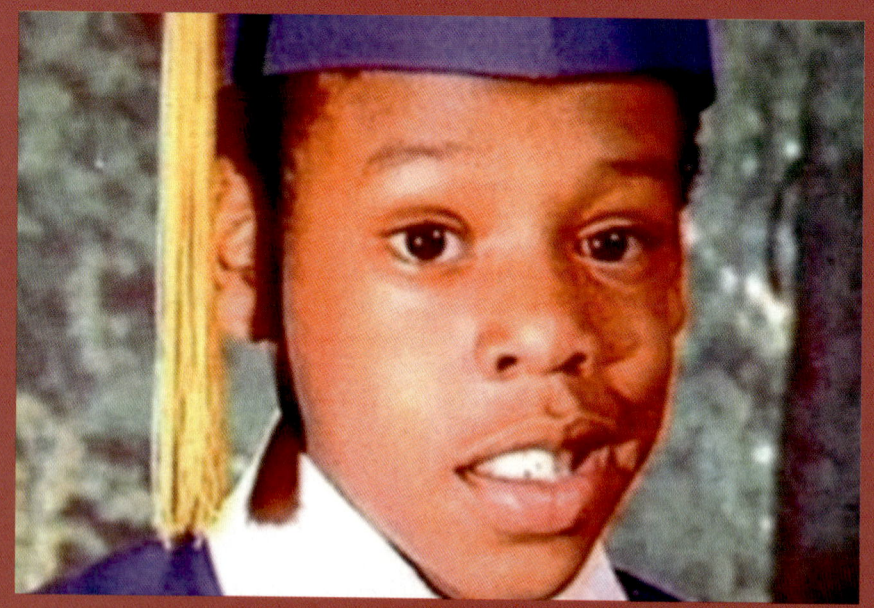

O jovem Jay-Z, embora ele nunca tenha se formado no colegial realmente. WENN.

Jay-Z e seu mentor Jaz-O no BT's Lounge em Trenton, NJ.

Garotas e mais garotas: Jay-Z, Aaliyah, Bijou Phillips e Kidada Jones no Bar North em Los Angeles, Califórnia.
JEFF VESPA/WIREIMAGE.

Jaz-O e Jay-Z. AL PEREIRA/MICHAEL OCHS ARCHIVES/GETTY IMAGES.

Saboreando uma Cristal com a namorada de Biggie, Lil' Kim.
DAVE ALLOCCA/TIME LIFE PICTURES/GETTY IMAGES.

Manos da costa leste: Jay-Z e Sean "Puffy" Combs. JEFF VESPA/WIREIMAGE.

Gravando uma entrevista para a MTV no Riverside Park, NYC, 1997. MONIQUE BUNN/RETNA LTD.

Arrasando no visual esportivo na turnê Hard Knock Life. 18 de abril de 1999. Las Vegas, Nevada.
SCOTT HARRISON/HULTON ARCHIVE/GETTY IMAGES.

Ludacris e Jay-Z jogam joquempô nos bastidores do show de Outkast, Ludacris e Foxy Brown no Madison Square Garden.
THEO WARGO/WIREIMAGE.

Construindo o império no gabinete da Roc-A-Fella.
AL PEREIRA/MICHAEL OCHS ARCHIVES/GETTY IMAGES.

Promovendo *"Bonnie & Clyde '03"* com Beyoncé Knowles no Spankin' New Music Week no "TRL" da MTV 21 de novembro de 2002 nos MTV Studios Times Square em Nova York. K. Mazur/Wireimage.

O futuro casal mais poderoso da música no palco do MTV Music Video Awards de 2003, Radio City Music Hall, Nova York. Jeff Kravtz/Film Magic.

Exibindo dois de seus quatro prêmios no MTV Music Video Awards (Melhor Vídeo de Rap, Melhor Direção, Melhor Edição e Melhor Fotografia). LISA O'CONNOR/ZUMA/CORBIS.

Admirando Magic Johnson no Caesars Hotel & Casino em Atlantic City, Nova Jersey. MYCHAL WATTS/WIREIMAGE.

Mostrando o diamante da Roc-A-Fella nos bastidores do MTV Europe Awards 2001 em Frankfurt, Alemanha, 8 de novembro, 2001. JOHN ROGERS/GETTY IMAGES.

Pegando leve no palco no show *I Declare War* na Continental Airlines Arena em Nova Jersey em 27 de outubro de 2005, logo antes de Nas se juntar a ele no palco.
SCOTT GRIES/GETTY IMAGES FOR UNIVERSAL MUSIC.

Bancando o Papai Noel Para a The Santo: Jay-Z entrega presentes para as crianças em Bedford-Stuyvesant em 25 de dezembro de 2005. Scott Wintrow/Getty Images.

Respondendo a perguntas junto com Russell Simmons em seu cargo como presidente da Island Def Jam quando eles anunciam uma parceria entre a Island Def Jam e o Russell Simmons Music Group, 13 de abril de 2005. Rex Features.

Tocando "Wonderwall" em Glastonbury, 27 de junho de 2008. "Irônico" na guitarra.
RETNA PICTURES.

Beyoncé e Jay-Z se divertem com o irmão de Jay, Eric Carter, rindo do tiro na juventude.
JOHNNY NUNEZ/WIREIMAGE.

Sempre ciente da melhor forma de consolidar sua posição entre os ícones de NY, Jay posa com sua camiseta de John Lennon e seu prêmio de melhor parceria de rap no 48º Grammy Awards, Los Angeles. ROBERT GALBRAITH/REUTERS/CORBIS.

Jay-Z e sua mãe Gloria Carter em uma noite beneficente da Shawn Carter Foundation no Pier 54, NYC, 29 de setembro de 2011. Jamie McCarthy/WireImage.

Na estica com Beyoncé para uma exposição de Alexander McQueen no Metropolitan Museum of Art, NYC, 2 de maio de 2011. Justin Lane/EPA/Corbis.

Jay-Z e Kanye West trocam rimas na turnê "Home and Home" no Yankee Stadium em Nova York. Chad Batka/Corbis.

Mania de magnata: com Rick Rubin e Russell Simmons no 25th Year Private Dinner da Def Jam no The Spotted Pig em 14 de outubro de 2011. Johnny Nunes/Wireimage.

Homens da década: Sean Combs, L.A. Reid, Kanye West & Jay-Z na Festa de 50 Anos da GQ Magazine, NYC, em 18 de setembro de 2007. RD/Leon/Retna Digital.
Leon/Retna Ltd./Corbis.

Para o décimo aniversário da Rocawear, Jay trabalhou com Spike Lee em um comercial novo para a marca, Brooklyn, Nova York, 3 de agosto de 2009. WALIK GOSHORN/RETNA LTD./CORBIS.

O céu não é o limite: Jay-Z e Alicia Keys indicam o gráfico das vendas de "Empire State Of Mind" no cenário do vídeo. *Times Square*, NYC, 1º de outubro de 2009. WALIK GOSHORN/RETNA LTD./CORBIS.

Ostentando sua contratada de maior sucesso, Rihanna, no 52º Grammy Awards, 31 de janeiro de 2010 em Los Angeles. LESTER COHEN/WIREIMAGE.

Comemorando a chegada da cegonha: os papais frescos Beyoncé e Jay-Z celebram uma vida mais comum em uma partida do Nets no Madison Square Garden em 20 de fevereiro de 2012. JAMES DEVANEY/WIREIMAGE.

propagandas do tênis S. Carter colados, Jay-Z os comandou na quadra ao som de suas músicas e de Beyoncé, Puffy e outros grandes nomes da música relaxando no ônibus, provocando um vendaval de empolgação e pandemônio enquanto transportava as celebridades até a quadra e os levava depois de cada jogo ao 40/40 Club para comemorações pós-partida. Jay até recomendou que um filme sobre a marcha inevitável de seu time à vitória com a lenda do grafite Fred "Fab Five" Brathwaite fosse transformado em comercial para o tênis e começou a S. Carter Academy para os jogadores de basquete envolvidos, com a Reebok como patrocinadora e o símbolo do diamante da Roc-A-Fella como sinal de associação. O time de sósias astros de Jay chegou às finais, mas quando uma queda de energia adiou a partida para uma data que coincidia com a primeira viagem de férias de Jay-Z e Beyoncé juntos na Europa, ele faltou e descartou o filme planejado. De qualquer maneira, o projeto tinha cumprido seu propósito e Jay-Z era visto agora como um grande patrono dos esportes e todo o meio milhão de pares do tênis foi vendido.

Administrar seu time de basquete deu a Jay uma amostra de como ser dono de um time. Mais tarde nesse ano, em uma festa de aniversário no 40/40, Jason Kidd da NBA brincou sugerindo que Jay era rico o suficiente para comprar o New Jersey Nets, um time onde ele jogava que estava em uma rara temporada de sucesso na liga da NBA. Jay não entendeu a piada e poucas semanas depois ele se encontrou com o incorporador de imóveis Bruce Ratner para conversar sobre os planos de Ratner de transferir os Nets para um gigantesco complexo de arena novo em uma área de classe média alta do Brooklyn, e como o investimento de Jay e a fama local na vizinhança poderia ajudar a facilitar os planos e tranquilizar os residentes opositores.

Em todos esses acordos e contratos havia muitos zeros, cada um aumentando o fascínio do grande negócio, junto com a respeitabilidade da incorporadora de esquina. Jay-Z há muito esperava assumir mais funções administrativas na música e encontrava desafios maiores no lado empresarial de sua carreira. Mas a Roc-A-Fella parecia cada vez mais à beira do abismo, pois seu relacionamento com Dash foi ainda mais prejudicado quando Dash despediu vários empregados da gravdora enquanto Jay estava fora no Mediterrâneo e promoveu seu amigo íntimo Cameron "Cam'ron" Giles ao cargo de vice-presidente, tudo sem o conhecimento de Jay, que imediatamente revogou as mudanças no quadro de funcionários de Dash quando voltou, mas agora um transatlântico poderia navegar na fenda entre eles. Dash, até então uma presença constante ao lado de Jay em praticamente todos os seus vídeos, não era visto em lugar nenhum em Holcombe no verão de 2003, preferindo sair com os Beckhams.

Além disso, rolavam cochichos e sussurros na sala de reuniões da Def Jam. Havia conversas sobre levar Jay ao nível executivo da Universal ou da Def Jam por algum tempo, mas com sua parceria profissional com Dash dissolvida, o último contrato Roc-A-Fella/Def Jam chegou ao fim e o rap não o inspirava mais, então ele começou a planejar como fazer isso acontecer de fato. Em sua viagem ao sul da França logo antes da inauguração do 40/40 Club, ele se encontrou com Jimmy Iovine, diretor executivo da Interscope Records e Bono do U2 para conversar sobre possíveis cargos executivos, e em sua volta ele se encontrou com o diretor executivo da CEO Doug Morris para discutir em que lugar ele ficaria. Suas habilidades como um grande descobridor de novos talentos e sua história de construir uma grande gravadora do nada faziam dele um material executivo de primeira.

Portanto, negócios, esporte, amor e o declínio do rap contribuíram com a decisão de Jay-Z de se "aposentar". Mas um evento de 2003, talvez acima de tudo, esclareceu para ele aquele capítulo distinto de sua vida que temia e outra abertura.

Adnis Reeves finalmente estava prestes a ligar para seu filho.

★ ★ ★

Foi sua mãe Gloria quem contou a Jay-Z que seu pai estava morrendo. Ela soube que Adnis estava com uma doença terminal, com apenas alguns meses de vida, e aconselhou seu filho de que agora, mais do que nunca, era a hora de fazer as pazes com seu velho.

Em outubro de 2009, Jay conversou com franqueza com Oprah Winfrey em sua revista *O* sobre essa triste reunião emocional, sobre o primeiro encontro arranjado para o qual Adnis não apareceu e a posterior reconciliação calma e madura:

> *Jay-Z: Reunir-me com meu pai me mudou mais do que qualquer coisa. Porque me permitiu deixar as pessoas se aproximarem (...) Eu sempre tive esse muro erguido. E sempre que alguém chegava perto de mim eu me fechava (...) Minha mãe marcou uma reunião (...) Eu conversei com ela na minha cozinha. Eu dizia: "Sabe, Mã, eu realmente tenho tentado olhar para dentro de mim e talvez simplesmente não seja para eu me apaixonar como os outros" (...) Acho que nesse ponto ela percebeu o que estava errado comigo e planejou uma reunião entre mim e meu pai (...) Eu*

disse para ela que ele não ia e foi isso que aconteceu da primeira vez. Nesse momento, eu realmente tinha desistido, mas minha mãe forçou outra reunião, porque ela tem uma alma linda (...) [Da segunda vez] ele apareceu. E eu falei a real. Disse a ele como me sentia quando ele foi embora. Ele dizia coisas como: "Cara, você sabia onde eu estava". Eu falei: "Eu era uma criança! Dá para perceber como você estava errado? Era sua responsabilidade ir me ver". Ele finalmente aceitou isso (...) [Ele ficou] na casa de sua mãe a dez minutos de distância de mim. Essa era a parte triste.

Oprah: Ele deu alguma explicação que o deixou satisfeito?

Jay-Z: Sim, e por isso nós conseguimos melhorar nosso relacionamento (...) Ele estava duro. Tinha um fígado ruim e sabia que morreria se continuasse a beber. Mas ele não parou.

Oprah: Você fez as pazes com ele na hora durante essa conversa?

Jay-Z: Sim. Eu me senti mais leve.

Oprah: Isso abriu a porta para você ter uma vida com amor?

Jay-Z: Com certeza.[231]

Jay também falou com a revista *GQ* sobre o que foi dito na reunião. "Conversamos sobre o que ele fez para mim", ele lembra, "o que significou, perguntei para ele por quê. Não tinha uma resposta na verdade. Ele não poderia dizer nada porque não tem desculpa para isso. Não tem mesmo. Então nada que ele pudesse dizer me deixaria satisfeito, exceto me ouvir. E dependia de mim perdoá-lo e esquecer."[232]

Então Jay perdoou seu pai, o moribundo ficou destroçado em lágrimas com o que ele fez. Jay comprou um apartamento para ele e estava mobiliando quando o velho faleceu alguns poucos meses depois da reconciliação. Embora ele tivesse dificuldades com o luto, ficando de olhos secos em seu enterro, mais confuso do que triste, sua última reunião com Adnis e a morte de seu pai tiveram um impacto enorme sobre ele, não só na abertura de suas ligações emocionais, deixando-o menos retraído e precavido com as pessoas e ajudando-o a se comprometer completamente com seu relacionamento com Beyoncé, bem como com seus protegidos e sócios da Roc-A-Fella, mas também em um nível artístico. Ele prometeu cantar sobre seu pai antes de se aposentar e fazer de seu último álbum um tributo autobiográfico à sua vida e família. Para isso, no aniversário de sua mãe ele comprou a ela uma ótima refeição

---

231. Entrevista para Oprah Winfrey, *O*, outubro de 2009.
232. Edição Men of the Year, *GQ*, 2011.

e a levou para sua base de gravações regular no Baseline Studios, onde pediu que ela contasse histórias sobre sua vida na fita, os dois sentados frente a frente em volta do microfone. Suas palavras adornariam sua música mais crua e pessoal até então, seu canto do cisne, "December 4th", a data de seu nascimento.

E, em homenagem ao falecimento de seu pai e o fim de sua carreira no rap, o álbum viria embalado nas cores do luto.

Mas soou como uma ressurreição.

★ ★ ★

"Shawn Carter nasceu em 4 de dezembro, pesando quase 4,8 quilos. Ele foi o último de meus quatro filhos, o único que não me deu dor nenhuma quando o pari. Assim eu soube que ele era uma criança especial..."

Sem ilustração na capa, ele disse. Sem promoção, sem alarde, sem fanfarra. Jay-Z queria que o *Black Album* flutuasse pela cultura popular como um fantasma. Isso não aconteceria, pois as propagandas, promoções e ostentação eram inevitáveis para um lançamento tão monumental, embora os primeiros anúncios nas revistas fossem rigorosos, listando os produtores de cada faixa por número, sem títulos. Mas até hoje *The Black Album*, uma reprise do estilo de *The Blueprint* com seu foco em samples soul clássicos e uma distinta ausência de convidados, é um disco envolto em mistério, importância e sobriedade.

Sua introdução perturbadora prepara a cena para a reverência final de Jay-Z. Uma voz afastada provocava "all things must come to an end, it's an inevitable part of the cycle of existence" ["todas as coisas devem ter um fim, é uma parte inevitável do ciclo da vida"] sobre Moogs dignos de ficção científica dos anos 1960 e soul estilo blaxploitation,"[233] falando das árvores crescendo no Brooklyn e as vidas novas começando. Então vinha essa fanfarra, um crescendo de cordas aceleradas, trompas e tímpanos apresentando Gloria Carter e suas histórias sobre o nascimento de Jay-Z, sua infância tímida, seus truques na bicicleta, sua perda de confiança depois do abandono do pai, seus primeiros raps. Essa era "December 4th",[234] a autobiografia conservada que introduzia o álbum como uma "história até agora".

Anunciando, no verso de abertura do álbum, sua saída do rap no fim desse disco e reconhecendo em segredo que desaparecer é a

---

233. Na verdade era uma produção de Just Blaze selecionada a partir de um sample da cover de 1969 de "Dizzy" de Tommy Roe feita pelo pioneiro dos sintetizadores Hugo Montenegro.
234. Just Blaze de novo, remodelando com destreza "That's How Long" de The Chi-Lites.

melhor forma de ganhar respeito,[235] Jay contou de novo sua história desde sua concepção: "under the sycamore tree, which makes me more a sicker MC" ["embaixo do sicômoro, o que me torna um MC mais irado"] e o nascimento sem dor que pressagiava as dores posteriores que ele infligiria em sua mãe, abrangendo até a mudança do tráfico para o rap, cansado do estresse de todas a escassez, os demônios, as batidas policiais, o sequestro e as mutilações por vingança. Em meio a isso, detalhes comoventes. Sua necessidade de se adaptar usando as roupas certas quando criança, os professores que não conseguiam se aproximar dele depois da fuga de Adnis, as referências a DeHaven e um cara chamado Spanish José por introduzi-lo no tráfico, a gênese de suas obsessões consumistas com símbolos de *status*: o carro, o tênis, o colar de diamantes certos para atrair o tipo ideal de garota. Havia também a alfinetada em Jaz-O, mais munição para sua briga: o dinheiro que ele dava para sua mãe pagar as contas vinha claramente das drogas em vez das apresentações, como ele afirmava, visto que "ninguém pagava o idiota do Jaz".

Sobre uma atmosfera stalinista e um som enfático de Philly parecida com "U Don't Know",[236] "What More Can I Say" trouxe a história para a atualidade. Como se jogasse suas mãos para o alto por não ter nada mais a acrescentar em sua narrativa de vida, Jay-Z declarou o disco como sua declaração final para "finish my business up" ["terminar meu negócio"] e reiterou sua ascensão de "moving wet off the step"[237] ["ganhar dinheiro com as drogas"] a ter jatinhos particulares, champanhe e ser citado em revistas como valendo "meio bilhão". Mas até em sua despedida ele não estava satisfeito. Ele ainda estava frustrado com os rappers roubando seu estilo, criticando-o ou duvidando de seu talento abrangente na indústria ("I'm not a biter, I'm a writer/For myself and others" ["Não copio dos outros, eu escrevo/para mim e os outros"] ou seu passado: o verso "no I ain't got shot up a whole bunch of times" ["Não eu não fui baleado esse tanto de vezes"] é uma resposta à credibilidade nas ruas que seu então parceiro de turnê 50 Cent afirmava haver por ter sido baleado nove vezes. Ele não conseguia acreditar

---

235. "They say 'they never really miss you 'til you're dead and gone'/So on that note I'm leaving after this song" ["Eles dizem 'eles nunca sentem falta de você até você morrer e sumir'/Então sabendo disso estou saindo depois dessa música"], um verso que teve críticas imediatas, duvidando-se que a aposentadoria seria permanente ou até especialmente longa.
236. A atmosfera foi sampleada na verdade do filme *Gladiador* pela equipe de produção The Buchanans e ligada a seções de "Something For Nothing" dos criadores do som na Filadélfia dos anos 1970 MFSB.
237. Gíria para tráfico de drogas.

que não era o rapper mais respeitado de todos os tempos, considerando suas conquistas – "I supposed to be number one on everybody's list" ["eu deveria ser o número um em qualquer lista"], ele vociferou: "We'll see what happens when I no longer exist" ["Veremos o que acontece quando eu não existir mais"]. Antes de largar seu microfone no fim da música com um desesperador "fuck this, man" ["Foda-se, cara"], ele prometeu um show ainda mais espetacular, no lado empresarial da música: "I'm not through with it, in fact I'm just previewing it/This ain't the show, I'm just EQing it" ["Não acabei com isso, na verdade isso é só uma prévia, este não é o show, estou só equalizando"].

The Black Album teve seu "Encore" ["Bis"] cedo. Prevendo o final de um show de crooner em Vegas, com um cenário todo brilhante e aplausos de pé, Jay agradecia à multidão enlouquecida sobre instrumentos de sopro de metais de shows de variedade,[238] ele notou que essa "volta da vitória" foi o momento perfeito para deixar sua multidão querendo mais visto que "Jay's *status* appears to be at an all-time high/Perfect time to say goodbye" ["O *status* de Jay parece estar elevado o tempo todo/Hora perfeita para dizer adeus"], mas também dava a entender que ele pode muito bem voltar se a aprovação e a exigência ficarem bem fortes. "Quando eu voltar como Jordan", ele disse, fazendo referência à volta de Michael Jordan da aposentadoria no basquete e, reconhecendo o aplauso gravado na faixa, ele aconselhou "that's how you get me back" ["assim eu volto"]. Não é de admirar que poucos críticos levaram a aposentadoria a sério, pois com essa evidência estava mais para um clamor por reverência e respeito do que um adeus sincero.

Vindo de um álbum autobiográfico de adeus depois de um single de sucesso enorme tocando de leve no romance sólido de Jay e Beyoncé, "Change Clothes" era uma escolha incomum para seu primeiro single. Uma produção do Neptunes engenhosa, grudenta, mas pouco notável de R&B referindo-se à antiga persona de playboy de Jay, chegou ao número 10 nas costas de um vídeo com temática da moda com participações de Naomi Campbell, Jessica White, Jade Cole, Liliana Domínguez e um monte de outras supermodelos desfilando em uma passarela sob o olhar admirado de Pharrell, que dava o rápido gancho soul. Leve como o linho de um vestido de grife, ela pareceu ser varrida do álbum imediatamente por "Dirt Off Your Shoulder", uma faixa destinada a finalmente tornar a caspa algo legal. Dentre as maiores produções de Timbaland,

---

[238]. Que Kanye sampleou de "I Will" de John Holt.

foi um pedaço ameaçador de afrotônica, todas as fortes batidas tribais e os ganchos com sintetizadores crepitando como em uma guerra. Para Jay, a ação de espanar seus ombros era uma declaração de uma carreira imaculada livre de inimigos e rivais insignificantes, uma vida que foi "de gramas para Grammys" e culminando em lotar o Madison Square Garden "em um dia" para seu show de despedida. Para seus fãs, a faixa era uma alusão às maravilhas do hip-hop que podem nunca ser escritas e o gesto de espanar os ombros se tornou um insulto de repúdio para alguém que eles considerassem problemático ou imprestável e um novo sinal de devoção à panelinha de Jay-Z, junto com o diamante da Roc-A-Fella. Quando a música foi lançada como um single em março e chegou ao número 5, o vídeo[239] cheio de personagens espertos da rua espanando os problemas de seus ombros casualmente fixou o movimento na cultura popular do rap e um dia um futuro presidente o faria.

No caso de haver alguma suspeita de que o amor de uma boa estrela do R&B possa ter atenuado o lado violento de Jay-Z, 9th Wonder produziu "Threat", a história de um gangsta[240] recém-saído de uma sentença de três anos na cadeia em uma vingança assassina contra aqueles que o puseram atrás das grades. Uma remodelagem sinistra de "A Woman's Threat" de R. Kelly, "Threat" tem uma letra fascinante, uma das mais completas e poéticas de Jay-Z. Como um comentário sobre a maré crescente de obsessão pelas celebridades, Jay pontuou a música com referências à cultura pop das celebridades. Deixar o mundo todo vê-lo pôr um inimigo em seu caixão foi comparado a David Blaine sentado em uma caixa de plástico transparente em Londres por 40 dias. Sua vingança apressada e afobada foi conduzida com o mesmo descuido dos vários acidentes de carro de Halle Berry. Sua bala na cabeça de um rival mudaria seu rosto tão completamente quanto o personagem de Nicholas Cage, Castor Troy, em *A Outra Face*, e depois de descarregar suas armas ele as guardaria em seu coldre embaixo do braço com a habilidade suave dos nunchacos de Jet Li. Com Jay também se referindo a Christina Aguilera, o magnata milionário Warren Buffett e até voltando à sua metáfora com o Rat Pack para se comparar a Frank Sinatra, a inclinação pela fofoca da música colidia com brilhantismo com a violência poética das imagens (sua arma canta para sua vítima, acompanhada por uma

---

239. Que estranhamente incluía um trecho com uma coreografia em visão noturna em uma estrofe de "Public Service Announcement (Interlude)" no lugar da terceira estrofe.
240. A letra tem um traço de ficção em terceira pessoa aqui, apesar da introdução relacionando o sentimento a Jay em pessoa falando como ele passou nove álbuns dizendo para seus inimigos: "parem de foder comigo".

segunda arma, para um "duet, and you wet" ["dueto e você sangra"]) e o verso mais carregado de política, repreendendo o então presidente por sua atitude sedenta por guerra: "I George Bush the button" ["Tomo providências como George Bush"]. Como a música, a letra de "Threat" era um ato de mestre equilibrando a luz e a escuridão.

Outra maestria dessas voltou para "Moment Of Clarity", com Eminem produzindo uma faixa orquestral cinematográfica sobre a qual Jay-Z colocou outro trecho muito pessoal e honesto de autobiografia. Parte dela era uma retrospectiva da carreira e parte um relato, juntando os títulos de seus álbuns para traçar sua jornada, admitindo simplificar seus raps para atrair uma maior audiência e explicando que ele sempre foi um forasteiro na indústria fonográfica, pois ela não o fez. Mas o verdadeiro coração da música é quando Jay conta sobre seu encontro com o pai, as semelhanças físicas que ele notava entre eles, seu reconhecimento de que as drogas acabaram com sua família de todas as direções e sua confissão de dar um sorriso afetado no enterro de Adnis, sem saber que outra emoção ele poderia sentir. O verso "When pop died, didn't cry, didn't know him that well" ["Quando papai morreu, não chorei, não o conhecia tão bem assim"] está entre as mais tristes da música moderna.

A faixa seguinte no *The Black Album* era uma das mais eletrizantes da música moderna. Foi conveniente Mike D dos Beastie Boys ter aparecido para a gravação de "99 Problems" na casa de Rick Rubin, já que, dentre todas as músicas de Jay-Z até esse ponto, ela era a que melhor capturava o ruído eletrificado da mistura entre rap e rock. Foi uma produção complexa: o lendário fundador da Def Jam e produtor de rap e rock Rick Rubin[241] montou a partir de uma vasta lista de samples de Mountain, Wilson Pickett, Billy Squier e Slick Rick, enquanto Jay tirava o refrão e o gancho por atacado da "99 Problems" de Ice-T. Gravando no estúdio particular na casa de Rubin decorada com livros mágicos e bizarras quinquilharias tibetanas (em certo ponto da gravação um bisão veio de fora para dar uma farejada), ouviram Jay dizer, deixando a cabine depois de gravar sua letra: "isso pode ser algo especial".

O que surgiu dali foram acordes de guitarra hard rock furiosos e uma percussão caribenha, uma referência intensa e comparativa em rap-rock para rivalizar com outras produções seminais de Rubin para os Beastie Boys, como "Fight For Your Right To Party" e "No Sleep 'Til Brooklyn". E a letra também era memorável, com Jay usando a faixa na

---

241. O homem que praticamente inventou o rap-rock produzindo "Walk This Way" para Run-D.M.C. e Aerosmith em 1986.

tradição maliciosa de inventar acusações de misoginia contra ele para sua própria finalidade. O verso central "I got 99 problems but a bitch ain't one" ["Tenho 99 problemas, mas uma vadia não é um deles"], ele afirma, nunca foi usado para se referir a uma mulher na música (e com certeza não para Beyoncé, como ele sabia que muitos especulariam que a música se referirira ao fim das questões de relacionamento de Jay). Ele mudou o sentido em cada estrofe para ser mais esperto e provocar seus críticos para mostrar que eles não escutavam seus raps adequadamente.[242]

Então, com uma primeira estrofe atacando o rádio e a imprensa por usá-lo para vender espaços para anunciantes, não tocar seus discos ou deturpar sua imagem como sexista, vaidoso em excesso e estúpido (enquanto ao mesmo tempo coloca uma armadilha para eles deturparem ainda mais sua imagem), a "vadia" referia-se aos críticos malvados. Na segunda estrofe, uma nova versão ficcional do momento em 1994 quando Jay foi parado por um policial na estrada com um grande suprimento de drogas escondido em um compartimento secreto no teto, a "vadia" era o cão farejador que o policial chamou no lugar de um mandado para revistar o carro, mas que chegou logo depois de o policial deixar Jay ir e ele passou pela unidade de cães farejadores correndo no outro lado da estrada. E na estrofe final o verso mudou para "being a bitch ain't one" ["ser um vadio não é uma"], uma referência à sua recusa em ser um "vadio" para o sistema judiciário e a polícia como resultado de um inimigo informando sobre ele. Há pistas evidentes para a intenção da música: o verso de impacto "a nigga like myself had to strong arm a ho" ["um mano como eu tinha de ter braço forte com uma vadia"] logo é seguida, pela réplica "not a ho in the sense of having a pussy, but a pussy having no goddam sense" ["não uma vadia no sentido de ter uma boceta, mas uma boceta sem o menor sentido"].

Mas, mesmo assim, "99 Problems" com certeza suscitou acusações de sexismo, embora tenham sido abafadas pela aclamação: um Grammy para Melhor Performance de Rap, a posição de número 2 na lista da *Rolling Stone* de melhores músicas dos anos 2000, uma posição no número 30 em maio de 2004, tudo arrematado por um vídeo de estilo bruto em branco e preto de Jay-Z percorrendo várias vizinhanças do Brooklyn em um Lexus GS300 com um Rick Rubin hirsuto e de casaco de pele do seu lado no lugar de Beyoncé e uma ponta de Vincent Gallo. As cenas que Jay passava eram cheias de simbolismo e sentidos

---

242. Em sua autobiografia *Decoded*, Jay confessa com satisfação sentir orgulho de suas rimas serem mal-entendidas, pois isso reflete o tratamento reservado aos jovens negros da América.

ambíguos: prisioneiros do Bronx, agentes funerários, rabinos, equipes de acrobacias em motos, dançarinos de break do Marcy. Mas as imagens finais de Jay sendo baleado na rua eram as mais controversas. A orientação da MTV desaprovava a exibição de vídeos com violência por completo no canal, mas o diretor Mark Romanek e Jay-Z insistiram muito para eles mostrarem o clipe sem cortes, mas com uma introdução explicando por que a rede achava que o vídeo deveria ser visto assim e também de Jay-Z para destacar por que o tiro era tão fundamental. Era, ele explicou, uma ratificação literal do falecimento de Jay-Z, o rapper, e o renascimento de Shawn Carter, o empresário.

O clipe, o melhor que ele já fez segundo o próprio rapper, ganhou três prêmios MVPA e quatro MTV Video Music Awards,[243] e "99 Problems" era o destaque e a peça central de *The Black Album*. Depois dela veio outro interlúdio para recuperarmos o fôlego. A última faixa no álbum a ser finalizada (Just Blaze quase passou do prazo estabelecido por Jay-Z para o álbum sair na Black Friday, pois ele estava ocupado trabalhando em trilhas sonoras de videogames), "Public Service Announcement (Interlude)" era uma composição de funk de um piano tranquilo com uma atmosfera de Armagedom[244] descrevendo as experiências com o tráfico na terminologia do rap e vice-versa, e como Jay ainda tinha aquele velho traficante cobiçador de diamantes dentro de si, pois nenhum de nós muda realmente nosso interior: "I'm 10 years removed, still the vibe is in my veins/I got a hustler spirit... you can try to change but that's just the top layer" ["Estou dez anos afastado, mais ainda sinto a vibe na veia/Tenho um espírito de traficante... você pode tentar mudar, mas essa é só a casca"]. Além de trechos engraçados, tais como sua história de vender crack, por exemplo, significa que "even back then you can call me CEO of the R-O-C" ["mesmo naquele tempo você podia me chamar de diretor da pedra" – em uma brincadeira com o nome da gravadora] e a menção furtiva a Beyoncé ("got he hottest chick in the game wearing my chain" ["tenho a gata mais quente da jogada usando minha corrente"], Jay teve o prazer de descobrir novas formas de alimentar seu ego na música, expor a culpa que sentia ao continuar traficando quando tudo passou a ser pelo materialismo em vez de pela sobrevivência e examinar a consagração e o perigo dessa vida, um barato pelo qual ele ainda estava desesperado uma década depois.

---

243. Embora a Humane Society of the United States [Sociedade Humanitária dos Estados Unidos] tenha denunciado publicamente a exibição de rinha de cachorro no clipe.
244. Formada em volta de "Seed of Love" de Little Boy Blues, com participação do próprio Blaze fazendo o discurso de abertura.

Mas o verso de que Jay tinha mais orgulho era "I'm like Che Guevara with bling on, I'm complex" ["Sou como Che Guevara com um brilho, sou complexo"]. Ele foi inspirado por um jornalista que, um dia antes de Blaze entregar a faixa, o criticou por usar uma corrente de platina e diamante e uma camiseta do Che ao mesmo tempo, afirmando que as duas coisas eram moralmente incompatíveis. Mas, informando-se sobre Che por causa do artigo e refletindo sobre as lutas que os dois homens enfrentaram (um a política e o outro, a econômica) Jay achou diferente. "Che vinha da perspectiva: 'Nós merecemos esses direitos, estamos prontos para liderar'", ele escreveu em sua autobiografia. "Nós vínhamos da perspectiva: 'Nós precisamos de algum tipo de oportunidade, estamos prontos para morrer.'"

Coisa pesada e nobre depois da qual veio algum alívio um pouco mais leve. "Justify My Thug" foi o mergulho do álbum nos samples mais populistas, com o enorme sucesso de Madonna "Justify My Love" usado como um gancho[245] para uma marcha eletrônica pesada ao redor da qual Jay poderia fazer exatamente isso, justificar as regras e o raciocínio por trás de sua violência na juventude. Como se escrevesse um código de conduta para as ruas, Jay escreveu os mandamentos da vida bandida: não trairás, não fugirás, não pagarás a outro para fazer aquilo que tu mesmo não farias, terás orgulho demais para implorar, cobrarás vingança exceto quando estiveres errado, melhorarás tua situação a qualquer custo. E, acima de tudo, escolherás a "morte diante da desonra". Jay raramente descreveu de forma tão sucinta a honra entre bandidos.

Esses foram temas repetidos em algumas das faixas seguintes. A vingança consumia "Lucifer", uma discussão com Deus repleta de imagens religiosas sobre o Satã dentro de Jay que emergiu de um conflito de luto e a necessidade de desforra. Assim como no modelo do reggae "Chase The Devil" de Max Romeo[246] acompanhada por uma das levadas funk-reggae mais perfeitas de Kanye, Jay se imaginava indo para LA se vingar dos assassinos de Biggie, movido pelas "forças das trevas" e um "motivo justo para pecar",[247] como se estivesse em uma "guerra santa". Depois de despachá-los "with the holy water spray from the Heckler Koch automatic" ["com um borrifo de água santa da Heckler Koch automática"], ele se virou então para o assassino do irmão de Biggie, Bobalob, sonhando em segurar uma pistola 9 milímetros em sua

---

245. Junto com vocais de "Rock Box" do Run-D.M.C., reunidos pelo produtor de Will Smith e Talib Kweli DJ Quik.
246. Uma faixa muito sampleada no rap e na música eletrônica, principalmente em The Qemists e Dreadzone e no grande sucesso do The Prodigy "Out Of Space".
247. Referência a *Pulp Fiction*.

testa exigindo uma explicação. Mas Jay reconheceu o Diabo dentro de si e sabia que esses pensamentos eram obra dos demônios do sofrimento, da perda e da confusão tostando dentro de si. Ele pediu o perdão de Deus por seus pensamentos vingativos e nos versos centrais ele lutava contra o próprio Lúcifer: "I gotta get these devils out my life... they won't be happy 'til somebody dies/Man I gotta get my soul right/Before I'm locked up for my whole life" ["Eu preciso tirar esses demônios da vida... eles não ficarão felizes até alguém morrer/Cara, preciso arrumar minha alma/Antes de ficar preso minha vida toda"].

E então "Allure" tratava da emoção de acelerar o coração da vida criminal e as riquezas que ela traz, como ela também pode consumir um homem. Uma produção do Neptunes envolta em sua graça soul tão característica e a exuberância orquestral (além de alguns tiros atrativos), aqui Jay estava preso em um ciclo, não só familiar ou de pobreza (a faixa sugeria que seu irmão mais velho traficou antes dele), mas de uma atração emocional e psicológica ao crime e suas recompensas: "I'm living proof that crime do pay" ["Sou prova viva de que o crime compensa"]. Quanto mais ele se abstinha de dinheiro, drogas e mulheres, sabendo "como esse filme acaba", mais ele é atraído pela excitação, o ritual da produção do crack e o risco envolvido no contrabando. Mas também não se trata apenas de Jay sofrendo do encantamento. Ele cantava sobre mulheres sempre atraídas pelos caras maus que as usam como mulas, arriscam suas vidas pelo lucro e então acabam sendo casados quando a garota encontra sua esposa no funeral dele. Confessar seu vício na vida do tráfico foi tão extremo que no final das contas ele estava preparado para matar por um carro "when the doors lift from the floor and the tops come off" ["quando as portas se levantam do chão e a capota sai"], Jay definiu a embriaguez da criminalidade como maior do que qualquer droga e muito mais viciante: "the game is a light bulb with eleventy million volts and I'm just a moth" ["a jogada é uma lâmpada com 110 milhões de volts e eu sou apenas uma mariposa"]. O grito principal de "oh no!" era um franco desespero.

A "última" música da carreira em gravação de Jay-Z pretendia trazer toda a coisa de volta ao princípio. Iniciada com um trecho de uma entrevista com Biggie para homenagear seu melhor amigo e maior influência, Jay fechou seu livro no rap pegando conselhos disso: "treat everything like it's your first project" ["trate tudo como se fosse seu primeiro projeto"]. Então, cantando rápido como em seus dias de *Reasonable Doubt* e envolto em uma neblina de um solo de violões psicodélicos,[248] Jay finalizou *The Black Album* com "My 1 st Song", um olhar em como ele ainda tinha o mesmo apetite de quando começou em 1992, como essa última música enfeitada por diamantes era tão fresca e compulsiva quanto seu primeiro projeto arapuca. Traçando mais uma vez sua ascensão da parte mais baixa e imprestável da sociedade ao pico inestimável e declarando-a como sua segunda separação depois de seu primeiro afastamento do tráfico, Jay anuncia o fim com um longo adeus, mandando salves para todos que o ajudaram ao longo do caminho, expondo reminiscências emocionais sobre seu tempo juntos na viagem de Jay-Z rumo ao estrelato. A péssima letra de Dash ao anotar as grandes somas para seus primeiros vídeos. Os problemas de contabilidade do Original Flavor. O cachorro de Kareen mijando na perna de um cara chamado Rudy durante a filmagem do vídeo de St. Thomas para "Ain't No Nigga". Clark Kent, Ta-Ta, Emory, Bobalob, Biggie, sobrinhos, primos, sua mãe, enfim, todos tinham seu verso nos créditos de encerramento de Jay-Z: Rap Star.

E *The Black Album* foi um canto do cisne apropriado. Tão focado e criativo quanto *The Blueprint* e com uma direção clássica semelhante, foi um registro de um marco que viu Jay largar o hip-hop no auge de sua potência. Ele veio envolto no espírito original do rap: o enigma, a autobiografia orgulhosa e a ameaça combinados com um senso de altruísmo social e sabedoria. O álbum também foi lançado como uma versão a capela apenas com os vocais de Jay inclusos, em um gesto de dar alguma coisa em troca, deixando outros produtores e artistas usar os raps como bem quisessem. E vários fizeram isso, com criatividade. O DJ e produtor Kev Brown remixou muitas das faixas do álbum para o *The Brown Album* uma semana depois. Outros produtores misturaram os vocais de Jay com as músicas de Prince para fazer *The Purple Album*, com os sucessos do Weezer para produzir *The Black And Blue Album* e músicas dos relaxados do grunge, Pavement, para fazer *The Slack Album*. Mas o de maior sucesso foi *The Grey Album* do então desconhecido produtor Danger Mouse, que formou depois o Gnarls Barkley com Cee-Lo Green e o BroKen Bells com James Mercer do The Shins, em grande parte por causa da aclamação por esse disco. Uma façanha artística incrível cruzava *The Black Album* com o álbum duplo autointitulado dos Beatles mais conhecido como "The White Album", misturando "99 Problems" com a proto-metal "Helter Skelter" e "Change Clothes" com a música permeada por cravo e violoncelo "Pig-

---

248. Tirado pelos produtores Aqua e Joe "3H" Weinberger de uma banda chilena de funk psicodélico dos anos 1970 chamada Los Ángeles Negros.

gies" e assim por diante. Foi uma mistura chocante ainda mais atraente pelo fato de Danger Mouse não ter tido permissão para usar a música dos Beatles e se ver como sujeito de uma ordem de cessação da EMI. Mas não sem antes o álbum ter atingido 100 mil downloads digitais e impulsionar as vendas do *The Black Album* para mais de 3 milhões.

Em 2009, Jay-Z me deu sua opinião sobre *The Grey Album*. "Eu o achei fantástico. Fiquei muito feliz em ver isso porque quis que todos soubessem que assim é o jeito do mundo, como os jovens ouvem música, você quer entender isso, é assim agora. Eu realmente acredito que o hip-hop contribuiu muito para melhorar as relações raciais. O racismo é ensinado em casa, você não consegue ensinar o racismo em casa se seus filhos amam Jay-Z. É difícil de dizer 'esse cara é inferior a você'. Não, esse cara é um herói! Agora as pessoas ouvem a mesma música, vão aos mesmos clubes. Antes havia clubes para negros e para brancos, agora as pessoas vão a um só."

Enquanto fechava a porta para o rap, Jay parou para uma última briga também. No espírito da competição no hip-hop, quando o lançamento do álbum teve de ser adiado por duas semanas para 14 de novembro para combater a pirataria, coincidiu então com a data de lançamento do álbum de estreia da banca de 50 Cent G Unit. 50 Cent era para ser ouvido no rádio na dianteira dos lançamentos, desafiando Jay-Z de que seu álbum venderia mais do que o *The Black Album*, uma aposta justa depois das 6 milhões de cópias vendidas que seu álbum de estreia *Get Rich Or Die Tryin'* atingira até aquele momento. Contra o conselho da gravadora, Jay não fugiu do desafio e no fim, inevitavelmente, *The Black Album* triunfou nas paradas. Com quase meio milhão de cópias vendidas na primeira semana, número 1 na parada, a aclamação unânime dos críticos e uma indicação ao Grammy que Jay por ironia perderia para o álbum solo de estreia de Kanye West *The College Dropout*, outro lançamento da Roc-A-Fella. A G-Unit nunca teve esperança.[249]

Para Jay-Z, a parte mais satisfatória da disputa não foi derrotar a G-Unit, mas conseguir um número 1 na frente da trilha sonora de Tupac para o documentário *Resurrection*. Finalmente, sua chance de duelar com uma verdadeira lenda. E vencer.

★ ★ ★

---

249. O *The Black Album* acabaria se tornando o álbum mais vendido de Jay-Z dos anos 2000.

> *"Sei que dizer adeus foi a coisa certa a se fazer, mas este adeus começou como um longo beijo."*
>
> – Jay-Z, *Fade To Black*, 2004
>
> *"Senhoras e senhores, estamos aqui reunidos hoje no Madison Square Garden na cidade de Nova York para ouvir um superastro lendário. Saído do conjunto habitacional Marcy, em Bed-Stuy, Brooklyn, Nova York, apresento o melhor, o único, incontestável e invicto campeão dos pesos pesados do mundo do hip-hop, aqui está ele... Jay-Z!"*
>
> – Michael Buffer Locutor de boxe, Madison Square Garden, 25 de novembro de 2003

O urro da multidão quando as luzes se apagaram demorou tanto quanto a venda de ingressos até lotar o lugar.[250] Com seu nome nas luzes mais brilhantes, seu sonho de lotar o Madison Square Garden se realizou,[251] a segurança era tão rígida que seu próprio guarda-costas não conseguiu entrar no local. Dando a entender no rádio que Beyoncé cantaria no show durante os preparativos, a ansiedade chegou ao limite tanto para o astro como para o público quando Michael Buffer se aproximou de um microfone iluminado e apresentou a atração principal como uma briga de pesos pesados da Broadway, com uma enorme camiseta da Roc-A-Fella elevando-se acima da multidão enquanto ele clamava.

Então soou o toque do trompete do Rei de Nova York de partida, a banda de apoio The Roots começou a tocar "What More Can I Say" e Jay saiu da agitação dos bastidores labirínticos, com tantas fotos tiradas, tantos votos de sucesso e abraços, detalhes a resolver, para cima do palco em uma jaqueta adornada com espadas e águias nas mangas e nas costas, junto com o lema "Death Before Dishonor" ["Morte Antes da Desonra"]. "Eu disse tudo, fiz de tudo", ele declarou enquanto os telões ao fundo mostravam imagens de alto-falantes enormes bombando com o som e o show de despedida de Jay-Z pulou do quarteirão, prometendo espetáculo, o maior último show da Terra.

Com toda a renda revertida para a caridade, Jay-Z determinou que seu show no Madison Square Garden ampliaria as possibilidades do que os artistas do hip-hop poderiam fazer em uma arena, alçar o rap a um novo nível. Então a noite estava tão cheia de estrelas quanto um Oscar do hip-hop. Jay apresentou Questlove e um bando de rappers antes de

---

250. Todos os ingressos do show de despedida de Jay-Z acabaram em quatro minutos, segundo Kanye no documentário sobre o evento *Fade To Black*.
251. A apresentação no Madison Square Garden foi a última de uma curta temporada de apresentações igualmente grandiosas por todos os Estados Unidos.

se apresentar: "Já eu, eu tenho alguns nomes. Às vezes me chamam de Jigga, outras me chamam de Jigga-Man, às vezes me chamam de HOV, mas hoje a noite eu serei... 'H-to the Izzo'...". Bleek subiu ao palco para "Nigga What, Nigga Who?", com o par comandando um lado da arena cada um durante o refrão e cronometrando os raps rápidos um do outro em seus relógios cravejados de brilhantes. Missy Elliott e Twista se juntaram a ele para "Is That Yo Chick?", Foxy Brown evitou por pouco um problema com o figurino durante suas participações enérgicas em "Where I'm From" e "Ain't No Nigga", Pharrell acrescentou quentes gemidos soul em "I Just Wanna Love U", Mary J. Blige recriou seus vocais imaculados para "Can't Knock The Hustle" e "Song Cry" que deu lugar a "Me And My Bitch" de Biggie e "The Best Of Both Worlds" de LL Cool J, R. Kelly apareceu em uma tempestade de bolas de espelhos para se juntar a Jay em "The Best Of Both Worlds", os dois vestidos com uma roupa de ski branca peluda para um maior brilho.

Mas uma colaboração realmente levantou o público: Jay anunciou a "história em formação", a arena explodiu e Beyoncé saiu rebolando da coxia ao toque de trompa majestoso de uma espetacular "Crazy In Love". Em um vendaval de uma coreografia carregada de sexualidade durante as estrofes e pendurada em volta de Jay-Z como uma rainha lagarta de diamante durante o rap dele, a multidão ficou tão desvairada por sua namorada que Jay a deixou no palco para tocar mais dois números com Ghostface Killah enquanto ele saía para mudar o figurino.

Foi uma noite de gala do rap estrondosa, mas o show ainda estava em seu melhor quando Jay estava sob os holofotes. Liderando a multidão enlouquecida em um grande pulo coletivo para "Big Pimpin". Unindo-os na luta no gueto apaixonada para se cantar junto de "Hard Knock Life...". Interpretando o palhaço gangsta de fedora branco e terno de cafetão para "Dead Presidents II". E levando o Madison Square Garden às lágrimas quando abaixou a música para prestar uma homenagem aos rappers que perderam para a batalha: Lisa "Left Eye" Lopez, Tupac e, é claro, Biggie, com sua mãe e a de Tupac presentes e assistindo a tudo.

Mas as maiores lágrimas foram reservadas para o agradecimento final. Cercado por todo o elenco, Jay-Z jogou sua camiseta dos Nets personalizada para o público durante uma emocional "Encore" e então toda a arena acendeu isqueiros e celulares enquanto cascatas de fogos de artifícios explodiam no fim de uma comovente "December 4th" e a multidão o saudava ao deixar o palco do mundo em um coro de "HO-VA! HO-VA!" mais adequado ao retorno de um imperador romano. O champanhe no camarim foi bem merecido nessa noite, não só por Jay ter deixado o rap do modo mais nobre imaginável, mas também por ter levado o hip-hop a um novo pico de espetáculo na arena enquanto ele ia derrubando mais uma barreira entre o rap e a liga dos estádios. O show de rap não consistia mais de homens de shorts largos gritando ao som de um DJ. Jay-Z os forçava a analisar seu nível de produção e desempenho e competir nos níveis mais elevados de entretenimento na arena.

Com isso, Jay-Z se foi, deixando o rap bem mais forte, mais popular e ambicioso do que o encontrou.

Mas não demoraria muito para ele voltar a fim de salvá-lo mais uma vez.

Capítulo 12

Os Anos nas Salas de Reuniões

2004 foi um ano de consolidação de Jay-Z, de completar o rap, de assuntos inacabados. Os singles de *The Black Album* saíram aos poucos na primeira parte do ano, completando a campanha: "Dirt Off Your Shoulder" em março, e "99 Problems" marcando sua saída explosiva final em abril. O show no Madison Square Garden foi celebrado com o documentário *Fade To Black* no fim de 2004 com pedaços da apresentação intercalados com filmagens dos bastidores da gravação do álbum final, mostrando Jay e Bleek discutindo a relutância dos rappers modernos em falar do tráfico e da violência e como Jay-Z acreditava que o público recebia rappers "com medo de serem eles mesmos", Kanye inventando "genialidade" em "Lucifer", a mãe de Jay gravando suas partes em "December 4th", cenas da audição de batidas e samples infinitos, em busca de uma faísca de inspiração. Na narração, Jay-Z interpretava o estadista veterano do rap, cheio de graça e sabedoria. "Um sábio me disse uma vez que a sorte não é uma energia mística dançando ao acaso ao redor do Universo concedendo satisfação e alegria às pessoas, você cria sua sorte", ele disse, e depois acrescentou: "Eu sabia que dizer adeus era a coisa certa a se fazer, mas este adeus começou com um longo beijo".[252]

A compilação de 15 faixas, *Bring It On: The Best of Jay-Z*, tentou reunir as ótimas faixas esquecidas dos primeiros três álbuns do catálogo de Jay em ordem cronológica: "22 Two's" em vez de "Can I Get A...", as duas "Coming Of Age" em vez de "Big Pimpin" ou "Izzo (H.O.V.A.)". E além de ir ao Grammy em 2005 para receber seu prêmio por Melhor Performance Solo de Rap por "99 Problems", que deve ter sido a última ouvida de Jay-Z, o superastro do rap. Seu império empresarial se expandia aos poucos. Ele comprou novas ações da cadeia de produtos

---

[252]. *Fade To Black*, Roc-A-Fella Films, 2004.

para cabelo e pele Carol's Daughter, uma marca favorita de Beyoncé, e envolveu-se mais em um time de investidores com proposta de 2,5 bilhões de dólares para um novo estádio projetado por Frank Gehry para o Nets no Brooklyn. Na primavera de 2004 Jay-Z detinha 1,5% do time em troca de 1 milhão de dólares, tomando decisões de alto nível como coproprietário, usando toda a sua influência no esporte para tentar convencer LeBron James e Shareef Abdur-Rahim a entrar para o time[253] e era visto assistindo a praticamente todos os jogos da lateral da quadra, alavancando a credibilidade do azarão do basquete de Nova York, com Beyoncé a seu lado.

Por volta de nove meses em 2004, com a campanha do *The Black Album* chegando ao fim e sem rumores de um disco novo, parecia que a aposentadoria de Jay-Z da música era para valer.

Porém, assim como a atração infinita da vida criminosa, algo chamava Jay de volta. Ele decidiu que havia *Unfinished Business* a tratar. Depois de restabelecer a relação com R. Kelly no show no Madison Square Garden, o assunto de sua turnê em conjunto antes descartado surgiu de novo, assim como a conversa do excesso de sobras de faixas do álbum *The Best of Both Worlds* que nunca viram a luz do dia. Embora seu álbum em conjunto não tenha conseguido corresponder às expectativas no faturamento, eles decidiram que o projeto precisava de um clímax mais ilustre, um fim mais doce para um conceito que azedou. A superação rápida de Kelly depois das alegações de pornografia infantil era outro presságio positivo. Seu álbum pós-escândalos *Chocolate Factory* levou um disco de platina três semanas depois. Em termos de popularidade, R. Kelly não era mais uma mercadoria avariada.

Então, em 19 de agosto de 2004 a turnê Best Of Both Worlds finalmente foi anunciada, passando por 40 cidades por dois meses, de setembro a novembro, com um lucro estimado de mais ou menos 30 milhões de dólares. Uma faixa ágil no estilo bar da praia com um toque de festa flamenca chamada "Big Chips", produzida por Poke & Tone e Alexander Mosly, foi escolhida como o único single do álbum que seria o ponto de apoio da turnê do *Unfinished Business,* uma coletânea de faixas extras das gravações de *The Best of Both Worlds*. Dominada por um Kelly muito excitado, que estava sempre fálico durante toda a música, "Big Chips" parecia uma missiva da história do R&B com seus toques agudos de trompas, seu toque de guitarra latino, seu temperamento de praia caribenha com um chocalho de coco e o flow tranquilizador de Jay distribuindo técnicas de sedução de Vegas, ou seja, basicamente jogar

---

253. Shareef concorrou com a mudança do Trailblazers, mas uma lesão no joelho impediu a transferência.

dinheiro nas garotas e fichas de valor alto na roleta, como se Beyoncé não existisse. Mas ela foi um bom presságio para a segunda etapa do duo, por ser incisiva demais e minimalista para tender a uma personalidade R&B.[254] Na gravação, Kelly com certeza parecia otimista sobre o álbum futuro: "Eu prevejo 1 milhão de cópias vendidas na primeira semana", ele cantou com uma voz sedosa.

Foi um otimismo inapropriado. A turnê The Best of Both Worlds foi um desastre desde o primeiro dia.

Eles tocaram em grandes arenas, excursionaram pelo país e passaram mais uma vez pelo Madison Square Garden em seu caminho com um show bem planejado, em outro passo para Jay-Z em termos de espetáculo em arena. Quando as luzes se apagavam, os telões exibiam uma reportagem de duas perseguições da polícia em fileiras de viaturas separadas em alta velocidade na cola dos dois ônibus de turnê na direção da arena. Em um chiado de fumaça e destruição, os dois bateram em um muro falso em cima do palco. Jay-Z e R. Kelly chegaram para a apresentação em um estilo criminoso tranquilo, saindo de seus respectivos ônibus em roupas brancas parecidas impecáveis apesar da perseguição.

A partir daí foi uma coisa de equipe. A dupla abria com uma sequência de músicas do *The Best Of Both Worlds*, incluindo a faixa título, "Shake Ya Body", "Take You Home With Me A.K.A. Body" e "Somebody's Girl", então Jay saía do palco para Kelly tocar alguns de seus números, voltando com uma banca de rap da Roc-A-Fella a tiracolo para seu próprio segmento curto uns 15 minutos depois. Kelly soltava suas baladas soul suaves, Jay martelava seus sucessos mais hardcore do hip-hop. Por três horas a dupla alternou várias segmentos solo breves antes de um bis em conjunto com "Fiesta (Remix)", "Big Chips" e "Hell Yeah". Uma noite acelerada cheias de oportunidades para trocar de roupa, fazer entradas pomposas e saídas ousadas, criar trechos memoráveis do repertório. Jay-Z se levantava de uma espreguiçadeira para disparar "99 Problems", mordendo um gordo charuto. Kelly abriu uma seção projetando uma carta aberta e manuscrita atacando ex-amigos rabiscados nas margens dos telões do tamanho do palco. Foi um verdadeiro "Evento" de mistura.

Segundo os autos do processo aberto no ano seguinte por Jay-Z, a turnê Best Of Both Worlds estava condenada desde os ensaios. Ou melhor, a falta deles. Jay afirmava que, depois de perder dias do planejamento técnico, da coregrafia e do ensaio agendado no Norther Illinois University Convocation Center antes da turnê, Kelly finalmente

---

254. "Big Chips" fez pequenas ondulações em seu lançamento, chegando ao número 39.

apareceu apenas três dias antes, só para desperdiçar um dia de ensaio precioso jogando basquete na arena. Negligenciando discussões vitais com a equipe técnica e de iluminação, Kelly passou boa parte do resto do tempo de pré-produção trabalhando em um esquete cheio de ironia que ele tinha planejado para a noite de abertura que ele sabia que levaria a casa abaixo.

Infelizmente, na noite de abertura, em 29 de setembro, na Allstate Arena em Rosemont, Illinois, a casa caiu em cima dele.

Uma declaração "cômica" via mensagem de texto procurando uma nova namorada apitava nos telões, listando os atributos que Kelly buscava em uma garota, incluindo: "ela DEVE topar tudo" e com a condição final: "ela deve ter pelo menos... 19 anos". Depois as luzes se acenderam sobre Kelly em uma cela de cadeia de mentira, contorcendo-se de forma sexy com duas dançarinas. Foi algo de mau gosto, percebido como uma piada com sua prisão e caso criminal e a recepção foi péssima. O *Chicago Tribune* chamou o esquete de Kelly de "grande erro" embaixo da manchete "O show de R. Kelly & Jay-Z Parece Mais Uma Colisão do que uma Colaboração". O *MSN* noticiou que os críticos consideraram a piada "inadequada e insensível". No segundo show em Rosemont ele desistiu da esquete.

Mas a multidão ficou agitada de qualquer maneira. Recusando-se a deixar seu ônibus de turnê até alguns novos vocais pré-programados chegarem ao show, R. Kelly atrasou o show por duas horas, deixando as autoridades pensando em chamar a tropa de choque para acalmar a multidão cada vez mais violenta e indomável, no caso de um cancelamento da apresentação. Kelly, aborrecido com questões sobre seus novos vocais, deixou o local antes da apresentação final em conjunto, deixando um furioso Jay-Z concluir com "Fiesta" sozinho à 1h da manhã. O terceiro show em Cincinnati foi cancelado quando a turnê não conseguiu chegar à cidade em tempo depois dos atrasos das noites anteriores. Isso foi mais uma frustração para Jay, pois ele planejava usar os shows em Ohio como uma chance para encorajar seus fãs a votar nas próximas eleições presidenciais com seu programa Voice Your Choice, na esperança de angariar os votos da juventude para desapossar George W. Bush.[255]

Kelly depois botaria a culpa desse seu comportamento de diva, que se tornou cada vez mais regular enquanto a turnê seguia, nos problemas técnicos (como, por exemplo, as luzes não apontarem bem para

---

255. Outras duas datas em Ohio realmente aconteceram, com os estandes do Voice Your Choice em ação.

ele) e seu perfeccionismo. Jay culpava Kelly de não ter ensaiado e estar despreparado para a turnê, por alterações demoradas constantes em seu repertório e pela inveja da recepção recebida por Hov, que alimentava sua insegurança e egomania, tudo piorado por um exército de puxa-sacos sicofantas que ficavam ao redor dele. Seja quem for que estivesse certo, quase todas as noites a turnê tinha problemas. Em Memphis, Jay-Z deixou o FedEx Forum mais cedo mencionando uma emergência só para depois ser flagrado na festa de aniversário de Usher. Os shows em Hartford e Milwaukee foram cancelados, outros atrasaram por horas, na maioria das vezes por causa de "problemas técnicos". Em Columbus, Jay-Z marcou uma reunião com Kelly para levantar suas questões sobre o horário, a atitude e o desempenho de Kelly. Em Baltimore, 90 minutos atrasado de novo, Kelly explodiu de raiva pelas críticas a suas apresentações, jogando o que estivesse à mão, e tinha de ser impedido de deixar o local em seu ônibus de turnê, um desastre lastimável. Em St. Louis, Kelly parou sua apresentação no meio da noite para correr até a mesa de iluminação, atacar o diretor, arrebentar o computador, deixar o palco e a arena e, segundo boatos, passar o resto da noite em um McDonalds próximo servindo clientes abismados na janela do drive-thru.

Embora Jay e Kelly tenham negado qualquer mancada um com o outro durante as entrevistas ao longo da turnê, nas ocasiões cada vez mais raras em que eles eram vistos no palco juntos os críticos perce-biam tensão e desconforto em vez de camaradagem fraternal.

No Madison Square Garden, em 29 de outubro, essas tensões entraram em erupção.

Kelly recebeu uma ligação antes da apresentação, a primeira de três noites lotadas em NY. Um aviso, uma ameaça. R. Kelly a levou muito a sério mesmo. Durante o número em dupla na abertura ele parecia distraído, perturbado, perscrutando a multidão. Seu primeiro número solo aconteceu como planejado, mas quando ele voltou para o segundo, usando o colete preto e branco de seu álbum *12 Play*, estava visivelmente perturbado. Ele pegou o microfone, bem sério. Com a voz embargada, ele agradeceu a seus fãs pelo apoio, afirmou que pretendia mandar segurança com sua mensagem e que essa foi a coisa mais difícil que já teve de fazer. "Duas pessoas estão apontando armas para mim", ele contou. "Não consigo fazer um show assim (...) essa porra acabou". Ele deixou o palco às lágrimas, dizendo ao promotor e aos seguranças o que achava ter visto. No primeiro número, um homem na terceira fileira abriu sua jaqueta com um gesto ameaçador para lhe mostrar o que ele achou ser uma arma. Em seu trecho solo, um segundo homem na arquibancada fez a mesma coisa. "O cara abriu o casaco. Não dá para dizer que o cara estava armado, não sei o que vi", Kelly contou a um programa na rádio Hot 97 mais tarde naquela noite. "Eu não ia correr o risco quando vi aquilo. Não estou louco."

Os seguranças vasculharam a arena, procurando os homens em questão, mas não deu em nada. Enquanto um enfurecido Jay-Z subiu ao palco com sua banca da Roc-A-Fella, gritando: "Foda-se isso! Vou tocar essa porra sozinho, Nova York! Me dê essa merda da velha escola. Eu tenho sucessos!". Com Memphis Bleek e Foxy Brown a seu lado, ele passou seu próximo solo programado de "Ain't No Nigga", "Where I'm From", "Heart Of The City (AIn't No Love)" e "Encore". Sob gritos de "HOVA!" da multidão ao herói salvando o show, ele então disse à arena: "Eu tenho boas e más notícias. R. Kelly não vai voltar. Se vocês estão esperando para vê-lo, vão para casa. A boa notícia é que eu tenho um monte de discos e tenho todos vocês".

Demorou apenas uns minutos de intervalo para Jay reunir uma galáxia de gala. "Pronto", ele disse quando voltou ao palco, "eu achei algumas pessoas". E os astros continuavam vindo. Ja Rule apareceu para "Can I Get A...", Usher, naquela noite presente apenas como fã, subiu ao palco para "Caught Up" e seus sucessos "Throwback" e "Confessions". Memphis, T.I., Young Gunz e Freeway todos amontoados para um finale com as melodias de *The Dynasty*... "Não preciso desse mané", ele disse de R. Kelly, abraçando Mary J. Blige quando ela deixou o palco depois de uma inspiradora "Song Cry". Nova York concordou em êxtase.

O roubo do show deve ter enervado R. Kelly até a distração, se ele já não estava no hospital nesse momento. Quando os seguranças e o promotor voltaram para dizer a ele que os homens apontados estavam desarmados, Kelly tentou voltar ao palco para seu próximo número solo, cercado de guarda-costas. Porém, pressionado até o limite por seu comportamento, um membro do séquito de Jay-Z se encheu. Sem o conhecimento de Jay, enquanto Kelly ia até o palco seu antigo amigo de infância Tyran "Ty-Ty" Smith se aproximou dele e espirrou spray de pimenta em seu rosto, recusando-se a deixar Kelly arruinar ainda mais o show. Kelly foi levado às pressas para o St. Vincent's Catholic Medical Center para ser tratado, mas seus olhos ardendo eram o mínimo do incidente no Madison Square Garden.

De manhã cedo depois da apresentação, Jay apareceu na Hot 97 para conversar sobre os eventos. Ele admitiu que suas declarações de que não haveria problemas entre ele e Kelly na turnê foram falsas e que as "dificuldades técnicas" citadas para os cancelamentos e atrasos foram desculpas esfarrapadas. Pintando seu colega de turnê como um egoísta mimado, ele contou a Angie Martinez: "ele tem problemas com o amor que as pessoas me dão (...) ele é inseguro". Depois desse veio um comentário para a MTV no dia seguinte, quando Jay confessou: "É muito frustrante cancelar shows porque eu quero ver cada um. Não quero que alguém fique segurando seu ingresso por 29 dias e no 30º dia o show é cancelado". Quando Martinez lhe perguntou sobre as declarações de Kelly de ter visto homens segurando armas, Jay zombou. "É o Madison Square Garden. Você não pode entrar com uma arma lá. Ele sabe onde está?"[256]

Depois de ouvir a entrevista, Kelly foi à Hot 97 para expor seu lado da história, descrevendo a ligação ameaçadora, achar que havia atiradores na plateia e o ataque com o spray de pimenta na cara. Ele negou estar inseguro ou com inveja da resposta da multidão a Jay-Z, mencionou perfeccionismo por cancelar ou atrasar os shows e garantiu a seus fãs que chegaria no local para o show de sábado pronto e com vontade de cantar. Mas Jay-Z tinha outras ideias. Uma declaração foi lançada em 30 de outubro para contar aos fãs e à imprensa que R. Kelly não se apresentaria mais na turnê inteira e que as apresentações restantes teriam "Jay-Z e Convidados Especiais". "Os fãs merecem algo melhor do que isso", dizia a declaração de Kelly como resposta. "Eu gostaria que o show continuasse. É bem decepcionante que Jay e o promoter não queiram."

Mas o show continuou sim, pelo menos em Nova York, sem Kelly. No sábado, 30 de outubro, Jay tocou com vários astros convidados, incluindo P. Diddy, Mariah Carey e Method Man. Na segunda, Pharrell se juntou a ele no palco. O resto da turnê foi descartado.

Próxima parada, o tribunal. Em 1º de novembro, um dia depois de ser expulso da turnê, R. Kelly processou Jay-Z, sua empresa de produção Marcy Projects e os promotores da turnê, a Atlantic Worldwide, pedindo 75 milhões de dólares por danos relacionados à quebra de contrato. Em seu processo, Kelly botou a culpa para o fracasso da turnê na porta de Jay-Z e de sua equipe de produção, dizendo que os técnicos de iluminação de Jay-Z vinham causando problemas durante suas apresentações desde o início. "Durante o primeiro show em Chicago, eles perderam as deixas cruciais de iluminação, forçando R. Kelly a ficar acordado a noite toda para reprogramar completamente a produção do palco ele mesmo. Por isso, ele chegou ao segundo show de Chicago

---

256. Jay-Z, R. Kelly Part Ways As Best of Both Worlds Tour Collapses, *MTV.com*, Shaheem Reid e Robert Mancini, 20 de outubro de 2004.

duas horas e meia depois, forçando o cancelamento da sua apresentação de em Cincinatti em 1º de outubro por causa da impossibilidade logística de viajar e montar o palco em tempo. Os problemas técnicos continuaram, levando R. Kelly e seu pessoal a suspeitar que o diretor de iluminação de Jay-Z sabotasse as apresentações de R. Kelly." O documento também afirmava que a divisão desigual de renda da turnê (Kelly recebia 60% contra 40% do todo para Jay-Z) foi o motivo pelo qual Jay planejou bani-lo da turnê, insinuando que Jay poderia até estar por trás do ocorrido no Madison Square Garden.

Por sua participação, Ty-Ty foi acusado de agressão de terceiro grau em 12 de novembro e acabaria se declarando culpado de má conduta e não recebeu sentença de prisão.[257] E Jay-Z? Primeiro ele respondeu ao processo de Kelly na rima, gravando um remix de "Drop It Like It's Hot" de Snoop Dogg por causa da turnê: "All the money it made/I'm like forget the law I'm not 'fr-iz-aid/it J-iz-ay homie you got pl-iz-ayed/ Take it like a man, the flow ran you off the st-iz-age... Wastin' ya time tryin' to sue S./Tell ya lawyer take that civil case and drop it like it's hot" ["Todo o dinheiro que deu/Eu esqueci a lei, não estou tremendo de medo/é com o mano Jay que você está brincando/Aguente que nem homem, o show que fez você fugir do palco... Perdendo seu tempo tentando processar S./Diga ao seu advogado para pegar esse processo civil e largar como se estivesse quente"].

Então, em janeiro de 2005, ele contraprocessou, culpando Kelly por comportamento antiprofissional e errático e exigências inaceitáveis, perdendo prazos e ensaios e fazendo apresentações ser atrasadas ou canceladas. Seu processo referia-se à turnê como uma "odisseia aterrorizante", dizendo que Kelly tinha um desempenho "medíocre", exibindo um "comportamento inseguro e imprevisível", tais como acessos de choro, atrasar os shows se escondendo em seu ônibus de turnê por horas e desesperado por dinheiro por causa de suas "circunstâncias financeiras e legais precárias". O caso de Jay foi recusado por um juiz que concordou com os advogados de Kelly de que isso tinha pouca relação com o processo de quebra de contrato. Kelly assinou um contrato para se apresentar, ele estava disposto a isso e teve a oportunidade negada.

Quem dera se o álbum *Unfinished Business* tivesse metade da tensão, da loucura e da imprevisibilidade dessa turnê. Lançado em

---

257. Ty-Ty foi motivo de outro processo de R. Kelly contra Jay-Z em novembro de 2005, quando Kelly tentou processar Jay dizendo que Ty-Ty foi "pago" por sua participação nos acontecimentos da noite com um emprego como VP de A&R da Def Jam.

26 de outubro, no ponto central da turnê como planejado, provou ser erro triste e desinteressante. Gravado em grande parte durante as sessões para *The Best of Both Worlds*, algumas faixas novas produzidas para o álbum, principalmente a faixa de abertura, "The Return", e seu remix que fechava o disco. Apesar da abertura como um esquete de comédia no qual o produtor Tone interpretava um garoto de recados de um guerreiro antigo trazendo notícias da volta de *The Best of Both Worlds*, era uma faixa para festa loucamente grudenta e descarada, mas relembrando agora, esse destaque do álbum foi considerado ridículo pelas rimas de Kelly dizendo que a turnê atravessaria o mundo e seria um sucesso global estrondoso. Exceto por uma virada vertiginosa de Twista em "Mo Money" e uma participação estridente de Foxy Brown em "Stop", o álbum era superficial, formulaico e fraco, um álbum solo de R. Kelly glorificado no qual faixas R&B de um retrato minimalista sobre conhecer garotas em casas noturnas, às vezes iniciadas com hesitantes guitarras latinas, mesclavam-se anonimamente e Jay-Z parecia uma presença distante e desconexa. Ele só realmente veio à vida para ter a tensa e alta "Don't Let Me Die", basicamente porque foi o maior distanciamento das rotinas de sedução esgotadas para um terreno mais político. Com Kelly choramingando como um fuzileiro naval ferido, o par entrou nas mentes dos soldados na guerra, mais uma vez da perspectiva conjunta da guerra por que passaram nas ruas dos conjuntos habitacionais, os dois lutadores rezando para não ser suas últimas noites na Terra, os dois vendo o Tio Sam olhando-os de volta do espelho. Um momento raro de profundidade no mais fútil dos discos de sacanagem.

O prognóstico de Kelly em "Big Chips" quanto ao álbum vender meio milhão na primeira semana era otimista demais. O disco ficou no número 1 por uma semana, mas não passou de 215 mil cópias vendidas. Assim como *The Best Of Both Worlds* antes dele, passou rápido e desfavoravelmente para as trevas da história musical.

As vendas relativamente baixas do álbum e o fiasco na turnê não dissuadiram Jay-Z de colaborar com outros artistas. No início de 2004 ele foi procurado pelo programa da MTV *Ultimate Mash-Ups* com uma oferta impossível de ignorar. A série apresentaria artistas juntando suas músicas para fazer mash-ups e depois tocá-las ao vivo no show, um conceito que fascinava Jay depois de ouvir o que gente como Danger Mouse conseguiu fazer com o *The Black Album*. A emissora deu a Jay liberdade para escolher entre todo o espectro musical com quem ele gostaria de colaborar, uma oferta vista por ele como outra oportunidade de derrubar mais barreiras musicais e invadir um gênero jovem muito lucrativo que rappers mais tacanhos poderiam considerar imoderado para o hip-hop.

Ele entrou em contato com Mike Shinoda do principal grupo de rock emo Linkin Park, por coincidência era o e-mail que Mike esperou sua vida inteira. Como grande fã de Jay-Z, ele já fazia mash-ups das músicas do *Reasonable Doubt* com hinos do hard rock de grupos como Smashing Pumpkins e Nine Inch Nails havia algum tempo, uma atividade de que Jay talvez tenha ouvido falar. Ele sugeriu que eles trabalhassem nas faixas juntos. Mike tinha três músicas prontas da versão a capela do *The Black Album* misturadas com faixas do Linkin Park antes de ele responder ao e-mail. Jay adorou tanto o que ouviu que enviou uma mensagem a seu empresário com uma simples palavra: "Caralho". A dupla concordou em levar o projeto para além da mistura simples no estúdio das duas músicas pedidas pelo programa da MTV. Eles se reuniram e trabalharam seis melodias, regravando vocais, raps e trechos de instrumentação para garantirem que a vibração coubesse no tempo. "Jay e eu percebemos que é melhor refazer os vocais do rap se você for usar uma nova batida", Shinoda explicou, "porque a vibração muda e você precisa cantar a estrofe um pouco diferente."[258] Eles fizeram o álbum de 20 minutos com seis faixas tão curto que foi considerado um EP em seu lançamento, um verdadeiro evento. Mike estava tão animado que até usou seu discurso quando recebeu o Grammy de 2004 para anunciar o disco.

Como um artista pioneiro que agora parecia mais em casa subvertendo expectativas do que não correndo riscos, Jay parecia bem mais condizente para o experimento inovador de rap-rock do Linkin Park do que o projeto de R&B pelos números com R. Kelly. E *Collision Course* também parecia bem mais uma reunião coerente de grandes talentos. O vocalista do Linkin Park Chester Bennington gravou sua própria versão da introdução falada de Jay-Z em "Izzo (H.O.V.A)" para o mash-up com sua "In The End". A guerra eletrônica grungy de "Dirt Off Your Shoulder" fundiu-se eletricamente com o metal eletrônico áspero de "Lying From You". As letras originais de Bennington de seu sucesso "Papercuts" combinaram com a Arábia empenada de "Big Pimpin" como se ela nascesse para essa música. "Jigga What" bateu de cabeça na "Faint" do Linkin, "99 Problems" foi colocada entre os pedaços igualmente estridentes de "Points Of Authority" e "One Step Closer", de novo com

---

258. Jay-Z And Linkin Park Show Danger Mouse How It's Done, *MTV.com*, Jon Wiedenhorn, 28 de outubro de 2004.

Bennington recriando as rimas de Jay e a parte do policial na segunda estrofe enquanto Jay ria.

"Não tinha ego nenhum no trabalho com Jay", Mike contou à MTV. "Se eu pedisse a ele para fazer algo de uma certa forma ou para colocar um verso vocal aqui ou ali, ele ficava feliz em fazer. É muito fácil trabalhar com ele."[259]

"Você coloca na mesa o que você faz, eu coloco o que eu faço", Jay-Z disse à banda durante as gravações, resumindo sua filosofia central. "É inflexível. Você não tenta ser eu e eu não tento ser você. Há uma fusão e aconteça o que acontecer. Eu adoro isso."[260]

Terminado depois de quatro dias entusiasmados, *Collision Course* foi divertido, criativo e incendiário. A multidão na filmagem da MTV no Roxy Theatre, em West Hollywood, em julho pirou.[261]

Assim como todo o país. Registrado como um EP,[262] foi apenas o segundo a atingir o número 1 quando chegou às lojas em 30 de novembro, vendendo 300 mil cópias na primeira semana, quase 2 milhões nos Estados Unidos e 5 milhões em todo o mundo até o fim da década. A fusão inspirada da balada de nu metal "Numb" com "Encore" de Jay-Z, a favorita no início das gravações, energizou cada rádio onde tocava, chegando ao número 20 e ficando na parada da *Billboard* por seis meses. A música rendeu a Jay-Z outro Grammy. Na cerimônia do ano seguinte, Linkin Park e Jay-Z se apresentaram juntos, todos vestidos com ternos sob medida e Jay-Z cobrindo uma camiseta de John Lennon. Acabou sendo uma indireta. No meio da música as guitarras saíram para Jay cantar sua segunda estrofe sobre um refrão cadenciado de piano familiar. Bennington começou a cantar junto com ele: "Yesterday, all my troubles seemed so far away...". Depois outra figura de terno branco apareceu para assumir o vocal, *sir* Paul McCartney, reconhecendo e homenageando sua recém-descoberta credibilidade no hip-hop via *The Grey Album*. Essa foi uma ruptura das culturas, na TV mundial, com Jay-Z em seu ponto de apoio. Danger Mouse deve ter ficado pasmo com a história que criou.

Além do início de uma amizade e parceria profissional com Shinoda, pois na época do Grammy Jay já estava trabalhando como produtor

---

259. Ibid.
260. *The Making Of Collision Course* DVD, 2004.
261. O Linkin Park escolheu à mão os fãs que ganharam os ingressos para a apresentação baseando-se em uma pesquisa na internet com a pergunta: "Que outros artistas vocês escutam?". Aqueles que disseram Jay-Z ganharam ingressos. O show foi ao ar em 10 de novembro.
262. Com um segundo DVD com um minidocumentário *"Making Of..."* e filmagem da apresentação no Roxy.

executivo ajudando a listar as faixas do álbum solo de Shinoda, então chamado Fort Minor, intitulado *The Rising Tied – Collision Course,* também deu a Jay um benefício raro e crucial a um rapper negro: credibilidade entre o público adolescente skatista e roqueiro formado na maioria de brancos. *Collision Course,* mais do que qualquer outro disco antes, deu uma sugestão da abertura de Jay-Z a toda a cultura musical. Ele era, cada dia mais, descolado em todas as cenas.

    Com toda essa atividade nas turnês e nas paradas durante 2004, os espectadores poderiam ser perdoados por acharem que a aposentadoria de Jay-Z seria um subterfúgio, um golpe publicitário. Na verdade, a lenta engrenagem dos negócios atrasava sua mudança para a vida empresarial. Mas perto do fim de 2004, as ofertas sérias dos executivos começaram a se amontoar. Os principais participantes das quatro grandes gravadoras estavam em um jogo de cadeiras, mudando entre empresas e cargos. No fim da jogada, o lugar deixado livre foi o de presidente da Def Jam. Não foi a única oferta que Jay-Z recebeu, a Warner Brothers lhe deu a oportunidade de comandar todos os seus selos por um salário alto. Mas Jay-Z escolheu o cargo de salário menor na Def Jam ganhando meros 8-10 milhões de dólares por três anos, porque, depois de comprar as ações restantes da Roc-A-Fella no início de 2004 por 10 milhões, a Def Jam detinha os direitos das preciosas gravações máster de Jay-Z, valiosíssimos. Parte do contrato de presidência dizia que depois de dez anos no trabalho esses direitos se reverteriam para ele como um dos maiores bônus de pagamento no mundo. E Jay não era um homem de recusar uma oferta irrecusável.

    "Eu tento prestar atenção aos sinais ao meu redor", ele me contou depois, "e todos os sinais me apontavam para isso como o que deveria fazer depois (...) todos os sinais. Acabaram de me oferecer a presidência da Def Jam, acho que esse era o próximo nível de minha vida. Apenas mostra que os artistas podem ascender aos cargos executivos e não só sumirem e participarem dos especiais 'por onde anda?'. Eu sempre fui empreendedor, tenho minhas empresas, só pensei que era hora de mostrar aos artistas um final diferente."

    Antes de anunciar o lance, Jay teve de tratar de alguns assuntos emocionais. Sua mudança para a Def Jam significaria a dissolução do coletivo original da Roc-A-Fella, pois, como presidente da Def Jam, Jay-Z era o chefe da Roc-A-Fella agora. O relacionamento entre Dash e Jay vinha rachando há alguns anos, com desacordos sobre questões quanto aos funcionários, promoções e que direção a companhia deveria tomar. Em 2004 seu relacionamento profissional não ia muito além de medirem forças aos berros em seus escritórios para depois precisarem marcar "reuniões de conserto" para tentar acabar com o racha, só para outro aparecer em seguida. Agora era a hora decisiva.

Em um jantar naquele inverno, Jay-Z sentou com Dash e Burke para dar a notícia e, ciente dos sentimentos compreensíveis de raiva e traição que eles pudessem ter, ele veio com um presente com que esperava açucarar seu amargor. Ele contou que daria a Dash e Burke o controle completo sobre a Roc-A-Fella em troca das fitas máster de *Reasonable Doubt*, o disco que eles ainda possuíam em conjunto.

Não foi o bastante. Com Dash e Burke recusando o suborno de Jay-Z, a favor de apenas vender suas partes restantes da Roc-A-Fella, a reunião terminou de forma amarga. Poucas semanas depois Dash começou a lançar seu próprio selo sob a sombra da Universal chamado Damon Dash Music Group, de uma ala da companhia que não estava sob o controle de Jay-Z. Frustrado por Jay, o rosto e a frente da Roc-A-Fella, ter ganho a aclamação, o crédito e o enorme salário da indústria com o sucesso da gravadora em vez dele, mesmo trabalhando junto dele desde o início, o levou a exigir um papel mais elevado na Universal do que eles estavam preparados para concedê-lo e os planos para o selo foram abandonados. Dash foi à imprensa, criticou Jay abertamente por seu padrão de empregar mentores e parceiros pelo tempo que eles eram úteis para depois descartá-los imediatamente. Jaz-O, sua primeira equipe de produção, agora Dash. Estava claro que a parceria entre Jay e Dash não funcionava mais e 18 meses depois Jay comprou a parte de Dash em sua última ligação comercial, a Rocawear, por 22 milhões de dólares. Depois quando eles se encontraram no elevador, trocaram acenos e nada mais.

A era Roc-A-Fella terminou, uma década que mudou o hip-hop em sua essência, abriu portas que pareciam emperradas para o rap, transformou um gênero explosivo em um resplendor cultural constante e ofuscante.

Agora Jay-Z resolveu fazer o mesmo com toda a indústria fonográfica.

★★★

Em sua chegada, as coisas na Def Jam não pareciam tão cor-de-rosa. A gravadora estava estagnada e lutava para preservar suas antigas glórias das vendas. Seus funcionários estavam desiludidos e acabados, não tinham paixão pela música e a habilidade com as vendas que levou Jay-Z ao topo. Os cofundadores Rick Rubin e Russell Simmons saíram havia muito tempo, junto com artistas importantes, como Beastie Boys e Public Enemy, deixando a gravadora cheia de uma velha-guarda esgotada passando pelos movimentos da indústria fonográfica sem emoção ou entusiasmo pela música que descobriam e lançavam. O lugar era uma linha de produção insensível. E era o dever formidável de Jay-Z virar a mesa, colocar a Def Jam de volta às suas raízes de gravadora dinâmica e fronteiriça.

O primeiro instinto de Jay foi sair correndo, mas ele não era de desistir. Em vez disso, jurou levantar a gravadora de seu torpor por qualquer meio. Seu primeiro ato foi inspirar seus funcionários com uma viagem de dois dias para o Tribeca Grand Hotel, onde ele deu a palestra mais inspiradora que conseguiu e depois tocou para eles uma gravação das maiores vendagens da Def Jam original desde 1984, uma declaração ensurdecedora e apaixonada da razão de ser e do manifesto da gravadora, um lembrete inspirador do que era a Def Jam. Ele conduziu um questionário para descobrir por que seus funcionários trabalhavam na música e o que os empolgava nisso. De volta ao escritório, ele foi um chefe acessível, amigável e lisonjeiro com todos, do estagiário ao executivo, transpirando amenidade e produtividade. Ele se jogou nas complexidades dos negócios, estudando cada brecha do negócio. Foi como se ele tivesse passado os dez anos anteriores se matando de estudar em cursos de administração em vez de cantar rap do fundo de seu coração.

Mas seus primeiros contratados fizeram pouco para melhorar as perspectivas da gravadora. Voltando por instinto a seu círculo próximo de colegas e parceiros, ele assinou com Young Gunz, Foxy Brown e Memphis Bleek, só para descobrir o desempenho insatisfatório de seus álbuns para a gravadora apesar de seus melhores esforços promocionais. Ele foi muito melhor, pelo menos entre a crítica, com The Roots, sua banda de apoio no *Unplugged* e no show de despedida no Madison Square Garden. Depois de convencer Jimmy Iovine, presidente de sua gravadora anterior, a Interscope, de liberá-los de seu contrato para eles assinarem com a Def Jam e a própria banda recusar ofertas mais generosas por confiança e respeito por Jay e a integridade de suas práticas profissionais, Jay tinha um interesse pessoal profundo em seu lançamento de estreia pela Def Jam, *Game Theory*, querendo que a banda permanecesse fiel à sua arte e não tentasse apelar para o mercado mais comercial adotando temas tradicionais do rap, como muitos críticos do movimento esperavam quando a banda passou para o controle de Jay-Z. Quando eles descobriram que tinham apenas 24 horas para apagar um sample de uma música da banda de rock alternativo Radiohead com os advogados da banda exigindo 700 mil dólares pelo clipe, Jay telefonou para Thom Yorke e em uma hora conseguiu permissão com honra.

O verão de 2005 trouxe dias mais ensolarados. Kanye assinou com o selo por meio de seu contrato com a Roc-A-Fella e ganhou disco de platina com seu segundo álbum aclamado, criativo e ganhador do Grammy, *Late Registration*, que Jay ajudou a formar implorando a Kanye para tirar um de seus maiores sucessos, "Hey Mama", de seu álbum de estreia para pôr no segundo. Young Jeezy teve um sucesso semelhante. Mas talvez o melhor momento do primeiro ano de Jay como presidente da Def Jam foi quando ele rejeitou seus velhos parceiros e testou uma nova artista em seu escritório. Uma nervosa, inexperiente garota de Barbados de 17 anos que entrou devagar e se apresentou como Rihanna. Depois de ouvi-la cantar "Pon De Replay", ele insistiu em contratá-la naquela noite.

"Jay-Z me disse: 'há só duas saídas. Pela porta depois de você assinar este contrato, ou por esta janela'", ela lembrou em 2007. "Nós estávamos no 29º andar. Muito promissor."[263]

"Ela era uma estrela, imediatamente", Jay-Z me disse em nossa entrevista. "Ela nunca teve um álbum ou gravação lançados antes, ela entrou e a sala se mexeu. Mexeu naquele momento." Em seu senso de A&R, ele explicou, ele não seguia popularidade. "Eu vou em vários shows, de várias bandas iniciantes. Gosto muito de música, então não é um trabalho para mim. Tenho um grande time de caça-talentos. Eu realmente me sinto atraído pelas estrelas. Não estou procurando pelo próximo nada. Nas várias vezes em que muitos A&Rs erram, eles procuravam pela próxima Rihanna. Eu não procuro pelo próximo artista, procuro pelo mais novo."

O álbum de estreia de 2005 de Rihanna *Music of the Sun* vendeu meio milhão de cópias nos primeiros seis meses nas prateleiras, e dois anos depois Rihanna faria as músicas pop mais marcantes do século XXI. De repente, Jay-Z correspondia à sua reputação de criador de sucessos.

Fora da sala de reuniões, os empreendimentos pessoais de Jay se expandiam. Ele comprou uma grande parte do Spotted Pig, um gastrobar no West Village com prestigiosas estrelas no guia Michelin. Ele pensou em comprar uma cota do clube de futebol britânico Arsenal FC. Durante os play-offs do basquete, ele quebrou seu silêncio musical para lançar uma versão temática especial de "Takeover" baseada na

---

263. *Observer*, Sylvia Patterson, 2007.

temporada dos Nets com participação de Young Gunz para promover o time e virar seu hino do ano. O sofisticado designer industrial Adrian Van Anz foi incumbido de criar a cor do rapper, o azul Jay-Z, um tom de peixe prateado refletivo com pontos de platina, com a intenção de fazer uma grande série de produtos em uma "edição especial" da cor, incluindo, supostamente, uma versão de Jay-Z de um jipe top de linha da Chrysler.[264] Em termos de promoção cruzada, Jay-Z não estava apenas pensando fora da caixa, ele estava pensando fora da geometria como um todo.

Não que seus esforços só servissem a si. Quando seu sobrinho Colleek Luckie se formou naquele ano, Jay-Z comprou para ele um Chrysler novinho de presente, só para ficar completamente devastado quando Colleek morreu em um acidente no carro apenas algumas semanas depois. Quando o furacão Katrina atingiu a Louisiana em 29 de agosto, Jay foi um dos muitos grudado na TV, horrorizado com a perda de vidas e sustento exposta nas telas e a desumanidade e aparente falta de preocupação mostrada pelos líderes do país para com alguns dos membros mais pobres e necessitados da sociedade americana. Apoiando a declaração de Kanye West ao vivo na TV em um programa beneficente para ajudar na emergência de que "George Bush não liga para os negros", uma atitude que ele via ecoando por gerações, ele doou 1 milhão de dólares à Cruz Vermelha, assim como fez P. Diddy.

Ainda assim, era difícil de se acostumar com a vida na sala dos fundos. O dinheiro era ótimo, ele tinha a respeitabilidade com que sempre sonhou e a sensação de trilhar uma caminho dos ambientes mais pobres aos altos mais ricos da carreira, de ser uma inspiração para milhões, era muito gostosa. Mas havia tão pouca aclamação. Poucos prêmios, nenhum aplauso, nenhum holofote, gritos ou ovações. Pouquíssimos frios na barriga. E além dos murais no escritório e dos jornais financeiros, ninguém falava mais dele, essa figura que prosperou com a controvérsia e a confrontação toda a sua vida.

Nas férias de 2005, ele se viu fazendo rap de novo, mas de um ângulo mais profundo e perceptivo do que antes. A rima chamava-se "Beach Chair", inspirada pela morte de seu sobrinho e seu sentimento de culpa pela tragédia, e dirigia-se à filhinha de Jay-Z, que não só não tinha nascido, como nem tinha sido concebida. Explorando questões de fé e espiritualidade, ele tentou mapear um caminho de vida destemido e esperançoso para sua filha, livre do pavor da morte que o assombrou

---

264. Os planos para o jipe aparentemente foram engavetados quando uma nova diretoria assumiu a Chrysler, menos disposta a associar a marca com um ex-traficante.

durante sua juventude ou a necessidade de cobiçar a riqueza dos outros e sem ter de pagar pelos muitos pecados de seu pai, mas também impulsionada por uma ambição e uma autoconfiança igualmente efervescentes. A letra era quase um Shakespeare do gueto quanto à linguagem e ao tema: "I barter my tomorrows against my yesterdays" [Desconto meu futuro com meu passado], "no compass comes wit' this life, just eyes/ So to map it out you must look inside" [nenhuma bússola veio com essa vida, só olhos/Então para mapeá-la deve-se olhar para dentro de si"] e centrava-se em sua própria morte e ascensão a "um plano ainda mais elevado", deixando para sua filha as habilidades e os recursos para uma vida plena e feliz.

Ao recitar "Beach Chair" várias vezes para si naquele verão de 2005, Jay-Z percebeu que ele ainda tinha muito a dizer no hip-hop. Ele não podia ficar quieto para sempre, as pessoas tinham de ouvir.

Mas o rap era um campo de batalha para ele, cheio de inimigos, sabotadores e campos minados. Se ele ia voltar, teria de fazer isso com uma pancada para nivelar a paisagem.

Capítulo 13

O Retorno do Rei

A guerra estava marcada para estourar por volta das 21h do dia 27 de outubro. Seu centro nervoso e de interesse, o concerto anual Powerhouse da emissora Power 105.1 na Continental Airlines Arena, East Rutherford, New Jersey. Os senhores da guerra se reuniram, conferenciando em conspiração. O show chamava-se "I Declare War", a batalha era iminente, sangue lírico com certeza seria derramado. "Tenho de aplicar uma chave de estrangulamento neles, o Boston Crab", Jay disse a Ed Lover na Power 105.1 antes da apresentação. "Tenho de esmagar algumas pessoas. É melhor todo mundo se reconciliar e ser meu amigo."[265] Mas contra quem eles lutavam? Jay-Z estaria prestes a lançar um ataque termonuclear em Nas? Um míssil Scud do hip-hop contra quem o ataca na imprensa: Damon Dash, Jaz-O, 50 Cent, Cam'ron ou The Game? Ou isso seria uma bateria antiaérea completa contra toda a indústria do rap, abatendo cada inimigo, plagiador e traidor que um dia criticaram o que ele chamava nas entrevistas sucessivas de "a administração Carter"?

Seja o que for, a multidão reunindo-se no CAA naquela noite esperava fogos de artifício.

Com uma hora de atraso,[266] Jay-Z levou para seu novo escritório um cenário enorme no palco desenhado para imitar o Salão Oval em uma sugestão de seu novo cargo como presidente de uma gravadora e de sua posição cultural. Os alto-falantes tocavam a todo volume o discurso "I Have a Dream" de Martin Luther King enquanto Jay se virava para o público em uma enorme cadeira giratória de couro, com o punho suspenso sobre um grande telefone vermelho. "Não acho que vocês,

---

265. Jay-Z and Nas Officially Dead Beaf, *Allhiphop.com*, Seandra Sims e Houston Williams, 27 de outubro de 2005.
266. Segundo notícias, por causa do atraso dos vários convidados especiais do show.

seus filhos da mãe, estão prontos hoje!", ele gritou para a multidão entoando "HOVA", dizendo que, como a arena era onde os Nets jogavam, "esta é minha casa" e se jogando em "U Don't Know", "What More Can I Say" e uma faixa chamada "Dear Summer" que chegou às ondas do rádio com impacto naquele verão. A música foi selecionada do álbum de Memphis Bleek, *534*, mas tinha apenas Jay-Z improvisando, em um tributo quase nostálgico (e irônico, tendo em vista sua divulgação considerável) àquela época do ano em que ele costumava ter um novo sucesso dominando a programação das rádios como um aquecimento para seu álbum anual no inverno. "Dear summer, I know you're gonna miss me/For we been together like Nike Airs and crisp tees... you know how I do, Summer/I drop heat when you bring the sun up" ["Querido verão, sei que vai sentir saudades de mim/Pois nós ficamos juntos como Nike Airs e camiseta... você sabe como eu faço, Verão/Eu solto calor quando você traz o sol"], ele cantava sobre um sample crepitante de Weldon Irvine, pegando um fã aleatório da fileira da frente para interpretar a segunda voz de emergência. Foi uma rima tipo cabo de guerra, ao mesmo tempo marcando uma volta na ponta dos pés para a música e cantando para sua "amada" temporada de sucessos no verão sobre como "dói meu coração, mas esse tempo longe do público é necessário". Também foi o único sinal verdadeiro da guerra declarada na noite toda. Os versos sobre os rappers que faziam "discos subliminares" que disparavam com estupidez contra ele foram interpretados como uma referência aos lançamentos recentes do The Game e sua resposta foi desafiadora, oferecendo um duelo aberto. "I put a couple careers on hold, you could be the next kid... if you that hungry for fame mothafucker, c'mon/Say when, take 10 paces and spin." ["Eu pus algumas carreiras na geladeira, você pode ser o próximo garoto... se está tão sedento por fama assim, filho da mãe, vá/Diga quando, dê dez passos e vire."]

Mas enquanto Jay desejava seu ex-amor, a agenda de lançamentos no verão, um carinhoso *au revoir*, esperando que ela seja gentil com seus amigos em sua ausência, o show seguiu mais na direção de uma união alegre em vez de traçar um campo de batalha. Freeway, Beanie Sigel, Sauce Money e The LOX, todos subiram ao palco para uma rara revisitação de "Reservoir Dogs". Kanye apareceu de repente no palco para "Drive Slow" e "Gold Digger". Teairra Mari, Ne-Yo, T.I., Young Jeezy, Bleek e Peedi Peedi apareceram para cantar com Jay ou apresentar suas músicas. Enquanto os convidados surpresa continuavam a aumentar como o contrário dos sacos mortuários, a paz e a harmonia reinavam, o conflito tinha saído do local. Os falcões na plateia rosnavam.

Então, duas horas depois da última parada de astros de Jay-Z, no meio de "Where I'm From", Jay confessou no verso "I'm from where niggas pull your card and argue all day about who's the best MC, Biggie, Jay-Z ou Nas". [Venho de um lugar onde os manos te ameaçam e discutem o dia todo sobre quem é o melhor MC, Biggie, Jay-Z ou Nas"]. E corta a música. O público atordoado pirou, todos ficaram arrepiados. "Isto se chamava 'I Declare War' [Eu Declaro Guerra], Jay disse no microfone. "É maior do que isso. É como a porra do presidente apresentando a Organização das Nações Unidas. Então você sabe o que eu fiz pelo hip-hop? Eu disse: 'Foda-se essa porra'. Vamos, Esco!".

Um holofote acendeu no topo do palco onde Nas estava de farda, curtindo os gritos alucinados de 20 mil pessoas. Ele desceu, abraçou Jay, apertou sua mão imitando um modo presidencial e fez seu discurso de trégua. "Muitos manos estão fazendo dinheiro e ainda putos da vida com o mundo. Nós estamos salvando a costa leste, com sua ajuda." Com isso, o par começou "Dead Presidents", com Nas no refrão. Jay cedeu o palco para Nas cantar "The World Is Yours", "It Ain't Hard To Tell" e "N.Y. State Of Mind" antes de voltar para cantarem "They Shootin'" e "Hate Me Now" do Nas juntos, com P. Diddy se juntando a eles, derramando espuma de champanhe na frente do palco. "Nós estamos nessa bagaça juntos", Jay disse no fim da música. "Vocês acabaram de testemunhar a história. Todo mundo aqui faz parte dela. Toda essa merda de briga é esquisita. Vamos ganhar esse dinheiro."

O dinheiro que eles iam ganhar provavelmente era da taxa de contratação pela Def Jam de Nas, uma grande parte de sua reconciliação, e o término da rixa veio com Jay-Z contratando Nas para sua gravadora. Finalmente os dois combinados artisticamente. Jay até apareceu em "Black Republicans" no primeiro álbum de Nas pela Def Jam *Hip Hop Is Dead*, e a dupla apareceu junta por todo o ano de 2006 nos palcos, na TV e no rádio.

Os grandes eventos. As participações discretas dos convidados. A coceirinha de escrever novas faixas. Inexoravelmente, Jay-Z foi sugado para fora da sala de reuniões e para debaixo dos holofotes. Ele aprovou outro lançamento de *Greatest Hits* em setembro de 2006, contendo seus maiores sucessos desde *Reasonable Doubt* até sua trilogia "Lifetime". Ele concordou em participar de duas músicas para o álbum novo de Beyoncé de 2006, *B'Day*. Quando o convidado original T.I. não conseguiu gravar "Upgrade U", Jay se ofereceu para cantar em uma música que dava uma noção do relacionamento que de outra maneira eles mantinham estritamente privado, determinados a não deixar que se tornasse um brinquedo para a imprensa ou se desgastasse frente às câmeras. "Upgrade U" fala sobre Beyoncé enfeitando seu homem com prendedores de gravata da Cartier e pastas da Hermès e dando mais valor a seus contratos milionários só ao acompanhá-lo nas reuniões. Foi uma revelação fascinante da conduta íntima dos relacionamentos entre celebridades e como eles complementam os interesses um do outro e de como a fama vende, mas casais famosos vendem quatro vezes mais. E expôs também novas camadas de humor e diversão em seu relacionamento, com os versos de abertura de Jay desprezando: "how you gonna upgrade me? What's higher than number one?" ["como você vai me melhorar? O que é maior do que o número um?"] e sua estrofe principal zombando da imprensa por espalhar rumores de casamento e dando tão duro para espiar o casal relaxando no feriado. De sua parte, as letras de Beyoncé eram descaradamente controladoras, cheia de poder feminino, sugerindo que quem manda é ela, incluindo até uma personificação fantástica de Jay-Z no vídeo, com direito a corrente de ouro grossa e o beiço inchado.

"Eu adorei", ela contou para a MTV, "porque é completamente diferente de mim ou pelo menos do que as pessoas acham de mim. Eu fingi ser Jay e ele estava lá e eu disse para ele sair, porque não conseguia fazer com ele na sala, dava muita vergonha. Acho que fiz um ótimo trabalho. Fiz até o beiço!"[267]

O outro número, "Déjà Vu", foi o primeiro single do disco, tomando como exemplo sua colaboração de abertura de sucesso do álbum de estreia com Jay em "Crazy In Love". No quarto lugar das paradas, foi o primeiro dueto de Beyoncé e Jay-Z que não transpirava devoção amorosa. A personagem de Beyoncé estava obcecada por um ex-namorado e Jay-Z beirava a paranoia de não se igualar a esse "ex" divino. Mas o vídeo feito para ela, com Beyoncé escolhendo roupas, movimentos e poses semelhantes aos de uma Tina Turner jovem, contorcendo-se ao redor de Jay de um modo tão sugestivo que 7 mil fãs assinaram uma petição *on-line* para refilmarem o vídeo, em parte por causa de sua sexualidade explícita. Em um ponto os espectadores com a cabeça mais suja interpretaram Beyoncé agarrando o cinto de Jay enquanto desce rebolando por uma parede como indicativo de sexo oral iminente.

Cada oportunidade de um convite astuto de participação, cada possibilidade de uma apresentação em um evento, tudo de repente era irresistível. Em junho de 2006, no venerado Radio City Music Hall em Manhattan, Jay-Z apresentou o *Reasonable Doubt* completo para comemorar o décimo lançamento do álbum, todos os 3 mil ingressos

---

267. Behind The B'Day Videos, *MTV.com*, Jennifer Vineyard, 2007.

sumiram em menos de dois minutos. Diante de uma orquestra de 50 peças chamada The Hustla's Symphony e uma banda de apoio incluindo Questlove do The Roots e dos Illadelphonics, o clássico seminal do hip-hop foi apresentado em um esplendor suntuoso, com apenas algumas alterações notáveis. Sem Biggie para dividir os vocais, Jay cantou tudo de "Brooklyn's Finest". Sem o amor de seu ex-mentor, a estrofe de Jaz-O foi cortada de "Bring It On". Com Mary J. Blige imersa nos ensaios para uma turnê mundial, Beyoncé apareceu para cantar as partes dela em "Can't Knock The Hustle". E acrescentou-se uma nova estrofe a "22 Two's", colocada sobre um sample de "Can I Kick It?" de A Tribe Called Quest: 44 variações das palavras "for" e "four". O público, incluindo Jadakiss, LeBron James, Chris Tucker e Alicia Keys, ficou tão empolgado que Jay sentiu que isso também precisava de uma divulgação mais pública.

Notou-se outra mudança no álbum. Todas as referências ao champanhe Cristal foram alteradas para Dom Pérignon. Isso por Jay ter levado a mal os comentários feitos pelo diretor administrativo da Cristal, Frédéric Rouzaud. Quando perguntado pela *The Economist* sobre como ele se sentia com as várias menções feitas à Cristal nas músicas de hip-hop, ele retrucou: "O que podemos fazer? Não podemos proibir as pessoas de comprá-la, tenho certeza de que a Dom Pérignon ou a Krug adorariam ter seus negócios". Considerando essa leve equivalência ao racismo, Jay publicou sua declaração: "Soube que o diretor administrativo da Cristal, Frédéric Rouzaud, vê a cultura 'hip-hop' como uma 'atenção indesejada'. Vejo esses comentários como racistas e não mais apoiarei nenhum de seus produtos em nenhuma de minhas marcas, incluindo o 40/40 Club, nem na minha vida pessoal". Sem dúvida, a Cristal foi banida dos clubes 40/40 de Jay, todas as referências a ela em suas letras foram exorcizadas e ele nem a cheirava em casa. Em vez disso, começou a considerar mais champanhes exclusivos para promover.

Até seu trabalho de caridade durante sua aposentaria passou para a música. Em uma viagem para os confins mais pobres da África durante uma turnê mundial anterior, Jay se impressionou com a terrível condição da água no continente. Ele viu como a instalação simples de "bombas d'água movidas a brincadeiras" nas vilas, como carrosséis que tiram a água do chão e a armazenam enquanto as crianças brincam neles, poderia ajudar a aliviar a luta de muitos habitantes. Comovido com a situação deles, de volta aos Estados Unidos em 2006 ele marcou uma reunião com Kofi Annan, secretário-geral da ONU, para preparar planos para que ele ajudasse a fomentar um esquema desses e com a MTV para patrocinar um documentário cobrindo uma viagem proposta de Jay à África para ajudar a chamar atenção para o problema. Por isso, em 9 de agosto, uma conferência de imprensa na sede da ONU em Nova York anunciou uma parceria entre Jay-Z e a ONU no programa Water For Life. Em outubro, a MTV se juntaria a Jay na Nigéria, em Ruanda, na África do Sul e na Argélia enquanto ele encontrava as pessoas lutando para ter acesso à água potável e analisava possíveis soluções. O documentário chama-se *Diary Of Jay-Z: Water For Life*[268] e foi filmado nos dias de folga durante a turnê na África de Jay-Z em 2006, cantando em apresentações e festivais na Nigéria em um momento no qual os Estados Unidos desaconselhavam seus cidadãos de visitarem o país.[269] A excursão africana fazia parte de uma turnê mundial, com o nome do projeto Water For Life e dedicada a promover a questão por todo o mundo.

E se haveria uma turnê mundial em 2006, naturalmente deveria ter um álbum novo para acompanhá-la.

O chamariz da vida antiga se tornou demais. O chamado do microfone era alto demais. A MTV o classificava como o Melhor MC Número Um de Todos os Tempos, a revista *Time* declarava que ele e Beyoncé eram o casal mais poderoso do mundo, mas Jay-Z ainda sentia que tinha coisas para provar.

A aposentadoria acabou.

Era hora de fazer o retorno do século.

★ ★ ★

"Você tem essa fantasia em sua cabeça de sair dessa vida e agitar o mundo corporativo. Que porra você vai fazer além do tráfico?"
– Pain In Da Ass, "The Prelude", Kingdom Come

O problema com os super-heróis é que um dia eles apodrecem. Poder, corrupção, cobiça, abuso de seus talentos. Sem um líder forte eles um dia racham, trapaceiam, desviam-se do caminho íntegro. Foi o que Superman descobriu quando ele voltou de um exílio voluntário para encontrar uma nova legião de super-humanos renegados irradiando Kansas e matando milhões quando um ataque ultraviolento sobre o Capitão Átomo solta suas energias nucleares internas. Superman precisou refor-

---
268. Transmitido em novembro.
269. Jay também usou a viagem para filmar um comercial da Rocawear na África do Sul, segurando filhotes de leão na frente das câmeras em uma reserva de caça Madikwe e brincando com crinças em uma escola em Durban, com todas lhe mostrando o sinal Roc enquanto ele entrava nas salas.

mar a Liga da Justiça para reorganizar esses anti-heróis enlouquecidos para lembrá-los de suas responsabilidades, mostrar-lhes de novo como deve ser feito. Está tudo escrito na minissérie da DC Comics de Alex Ross e Mark Waid *Kingdom Come* [*O Reino do Amanhã*].

Jay-Z se sentia assim quando olhava para o hip-hop em 2006. Sua própria banca estava lá fazendo discos que dobravam os limites do que o rap poderia ser, mas para cada Kanye haveria centenas de aspirantes pisando no velho terreno, desonrando o gênero, usando o rap errado. Quando seu engenheiro Young Guru, um enorme fã de história em quadrinhos, lhe contou o enredo de *Kingdom Come*, Jay tinha seu conceito e seu título. Depois de matar Jay-Z no vídeo de "99 Problems", Jay planejou lançar seu álbum de retorno sob o nome Shawn Carter, mas havia aqui um propósito mais ilustre. Jay-Z voltava voando à cidade para salvar o hip-hop de si.

A princípio foi uma salvação lenta. "Nas primeiras duas semanas no estúdio eu só ficava sentado e realmente não fazia nada", ele contou ao *Observer*, "e então em uma bela semana tudo voltou. Acho que é como tudo se você fica um tempo parado, como um jogador de basquete. Você precisa voltar à boa forma."[270]

Seu primeiro instinto foi voltar ao que ele conhecia, em um estilo heroico. O primeiro single de seu álbum de retorno *Kingdom Come* foi "Show Me What You Got" de Just Blaze. Uma faixa construída em volta de um arroubo de instrumento de sopro de uma big band clássica sampleada da trilha sonora de Johnny Pate para *Shaft In Africa* e de "Show 'Em Watcha Got"[271] do Public Enemy, ela abria com Jay declarando "um estado de emergência" e voltando para salvar o dia como "o Mike Jordan da gravação" ou um Bond urbano moderno. O vídeo mostrou a ligação com o 007. Voltando à pompa milionária de grande orçamento de seus primeiros vídeos promocionais, Jay recriou várias cenas de Bond, incluindo uma corrida pelo percurso do Grand Prix de Mônaco com o famoso piloto de corrida Dale Earnhardt Jr. em uma Ferrari F430 Spider (em homenagem a *007 Contra GoldenEye*), uma corrida de lanchas (de *007: O Mundo Não é o Bastante*), uma grande festa cheia de modelos em uma caverna de um vilão dos filmes de Bond (parecida com a do *Com 007 Só Se Vive Duas Vezes*) e uma partida de pôquer com apostas altas (*Cassino Royale*). O custo elevado do vídeo, além de uma taxa

---

270. Jay-Z, Kingdom Come, *Observer*, Karl Wilkinson, 12 de novembro de 2006.
271. Bem como créditos para "Darkest Light" do Lafayette Afro Rock Band e "Rump Shaker" do Wreckx-N-Effect.

informada de 1 milhão de dólares, foi pago antecipadamente pela Budweiser para a qual Jay também fez uma propaganda ao mesmo tempo que o vídeo, em um tributo a *007: Nunca Mais Outra Vez*.[272]

Apresentado por duas semanas quando vazou na Internet, a energia cativante e propulsora de "Show Me What You Got" foi um sucesso na rádio no início de outubro,[273] suas metáforas de sedução e rejuvenescimento do rap refletindo a verdadeira empolgação de Jay por estar de volta à música: "get the fuck out the throne you clone, the king's back" ["saia daí do meu trono, seu clone, o rei voltou"]. Atingindo o número 8 da parada da *Billboard*, parecia que cada pedacinho da volta de Jay era uma notícia tão grande quanto ele esperava.

Kingdom Come chegou um pouco mais devagar. Desde a fala de abertura de Pain In Da Ass, em um aceno para seu passado da trilogia "Lifetime", a gravação infiltrou-se em "The Prelude", uma peça pastoral descontraída de cordas suaves, clarinete e um baixo solto[274] que evocava o tema recorrente do álbum. Assim como *The Black Album* era obcecado com Jay-Z largando o negócio do rap, *Kingdom Come* era sobre por que ele voltava. "The game's fucked up" [A jogada está uma merda]", ele revelava antes de examinar seu pensamento sobre os anos anteriores: "forget this rap shit, I need a new hustle... the new improved Russell/I say that reluctantly 'cause I do struggle/As you see, I can't leave so I do love you" ["esqueça essa merda do rap, preciso de uma nova atividade... o novo melhorado Russell/Digo isso com relutância porque eu luto sim/ Como podem ver, não posso sair porque amo vocês"]. Enfatizando sua veracidade, o sucesso antes do rap e sua longevidade, foi um retorno retraído incomum que alguns críticos interpretaram como uma volta

---

272. Esse não foi o único uso comercial do vídeo e da música. Perto do fim do vídeo, vemos Jay-Z recusando a oferta de uma garrafa de Cristal feita por uma garçonete e pedindo, em vez dela, a champanhe de 300 dólares, a garrafa Armand de Brignac, enquanto também menciona o design inconfundível da marca na letra "garrafas douradas daquele ás de espadas". As vendas de Cristal caíram depois da denúncia de Jay-Z sobre a marca e Armand de Brignac teve muito sucesso por causa do vídeo, vendendo todas as garrafas da série anual limitada de cada ano. O jornalista financeiro Zack O'Malley Greenburg, em seu livro *Empire State Of Mind*, alega que Jay-Z deve ter negociado um acordo pelo qual ele lucraria até 4 milhões por ano com as vendas de Armand de Brignac sem admitir publicamente a ligação. Com certeza, a propaganda cruzada não era incomum para Jay-Z neste momento, pois um comercial que ele filmou para o novo notebook HP Pavilion da Hewlett-Packard naquele ano também anunciou a Rocawear e a próxima turnê mundial de Jay.
273. Em vez disso, a faixa vazada foi tão tocada que o FBI iniciou uma investigação para descobrir a fonte.
274. Uma produção de B-Money sampleando "Keep The Faith" de Mel & Tim.

arrastada para debaixo dos holofotes, ao contrário da volta atrevida que eles esperavam.[275]

O primeiro um terço do disco parecia uma reunião para fusão em vez de um chute para um nocaute do retorno do campeão incontestável do rap. Com Just Blaze no leme, as tradições de meio período de Jay-Z de samples de soul acelerados foram preparadas de modo formulaico, principalmente na segunda faixa "Oh My God", uma frase repetida quase dolorosamente implacável do grito fervoroso de Genya Ravan do cover de "Whipping Post" do The Allman Brothers que soava como "U Don't Know" sob o efeito de metanfetamina. Por toda sua energia e deslumbramento, parecia um velho terreno repisado, com Jay-Z revisitando seus dias no tráfico, um período que ele possivelmente exauriu em sua primeira encarnação. Entretanto, ele fez isso com um entusiasmo afobado parecido com o de seu trabalho anterior e acrescentou referências ultramodernas à banda emo My Chemical Romance (relacionando-a com seu romance com o tráfico de drogas) e a *Grand Theft Auto* junto com sua marca registrada de se desculpar com sua mãe pela vergonha que o tráfico trouxe para a família. Mas, ao atualizar essa história, havia detalhes fascinantes, como se vangloriar de apresentações lotadas de Seul à Tanzânia, sua primeira referência em disco a Water For Life e uma alegação de ter almoçado com Nelson Mandela e jantado com o estilista Roberto Cavalli no mesmo dia.

A faixa título do álbum era mais experimental, incorporando interessantes elementos eletrônicos modernos na costura de samples de Blaze, dessa vez em uma combinação do riff de "Super Freak" de Rick James que MC Hammer usou para "U Can't Touch This"[276] e os golpes eletrônicos nefastos de "100 Guns" da Boogie Down Productions. Foi o primeiro sinal do álbum mais maduro e sofisticado que Jay planejou fazer, mas também, com um toque adolescente, colocou Jay no papel do Superman da história em quadrinhos *Kingdom Come*, admitindo ter ficado "enjoado do rap" por um tempo, mas rasgando seu terno para voar para resgatar o hip-hop quando foi necessário, se autodenominando

---

275. "The Prelude" não foi a primeira ideia de música de Jay para abrir o álbum. Em maio de 2005, ele gravou um improviso chamado "Operation Corporate Takeover" cheio de fala corporativa distorcida com destreza sobre sua invasão do mundo dos grandes negócios, o respeito que ele ganhou lá misturando-se com os magnatas anônimos da indústria, que, segundo sua autobiografia, "dominavam o mundo em silêncio", e suas intenções de remodelar a indústria fonográfica no espírito da reinvenção hip-hop. Mas, quando *Kingdom Come* saiu, a rima parecia desatualizada e seus projetos se provaram impossíveis, até para ele. O improviso acabou sendo lançado em uma mix-tape do DJ Green Lantern em 2006 chamada *Presidential Invasion*.
276. Com direito a um verso do famoso refrão de MC Hammer.

"salvador do hip-hop". As metáforas de super-herói continuavam aparecendo: ele era o Homem-Aranha "escalando as paradas", era um Flash Gordon que trazia a luz na cabine de gravação e um Batman do rap que vinha correndo sempre que o sinal ROC era lançado. Ele deu vida de forma brilhante a uma história em quadrinhos do rap colorida.

Depois de "Show Me What You Got" completar bem o segmento de Just Blaze para o álbum de retorno de Jay-Z, essencialmente um lembrete de onde Jay estava quando nós o deixamos pela última vez, Dr. Dre assumiu o controle para guiar sua carreira por novos caminhos, alguns mais bem pavimentados do que outros. "Lost One", por exemplo, foi um tipo de melodia deslocado, uma balada de piano e cordas desajeitada que não conseguia ser muito coesa[277] apesar de um gancho intoxicante e aveludado no refrão de Chrisette Michele e uma letra reveladora e sensível sobre sofrimento, perda e relacionamentos estilhaçados. Jay parecia lamentar a perda de velhos amigos e parceiros. A primeira estrofe poderia ser interpretada como um exame do colapso de sua relação com Dash e Burke, com Jay colocando seus amigos antes de seus interesses comerciais e seus parceiros levando crédito demais por terem "criado" o rapper embora não contribuíssem com o lado empresarial. Mas Jay também estava aberto quanto às suas falhas, admitindo que a fama se tornou um vício para todos os envolvidos, "a pior droga conhecida pelo homem, é mais forte que a heroína", embora Jay argumente que ele não sofreu dos efeitos de inchaço do ego tanto quanto os outros. No fim, ele sentia que os ex-associados descontentes é que perderam, refletindo: "I guess we forgot what we came for" ["Acho que esquecemos para quê nós chegamos até aqui"].

"Aquela" perda na segunda estrofe foi uma garota, uma namorada workaholic cuja obsessão pelo trabalho leva a romper com seu homem. De que garota em particular ele fala é algo aberto à interpretação, como Jay fala dela com 23 anos na época, a estrofe poderia se referir a seu namoro longo dos anos no tráfico, a Rosario Dawson que tinha 23 quando eles se separaram em 2002 ou até a antigos problemas com Beyoncé, que tinha 25 na época do lançamento da música (eles já namoravam há três anos nesse ponto). Mas referências posteriores ao narrador da música estar no exército sugere que poderia ser um trecho completamente fictício, ao contrário da última estrofe indiscutivelmente autobiográfica, que lidava com a perda de seu sobrinho Colleek, seu sentimento de culpa pelo acidente e como ele escolheu se jogar na dor em vez de

---

277. Mais tarde Dr. Dre disse que ele tinha estudado teoria do piano para compor essa melodia. Ele estava claramente nos primeiros passos.

afastá-la. Os últimos versos da música eram ao mesmo tempo dolorosos e redentores. Colleek estava prestes a ser pai quando morreu e Jay via isso como "presente de Deus", como a vida do garoto "reiniciada" e uma renovação de sua fé abalada pela tragédia. Ele perdera um sobrinho, mas estava enlevado à espera de conhecer o filho de seu sobrinho. Era Jay-Z rimando da forma mais crua, confessional e comovente.

"Do You Wanna Ride?" de Kanye foi uma balada new-age de maior sucesso, uma faixa psico-hop com um toque psicodélico selvagem com uma margem de submundo com guitarras dignas de filmes de espionagem, batidas distorcidas e os talentos vocais inimitáveis de John Legend à mão. A música em si era uma carta aberta para Emory Jones, primo e amigo próximo de Jay-Z durante sua infância, que na época servia uma sentença de 16 anos de cadeia por tráfico de cocaína, supostamente como chefão de um cartel de coca em Maryland.[278] Com Jay-Z falando em vez de cantando muitos de seus versos para Emory e pedindo um baseado como se zombasse da condenação de Jones, ele acrescentou uma nova perspectiva aos aspectos sociopolíticos da vida nos conjuntos habitacionais destacando um fim diferente para aqueles garotos sentados nos degraus dos edifícios admirando os carros, as joias e a estica dos traficantes em seu bairro. Mas a história de Emory não era uma história com moral nem uma tragédia, pois Jay o tranquilizou dizendo que "sua vaga está reservada", a vida luxuosa estaria à espera dele no portão da cadeia e enquanto isso ele poderia ter um gostinho do sucesso por sua ligação com Jay enquanto mantinha sua mente e seu espírito livres na biblioteca da prisão. Jay pintou um quadro idílico da vida de luxo de Emory quando ele saísse da cadeia e manteve sua palavra também. Segundo uma carta publicada pelo site *The Smoking Gun*, em 2009 Jay escreveu para o juiz Benson Legg dizendo que oferecia a Jones um emprego de 50 mil dólares no Roc Apparel Group como assistente executivo, uma oferta que contribuiu com a decisão de Legg de cortar mais de três anos da sentença de Jones e libertá-lo em abril de 2010. O carro Maybach de Jay esperava por Jones no portão quando ele apareceu. O astro multimilionário não esqueceu a honra das ruas.

O balanço lounge-soul da costa oeste de Dre "30 Something" manteve o tempo relaxado para completar a seção do meio tranquila do disco e tinha Jay maduro em seus 30 anos, zombando dos rappers de 20 anos (e seu eu mais novo) por suas roupas ridículas e atitude exibicionista, com as obsessões por calotas, a falta de bom gosto e sofisticação,

---

278. O site *The Smoking Gun,* noticiou também que Jones tinha sido chefe de Jay e DeHaven Irby quando eles eram apenas vendedores de drogas iniciantes nas ruas de Nova Jersey.

a necessidade de fazer propaganda de sua riqueza. O esbanjador mais inteligente e rico, Jay argumentava, era mais sutil, mais refinado e até mais discretamente extravagante: "I don't buy out the bar, I buy the nightspot... we used to ball like that, now we own the ball team" ["Eu não compro parte do bar, eu compro a casa noturna... a gente jogava assim, agora somos donos do time"]. Aqui se inicia o próximo capítulo dos raps de ostentação, descartando sua chama da juventude e ficando menos agressivo. Um passo importante para fazer parte do sistema, do mainstream e levando consigo o hip-hop ao domínio da respeitabilidade.

DJ Khalil é metade do time de rap de LA Self Scientific, e sua faixa "I Made It" colocou o andamento moderado de modo crescente de *Kingdom Come* de volta à festa, embora ainda durante a hora de coquetel em vez do finale digno de rave. Em homenagem à sua mãe e à luta financeira dela durante sua juventude, essa era uma celebração por Jay-Z ter feito fortuna depois de seu início humilde lutando para pagar as contas de luz e encontrando sua alegria na música: "I was happy with not having everything, long as Saturdays you had The Commodores playing" ["Eu estava feliz em não ter tudo, desde que sábado tivesse os Commodores tocando"]. Depois "Anything" do The Neptunes acelerou o passo com uma levada R&B afro-funk parecida com o trabalho de Jay com R. Kelly, mas com Usher e Pharrell fazendo os vocais melosos do refrão e Jay interpretando o tigrão do amor das boates até o maior nível de extravagância jogando dinheiro, sussurrando para seu alvo no pole-dancing sobre as notas de mil dólares que ele vai jogar para ela e seu gosto por espalhar dinheiro na cama: "ever had sex on a million?" ["já transou em cima de um milhão?"]. De novo uma fórmula bem gasta estava em jogo aqui, em desacordo com a nova imagem de homem compromissado de Jay e sua declaração de que ele voltaria para revigorar a cansada cena do rap. Onde, os críticos bradariam, estava a inovação e a originalidade para resgatar um gênero em decadência?

Em "Hollywood", o novo produtor e favorido de Beyoncé, Syience, touxe uma sonzeira de deslumbramento pop para *Kingdom Come*, com a própria Beyoncé como a brilhante estrela classe A do refrão. A letra de Jay tratava dos aborrecimentos e das qualidades às vezes fatalmente viciantes da fama: a partir de um trecho de abertura lamentando a atenção dos paparazzi e o modo como a fama o distancia de seus velhos amigos, Jay explorou a dependência gradual que o astro desenvolve pela atenção, culminando em uma estrofe final com referências às mortes de James Dean, John Belushi, Janis Joplin, River Phoenix, Hendrix e Jim Morrison, exemplos de como a fama é uma droga que o consome e não necessariamente algo pelo que deseja. Ele também prestou homenagem ao dilema de ser um enorme astro com uma parceira ainda mais famosa: "When your girl is more famous than you it's time to get all your windows tinted" ["Quando sua garota é mais famosa do que você, está na hora de mandar pintar suas janelas"], ele cantava, e também fazia menção a uma nova amizade improvável que se desenvolveu no topo da música: "quando seus amigos são Chris e Gwyneth..."

Jay e Beyoncé conheceram Chris Martin do Coldplay e sua esposa, a atriz Gwyneth Paltrow, em um evento beneficente por volta de 2003 e se tornaram grandes amigos. Chris e Gwyneth até apareceram no palco com Jay no Royal Albert Hall na turnê Water For Life, o venerado local da primeira apresentação de hip-hop, para cantar em "Heart of the City (Ain't No Love)" e as partes de Mary J. Blige em "Song Cry", respectivamente. "Nós frequentamos a casa um do outro e realmente saímos juntos", Jay me contou. "Ele [Chris] é mesmo um cara muito legal, uma ótima pessoa e um músico brilhante e eu respeito sua arte e como ele a aborda. Como ele olha para ela exatamente como deveria. Ele quer ser o melhor no mundo, mas está disposto a trabalhar para isso. Ele realmente se importa. Adoro sua paixão pelo que faz (...) Ele não bate no peito e diz 'sou o melhor'. No rap, nós temos essa bravata e fazemos isso o tempo todo. Já ele deixa a música falar e é muito humilde."

Chris se envolveu tanto com a vida de Jay-Z em 2006 que produziu e cantou a frase encantadora "I hear my angel sing" ["ouço meu anjo cantar"] no refrão no encerramento do álbum sinistro e orquestral arqueado "Beach Chair", a rima que trouxe Jay de volta ao rap, para começo de conversa. Foi mais um passo firme dado por Jay-Z na direção da aceitação pelo mainstream (o Coldplay se tornava uma das maiores bandas alternativas do planeta neste ponto) e o auge do terço final de *Kingdom Come* mais sombrio e ainda mais intrigante.

O ruído eletrônico claustrofóbico de Dre em "Trouble" era a trilha sonora para Jay responder às críticas dos "maninhos" desde que se tornou diretor executivo da Def Jam.[279] O tema continou na faixa nefasta, cinematográfica e cativante de Swizz Beatz, "Dig A Hole". E a verdadeira centelha de genialidade de Dre no álbum, "Minority Report", era a mais sombria da série. Amarrada por pianos espectrais, barulho de chuva, samples de ópera de Pavarotti e o trinado soul fúnebre de Ne-Yo, um Jay-Z visivelmente chateado desabafava seu desgosto e desespero

---

279. Não se sabe ao certo a quem Jay respondia aqui, visto que apenas LL Cool J mostrava publicamente sua insatisfação com a administração de sua carreira pela Def Jam desde que Jay assumiu a presidência.

com os horrores do furacão Katrina e a resposta de George W. Bush à emergência, intercalados com sons de trechos de noticiários falando das mortes em centros de convenções, falta de água potável e o lançamento aéreo de comida e o famoso comentário de Kanye no programa beneficente.

A postura de Jay foi de descrença de que essa desumanidade pudesse ocorrer em um país supostamente civilizado, destacando os helicópteros dos noticiários que pairavam sobre as famílias desesperadas para conseguir uma filmagem em vez de salvar suas vidas, e o presidente voando por lá sem oferecer os assentos vagos para as pessoas presas nos telhados por causa das enchentes. Mas, em meio à condenação de uma sociedade que não reagiu à tragédia porque ela afetava na maior parte as comunidades negras pobres, também havia culpa de que sua doação de 1 milhão de dólares seria um mero "curativo" sobre uma grande ferida, entregue a organizações ineficazes para Jay sentir que fez sua parte e, como o resto do país, esquecer do problema, uma vez que os helicópteros dos noticiários rumaram na direção de uma história mais nova. Combinada com as revelações pessoais intensas de "Beach Chair", ela contribuiu para um encerramento contundente do álbum, com uma tocha iluminada pela inclusão bônus da versão ao vivo de "22 Two's" do show de *Reasonable Doubt* com a estrofe virtuosa rimando 44 fors/fours.

Apesar de uma indicação ao Grammy por Melhor Álbum de Rap, a recepção foi mista. Os fãs mais leais de Jay-Z o receberam de volta com entusiasmo, com elogios felizes ao disco em profusão, mas vários críticos malharam suavemente o disco por não ser o tipo de reinvenção supreendente ou disco transformador que a volta de Jay precisaria. A *Entertainment Weekly* afirmou: "Quatro fracassos dentre 14 faixas não é uma afronta inflamável. Mas o magnata do escritório luxuoso não deveria exigir mais de sua mina de ouro do hip-hop?". Ainda que considerasse Jay por ser um "rapper crescido tentando fazer um álbum adulto", Kelefa Sanneh do *The New York Times* notou seu desconforto e disse que o disco estava "na metade do caminho para o sucesso". Com o passar do tempo, foi essa vaga sensação de anticlímax que cobriu o álbum, uma resposta que o próprio Jay-Z atribuiu às expectativas ridiculamente altas colocadas nele. "Achei *Kingdom Come* experimental e sofisticado", ele contou ao *Guardian* em 2007. "Mas as pessoas me mantêm em um padrão diferente."[280]

---

280. The Cat Who Got The Cream, *Guardian*, Chris Salmon, 9 de novembro de 2007.

Em relação ao público americano, *Kingdom Come* foi bem memorável. Lançado em 21 de novembro,[281] o disco chegou ao número 1, vendendo incríveis 680 mil cópias na primeira semana, a maior vendagem na primeira semana de Jay-Z,[282] e esses números teriam um impacto ainda maior na cultura musical do que ele poderia ter imaginado. Assim como ele foi pioneiro em tantas correntes do hip-hop desde o rap veloz até o espetáculo em arenas, sua volta grandiosa inspirou uma tendência de toda a indústria às reformulações. Seguindo a fórmula de Jay-Z, assim que um grande artista visse seu público ou importância cultural diminuir, eles se separariam e se reformulariam três ou quatro anos depois, só para desfrutar de mais respeito e apreciação renovados e receber vagas ainda maiores e mais lucrativas em festivais do que, caso contrário, eles teriam exigido. Em cinco anos o circuito dos festivais seria inundado por grandes artistas reformulados e, em uma indústria com uma queda vertiginosa nas vendas de discos, Jay-Z iniciou toda uma nova cultura do retorno na música.

Mas os singles de *Kingdom Come* foram muito piores do que prognosticavam as vendas iniciais. No aniversário de Jay, enquanto ele e Beyoncé festejavam com 20 amigos no Caribe, "Lost One" foi lançado no número 58 junto com um vídeo que foi tanto um comercial para o Maybach Exelero de 8 milhões de dólares quanto um vídeo promocional para a música. "30 Something" e "Hollywood" não conseguiram entrar para a parada da *Billboard*, ultrapassadas ironicamente pela faixa título não lançada, que chegou ao número 98 apenas nas vendas digitais. Além disso, foi filmado um vídeo para a MTV de "Minority Report" com filmagens de Nova Orleans pós-Katrina para lembrar às pessoas da devastação, dos escombros e das vidas arruinadas.

Para uma retorno tão explosivo, o abalo foi incrivelmente curto. Mas, assim como Jordan, Jay-Z só estava se aquecendo. Adaptando-se, voltando à boa forma.

Mais uma dose de inspiração cinematográfica e mais uma vez ele mandaria nas ruas.

---

281. Nas cópias britânicas, era guardado em um estojo de joia vermelha acompanhado por um disco bônus de músicas da apresentação de *Reasonable Doubt*.
282. O disco venderia depois 2 milhões de cópias, na maior parte nas três primeiras semanas depois de seu lançamento.

Capítulo 14

O Poderoso Chefão da América

Em uma cela de detenção no tribunal, tomando café em copinhos baratos de papel, o detetive da polícia Richie Roberts observava do alto o chefão do cartel de drogas multimilionário capturado Frank Lucas, traçando os elos na cadeia que estava prestes a derrubar Lucas. Os negócios fraudulentos, o suborno da polícia, a fila de mães cruzando o quarteirão para testemunhar que seus filhos tiveram overdose com a heroína barata e de alta qualidade de Lucas chamada por ele de Blue Magic.

"Você acabou com muitas vidas, Frank", Richie disse. "Eu peguei os Mezanos, lembra dessa família? Você os tirou dos negócios (...) Eles não só odeiam você, mas também o que você representa."

Lucas ficou branco. "Eu não represento nada, só Frank Lucas."

"Tem certeza?", Richie retrucou. "Um negociante negro como você? Você representa o progresso. O tipo de progresso que os fará perderem muito dinheiro. Com você fora do caminho, tudo pode voltar ao normal."

Enquanto o copo de café voava da mesa para a parede e o senhor do crime vociferava sobre o que era "normal" em sua vida, como brutalidade policial e homicídio, os sinos tocaram na sala de projeção particular em NY onde Jay-Z assistia ao filme de Ridley Scott *O Gângster*, no verão de 2007. A trilha sonora era de soul clássico e o tema, dinheiro, drogas e a ascensão social do membro da minoria racial por qualquer meio necessário. A interpretação de Denzel Washington do chefão das drogas dos anos 1970 Lucas parecia intrinsecamente ligada à história de Jay-Z. Lucas ascendeu de um passado humilde até o auge do respeito e do sucesso depois de ter encontrado uma fonte pura e barata de heroína no Vietnã, importá-la e distribuí-la com o máximo de decência, integridade e momentos de violência de sangue-frio. Então, em seu auge, o policial determinado de Russell Crowe finalmente o capturou, o enfiou na cadeia com um caso firme e exigiu sua ajuda para cumprir sua missão pessoal. Livrar a força policial dos policiais corruptos.

Para Jay-Z, ele mesmo um negociante de sucesso sentindo que o sistema levou a mal sua ascensão e o destruiria se pudesse, foi como assistir a uma metáfora de sua vida interpretada na tela e à qual ele se sentia forçado a responder. Decidiu que faria um álbum que agiria como uma adaptação e uma trilha sonora do filme, no estilo malandro de *Reasonable Doubt*. Sua própria versão de um filme de gângsters hollywoodiano de grande orçamento.

"É uma história real de Nova York, sabe?", Jay contou no programa *Charlie Rose* meses depois. "Então, assim que o filme saiu, era meio familiar (...) coisas que eu vi na minha infância (...) é um daqueles filmes onde você torce para o vilão, porque ele, sabe, não parece um vilão e os mocinhos são maus... eu adorei a complexidade dos seres humanos."[283]

American Gangster, o álbum de Jay-Z, cobriu um dos anos de maior sucesso de Jay até então. Em janeiro de 2007, ele lançou seu carro, o Jay-Z Blue GMC Yukon, que foi desenvolvido durante dois anos e lançado em um programa promocional apresentado por Carmen Electra e Christian Slater. Em março, Jay vendeu sua parte na Rocawear para o Iconix Brand Group, chegando à oferta de 204 milhões de dólares por uma empresa pela qual ele pagara apenas 22 milhões pela parte igual de Dash, havia pouco mais de dois anos.[284] Os zeros continuavam a se multiplicar.

Assim como a fama de Jay.[285] Naquele mesmo mês, ele apareceu como rapper convidado em outro dos maiores sucessos pop da década, que aumentaria tanto sua fama quanto poderia sem literalmente ser dele mesmo o megas-sucesso pop. Sua rima na abertura de "Umbrella" de Rihanna, algumas referências breves a guardar dinheiro para um dia chuvoso, reescrita a partir dos versos originais que ele tinha apresentado

---

283. A Conversation With Rapper And Entrepreneur Jay-Z, *CharlieRose.com*, 9 de novembro de 2007.
284. O acordo incluía um bônus de 35 milhões para Jay se a companhia cumprisse a estimativa do volume de vendas e 5 milhões para ele promover e administrar a marca. O dinheiro com certeza aliviou as preocupações com um processo aberto contra Jay meses depois naquele ano por Osama Admed Fahmy, coproprietário dos direitos de uma música sampleada em "Big Pimpin". Fahmy alegava que na produção da faixa Timbaland reproduziu ilegalmente trechos da melodia de sua canção. Timbaland e Linkin Park também eram citados no processo, sendo que a banda foi envolvida quando a música apareceu em um mash-up em *Collision Course*.
285. Não que ele buscasse isso especialmente na época. Ele e Beyoncé tentavam ficar fora dos holofotes apesar das presenças regulares nos jogos do Nets e da ida ao festival de cinema de Cannes naquele verão.

para se ligar melhor ao tema da música, poderia ter parecido fraca e descartável. Mas se tornaria uma das mais famosas de Jay, rendendo-lhe outro Grammy para Melhor Colaboração Cantada de Rap e colocando-o no topo das paradas em inúmeros países, como por exemplo dez semanas no número 1 do Reino Unido, o período mais longo no número 1 no Reino Unido deste século e sete na parada da *Billboard*. Nesse ponto era a maior estreia na história do *iTunes* e vendeu 6,6 milhões de cópias em todo o mundo. Não só como seu parceiro nessa música, mas por ser o homem que a contratou para a Def Jam, se houvesse um sinal de que Jay-Z poderia seguir qualquer realização criativa que quisesse, era esse.

Além disso, os opositores ganhavam voz. No programa do DJ Kay Slay na Shade 45, o ex-traficante de drogas do Brooklyn e atual diretor de turnê de Akon, Calvin Klein, dizia que Jay tirou várias de suas histórias para os raps da vida de Klein e que ele nunca foi um traficante sério. Saído recentemente de uma sentença de 13 anos de prisão por tráfico, Klein também criticou Jay por não espalhar as riquezas e permanecer leal à sua banca original: Damon Dash, Jaz-O e o próprio Klein, que também disse que assumiu o peso da responsabilidade pelas acusações de tentativa de homicídio em grupo com Jay em 1989. Por livrá-lo dessa encrenca, Klein disse, Jay prometeu cuidar dele quando fosse libertado, mas nunca apareceu com dinheiro, trabalho ou apoio. Por causa dessas afirmações, definitivamente era hora de reafirmar mais uma vez sua história.

Então Jay se jogou de corpo e alma no conceito *American Gangster*, trabalhando em grande parte com Sean Combs pela primeira vez desde *In My Lifetime Vol. 1*. O filme estava sempre passando no telão no estúdio enquanto ele escrevia as faixas, gravava os raps, e toda a peça cinematográfica ficou pronta em quatro semanas. O produtor LV do The Hitmen explicou o andamento do trabalho para a MTV. "Jay tinha as batidas (...) Ele gravou e nos enviou de volta. Nós preenchemos os espaços em branco para deixar as faixas gravadas completas, colocando trompas, cordas e bateristas ao vivo. Esse cara da percussão, ele vinha com garrafas, batia nelas, só essas merdinhas (...) Quando colocamos os vocais de volta, trouxemos o toque a mais (...) Quando eu ouvi a faixa com as rimas de Jay, falei, tipo: 'Jesus! Eu preciso entrar nessa. Preciso pôr meu dedo nisso'. Puff estava uma pilha. Ele entrava no estúdio e começava a ficar nervoso, deixando todo mundo pilhado (...) Às vezes demorava três dias para mixar uma gravação."[286]

---

286. Jay-Z Delivers The Goods On American Gangster, *HipHopDX.com*, Andres Vasquez, 9 de outubro de 2007.

Cada música era relativa à vida de Jay e refletia uma cena no filme, colocada cronologicamente para traçar as semelhanças entre a história de Jay e a do chefão do crime Frank Lucas, e a vibração soul dos anos 1970 do filme reacendeu o amor de Jay pelos sons de soul sépia de Marvin Gaye e Barry White que deixaram a pegada de *Reasonable Doubt* tão colada nos clássicos. Por isso, o que surgiu daquelas quatro semanas de exame da consciência foi um disco que levou Jay de volta a suas raízes de muitas formas, a volta à forma por que tantos esperaram em *Kingdom Come* e o álbum mais honesto da carreira renascida de Jay no rap. Ele planejou a princípio gravar apenas nove faixas para *American Gangster*, mas ter se estendido até 15 foi um testamento de uma história que ele não conseguiu parar de contar.

Sampleando o diálogo de Denzel Washington do filme sobre como um homem é propriedade dos outros a menos que tenha seu próprio negócio, um princípio central de Jay-Z, *American Gangster* abre com "Intro", uma fatia da atmosfera do Harlem hispânico, com todas as firulas sombrias de um violão de flamenco, sintetizadores do submundo, cordas sampleadas, chicotadas e tiros. Sobre esse fundo melancólico,[287] os atores Idris Elba (de *Family Affairs, The Office: An American Workplace* e *The Wire*, onde ele interpreta um traficante com uma mentalidade comercial) e Angel Wood definiram algumas teorias básicas de "como ser um gângster". "Ser um gângster permite que você elabore suas próprias leis e crie mundos novos em folha", "a mentalidade do gângster, um modo americano criado pelos brancos, dominado pelos negros e absorvido pelos demônios, tributado pelo governo, classificado pela Forbes", "Ser um gângster estiloso não é um dever, é uma deficiência, um clichê, um mau exemplo, corta essa."

Então vem a grande entrada de Jay-Z em "Pray":[288] as nuances religiosas, com Beyoncé recitando uma oração no lugar de um gancho e conversas sobre incenso e veneração, refletindo a prisão de Frank Lucas do lado de fora de um culto no filme e as rimas de Jay lembrando um roteiro de sua infância. Contra uma cortina de fundo tensa de coros gospel apreensivos, acordes de guitarra ameaçadores, cordas dramáticas e o urro repetido de espíritos furiosos sampleados, Jay se reapresentou habilmente como "mind-state of a gangster from the Forties meet the vicious mind of Motown's Berry Gordy" [o estado de espírito de um gângster dos anos 1940 encontra o espírito viciado de um Berry Gordy

---
287. Produzido por Chris Flame junto com Idris Elba.
288. A primeira de uma série de faixas no álbum produzidas por Diddy com Sean C. e LV, que prepararam seis das primeiras nove faixas.

da Motown"] e demonstrou sua participação em uma linhagem clássica de músicos ligados ao crime desde Sinatra andando com a família genovesa. A partir daí ele reconta "a gênese de uma nêmese", sua juventude, enquanto faz referência à ascensão do negociante negro em Nova York. "The Harlem Renaissance birthed black business" ["A Renascença do Harlem gerou os negócios dos negros"], ele cantou, fazendo uma ligação direta do cartel de drogas no Harlem de Lucas para a Roc-A-Fella, "this is the tale of lost innocences" ["essa é a história de inocências perdidas"].

Depois disso, Jay se lembra de seu pai saindo para caçar o assassino do tio, as seringas espalhadas pelos conjuntos habitacionais e os BMWs dos traficantes estacionados nos playgrounds. Então a vida do tráfico na adolescência que "me escolheu", vendo aqueles mesmos traficantes de sua infância pagando a polícia com um "baú do tesouro" de dinheiro que os tiras tiravam dos porta-malas, uma imagem idêntica à de uma cena no filme *O Gângster* em que o detetive Richie Roberts descobre um carro abandonado com 1 milhão em dinheiro no porta-malas, prestes a ser recolhido como propina pela polícia. Quando "the rules is blurred" ["quando a regra fica obscurecida"] por testemunhar oficiais corruptos roubando, Jay argumenta, o que um pobre garoto pode fazer, quando "everything I've seen made me everything I am" ["tudo que vi fez de mim tudo que sou"] e "anywhere there's oppression the drug profession flourishes like beverages refreshing? ["Em todo lugar em que há opressão, a profissão das drogas floresce como refrigerantes refrescantes?"].[289] A resposta, ele conclui, é ser um homem, seguir adiante do jeito que der e rezar para Deus o perdoar.

"Pray" foi uma abertura intoxicante que lembrava muito o apogeu soul da rua de *Reasonable Doubt* de Jay, e o arrulho doce em falsete de Marvin Gaye soando por todo o sample de "Soon I'll Be Loving You Again" consolidou essa atmosfera grandiosa na abertura de "American Dreamin". Um pedaço de soul moderno espetacular encenava o próximo capítulo da história de Jay no ponto quando qualquer esperança de uma educação superior e uma vida honesta foi descartada por uma falta de fundos permanente, e o único jeito de seguir em frente era conseguir um campo pra eles e seguir seus sonhos americanos mais realistas de crescerem até se tornarem os traficantes no carrão, "bagging snidd-ow the size of pillows" ["fazendo pacotes do tamanho de travesseiros"].

---

289. Esta, assim como as outras menções na música a transportar "coca como Pepsi", foi uma referência à fala de Frank Lucas de que sua heroína Blue Magic era uma marca, exatamente da mesma forma que a Pepsi ou a Coca-Cola.

Afinal, esses caras tinham o sucesso bem diante de seus olhos e eles com certeza não conheciam ninguém que fosse para a faculdade.

A história retratava a vida no tráfico de Jay em suas tentativas amadoras iniciais quando ele lutava para encontrar uma fonte e teve de acordar para as realidades da jogada. Jay falava como se instruísse um iniciante no negócio do tráfico. Primeiro, você precisa sair de seu ambiente, ir até a raiz do fornecimento e convencer os homens que nem falam inglês e que o matarão por descumprir sua palavra de que você é confiável e leal, não é um tira e seu dinheiro é "honesto". Então você pode conseguir uma "consignação" para começar em um negócio de demarcar parceiros e batidas policiais, onde Jay esperava que "you could read they mind, you could see from behind" ["você poderia ler suas mentes, poderia ver por trás"]. Foi uma cena tirada da experiência própria de Jay para encontrar seu fornecedor "where big coke is processed" ["onde a coca de responsa é processada"] e de uma cena no filme em que se mostra as viagens de Lucas para Bangkok para negociar um fornecimento de heroína praticamente pura direto da plantação. E com isso, como dizia a música, Lucas, como Jay, "redefine the game as we know it, one dream at a time" ["redefiniram a jogada como a conhecemos, um sonho por vez"].

"HELLOOOOOO, BROOOKLYYYYYN!", cantava um sample dos Beastie Boys[290] como um falcoeiro viciado exultante quando Lucas e Jay se lançaram nas ruas de Nova York em "Hello Brooklyn 2.0", um balanço com o burburinho contundente das ruas, saído da mesa do produtor Bigg S e com parte dele cantado por Lil Wayne em uma fala arrastada e aspirada parecida com uma versão Deep South de Prince. Em uma carta de amor virtual ao bairro onde nasceu, cresceu e se educou, Jay retratou o Brooklyn como uma amante, a mãe de seus filhos e uma filha. "Hello Brooklyn, if we had a daughter, guess what I'm a call her, Brooklyn Carter" ["Olá, Brooklyn, se tivéssemos uma filha, adivinhe qual seria o nome dela, Brooklyn Carter"], Jay cantava em uma ousada cadência para-começa, mal sabendo que ele estava errado. Usando com esperteza nomes de garotas para representar as mudanças extremas da vida (Jay esperava que Brooklyn não sentisse ciúmes quando ele partisse para a Virginia para iniciar a venda de drogas lá ou, quando Lil Wayne sentiu o chamado de Nova York em sua cidade natal de Nova Orleans, ele disse: "adeus, Katrina"), Jay explorou sua relação com sua residência, Marcy, considerando sua "má influência" sobre ele e as ameaças feitas contra sua vida, mas o amor entre eles era profundo

---

290. De "B-Boy Bouillabaisse".

e forte demais para se acabar. Ele acaba dando-lhe um presente: "In a couple of years baby, I'm a bring you some Nets" ["Daqui a alguns anos, vou te dar uns Nets"].

Se "Hello Brooklyn 2.0" pretendia destacar o laço eterno entre um homem e as ruas de onde ele vem, não importa quanto sucesso ele tenha depois, "No Hook", a revisitação de Diddy à melancolia fúnebre de "You Must Love Me" e "Dope Man", tratava do laço eterno de um homem com a honra das ruas. Mais trechos de Denzel Washington como Frank Lucas introduziam a faixa com um discurso sobre a importância de: "honestidade, integridade, trabalho duro, família, nunca se esquecer de onde veio", em um sinal que Jay e Lucas compartilhavam da mesma bússola moral rígida durante sua criminalidade, antes de um Jay-Z alucinado entrar com uma letra sobre manter seus princípios e assumir a responsabilidade sobre seus atos e decisões. A implicação era clara: em um mundo sem lei, controle seu negócio e mantenha-se em suas próprias regras rígidas ou fique completamente perdido e vendido.

Para tanto, Jay criou novas diretrizes para o hip-hop nessa mesma música. Sua recusa sincera de que a faixa precisasse de um gancho no refrão, por isso o título, enfatizou o fato de que essa era uma comunicação direta, quase particular, entre rapper e ouvinte, isolada de todas as costumeiras expectativas do rap e "não para uso comercial", uma mensagem apenas para os ouvidos de seus fãs dedicados. Então ela parecia como uma verdadeira janela para a alma de Jay quando ele dizia ainda se sentir mais como um traficante do que um rapper ("don't compare me to other rappers, compare me to trappers/I'm more Frank Lucas than Ludacris") ["Não me comparem com outros rappers, me comparem com os tranqueiras/Estou mais para Frank Lucas do que para Ludacris"], e ele deprecia seu antigo parceiro de tráfico DeHaven, segundo sugere a letra, por não manter a boca fechada na sala de interrogatório da polícia: "fuck DeHaven for cavin', that's why we don't speak/Made men ain't supposed to make statements" [foda-se DeHaven por ceder, por isso não falamos/Homens feitos não devem fazer declarações"]. Sua alma ainda estava cheia de frustrações antigas (rivais no rap, críticos e aqueles que duvidavam de sua veracidade, ex-amigos traidores e qualquer um que tentasse tirar vantagem dele ou de sua fortuna) e uma determinação inveterada para cuidar dos seus. Embora a primeira estrofe tratasse das memórias de recuperar e depois perder seu pai, em questão de semanas e a triste verdade de que as ruas foram seu verdadeiro pai e a segunda falasse da preocupação de sua mãe para que ele não morresse pelos perigos do tráfico e de essas histórias já terem sido contadas antes, elas nunca apareceram com um tom tão cru e confidencial.

Essas duas faixas eram dissecações da mentalidade e da filosofia do traficante emergente, refletindo Lucas construindo seu império no filme e Jay, o seu na vida real. "Roc Boys (And The Winner is...)" foca nos mesmos personagens no auge de sua jogada. No filme isso foi retratado por Lucas comprando casas enormes para sua família, pegando assentos privilegiados nas lutas de Muhammad Ali e dando festas glamourosas que ele estragava com ataques repentinos de sua violência mal contida. Na música, Jay se imaginava em uma cerimônia de premiação de traficantes onde a festa é louca e as bebidas são de graça, aceitando o grande prêmio por seu sucesso e agradecendo a todos que o ajudaram a conquistá-lo. Os rivais cujas balas não o atingiram, as garotas que transportaram suas remessas, os tiras que aceitaram propina, os padres que celebraram os enterros de seus amigos e, por último mas não menos importante, seu fornecedor e seus clientes.

Então, enquanto Diddy recriava as trompas e os estalidos suntuosos da blaxploitation dos anos 1970 que Jay descrevia muito bem como "música de super-herói negro"[291] e Beyoncé, Cassie e Kanye faziam os vocais de apoio, ele continuou catalogando e celebrando seus vários luxos conseguidos a duras penas, desde férias em resorts paradisíacos a compras sofisticadas, como joias impecáveis e carros sem atrito. Mas, por baixo da extravagância despreocupada, estava à espreita um indício de ameaça parecido com a de Lucas: ninguém deveria ousar duvidar da pureza de seu produto direto da fonte, ele sugeria, ou chegar perto da "fortaleza" que o produzia por medo de encontrar "armas raras". Mesmo no auge do sucesso e da celebração, como a vida de Jay e o filme confirmam, o grande traficante precisa manter os olhos bem abertos.

Alegre, clara e brilhante, "Roc Boys (And The Winner Is...)" foi declarado single do ano pela *Rollling Stone* depois de seu lançamento em 10 de outubro. Os críticos sem dúvida ficaram um pouco fascinados pelo vídeo cinematográfico dirigido por Chris Robinson juntando um jovem Jay-Z (interpretado pelo ator adolescente Samgoma Edwards) reunindo sua primeira banca com cenas de Jay décadas depois como um chefão do crime estourando infinitas garrafas de Armand de Brignac em seu 40/40 Club com Nas, Diddy, Kanye, Mariah Carey, Irv Gotti e um esquadrão brilhante de ex-alunos da Roc-A-Fella.[292] "Sweet" continuou com o tema do padrão de vida elevado, mas com uma sensação

---

291. Com a ajuda de um sample de "Make the Road By Walking" da Menahan Street Band.
292. A música fez menos sucesso nos Estados Unidos, chegando ao número 63.

arrepiante de paranoia e tensão infiltrando-se na rima sagaz de Jay e nos ganchos elásticos de soul com trompas de Diddy. A festa acabou, Jay estava mais pensativo sobre sua nova posição no topo da jogada do crime e, embora ele não se permita ter vergonha, arrependimentos ou justificativas por como ele chegou lá, ele abriu a letra com o verso "sweet, but still there's pain" ["doce, mais ainda há dor"], e manifestou profundas preocupações com seu primo seguindo suas pegadas arriscadas e de que tudo pudesse terminar amanhã: "One day you're up, next day you're down" ["Um dia você está no topo, no dia seguinte você cai"]. Vestígios de nuvens de tempestade já assomavam sobre a vida de fantasia no "grande barco" de Jay.

"I Know", assim como as sequências do filme intercalando cenas dos viciados mortos com a vida luxuosa de Lucas, virou a história para a perspectiva do viciado. Com Pharrell fornecendo o refrão cantado, como as estrofes de Jay, como se a própria heroína conversasse com sua vítima, Jay-Z olhou para a natureza do vício, principalmente a heroína, uma droga que ele mesmo nunca vendeu. No espírito de entender em vez de condenar o viciado, na primeira estrofe ele comparou o vício a um desejo insaciável e a droga a um consolo, um método para adormecer a dor e adoçar os sonhos, uma médica, uma amante cujo calor é sentido nas veias. Aqui a droga e o dependente pareciam em uma harmonia razoável, um relacionamento mutuamente recompensador apesar da crise de abstinência que o viciado tem sem a droga. Na segunda estrofe o poder mudou: a droga está no controle, o viciado mais desesperado, o fornecimento de heroína diminuiu e seus efeitos ficaram mais passageiros e menos intensos. Todas as tentativas de ficar limpo se provaram infrutíferas e a droga zombava do viciado com sua morte inevitável: "Don't ever let 'em tell you that you'll never need me/My China White, 'til we D.O.A./Its Montego forever, baby, lets get away" ["Não deixe-os falarem que você nunca precisará de mim/Minha China White, até nós morrermos/Sua Montego para sempre, baby, vamos fugir"]. Mas Jay permitiu um final feliz para o personagem, ficando limpo no fim e deixando a droga dizer sem esperanças: "your heart no longer pledge allegiance to me" ["seu coração não mais jura fidelidade a mim"]. Um resultado raro, todos diziam.

Para uma faixa tão angustiante, mas redentora no fim, o The Neptunes criou uma batida enganosamente mais fraca e uma faixa cativante de batidas africanas, sintetizadores lounge e tilintares orientais. "Eu queria fazer algo que soasse como *King Kong*", Pharrell explicou para a MTV. "[Para] levar as pessoas de volta ao tráfico nostálgico."[293] Com certeza soava como um sedativo sedutor.

Todo filme deve ter uma cena de sexo gratuita e o balanço sensual padrão de Diddy, "Party Life", espalhada em volta de uma frase de "Get Into The Party Life" de Little Beaver no refrão, assinalou o espaço de forma tão sem graça e formulaica quanto a maioria dos rebolados cinematográficos. Foi uma distração da ação principal que até Jay não parecia levar a sério. Ele soltou rimas desajeitadas e deixou a música rolar enquanto ele conversava com seu engenheiro Young Guru perto do microfone, tão casual que ele considera deixar a faixa correr por sete minutos sem cantar sobre ela.

A viagem da vibração cinematográfica do álbum voltou aos trilhos com "Ignorant Shit", um clássico de Just Blaze de soul Smurf pomposo (um sample acelerado de "Between The Sheets" do The Isley Brothers deu à faixa seu toque *Blueprint*) na qual Jay distorceu com maestria e de forma característica todo o conceito do disco. Como se parasse o filme no meio de um frame para apresentar o diretor e o elenco, Jay anunciou "y'all hail me as the greatest writer of the 21st century... I'm a really confuse you on this one..." ["Vocês todos me saúdam como o maior escritor do século XXI... Eu realmente confundi vocês nessa..."] e depois passou a iluminação para o hip-hop. A primeira estrofe foi uma chamada de ordem de temas do rap e mais: garotas seminuas, tiras perseguindo tiroteios, detalhes da produção do crack, alusões a jatinhos particulares e inúmeras cédulas. Mas quando chegou o gancho do refrão, Jay apareceu para levantar a tampa de toda a "fraude" do hip-hop, insultando seus ouvintes: "this is that ignorant shit you like/ Nigga, fuck, shit, ass, bitch, trick plus ice... I'm only trying to give you what you want" ["esta é a merda ignorante que você gosta/Mano, foda, merda, cu, vadia, malícia com gelo... só estou tentando te dar o que você quer"]. O hip-hop não passava de um subterfúgio, ele parecia dizer, um filão com um léxico facilmente recitável que garantia o sucesso.

Na segunda estrofe continuou a acusação, depreciando todos os rappers como atores apenas soltando o tipo de "Ignorant Shit" sobre garotas, drogas, armas e dinheiro que o público queria ouvir deles: "don't fear no rappers, they're all weirdos, De Niros in practice". ["Não tenha medo dos rappers, eles são todos estranhos, De Niros na prática"]. Apesar das canções anteriores atacando repetidas vezes os críticos que duvidavam da veracidade da história contada por ele nas letras, em "Ignorant Shit"

---

293. Jay-Z Delivers the Goods On American Gangster, *HipHopDX.com*, Andres Vasquez, 9 de outubro de 2007.

ele não se desassociou de suas acusações de falsificação, mas disfarçou a questão: "don't believe everything your earlobe captures/It's mostly backwards, unless it happens to be as accurate as me" ["não acredite em tudo que sua orelha capta/Na maioria das vezes é o contrário, a menos que aconteça de ser tão preciso quanto eu"], ele declarou em uma rima, para então parecer se contradizer alguns versos depois, cantando "believe half of what you see, none of what you hear even if it's spat by me" ["acredite em metade do que vê, não acredite no que ouve até se for dito por mim"]. Depois de lançar mais dúvida sobre a veracidade de todo o seu trabalho anterior e confundir seu ouvinte quanto à sua própria credibilidade, Jay então passou para exemplos exagerados dessa forma de interpretação no rap, proclamando-se como o assassino e o líder mundial que ele claramente não era.

Confuso? Os ouvintes casuais com certeza ficaram. Mas a última estrofe trouxe alguma clareza ao raciocínio de Jay por trás dessa revelação controversa do rap. Aqui ele abordou Don Imus, um locutor de rádio duramente criticado por um comentário racista feito no ar sobre um time feminino de basquete, descrevendo algumas das jogadoras negras como "nappy-headed hos" ["vadias de cabelo ruim"]. Sua defesa quando confrontado sobre o comentário foi que a frase se originou no hip-hop para depreciar as mulheres e ele apenas a repetia para um efeito cômico. Jay-Z achou isso um absurdo, que um comentário no ar claramente ofensivo fosse usado para denunciar o racismo e o sexismo no rap para manchar o hip-hop por associação com as palavras de Imus. "Ignorant Shit", ao admitir abertamente um certo nível de fachada, licença poética e exagero por trás das letras no rap, pretendia destacar que os rappers não eram necessariamente tão perigosos, criminosos, preconceituosos e ignorantes como algumas das letras do gênero poderiam sugerir.

Como isso se liga ao filme? Via "Say Hello", a extasiante reelaboração do DJ Toom de "The Love We Share Is the Greatest of Them All" de Tom Brock, que Jay usou para enfatizar as emoções, conquistas, determinação e fragilidades por trás da imagem de durão autoimposta do traficante, um lado revelado tanto no retrato de Frank Lucas interpretado por Denzel Washington quanto nas muitas rimas inflexivelmente pessoais de Jay. "Out come the mask and the glove because we ain't feeling the love" ["Caiu a máscara e a luva porque não estamos sentindo o amor"], ele cantava, a imagem em desenho animado da "ameaça para a sociedade" em carne e osso, não como um "cara malvado" impiedoso, frio e insensível como a mídia gostaria de retratar. Foi a essência e a premissa do filme de Ridley Scott e de toda a carreira de Jay-Z: expor e explorar a humanidade do gângster.

O pedaço final de *American Gangster* estava cheio de drama. "Success"[294] foi um impacto de um órgão funk intenso e agudo dos anos 1970, instrumentos de sopro suaves e percussão como caixotes com dinheiro sendo jogados ao mar sobre o qual Jay discursava sobre o esbanjamento de riqueza e sucesso: os relógios caros que ele nunca usou, os carros que nunca dirigiu, os apartamentos do Trump Tower onde nunca ficou. Tinha então todos os oportunistas tentando extorquir um naco de seu dinheiro (um jeito infalível de não conseguir nada além da morte, ele declarou), os inimigos invejosos, os velhos amigos que perdeu. "What do I think of sucess?" ["O que eu acho do sucesso?"], ele vocifera, "it sucks, too much stress... I had more fun when I was piss poor" [é uma merda... estressante demais... eu me divertia mais quando era um pé-rapado"]. Embora na estrofe final Nas se gabasse tradicionalmente de seu sucesso, a de Jay ia contra tantos raps de Jay-Z sobre a extravagância e o prazer da vida luxuosa, mas combinava com a cena, refletindo a insatisfação inata de Lucas em meio ao império que construiu. E preparando os dois para sua queda inevitável.

Tem uma partezinha de nós, sugere "Fallin", que tem tanta vergonha do sucesso, que se sente indigna da ascendência social, que quer provocar nosso declínio. No filme de Scott, Lucas abriu o caminho para o colapso de sua operação usando casacos de pele extravagantes e joias caras em uma luta de boxe, atraindo o olhar do detetive estudando fotos das fileiras de barões da droga influentes na luta e se perguntando quem seria esse misterioso rosto novo. E tudo isso depois do próprio Lucas, antes no filme, alertar os membros da família que trabalhavam para ele distribuindo seu produto a não usar nada que pudesse chamar a atenção para seu negócio e riqueza.

No lindo e cadenciado enlevo soul de uma melodia, com todas as cordas saltitantes e os vocais femininos acrobáticos sampleados por Jermaine Dupri e No I.D. do clássico de 1973 do The Dramatics "Fell For You", estava a ganância de um traficante que se torna tão viciado no dinheiro, na ostentação e na emoção do tráfico que fica na jogada bem mais além de seu plano original de fazer só uma venda e depois sair. "The irony of selling drugs is sort of like I'm using it/Guess it's two sides to what substance abuse is" ["a ironia de vender drogas é tipo eu usar/Acho que são os dois lados do abuso de drogas"], ele explicou, e com essa confissão sua queda era certa: "niggas never learn until they

---

294. Uma coprodução de Jermaine Dupri e No I.D. sampleando "Funky Thing (Part 1)" de Larry Ellis & The Black Hammer.

end up in the news clip" ["os manos nunca aprendem até terminarem no noticiário"]. O personagem de Jay cometeu o mesmo erro de Lucas, exibindo sua fortuna nas fileiras da frente das lutas e comprando carros e TVs cada vez maiores quando "doing it this big will put you on the map" ["fazer isso desse jeito tão evidente vai colocá-lo no mapa"]. Logo ele estava preso, encorajado a entrar com recursos desesperados por advogados ambiciosos e enfim foi preso enquanto apareceu uma nova geração de traficantes para tomar seu lugar, inevitavelmente fadados a seguir a mesma trajetória de ascensão e queda. Logo ele também seria Frank Lucas, preso nos degraus de uma igreja depois do culto do domingo.

No clímax dramático da história, Jay deu outro passo para fora da estrutura, retirando-se para compreender como um epílogo um resumo de toda a peça e seu lugar nela. Primeiro, ele focou na raiz de todo o seu mal. "Blue Magic", com o nome da marca de heroína que Lucas vendia e embalado em seu lançamento em uma réplica dos "saquinhos de papel azul" de Lucas,[295] foi uma produção minimalista inventiva de Neptunes com uma nuance de filmes de terror em um parque de diversões mal-assombrado enfatizada por trechos sampleados do grito de Dr. Frankenstein "It's alive!", o trecho sinistro do refrão de "Hold On" do En Vogue, uma alusão de uma melodia do tema dos *Ghostbusters* e Jay-Z declarando misteriosamente "blame Reagan for making me a monster, blame Oliver North and Iran-Contra/I ran contraband that they sponsored" ["culpem Reagan por me transformar em um monstro, culpem Oliver North e o Irã-Contras/Eu passei contrabando que eles patrocinaram"]. Escalando-se como um mestre de cerimônias de circo no estilo de um Barnum maligno, ou com certeza o mestre de seu próprio cartel de drogas, Jay descreve os processos de produção do crack e do contrabando dele para as prisões como "regalos" para seus associados capturados, enquanto mantém o cenário nos anos 1970 e 1980 de acordo com o filme, povoando suas rimas com dançarinos de break e grafiteiros e traçando sua história até a era dos escândalos do contrabando de drogas da CIA: "niggas wanna bring the Eighties back? That's okay with me, that's where they made me at" ["os manos querem trazer os anos 1980 de volta? Por mim, tudo bem, é quando eles me fizeram"].

"Blue Magic", apesar de um olhar bem franco na produção de crack, em suas origens políticas e os benefícios de vendê-lo, marcou uma mudança nas letras de Jay-Z na direção de um certo surrealismo poético e metafórico, beirando o narcótico. Como se o álbum terminasse

---

295. Como single principal de *American Gangster*, "Blue Magic" chegou ao número 55 em seu lançamento em 20 de setembro.

com uma sequência de um sonho em flashback, ele cantava sobre "fish scales in my veins like a Pisces" ["escamas de peixe em minhas veias como os peixes do signo"] e se imaginou agitando o pirex de crack "turning one into two like a Siamese twin" ["transformando um em dois como um gêmeo siamês"]. Essa abordagem se refletiu na faixa título de encerramento do álbum, um tipo de "My Way" do hip-hop, na qual Jay-Z resumiu sua parte no tráfico no sonho americano em um flow como um diálogo interno sobre um turbilhão soul celebratório de "Short Eyes" de Curtis Mayfield. Correndo por referências a seus pais e Biggie, às noites frias de inverno nas ruas, às viagens para Ibiza e aos processos de paternidade falsos, era uma história em alta velocidade ainda mais estonteante por sua mistura alucinógena de eventos e dos caráteres simultâneos de Jay-Z e Frank Lucas. O que saiu do redemoinho de imagens foi um senso de luta e conquista, de reputação e honra em um submundo cheio de cobras, e a estrofe final é quase um paralelo de "Kubla Khan" de Samuel Taylor Coleridge em seu autorretrato do poeta como um semideus. Admitindo que "Muhammad Hovi" estava "nas cordas" quando a Roc-A-Fella se separou, mas insistindo que ele agora estava "back in the go mode... throwing the diamond up" ["de volta ao movimento... jogando o diamante para o alto"], ele declarou que não descansaria até "I hold the sky in my hand" ["eu segurar o céu na minha mão"] e nesse ponto ele poderia "disappear in the Bermuda Triangle" ["desaparecer no Triângulo das Bermudas"], seu nome respeitado para sempre. Para um álbum cinematográfico, um final mitológico.

Jay-Z dedicou-se tanto ao conceito de *American Gangster* como um filme aural que pediu para o *iTunes* retirá-lo como um álbum que poderia ser comprado como faixas individuais e vendê-lo apenas como uma peça contínua de música, o download de um álbum completo em uma "faixa". "Fiz um filme em minha mente", ele me contou depois, "e os diretores não vendem cenas de seus filmes, só filmes completos, então eu vendi um filme inteiro."

Na revista *Clash*, ele elaborou. "Talvez eu seja antiquado, mas um disco é uma peça de música do início ao fim e é isso que eu me proponho a criar (...) Até um disco como *American Gangster* não era na verdade eu querendo ser a pessoa no filme, era minha interpretação das emoções que senti enquanto o assistia. Tirei emoções relativas à minha vida das cenas do filme e falei sobre elas de forma a fazer um álbum. Foi um álbum conceitual, mas não sobre o filme. Foi influenciado pelo filme, então ainda era eu como eu mesmo falando e sentindo, sabe?"[296]

---

296. The World's Biggest Rap Star Reveals All, *Clash*, Adam Park, 8 de setembro de 2009.

Em suas entrevistas promocionais, Jay se prolongou sobre seus motivos para querer criar a história de sua vida na imagem de Frank Lucas. "Esta história, esta história real, aconteceu no Harlem, a 20 minutos do Brooklyn", ele contou a Chris Salmon do *Guardian*. "Coisas que as pessoas veem nesses bairros em um dia, outros passarão a vida toda e nunca verão nada perto disso. A primeira vez em que vi alguém ser morto eu tinha 9 anos (...) A pessoa que descrevo neste álbum foi um eu mais jovem passando pela jogada. Agora sou uma pessoa muito mais paciente. Não sou descuidado. Quando você cresce nessa vizinhança e não tem nenhuma esperança, sente que você vai arriscar sua vida para deixar a situação melhor. Não tenho mais esses pensamentos."[297]

Jay-Z estava muito satisfeito com suas ousadas pinceladas artísticas em *American Gangster*, e o público ficou ainda mais emocionado. Esse revival da era *Reasonable Doubt* era exatamente o disco com que tanto críticos quanto fãs sonhavam que ele voltaria da selva para fazer. Embora não tenha sido um sucesso tão incontrolável quanto *Kingdom Come* em termos de vendas, vendendo 425.861 cópias em sua primeira semana apesar de ter vazado antes de seu lançamento,[298] foi um sucesso crítico, muito aclamado como o verdadeiro álbum de retorno de Jay-Z. "Jay soa relaxado, não está mais preocupado em impressionar ninguém", escreveu Rob Sheffield da *Rolling Stone*, enquanto Kelefa Sanneh do *The New York Times* declarou: "Isso é provavelmente o mais perto que o novo Jay-Z chegará de soar como o velho Jay-Z", e no *USA Today*, Edna Gundersen disse que no disco Jay-Z "estabelece seu *status* como poderoso chefão do hip-hop". Mas Mike Schiller do *PopMatters* disse melhor: "O que *American Gangster* realmente nos dá é Jay-Z do começo ao fim. Claro que ele é um gângster, mas principalmente ele é um ser humano com amores, preferências, reclamações e necessidades e uma predileção natural pela camaradagem. É uma música de super-herói, pois a supremacia de Jay nunca é questionada, mas é uma música de super-herói que insiste em exibir mais do que apenas o poder imenso desse herói".

Foi um triunfo artístico então, mas também com implicações bem além de suas fronteiras fílmicas retrô. A caminho de 1 milhão de vendas em seu lançamento em 6 de novembro,[299] *American Gangster* se

---
297. The Cat Who Got the Cream, *Guardian*, Chris Salmon, 9 de novembro de 2007.
298. Uma ocorrência com que Jay-Z lidou com facilidade por ser um homem mais calmo e maduro agora do que o garoto nervoso do *Vol. 3...*
299. Assim como *The Black Album*, *American Gangster* também foi lançado como um álbum a capela no 38º aniversário de Jay, inspirando os remixadores a fazer álbuns mash-up combinando-o com faixas do Led Zeppelin, de clássicos de Bollywood ou sons dos filmes do *Poderoso Chefão*.

tornou o décimo álbum de Jay-Z número 1 consecutivo nos Estados Unidos, igualando o recorde de Elvis Presley para artistas solo, perdendo apenas para os Beatles. Foi um ponto alto para o rap, pois o hip-hop finalmente poderia ser classificado junto dos gigantes do rock, legitimado por um sucesso impossível de ignorar. O fato de todos os ingressos para a turnê em locais pequenos por todo o país onde Jay tocou apenas material do novo álbum terem esgotado em 60 segundos realçou a posição cultural classe A de Jay.

Embora o plano de Jay-Z de fazer um minifilme para cada faixa no álbum nunca tenha se realizado, os vídeos do disco também tiveram impacto. O clipe de "I Know" chamou atenção por seu retrato objetivo da euforia do barato da droga, quando quatro garotas diferentes muito felizes andavam por Manhattan até visões alucinógenas de luzes de parede e arranha-céus ou o júbilo neon da pista de dança. E o vídeo promocional estiloso de Hype Williams para "Blue Magic" foi considerado pelo professor de Harvard Rawi E. Abdelal como um "ponto decivisivo na resposta da cultura pop americana à globalização", mostrando pilhas de euros em malas de viagem quando o dólar estava em declínio, destacando a má situação econômica dos Estados Unidos e sua relação com uma economia global para um populacho para quem a América era, até então, o mundo.

Houve ainda mais um modo no qual *American Gangster* seguiu seu caminho para mudar o mundo. Naquele inverno, durante uma entrevista na emissora de TV a cabo BET, um influente senador democrata de olho em um assento muito disputado se declarou fã do disco. E criou-se um laço que ajudaria a fazer história.

Capítulo 15

Líderes Mundiais e Sinos Matrimoniais

"Ver o presidente, em sua campanha, espanar os ombros na frente do mundo todo", Jay-Z balançou sua cabeça para mim, embasbacado. "É como: 'ele fez o que eu acho que ele fez? Ele tem caspa no ombro? Isso foi real?'."

Era bem real. Em uma entrevista coletiva em 17 de abril de 2008, sob ataque verbal de sua rival democrata à presidência Hillary Clinton, que usava ataques pessoais descritos por ele como práticas "típicas de Washington", Barack Obama levou a mão ao ombro e de modo casual espanou a sujeira. Quando um porta-voz confirmou que Obama tinha alguns discos de Jay-Z em seu iPod, seu apoio entre os jovens inflou. Finalmente havia um político americano com quem a cultura jovem poderia se conectar, que não parecesse desafortunadamente distante ou que não tivesse repulsa ou medo do hip-hop. Dois meses depois, Obama foi escolhido o candidato democrata à presidência. E Jay-Z se tornaria um de seus conselheiros culturais extraoficiais mais vitais.

Inevitavelmente, dado seu *status* crescente nos negócios, Jay começou a conhecer políticos. Bono levou Bill Clinton para jantar com ele no Spotted Pig uma noite e, apesar de, em 1992, Clinton ter denunciado Sister Souljah pelos comentários na revolta de LA sugerindo que ele não era particularmente pró-rap, os dois logo se deram bem e Bill tirou foto com os funcionários do restaurante, deu autógrafos e divertiu Bono e Jay com histórias da Casa Branca em uma sala dos fundos por horas. Mas na corrida entre Barack Obama e Hillary Clinton para a candidatura do partido democrata em 2008, Jay viu esperança em Obama, além de um pouco de si. Obama tem mais ou menos sua idade, só oito anos mais velho, e também morou em um conjunto habitacional, em Chicago, então, como Jay-Z, ele era uma figura de inspiração para o garoto do ambiente mais desprivilegiado e oprimido poder atingir os pináculos da sociedade moderna.

Enquanto a maioria dos políticos se distanciaria de um personagem tão controverso, Obama viu benefício no apoio e nos conselhos de Jay-Z, sua ligação com um segmento da sociedade americana cuja voz era raramente ouvida. No início de sua campanha presidencial ele chamou Jay e falou por algumas horas sobre questões a respeito das pessoas em sua cultura e de seu passado. Jay expressou seu repúdio à desonestidade de Bush e como ele lidou com a tragédia do Katrina, e prometeu seu apoio. Jay se tornou um defensor ativo de Obama, usando sua turnê Heart of the City naquela primavera, em 26 datas em arenas em toda a América, divididas com Mary J. Blige, a turnê de música urbana com um homem e uma mulher de maior sucesso de todas, rendendo 34,2 milhões de dólares, para encorajar os fãs a votar. No palco, quando ele chegava ao verso "fuck Bush" em "Blue Magic", ele parava com a música e pulava para o hino sobre o Katrina "Minority Report" com uma imagem enorme de Obama no fundo do palco. A mensagem, presumivelmente, fez efeito.

Durante a corrida de Obama pela Casa Branca, Jay se apresentou em comícios por todo o país, financiados pelo partido democrata, mas Jay mesmo recusou pagamento. Ele ficou íntimo do homem que seria rei. "Sempre que converso com Jay-Z, que é um talento brilhante e um cara legal, gosto de como ele pensa", Obama contou para a revista *Rolling Stone*. "Aí está alguém que vai começar a se diversificar e pode ajudar a moldar as atitudes de um modo bem positivo."[300]

Não que Jay estivesse prestes a entrar para a política. "Entendo essa questão agora e é bem desnorteante para mim de onde venho", ele me contou. "Nos círculos políticos eles gostam de fingir como se tivessem essa coisa, essas regras e diretrizes irreais, você precisa ser perfeito, nunca fez nada, não pode dizer isso. Há mais percepção e não curto isso. Eu ia dizer um monte de coisas inadequadas e são quatro anos, o mandato é de quatro anos! Imagine quantas coisas ruins e politicamente incorretas você diz. Esquece!"

Jay se sentiu mais capaz de fixar suas cores no mastro de Obama por não ser mais um capitão da indústria. Na véspera do Natal de 2007 ele anunciou sua renúncia ao cargo de presidente da Def Jam a partir do início de 2008, dando a seguinte declaração: "Sou grato por ter tido a oportunidade de me desenvolver no legado da Def Jam. Agora é hora de assumir novos desafios". Depois de três anos comandando a gravadora,

---

300. Inside Barack Obama's iPod, *Rolling Stone*, 25 de junho de 2008.

ele ficou completamente ciente de suas limitações, despejando dinheiro em um modelo obsoleto de apenas vender discos quando os lucros se espalham para outras áreas do mercado musical e não usando sua tenacidade para ampliar as oportunidades para compreender roupas, fones de ouvidos e outras parafernálias variadas. Era, ele achava, uma gravadora teimosa e impassível cheia de pessoas gozando de suas glórias do passado e cimentada em uma imagem antiga da indústria, enquanto ele olhava para o futuro.

"As pessoas ouvem todo esse papo sobre problemas na indústria, elas acham que esses caras estão falindo", ele contou a Alex Blimes do *Observer*. "Eles não estão. Só que não fazem mais 6 bilhões de dólares por ano, agora fazem só 1 bilhão. Mas ainda é 1 bilhão de dólares (...) Eu estou mais do que feliz. No mercado fonográfico a maioria das pessoas tem um artista sob seu nome de quem eles viveriam pelo resto de sua vida. É como: "Oh, eu contratei essa pessoa". Vinte anos depois é tipo: "Tudo bem, e o que mais?". Eu contratei um artista por ano: Kanye, Ne-Yo e Rihanna. Isso ultrapassa e muito minha cota."[301]

Em vez disso, Jay focou em sua própria expansão empresarial, lançando novas filiais do 40/40 club em Las Vegas[302] e Atlantic City, e gastou 5 milhões de dólares na multa rescisória de seu contrato com a Def Jam (restando apenas um álbum a fazer) para ter de volta suas fitas máster e explorar outros mercados para lançar sua música, supostamente examinando contratos com a Apple e uma gravadora em conjunto com Beyoncé. Em vez disso, em abril de 2008 ele assinou um contrato de dez anos no valor de 150 milhões de dólares com a Live Nation, muito semelhante àquele preparado pelo conglormerado do entretenimento para Madonna no ano anterior. Um contrato 360, ou seja, a Live Nation levaria uma porcentagem de cada aspecto da renda de Jay-Z, incluindo álbuns, shows, merchandising e sua cota de contratos de administração, dando a Jay um adiantamento de 25 milhões por seus discos, o mesmo por seus shows, 20 milhões por direitos de publicidade e licenciamento, 775 mil ações na Live Nation, além de 50 milhões para iniciar sua própria gravadora que ele chamaria de Roc Nation.[303] Jay via a Roc Nation como a próxima geração de gravadoras. Ela não só produziria e

---

301. World's Greatest, *Observer*, Alex Blimes, 13 de julho de 2008.
302. O clube em Vegas tinha mais de 2 mil metros quadrados de área, continha 84 telões de plasma, tinha revestimento de ouro 24 quilates no piso e foi inaugurado com uma festa de lançamento VIP prestigiada por Jay, Beyoncé, Joe Jackson, Ne-Yo e LeBron James. Infelizmente, em razão da baixa frequência a casa fechou um ano depois.
303. Junto com a Roc Nation, Jay também lançou a StarRoc, uma gravadora em associação com a equipe de produção norueguesa Stargate.

venderia discos, teria também grupos administrativos, ramos de consultoria criativa, departamentos de publicidade e de assessoria para artistas, compositores, produtores e engenheiros de som. Ela produziu uma linha de fones de ouvido chamada Skullcandy, colaborou em merchandising com o New York Yankees e contratou artistas, incluindo Jermaine Cole, The Ting Tings, Mark Ronson e Wale, licenciou o lançamento de sua música em uma base de álbum por álbum por outras grandes gravadoras em vez de distribuir os discos ela mesma. O primeiro álbum de Jay pela Roc Nation, por exemplo, saiu pela Atlantic, um disco com que ele planejava completar uma trilogia há muito tempo deixada inacabada.

Todo o conceito da Roc Nation falou à filosofia essencial de Jay-Z. "É uma integração de todos os meus interesses", ele contou ao *Observer*. "O hip-hop sempre foi uma cultura. Não é só música, é moda, negócios, é um estilo de vida. Sou um empresário. Isso me dá a liberdade de fazer todas essas coisas sem entrar em uma briga."[304]

"Ela aconteceu em uma hora em que eu procurava uma abordagem diferente com que o mercado fonográfico se parecerá em dez anos", ele disse ao *The Wall Street Journal*. "Há uma grande variável na equação. Eu estava no fim da Def Jam e já apregoava essa ideia para eles. [Eu disse] por que vocês não me dão um fundo? Deixem-me sair e adquirir coisas. Isso tiraria o peso da obrigação de ter um sucesso [música]. Essas coisas poderiam ajudar a gerar renda enquanto nós encontramos e desenvolvemos grandes artistas."[305]

Seu escritório luxuoso era bem mais elegante do que a espelunca onde ele começou a Roc-A-Fella na John Street: na 1411 Broadway, no 39º andar, com vista panorâmica, o Empire State praticamente como seu ornamento na borda da janela. Uma enorme cadeira giratória de couro diante de uma mesa imponente na qual ele poderia girar para ver os discos de platina e as fotos na parede: retratos de Jimi Hendrix, Ray Charles, Muhammad Ali, Naomi Campbell, Cindy Crawford, Christy Turlington, membros de sua família, Beyoncé de folga e dele conhecendo o príncipe Charles, pendurados em uma posição de destaque sobre um modelo em escala do novo estádio do Nets. Em um lugar de honra, um Warhol original. O escritório resplandecia sua fortuna, reputação e sucesso. Ali ele poderia prosperar.

O contrato com a Roc Nation também o permitia prosperar nos shows em arenas. Isso significava que Jay-Z foi de ganhar até 300 mil dólares por apresentação para mais ou menos 1 milhão, permitindo-o

---
304. World's Greatest, *Observer*, Alex Blimes, 13 de julho de 2008.
305. *The Wall Street Journal*, John Jurgensen, 21 de outubro de 2010.

apresentar shows maiores e com um palco mais elaborado com bandas completas, orquestras de instrumentos de sopro e cenários caros que apenas gente como Eminem conseguiu fazer no hip-hop antes. Foi um passo importante em termos do perfil global do rap, pois agora o gênero era tão grande quanto as turnês de rock enormes não só em números, mas em espetáculo.

E, além de seus shows, Jay-Z pôs os olhos em um prêmio de mistura ainda maior. O circuito de festivais.

"Os discos estão garantidos", ele contou ao *The Wall Street Journal*. "Nós podemos fazer discos dormindo. A especialidade da Live Nation é turnê. Nós criamos um plano para preparar uma agenda de turnê que tornaria isso lucrativo. Realmente nos concentramos em construir esse perfil. Tocar em Glastonbury, Coachella. Há certos locais que eu sempre tinha pregados no quadro de avisos: Madison Square Garden, Yankee Stadium, Central Park é o próximo. Se nós seguíssemos direto para o Yankees frios, sem Glastonbury, sem Coachella, sem essas coisas em nosso portfólio, não sei se o Yankee Stadium aconteceria."[306]

Primeira parada, o vale místico do hedonismo avaloniano: Glastonbury. Em 2 de fevereiro de 2008, o organizador Michael Eavis, sob as ordens de sua filha Emily e com a intenção de "romper com a tradição dessa vez e apresentear algo totalmente diferente", anunciou a primeira apresentação como artista principal de hip-hop no palco Pyramid de todos os tempos. "Ele [Jay-Z] agradará aos jovens em menos de 25 segundos", ele disse, "de modo que esse é um grande acontecimento para eles. Não é como o tradicional que fazemos, como Radiohead, Coldplay, Muse e Oasis." Foi um grande avanço para o rap, essa aceitação rompeu as barreiras do gênero para os níveis mais elevados da cultura musical, ou seja, o hip-hop oficialmente "chegou lá". Mas, assim como todas as emancipações importantes em toda a história, a reação dos tradicionalistas foi de choque total e negação. "Desculpe, mas Jay-Z?", disse Noel Gallagher do Oasis para a BBC. "Sem chance. Glastonbury tem uma tradição de música para guitarras e até quando eles jogam uma surpresinha para uma noite de domingo você diz 'Kylie Minogue'? Não sei nada sobre isso. Mas eu não quero hip-hop no Glastonbury. É errado."

Noel a princípio parecia ter o apoio dos frequentadores de festivais: em vez de todos os ingressos serem vendidos em horas como costumava acontecer no evento, as vendas foram lentas pela primeira vez em uma década. Mas Jay-Z estava inflexível achando que sua

---

306. Ibid.

seleção era um lance progressivo do Glastonbury e da música em geral. "Nós não tocamos guitarras, Noel", ele disse em uma entrevista com o caderno Bizarre do *The Sun*, "mas o hip-hop apresentou seu trabalho como qualquer outra forma de música. Esse show como artista principal é só um progresso natural. O rap ainda está evoluindo. De Afrika Bambaataa discotecando no Bronx e o Run-D.M.C. ganhando disco de Platina até Jazzy Jeff & The Fresh Prince ganhando seu primeiro Grammy de rap, eu só sou o próximo da fila. Nós precisamos respeitar o gênero um do outro e seguir em frente."

"Precisa acontecer um processo educacional", ele se prolongou no *Observer*. "Eu gostaria de sentar, tocar para ele alguma ótima música poética, um hip-hop incrível e bem produzido. Ele fez uma generalização. Ele nem ouviu todos os discos de hip-hop, assim como eu não ouvi todos os discos de rock, então não posso generalizar e dizer que o rock não pertença a algum lugar. Não posso dizer isso. Não dá para dizer que Noel Gallagher rouba os Beatles. Não dá para dizer isso. Porque eu não ouvi sua música. Mas não posso dizer que o rock rouba os Beatles. É geral demais."[307]

"Parecia uma oportunidade para abrir a porta ao hip-hop de novo", ele disse em outra entrevista para o *Observer*. "Foi quase como se o hip-hop tivesse de se provar mais uma vez naquele tipo de arena, e tocar lá realmente o deixou em casa."[308]

"Aquilo parecia mais com meu progresso, derrubando uma barreira diferente, do que uma coisa entre mim e Noel", ele me disse. "Acho que é mais sobre Glastonbury, nós discutimos sobre isso, não um com o outro. Ele dizia: 'Eu queria que fosse como eu sempre o vi!', e eu retrucava: 'Não, o mundo está mudando'. Foi bem mais como um bando de gente ainda tentando se agarrar à tradição do que sempre foi."

Não houve tanto rebuliço quando Jay anunciou uma série de outras participações como artista principal em outros festivais europeus no verão de 2008, incluindo o Roskilde na Dinamarca, o Hove Festival na Noruega e o O2 Festival no Hyde Park em Londres. Mas, por baixo de toda a agitação e promoção desses shows enormes, houve um evento, provavelmente o maior da vida de Jay-Z, que foi mantido bem em silêncio...

★ ★ ★

---

307. World's Greatest, *Observer*, Blimes, 2008.
308. *Observer*, Luke Bainbridge, 29 de novembro de 2009.

Os candelabros prateados foram descarregados de um caminho na calçada. Uma barraca branca foi vista no telhado de uma cobertura em Tribeca. Um contêiner atrás do outro levados para dentro, escondendo 50 mil orquídeas. A mãe de Beyoncé, Tina Knowles, foi vista em Manhattan, assim como as outras garotas do Destiny's Child. Seria preciso de um repórter investigativo muito intrépido para reunir provas suficientes de que algo maior estava prestes a acontecer antes que fosse tarde, mas muitos veículos da imprensa conseguiram acompanhar o rastro do matrimônio pelos rumores de uma licença de casamento obtida na prefeitura na prestigiada cidade de Scarsdale, em Nova York, até a recepção sendo preparada em segredo no topo do bloco de apartamentos do casal em Manhattan.

Por volta das 17h50 do dia 4 de abril de 2008, Tina Knowles chegou ao apartamento em Tribeca, seguida 20 minutos depois pelo pai de Beyoncé, Mathew. Às 18h30 Jay-Z estacionou seu Maybach, uma hora depois Chris Martin e Gwyneth Paltrow entraram em cena. No início da noite, segundo aqueles envolvidos, Jay-Z e Beyoncé se casaram na frente de 30 convidados. Jay contou depois para Oprah Winfrey que o casal ofendeu algumas pessoas pela falta de um convite, mas aqueles que realmente o amavam entenderiam. O casamento chegou ao conhecimento do público em 22 de abril. O mais próximo que a América poderia chegar de um casamento real foi um assunto estritamente particular.[309]

Então foi como marido e mulher que Jay-Z e Beyoncé viajaram de ônibus em turnê para Shepton Mallet em Somerset em junho. Apesar das condições rigorosas lendárias de Glastonbury, eles resolveram não usar a aproximação da diva de helicóptero. Com mais outro sucesso recente com sua participação na "Mr. Carter" de Lil Wayne, Jay estava se sentindo confiante e brincalhão e ficou besta com o tamanho do festival: "quando você sobe o morro e vê todas essas barracas (...) é quando ele parou de ser [apenas] um concerto", ele contou ao *Observer*, "eu falava: 'Espere, isso não é um festival. Isso é um território! Isso é uma cidade de barracas'."[310]

Com o diretor da BBC Alan Yentob seguindo-o com uma equipe de filmagem para registrar esse evento histórico para um documentário, Jay, Beyoncé e Bleek se aprontaram para o show no complexo

---

309. Bem mais particular, segundo dizem, do que sua primeira briga como casados, que os espectadores afirmam ter sido do lado do palco no show de Jay-Z no Hollywood Bowl algumas semanas depois do casamento, provocada por Jay parando de brincadeira o DJ enquanto tocava "Crazy In Love".
310. World's Greatest, *Observer*, Blimes, 2008.

de camarins nos bastidores, decidindo apenas uma hora antes do show zoar os comentários de Noel abrindo com uma tentativa de arranhar o clássico do Oasis "Wonderwall", deixando a música soar cafona e lenta de propósito em comparação com o grito hip-hop de "99 Problems" que viria depois. Assistindo aos outros artistas do palco Pyramid, o palco principal do festival, da coxia, Jay ficou pasmo com o tamanho da multidão de 180 mil pessoas se estendendo até onde ele poderia ver, a maior multidão que ele já testemunhou entoando seu nome em enormes crescendos progressivos na expectativa por sua chegada. Uma encantada e aliviada Emily Eavis afirmou mais tarde que nunca viu o campo tão lotado e descreveu a apresentação triunfante e provocadora como "o momento de mistura pop cultural mais brilhante".[311]

Analisando a recepção arrebatadora e a massa cantando junto que acolhia o que ele considerou ser um ponto alto da carreira, ele me disse: "Eu o classifico como um daqueles momentos como quando eu ganhei meu primeiro Grammy. É um desses momentos para mim. Parecia como uma mudança cultural. Foi um momento no tempo, foi uma quebra de barreiras. E as pessoas estavam prontas para ele, como nós vemos assim que saí, certo? As pessoas queriam isso, elas falavam, tipo: 'Não, nós gostamos de Jay-Z e de Noel, nós gostamos de vocês dois'".

"A música não deve ser separada ou segregada", ele disse à revista *Clash*. "Ao vivo ou em qualquer outro lugar. Nós vivemos na era do iPod e as pessoas têm tudo lá junto, como Kings Of Leon perto de Kanye West ou Lil Wayne (...) Havia essas poucas pessoas, uma minoria, se agarrando a essa ideia antiquada de tradição. Mas as massas falaram no momento que eu saí do palco e as pessoas estavam prontas."[312]

Depois de Glastonbury, nada mais poderia ser o mesmo. A faixa "99 Problems" voltou para as paradas britânicas quatro anos depois de seu lançamento inicial por causa de seu golpe de mestre na abertura do festival. Jay foi a atração principal do Wireless Festival e do Milton Keynes Bowl, mas nenhum deles rendeu o mesmo burburinho. Ele quebrou barreiras parecidas nos Estados Unidos, substituindo os Beastie Boys como atração principal no predominantemente roqueiro All Points West Festival em Nova York, mas não parece ter sido um momento tão fundamental. Jay-Z, e o próprio rap, haviam chegado. Sua nova esposa estava prestes a revelar publicamente sua aliança de 5 milhões de dólares desenhada por Lorraine Schwartz pela primeira vez no show Fashion Rocks em Nova York em setembro, Obama logo ligaria de

---
311. Ibid.
312. The World's Biggest Rap Star Reveals All, *Clash,* Adam Park, 8 de setembro de 2009.

novo, encorajando-o a tocar em comícios gratuitos na sequência de sua eleição presidencial, e suas atividades filantrópicas também estavam a todo vapor, tocando no Africa Rising Festival na Nigéria para ajudar a divulgar a má condição do continente.[313] Ele estava bem casado, foi aceito culturalmente, era influente na política e podre de rico.[314] O que mais Jay-Z teria para fazer?

Ele tinha uma trilogia para terminar.

Anunciado já em janeiro de 2008, quando o DJ Clue gritou "direto do *Blueprint 3*, baby!" em uma faixa de Timbaland chamada "I Ain't" lançada em uma mix-tape (embora essa faixa não tenha entrado no álbum), Jay-Z já tentou várias vezes começar a compor o terceiro álbum *Blueprint*, mas esse projeto escapava dele. Até que, em seu show na Manchester MEN Arena em 19 de julho, Kanye chegou para sua participação especial no palco[315] com um CD de novas batidas totalmente sincronizadas, um material digno de um álbum completo que ele vinha guardando para Jay. "Este é o álbum novo" ele disse, contra-atacando a declaração de Timbaland à MTV de que ele produziria todo o próximo álbum de Jay-Z.[316] Ele adorou a petulância do ato de Kanye.

"No primeiro *Blueprint* ele não tinha nenhuma opinião sobre nada", ele disse. "Ele não ousava. Só preparava a batida e estava feliz só de ter uma batida lá. Sabe, agora ele é o famoso Kanye West. Nós entramos no estúdio e tínhamos esse cabo de guerra sobre a direção de uma música ou como ela deveria soar. Coisas assim. Foi fantástico, eu gosto que ele tenha o ego."[317]

Durante o ano seguinte, Jay e Kanye discutiram as faixas, completando um álbum inteiro em novembro de 2008, mas voltando depois para retrabalhá-lo, livrando-se de muitas das faixas originais do CD e substituindo-as por números ainda mais brilhantes e ousados. Uma música que acabou não entrando foi "Jockin' Jay-Z", uma faixa cantada pela dupla no encerramento do show de Kanye no Madison Square Garden em 6 de agosto que repassou alguns dos pontos altos do ano de Jay,

---

313. Rolou um rumor um tanto ridículo na imprensa da viagem à Nigéria de que Jay teria pedido aos funcionários do hotel para esculpir uma melancia como uma réplica dos seios de Beyoncé e entregá-la em seu quarto, usando duas cerejas como mamilos.
314. Em janeiro de 2009 a revista *Forbes* colocou Jay-Z e Beyoncé no topo de sua lista de casais mais bem pagos, listando uma renda combinada de 162 milhões de dólares entre junho de 2007 e junho de 2008.
315. O produtor Mark Ronson também apareceu com Jay no palco naquela noite.
316. Jay-Z e Timbaland discutiram essa ideia, mas não se tomou uma decisão oficial quando Timbaland a divulgou.
317. The World's Biggest Rap Star Reveals All, *Clash,* Adam Park, 8 de setembro de 2009.

como ele "sacudiu com Obama", sua discussão com Noel: "that bloke from Oasis said I couldn't play guitar/Somebody shoulda told 'em I'm a fuckin' rock star" ["aquele sujeito do Oasis disse que eu não conseguia tocar guitarra/Alguém deveria contar para ele que sou um astro foda do rock" ele cantava antes de afanar um verso de "Wonderwall" e os bônus no estilo roqueiro de seu triunfo no Glastonbury: "180.000 screaming... it's too easy, I got ladies on shoulders showing me their chi-chis" ["180 mil gritando... é fácil demais, as garotas sobem nos ombros das pessoas para me mostrar os seios"].

Em seu passeio de aniversário de novo, em uma limusine ao redor de Paris com Beyoncé, do restaurante L'Avenue ao cabaré Crazy Horse, ficou claro que o último álbum *Blueprint* não seria um trabalho apressado. A chave era o perfeccionismo e Jay assumiria o projeto pessoalmente mesmo...

Capítulo 16

Completando *The Blueprint*

O boato correu pela sala de transmissão do AIR Studios de Hampstead como um rastilho de pólvora. "Hova está aqui", os jornalistas sussurravam, empolgados porque essa não seria uma reprodução de álbum comum, com as amostras normalmente sem graça, quando três indiferentes entram atrasados em uma sala de conferência de um hotel no Soho, "ele vai tocar para nós pessoalmente".

Com certeza, os 20 ou mais jornalistas britânicos selecionados por seus editores para conduzir entrevistas com Jay-Z sobre seu álbum novo *The Blueprint 3* em seus poucos dias reservados para a imprensa britânica em agosto de 2009 foram conduzidos à sala de controle do estúdio onde Jay-Z estava sentado balançando suas pernas na frente de uma plataforma diante da mesa de mixagem, com seu iPod preto pessoal plugado no gigantesco sistema de som surround do estúdio, brilhando com o que pareciam ser diamantes incrustados. Durante uma hora Jay bateu um papo fácil com os redatores reunidos enquanto tocava para eles as músicas do álbum, cada um dos petardos de invenção do hip-hop interrompido por Jay depois de 30 segundos no caso de alguém ter entrado escondido com algum equipamento de gravação secreto, pois com seus álbuns vazando com tanta frequência e várias músicas do *The Blueprint 3* já vazadas, Jay não se arriscou. Entretanto, esse álbum era claramente um avanço fascinante para Jay, uma lufada de suas melhores rimas colocadas em batidas modernas quentes e uma grande melodia de destaque que soava dos alto-falantes, o maior gancho de Jay de todos os tempos: "In New York, concrete jungle where dreams are made..." ["Em Nova York, selva de concreto onde os sonhos são feitos..."].

Ter um grande álbum novo tocado para você pelo próprio artista era uma delícia rara. A dedicação pessoal de Jay-Z em supervisionar a promoção e a publicidade de seu álbum novo era adorável e um pouco corajosa também, como foi sua balada com Rihanna naquela noite no Vendome Club em Mayfair onde, segundo boatos, ele gastou 7 mil dólares em champanhe e coquetéis e seu desejo de correr no Hyde Park às 3h, um plano frustrado por seus cautelosos seguranças. Corajoso, considerando que naquele mesmo mês um tal Leon Desmond Barrett de Detroit fora preso por supostamente estar por trás de uma série de ameaças de morte a Jay-Z e Beyoncé entre 2006 e 2009. "Estou me preparando para começar a matar mais algumas pessoas", ele escreveu em 18 de agosto de 2007. "Beyoncé, Jay-Z, Jerome Bettis e Tune-Up Man são as primeiras quatro pessoas que vou matar."

No dia seguinte, sentado para entrevistar Jay em uma suíte do hotel Park Lane, ele pareceu a este que vos fala bem aberto e simples quando eu o questionei se ele sempre imaginou *The Blueprint* como uma trilogia. "Sim", ele disse, "eu só nunca tive um motivo para fazer o terceiro antes. Eu achei que era hora de preparar um projeto para a próxima geração porque todos estão fazendo esse tipo de música para entrar nas rádios porque as vendas estão ruins demais, então todo mundo pode flertar com tudo, compreensivelmente. As pessoas estão ficando preocupadas com suas carreiras de tal modo que fazem músicas para se adaptar ao formato e eu pensei que seria uma ótima hora para executar o projeto, não temer e fazer música só porque soa bem. Por isso coloquei "D.O.A." primeiro, porque era mais um desafio, um convite à luta, tipo "vamos lá!". As pessoas acharam com isso que eu estava rebaixando a geração mais nova, mas eu não estou, é só um desafio para eles fazerem ótima música. Quero que sejam incríveis, isso não é mau.

"Gosto de fazer as coisas em três, como eu fiz a primeira trilogia, a série "Lifetime" e eu sempre quis fazer a terceira [*Blueprint*], mas eu não tinha um motivo até agora. Então ainda não tinha feito. Se você analisar bem, o primeiro *Blueprint* foi um retorno às minhas raízes, aos samples de soul e à música que ouvia na infância, e o segundo foi um álbum duplo, pois se tratava de todas as minhas influências, da música que eu amo, Lenny Kravitz no rock, Jean Paul no reggae e Faith Evans no R&B, estava em todos os lugares. Este acho que é um pouco dos dois, porque estamos nos tornando esses ícones que olhávamos com respeito quando crianças. Então é um clássico nesse sentido e também há um monte de minhas influências e da música que ouço agora. Eu o chamo de "novo clássico". Não se baseia no que toca no rádio, é só música pela música, soa bem. As pessoas imitam as coisas que saem antes delas, então tem muito [para imitar] agora, então as pessoas partem em muitas direções diferentes. Eu quero voltar a fazer música."

Eu pressionei Jay quanto a seu último aparecimento de inimigos, como seu antigo parceiro Lil Wayne que afirmou recentemente que Jay estava velho e atrapalhando. "Para começo de conversa, eu não decido isso", Jay disse, "é o povo quem sabe. Eu não estaria atrapalhando as pessoas que são como eu. Não é isso que acontece. Rakim foi o maior rapper de todos os tempos, ele de alguma forma está meio afastado, não porque ele disse: 'tudo bem, estou saindo, caras', não é assim que acontece. Quanto maior você fica, mais inimigos você tem. Faz parte do processo. As pessoas prefeririam torcer pelo coitadinho."

Ele deu um sorriso malicioso, concordando. "Eu também, conheço a sensação."

Ele conhecia mesmo. Depois de torcer pelo coitado cultural e político que foi Barack Obama por toda a corrida presidencial em 2008, no início de 2009 ele ficou extasiado ao ser convidado a Washington para assistir à posse de Obama como o 44º presidente da América e a tocar em vários eventos comemorativos. No pequeno, lotado e animado Club Love em 18 de janeiro, ele subiu ao palco em uma pós-festa de Young Jeezy com dois seguranças fortões cercando a ele e Beyoncé, e Akon e considerava tocar um novo remix de "My President Is Black" de Jeezy, com um prefácio de Jeezy agradecendo "the guy who threw two shoes and Bush and the guys that helped him move his shit out" ["o cara que jogou dois sapatos e Bush e os caras que o ajudaram a tirar essa merda"]. A estrofe ainda fresca de Jay na faixa épica tinha um trecho de um poema sobre a emancipação negra que circulava na Internet por causa da eleição de Obama: "Rosa Parks sat so Martin Luther could walk/Martin Luther walked so Barack Obama could run/Barack Obama ran so all our children could fly" ["Rosa Parks sentou para Martin Luther poder caminhar/Martin Luther caminhou para Barack Obama poder concorrer/Barack Obama concorreu para todos os nossos filhos poderem voar"], e atirou esse evento histórico na cara de qualquer um chateado por ter um presidente negro destacando que ele era "meio branco, então, mesmo que você tenha uma mente racista, está tudo bem". Completando sua letra com um trocadilho anti-Bush ("you can keep your puss, I don't want no more Bush/No more war, no more Iraq, no more lies..." ["Você pode guardar sua boceta, não quero mais Bush/Não quero mais guerra, mais Iraque, nem mais mentiras..."]) e com sua estrofe interrompida por uma exultação doida em seus versos mais pertinentes: "My president is black but his house is all white" ["Meu presidente é negro, mas sua casa é toda branca"], ele posicionou sua estrofe como um indicador ao potencial do americano negro depois do sucesso de Obama e deixou o palco apertado e dominado sob berros violentos e bandeiras oscilando de uma multidão em uníssono com o grito de Jeezy: "Eu estou tão orgulhoso de ser negro agora que nem sei o que dizer, mano".

Dois dias depois, Jay se sentou em seu lugar orgulhoso para assistir à posse de Obama, junto de Beyoncé, Sean Combs e Mary J. Blige, dando adeus a George W. saindo da Casa Branca em seu helicóptero. No show de Beyoncé no Lincoln Memorial naquele dia Jay estava na plateia, compartilhando a experiência com o público e alegrando-se com a nova oportunidade de mudança para a América. Com sua fé no sistema político americano despedaçada pela administração Bush, ele estava pronto para abandonar a América para sempre se McCain/Palin tivessem ganho, se suas melhores tentativas de fazer uma diferença para uma hierarquia política que controlou a sua vida e de todos fossem frustradas, se o lobby político anti-rap voltasse ao comando e sua cultura paralisasse mais uma vez. Em vez disso, em 21 de janeiro, ele se viu de smoking e óculos de armação preta fazendo um show gratuito para 4 mil dos funcionários e voluntários da campanha Obama For America de Barack no exclusivo Baile dos Funcionários, onde cantou o verso alterado: "I got 99 problems but a Bush ain't one" ["Eu tenho 99 problemas, mas Bush não é um"] e revelou uma nova faixa produzida especialmente para a ocasião, "History".

Apresentando-a pedindo para a multidão fazer os diamantes da Roc com a mão bem alto para comemorar como "vocês fizeram história!", era uma letra parecida com um poema lírico grego, com Jay cantando sobre uma faixa de rock eletrônico suave suntuosa com toques do "The Star-Spangled Banner".[318] Jay era o personagem principal representando a América, envolvido com quatro mulheres chamadas Vitória, Derrota, Sorte e Morte: ele estava amarrado à Derrota enquanto perseguia a irmã dela Vitória para ter uma filha com ela chamada História. Enquanto esperava pelo momento da História, ele flertava com a Morte (com o tráfico) e a Sorte (com o rap), mas achou as duas devoções superficiais comparadas com a glória duradoura de encontrar a Vitória e deixar a História como seu legado, falando seu nome por gerações. Foi uma metáfora bruta de sua parte no triunfo de Obama e da importância histórica de sua vitória, claro, mas grandes eventos às vezes pedem declarações francas e heroicas, e a "História" unificou a revolta política com a cultura popular como nunca antes.

---

318. A versão gravada de "History" tinha Cee-Lo cantando o refrão patriótico inspirador. Foi uma produção de Kanye sampleando "Une Nuit Sur Ton Epaule" de Veronique Sanson.

"Acho que ele renovou a esperança ao redor do mundo", ele me contou, referindo-se à celebração que aconteceu em Paris e Londres com a vitória de Obama, "não só na América, mas ao redor do mundo todo, o que é tudo que poderíamos querer. Por isso nós acordamos de manhã, isso é o que o impulsiona e o impele. Eu fiquei absolutamente comovido e afetado por isso."

"Obama representa muita esperança para negros e latinos", Jay disse à revista *Cigar Aficionado*. "A esperança que ele representa é maior do que qualquer um dos problemas enormes que ele poderia corrigir. Quando você tem exemplos positivos, pode mudar sua vida para o melhor. Quando Obama foi eleito, o gangsta ficou menos relevante."

O ano de 2009 foi de comemorações para Jay-Z. Em março, encantando o público com um terno elegante e canhões de confetes, ele foi um dentre o círculo social de empresários, políticos nova-iorquinos e industriais de alto nível presentes no lançamento da pedra fundamental do Barclays Center, a nova arena no Brooklyn para o Brooklyn Nets. O esquema foi uma partida longa, atrapalhada por uma recessão que lhe custava 35 milhões de dólares por ano, bombardeado por processos de um grupo chamado Develop – Don't Destroy Brooklyn e atacado por custos de construção cada vez mais elevados, atingindo 1 bilhão. O próprio time estava em desvantagem, com uma frequência de apenas mil por jogo e conseguindo apenas 12 vitórias em 80 jogos. Mas Jay negociou e promoveu bem o esquema entre altos funcionários do governo para o esquema ir para a frente e o discurso que ele fez naquele dia foi cheio de orgulho local e cor, para trazer ambição e esperança às ruas do Brooklyn. Além disso, ele tinha um plano em mente. Seu bom amigo LeBron James estava pronto para transferência e Jay poderia ser o homem para levá-lo ao Brooklyn.[319]

Enquanto isso, *The Blueprint 3* tomava uma forma ainda mais firme. Fazendo ajustes na listagem de faixas do álbum, Kanye, cujas faixas formavam a maior parte do álbum de tal modo que ele assumiu o posto de produtor principal, sugeriu a Jay que eles deveriam gravar em um de seus estúdios favoritos no Havaí. Isso não só para tentar conter quais-

---

319. No fim, ele não foi, apesar dos extensos esforços do Nets para assegurar o contrato com LeBron naquele verão. O bilionário russo Mikhail Prokhorov, que comprou 80% dos Nets e 45% do estádio de Ratner em julho de 2009 por 200 milhões de dólares de tão enamorado ele estava com a ideia de trabalhar com Jay-Z, alugou um enorme outdoor do outro lado do Madison Square Garden quando LeBron estava jogando lá e colocou uma foto de 68,5 metros dele e Jay-Z com o slogan "The Blueprint For Greatness" [O Projeto para a Grandeza] espalhado por ele, mas, apesar de conceder aos Nets a primeira reunião, LeBron acabou se acertando com o Miami Heat.

quer vazamentos de material, mas também para evitar as distrações de Nova York ou LA e seus seguidores incessantes e também porque a ilha tinha uma "boa vibração". Embora as gravações tenham acontecido durante 2008 e 2009 ao redor do mundo, desde estúdios em Nova York, Cleveland, Miami e LA até o Holy Chateau em Perth, Austrália, eles reuniram o grosso do álbum no Avex Honolulu Studios no Havaí, onde a primeiríssima faixa foi gravada de forma bem suave, mas colocaria uma bomba sob a música urbana, instituindo uma nova lei do rap. *The Blueprint 3* já apresentava novos padrões, expectativas mais elevadas e seus pupilos teimosos no mundo mais vasto do hip-hop estavam prestes a ter uma lição dura sobre antifalsificação.

★★★

Os vocais nítidos, mas deslocados. As tremulações artificiais, sintetizadas entre as notas que não poderiam vir de cordas vocais humanas. A barateza vazia e plástica da coisa. Foi ótimo quando Cher popularizou a técnica em seu sucesso monstruoso "Believe" nas pistas de dança em 1998, expondo um segredo de fabricação para um efeito inovador, mas o uso desse software de estúdio para correção da voz se espalhou como um vírus pela música desde então, fazendo pessoas estúpidas soarem como divas e eliminando no cantor popular a necessidade de conseguir cantar.

A gota final para Jay-Z foi um comercial de TV para a nova bebida toffee coffee twisted frosty da Wendy. Um grupo de funcionários de escritório sedentos transformados em uma boyband com todos vestidos de branco, girando e cantando sobre a natureza refrescante do produto gelado de fast-food em vozes ajustadas no extremo do Auto-Tune, ondulando eletronicamente a um nível cômico.

Assistindo em casa, Jay se sentiu um pouco envergonhado e bravo que tenha chegado a isso. Ele viu o Auto-Tune sendo usado na música urbana em modos originais e brilhantes por alguns talentos visionários, inclusive ele e Kanye até experimentaram usar o Auto-Tune em uma faixa, e de formas preguiçosas, formulaicas e agradáveis às paradas por muitos oportunistas musicais que só queriam tocar na rádio. Aos poucos ele passou a ver a tecnologia como o inimigo do hip-hop em seu nível mais fundamental, cujo ponto e foco era destacar e representar a humanidade da vida e das experiências do rapper. Ao robotizar as músicas, o rapper fica distante, irreal. E Jay-Z em 2009 era todo real.

"Eu não tenho um problema com o Auto-Tune", ele me contou em agosto. "Acho ele bem legal, mas quando dez pessoas usam, não mil. É como: 'Ah, vá, eu já ouvi esse disco, não quero ouvir a mesma coisa'. Eu teria um problema com o rap veloz se todos cantassem igual, isso me deixaria louco. O excesso de qualquer coisa é ruim. Se eu comesse torta de maçã todos os dias meus dentes apodreceriam e eu amo torta de maçã. Eu gosto de música, quero ouvir tipos diferentes. Vamos deixar o Auto-Tune para trás, deixar dez pessoas usá-lo, quem realmente o faz muito bem e todas as garotas bonitas, deixe-as usá-lo. O resto de vocês, caras, os outros 90%, descubram alguma outra coisa."

Então, no primeiro dia no Havaí, em nome da cultura do rap, Jay decidiu matar o Auto-Tune. Abrindo com uma ostentação de um sax soprano atonal e guitarras e a interpretação de Jay desafinada de propósito do número 1 de Steam de 1969 "Na Na Hey Hey Kiss Him Goodbye" (mais famosa no Reino Unido na voz do Bananarama em 1983), como que dando adeus à máquina, Jay e No I.D. lançaram em um pedaço corajoso e grungy de soul de garagem[320] que se deleitava em suas extremidades ásperas, segmentos de jazz psicodélicos e um ar de refinamento desavergonhado. Essa era "D.O.A. (Death of Auto-Tune)", uma convocação à realidade. "Sei que enfrentamos uma recessão", Jay vociferava aos outros rappers, "mas a música que todos vocês estão fazendo vai torná-la a Grande Depressão", antes de seguir em frente repreendendo o rapper moderno por sua falta de agressividade, sua obsessão com colocações na parada e estilos extravagantes. Uma faixa fervendo com uma urgência energizada para revitalizar uma cena do rap usando uma complacência agradável às paradas, até parou para atacar a igreja do *iTunes* que toda a música moderna parecia cultuar. "'D.O.A. (Death of Auto-Tune)' foi meu jeito de dizer aos artistas: 'Não, é o contrário: você faz música e o *iTunes* vem e pega, você não faz música para eles'", Jay me contou.

Claro que, depois de gravar isso, eles logo aparagaram todo o Auto-Tune do álbum que pudesse ter se infiltrado nele ou senão enfrentariam a ira daqueles rappers ofendidos pela declaração anti-Auto-Tune de Jay-Z no lançamento da música como o primeiro single do *The Blueprint 3* em 5 de junho.[321] "Jay-Z tem um monte de fãs", disse o DJ Webstar em uma entrevista para *RealTalkNY.net*, "ele fez muito pelo hip-hop. Sou fã de Jay-Z. Fiquei chocado quando ele fez isso. Mary J.

---
320. Usando samples de "In The Space" de Janko Nilovic e Dave Sucky, compositores franceses de trilhas sonoras.
321. Data em que a música foi para a rádio, tocada pela primeira vez na Hot 97. Como parte da nova abordagem de Jay-Z ao mercado consumidor musical moderno, a música só foi disponível para ouvir no rádio e para download digital em 23 de junho, e nenhuma cópia física foi feita.

e Drake acabaram de fazer uma música com Auto-Tune. Drake e todo o Young Money acabaram de usar. Se você tirar toda música da rádio, o que sobra? Os maiores discos do ano tinham Auto-Tune, quem é você para dizer que as pessoas não querem ouvir isso?"[322] Lil Wayne também deu sua declaração, dizendo ao DJ da Radio One Tim Westwood: "Para, para. Não, não tem isso de 'Morte ao Auto-Tune'. [O rapper especialista em Auto-Tune] T-Pain é meu camarada. Ele está no single de todos e usou Auto-Tune no single de cada um deles. Então, todas as músicas que faço com ele, é melhor ter Auto-Tune nela. Eu adoro. Continuem com o Auto-Tune. O Auto-Tune não morreu. Você ganha toda a jogada usando isso." E The Game respondeu no disco, gravando uma faixa chamada "I'm So Wavy (Death of Hov)", que ataca Jay por ser ultrapassado demais e desligado dos movimentos do rap moderno. Em sua primeira apresentação da música no Summer Jam no Giants Stadium naquele verão, T-Pain surpreendeu Jay ao aparecer no palco para um dueto em "Death of Auto-Tune".

Imune às maledicências e críticas dos rappers rivais até agora, Jay pressionou mais com seu conceito revisionista do rap. O vídeo de "D.O.A..." foi uma longa metáfora para se despir do artifício do hip-hop, com Jay cantando com uma banda de rock completa em um armazém abandonado entre imagens de explosões de joias, trajes caros e garrafas de champanhe para significar a explosão dos esquemas do rap. Se as pontas de Harvey Keitel jogando cartas e LeBron James jogando basquete podem ser consideradas um esquema está aberto a discussão, mas com certeza eles não explodiram.

Embora "D.O.A. (Death of Auto-Tune)" tenha tido apenas um sucesso modesto, chegando ao número 24, tornou-se um dos singles mais respeitados de Jay-Z, garantindo-lhe outro Grammy por Melhor Performance Solo de Rap no ano seguinte, sendo classificada como música do ano pela MTV e aumentando o burburinho por *The Blueprint 3* como um novo desafio de confronto e experimentação para Jay. Ironicamente, o próximo single direto do disco seria exatamente o tipo de trinado digno das paradas de R&B que muitas vezes usaria Auto-Tune, embora o vocal marcante de Rihanna fosse completamente natural. "Run This Town" foi um projeto em conjunto brilhante de Kanye e No I.D.[323] com uma batida de latidos militares compulsivas, riffs de guitarra grunge sujos e urgentes e o refrão "ay-ay" sedoso de Rihanna mesclando-se

---

322. Entrevista em vídeo para a *RealTalkNY.net*, 12 de junho de 2009.
323. A partir de um sample de uma banda grega dos anos 1970 chamada The 4 Levels Of Existence, uma faixa chamada "Someday In Athens".

bem ao que soava como um estouro nas rádios ultramoderno, coroados por uma estrofe espirituosa de Kanye acrescentada no último minuto (que muitos críticos aplaudiram como sendo melhor que a de Jay) sobre seu próprio sucesso vertiginoso e as ciladas que ele traz,[324] um sentimento reminiscente da era "Lifetime" de Jay. Lançada logo depois de Jay completar uma turnê de cinco datas nos Estados Unidos com Ciara em julho, foi o maior sucesso na *Billboard* até agora, atingindo o número 2 (e se tornando seu primeiro número 1 no Reino Unido como artista principal), rendeu-lhe dois Grammys e foi usada como a música de introdução para a série mundial, prova de seu próprio tema: que Jay, Kanye, Rihanna e Roc Nation mandavam em Nova York agora e que todos deveriam se unir a seu exército do rap de farda negra.

Mas, entre as metáforas de pôquer e a autopromoção geral do rap de Jay-Z, alguns acharam referências sinistras. O verso "peace God... ain't nobody fresher/I'm in Maison, uh, Martin Margiela" ["paz, Deus... não tem ninguém mais fresco/Estou de Maison, uh, Martin Margiela"] foi mal interpretada por alguns como "I'm in Mason", o que eles interpretaram como uma confissão de Jay que ele entrara para a ordem secreta da Maçonaria, uma organização anônima que dizem incluir muitas figuras da indústria de destaque influenciando em segredo os assuntos públicos e arranjando negócios clandestinos. Embora não seja improvável que Jay-Z tenha tido relações comerciais e associações com maçons em muitos negócios, essa não era uma prova de que ele seria membro, mas, em vez disso, Jay se referia à linha de roupas de primeira qualidade Maison Martin Margiela, uma grife que ele foi fotografado usando. Mas quando um rumor como esse se espalha como rastilho de pólvora, há toda uma internet cheia de teóricos da conspiração montando um em cima do outro para achar ou fabricar mais provas disso.

O vídeo foi uma grande fonte de "evidências" dos elos maçônicos de Jay e até o boato de um envolvimento com um grupo secreto, mas muito influente do século XVIII chamado Illuminati, popularizado pelo romance best-seller de Dan Brown *O Código Da Vinci*, mas quase certamente inexistente fora da ficção hoje em dia. Alguns, incluindo Jaz-O, apontaram para os trajes com máscaras e capuzes usados por Jay, Kanye e Rihanna no vídeo da música e o fato de eles estarem cercados por uma turba rebelde subversiva em catacumbas de pedra antigas como representando rituais de um culto secreto antiquíssimo e a ideia de uma

---

324. "Run This Town" foi o sétimo single com participação de Kanye West a vender mais de 2 milhões de cópias.

Nova Ordem Mundial Luciferiana tomando a sociedade.[325] Outros interpretaram a escultura de instrumentos pintados de branco na capa do álbum novo como representativas de um altar salpicado com três talhos vermelhos, um número importante na Cabala, o fato de ele usar uma camiseta com a frase "do what thou wilt" ["faça o que quiseres"] em um trailer do vídeo "Run This Town", lema oficial do culto Ordo Templi Orientis de Aleister Crowley, com elos com a Maçonaria, os Illuminati e a Cabala e os desenhos nas roupas da Rocawear parecidos com a cabeça do demônio bode Baphomet, o antigo Olho de Hórus egípcio e o símbolo do olho que tudo vê da Maçonaria. O diretor Anthony Mandler afirmou que o vídeo, filmado no Fort Totten Park em Nova York e não em algum templo místico, refletia o tribalismo e a rebelião no Brasil, no Oriente Médio e na África, exibindo a atmosfera da música do caos crescente, mas até hoje persistem os rumores de Jay-Z ser um membro de vários grupos secretos e ocultistas e que ele admite isso com alegria e abertamente em suas rimas ou alude a isso em cada oportunidade, desde as roupas até o nome de sua filha.

Todo esse mito, burburinho e conversa fiada destacaram como a parte final da trilogia *Blueprint* foi aguardada com ansiedade, desde que Jay revelou seu título na emissora de rádio Shade 45 em julho. E o álbum não desapontou. Com o lançamento adiantado em três dias para 8 de setembro pela grande demanda popular,[326] foi uma coleção digna de colocar Jay nos livros de história, pois seu 11º álbum,[327] derrotou Elvis no recorde do maior número de álbuns solo no número 1 dos Estados Unidos de todos os tempos.

Enquanto muitos álbuns anteriores de Jay-Z abriam com uma introdução falada ou um breve prólogo destacando o momento em que ele se encontrava em sua vida e carreira, *The Blueprint 3* passou direto para a estranheza experimental, desafiando os ouvintes desde o início. Empire of the Sun era uma banda de pop eletrônico psicodélico da Austrália, a última incursão de Luke Steele, vocalista do The Sleepy Jackson em um tipo de informação mais extravagante, pois ele se vestia para o

---

325. Um homem segurando uma tocha para Rihanna no começo do vídeo, dizem, seria uma referência às práticas ocultas de elevar a Tocha da Iluminação a Lúcifer, um símbolo repetido em monumentos, tais como a Estátua da Liberdade, que os teóricos defendem ser um presente de seitas maçônicas da França.
326. O álbum vazou por inteiro em 31 de agosto, um incidente que Jay aceitou com uma abordagem bem mais otimista do que antes. "Eu devo ser o artista mais pirateado da história", ele contou à MTV. "É uma prévia. Estou ansioso pelas pessoas ouvirem o álbum. Tenho muito orgulho do trabalho que fiz, então aproveitem" – Jay-Z Looks At 'Blueprint 3' Leak As 'A Preview', *MTV.com*, Shaheem Reid e Jayson Rodriguez, 31 de agosto de 2009.
327. Na esteira das vendas de 467 mil cópias vendidas na primeira semana.

Empire of the Sun como um sumo sacerdote futurista, com jaquetas neon de feiticeiro e uma coroa de rei do gelo. Um colaborador incomum para Jay-Z, mas *The Blueprint 3* era para experimentar novas direções e "What We Talkin' About" de Kanye com certeza era um território inexplorado para Jay, mergulhando na psicodelia eletrônica indie muito na moda parecida com MGMT enquanto Steele cantava o refrão em um falsete ofegante que flutuava pela faixa como um espectro iluminado. Na letra, Jay apresentou um projeto para sua nova direção de rimas, acabando com as fofocas e os ataques,[328] ele jurou dedicar suas palavras ao que era verdadeiro sobre a vida, sua dor, vergonha e desespero em vez de qualquer coisa tão fútil quanto lucros das drogas, assassinato ou vingança: "ain't nothing cool about carrying a strap/'Bout worrying your moms or burying your best cat" ["não tem nada legal em carregar um ferro/preocupar sua mãe ou enterrar seu melhor cara"]. Ele prometeu avançar musicalmente em vez de recriar seu passado e não queria ajudar a marginalizar o rap afastando-o de outras músicas, depois de ter dado tão duro para fazer o gênero ser aceito pelo mundo como um todo. E ele nos dá um motivo para esse recomeço, esse traço sobre seu trabalho anterior, essas novas perspectivas e regras. Ele via a eleição de Obama, pela qual ele permitiu se dar um pequeno crédito, como uma oportunidade para a cultura se unir por trás do "sonho como previsto por Martin Luther" e colocar o hip-hop em um nível mais universal. Jay-Z parecia ter tido um sonho...

Seu ponto de vista mais magnânimo passou para o primeiro rap de ostentação do álbum, "Thank You", com um balanço de trompa suntuoso digno da antiga Vegas de Kanye sampleando "Ele e Ela" de Marcos Valle sobre a qual Jay, com grande bocado de falsa modéstia e ironia, fez um discurso de recebimento de prêmio por seus 11 álbuns no número 1, seus assentos na primeira fila nas lutas de Pacquiao e camarotes na ópera. Ele até agradece os rappers rivais que ele ia tentar matar, mas que conseguiram demolir suas próprias carreiras sem que ele precisasse tentar em uma estrofe final cômica que os imaginava não só atingindo suas carreiras como aviões, no melhor estilo 11 de Setembro, como também correndo para o local e respirando as toxinas até se acabarem de vez. E se esse ego inflado tão cedo no álbum pareceu prematuro, Jay o justificou seguindo-o com duas músicas já de um sucesso enorme: "D.O.A. (Death Of Auto-Tune)" e "Run This Town", e uma que se tornaria maior do que qualquer um poderia imaginar.

---

328. Embora ele tenha encontrado espaço para alfinaetar Dash e Jaz-O, este por não assinar seu contrato com a Roc-A-Fella, perdento assim potenciais grandes somas.

"Empire State Of Mind" foi, em termos da carreira de Jay-Z, um império por si só. A única faixa do álbum dos produtores Al Shux, Janet Sewell-Ulepic e Angela Hunte, foi um sucesso instantâneo desde o som de abertura das teclas de piano e dos acordes exuberantes até o refrão sublime de Alicia Keys celebrando a Big Apple, exatamente o tipo de sentimento celebratório de que a cidade precisava quase dez anos depois dos ataques ao World Trade Center. Foi uma recuperação do orgulho ferido de Nova York, mas suas origens estavam a meio mundo de distância. Os compositores e produtores Hunte e Sewell-Ulepic, ambos do Brooklyn, sentiam saudades de casa em uma viagem a Londres em fevereiro de 2009 e resolveram compor uma música em celebração da cidade de que sentiam saudades. "Nós dissemos para nós mesmos: reclamamos tanto de Nova York, dos engarrafamentos, das multidões e do empurra-empurra, do metrô, mas eu trocaria qualquer coisa por isso agora", Hunte lembrou. "Antes de deixarmos o hotel naquela noite, sabíamos que escreveríamos uma música sobre nossa cidade."[329]

Retrabalhando um sample de "Love On a Two-Way Street" do The Moments, a dupla juntou a faixa como uma música tradicional com estrofes cantadas e a enviou para a Roc Nation na esperança de Jay-Z se interessar em gravá-la. A música foi rejeitada a princípio, mas naquele verão a dupla tocou a melodia para o editor da EMI Jon Platt em uma churrascaria e Platt a achou perfeita para Jay. Enquanto a música era tocada, as vibrações dos alto-falantes derrubaram uma miniatura de Biggie Smalls que Hunte mantinha perto de seu computador, como um presságio. "Nós só nos olhamos como se disséssemos: 'se Biggie aprova, então envia para Jay'."[330] Platt tocou a música para Jay no dia seguinte, ele adorou tanto que escreveu suas estrofes e a gravou naquela mesma noite ao redor dos vocais originais de Hunte no refrão. Porém, tanto Jay quanto Hunte dizem ter achado o refrão ideal para Alicia Keys, considerando suas habilidades no piano.[331] "Eu a testei algumas vezes", Keys contou à MTV, "mas foi mais para captar o tipo de sentimento grandioso dela."[332]

Sabendo que ele tinha em suas mãos o hino de Nova York do século XXI, uma faixa do gabarito de "New York, New York" de Sinatra,

---

329. "Empire State of Mind" Co-Writer In Disbelief Over Song's Success, *Billboard*, Muriel Concepcion, 11 de dezembro de 2009.
330. Ibid.
331. Mary J. Blige era a primeira opção de Jay para o refrão, mas depois de muito pensar ele achou a opção segura demais.
332. Alicia Keys "Grateful" To Jay-Z For "Empire State of Mind", *MTV.com*, Jocelyn Vena, 29 de outubro de 2009.

Jay-Z fez referência ao Ol' Blue Eyes em sua rima e voou pela cidade, estrofe por estrofe. Esforçando-se pelas notas mais baixas, ele traçou sua mudança do Brooklyn para Tribeca (vivendo agora "do lado de DeNiro") e de suas vendas no Harlem a sua "boca de fumo" na 560 State Street. Ele citou bairros, zonas e marcos desde a Estátua da Liberdade até o saudoso World Trade Center como se fizesse uma excursão por sua cidade e sua história e então ele parou no presente vibrante da cidade, levando seus velhos amigos de Bed-Stuy para jogos do Nets, Knicks e dos Yankees. Ele deu à música uma amplitude e uma beleza tão grandes quanto a cidade à qual se dedicava, mas no fundo era sobre a luta e a nobreza das pessoas que viviam lá: "8 million stories out there and they're naked" ["8 milhões de histórias lá nuas e cruas"]. Ele destacou algumas: os traficantes vendendo crack nas esquinas "misturadas" da metrópolis, uma modelo jovem chegando à cidade, engolida pela multidão fashionista, chupada até secar e cuspida. Esses eram indícios de tragédia em meio à glória da "big city, street lights, all looking pretty/No place in the world that can compare" ["cidade grande, luzes da cidade, todos parecem bonitos/Nenhum lugar no mundo se compara"]. Jay se recusava a deixar essa excursão seguir sem apontar que alguns foram atraídos e esmagados embaixo de suas rodas.

"Empire State of Mind" era de parar o show, mas *The Blueprint 3* ainda tinha mais a dizer, muito do que era uma conversa entre Jay e aqueles que queriam vê-lo fracassar. "Real As It Gets" foi o acompanhamento perfeito para "Empire...", seu alcance orquestral glorioso e trompas exuberantes[333] continuando a vibração suntuosa e um rap obscuro, áspero, mas presunçoso de Young Jeezy soltando jargões clássicos do tráfico. A estrofe de Jay falava de honra, declarando-se um farol de realidade em um mundo de falsificadores do rap, prometendo a um amigo encarcerado um passeio em seu jatinho Lear depois de sua libertação e afirmando estar tão avançado na jogada do rap que todos os outros só poderiam vir em sua cola.

The Blueprint 3 mantinha-se fiel a seu princípio de "ficar na real" e "On To the Next One", produzida por Swizz Beatz e com sua participação como a voz áspera e motorizada exigindo dinheiro no refrão, manteve sua promessa em impulsionar o gênero. Trocando os antigos samples de soul pela dance music francesa moderna, Swizz distorceu a música eletrônica saltitante de "D.A.N.C.E." de Justice em um cântico pesado e sombrio, como a marcha de algum culto de crianças futurista. De acordo com o fundo criativo, o rap de Jay falava de progresso e

---

333. Criada pela equipe de produção The Inkredibles.

desenvolvimento, o abandono de estilos antigos e a adoção do novo. Depois de tirar o soul retrô de seu sistema de novo em *American Gangster*, ele contou a qualquer um que quisesse seu estilo antigo a ouvir seus álbuns antigos, enquanto ele seguia abrindo novos caminhos para o rap sem se repetir: "I move onward, the only direction/Can't be scared to fail, searching perfection... niggas don't be mad 'cause it's all about progression/Loiterers should be arrested" ["Eu sigo em frente, a única direção/Não posso ter medo de falhar, buscando a perfeição... manos, não fiquem bravos porque é tudo uma questão de progresso/Os ociosos devem ser presos"]. De carros a relógios passando por locais para viagens, posições sexuais e marcas de champanhe ("I used to drink Cristal, them fuckers racist/So I switched gold bottles onto that spade shit" ["Eu tomava Cristal, aqueles putos racistas/Então troquei as garrafas douradas por aquela coisa de espadas"]), Jay jurou continuar a experimentar coisas novas, até soltando um estrondo cômico de Auto-Tune para zombar do método.

Tinha um filão grosso de humor aqui, não só na imagem de Jay destruindo jipes para usar como skates ou colocando grandes celebridades em cenários inesperados, como Oprah relaxando nas escadas do Marcy, Obama em sua agenda de contatos no celular, Michael Jackson no Summer Jam, mas no vídeo para o lançamento do single em 15 de dezembro também.[334] Como se brincasse com os boatos na Internet de seus elos com grupos místicos e ocultistas, ele e o diretor Sam Brown guarneceram o estiloso clipe monocromático com imagens e referências saídas do satanismo e das artes sombrias: uma caveira incrustada de diamantes com sangue escorrendo, o crânio de um carneiro representando Baphomet, um crucifixo cercado por balas, Colin Bailey do Drums Of Death com seu rosto pintado como seu esqueleto característico. Jay até aparecia com uma auréola de luz. Ou Jay estava admitindo com prazer ser um grande feiticeiro dos Illuminati aqui ou ele achava a associação engraçada, mas bem legal.

"Off That" do Timbaland era igualmente modernista e engenhosa. Uma demonstração de eletrônica quente da era espacial parecida com a música de garagem mais avançada mesclada com o tecno-rock contemporâneo de bandas como Pendulum, era toda cheia de ruídos industriais, gritos defeituosos, batidas sibilantes de pistão, artifícios de estúdio acelerados e rebobinados e sintetizadores rastreadores de radares com Drake dando um gancho robótico no refrão celebrando a

---

334. Chegou ao número 37.

natureza vanguardista da música: "Whatever you about to discover, we off that" ["Quando você está prestes a descobrir, nós já saímos dessa"].

Como era esperado, Jay cantou sobre sua criatividade: "I may just let you borrow this/This the blueprint nigga, follow this/This is what tomorrow is" ["Eu posso deixar você pegar isso emprestado/este é o projeto, mano, siga isso/Isso é o que será amanhã"], ele cantou, antes de revisitar o tema do progresso de "On To The Next One". Entre ele e Drake, eles cantavam, deixaram de se preocupar com calotas, correntes, em perseguir a fama, com a Cristal e a oposição racial ("tell Rush Limbaugh to get off my balls/This is 2010, not 1864" ["peça para o Rush Limbaugh não encher meu saco/Isso é 2010, não 1864"]) e não tinha interesse em ouvir sobre as garotas com que os outros rappers dormiram, o volume de vendas de drogas que fizeram ou os apetrechos que eles têm e Jay tinha. Assim como "On To The Next One" descartou os antigos estilos de Jay, agora "Off That" abandonou seus temas formulaicos. Este *Blueprint* foi uma reinvenção total.

"A Star Is Born" com certeza não era nada parecido com o que ouvimos de Jay-Z antes. Não era apenas uma música antiódio, mas uma celebração total de uma geração inteira e história de rappers, prestando homenagem a todos desde Mase e Kanye a Puff Daddy, 50 Cent, Eminem, Ludacris, OutKast, Drake, Snoop e Ja Rule por seu sucesso no rap e por fazer o Wu-Tang Clan soar como um time de basquete de uma imensa habilidade no flow. Naturalmente, Jay se posicionou como o rei governando todos esses príncipes do rap, lembrando-nos de novo de como ele foi longe saindo das esquinas das ruas, mas como ele entregou a estrofe final para o cada vez mais esperançoso J. Cole para perguntar "could I be a star?" ["eu serei um astro?"]. Sobre a percussão ritmada, os uivos repetidos e as trompas estridentes de Kanye[335] havia uma sensação real de magnanimidade, de Jay como o anfitrião e o mestre de cerimônias de todo o rap, incitando a multidão a aplaudir os astros de seu show abrangente. "A Star Is Born" foi um fechamento da cortina do hip-hop incrível.

"Venus Vs. Mars" tomou um rumo diferente dos antigos raps sobre relacionamento de Jay, explorando, em um sussurro sinistro, um relacionamento conturbado entre duas pessoas com gostos e interesses opostos sobre um violino arrastado sombrio de Timbaland,[336] ruídos eletrônicos e batidas de baquetas. Embora os dois tenham terminado

---

335. Produzida a partir de um sample de "Touch Me" da Mother Freedom Band, junto com No I.D. e Kenoe.
336. Com Jerome Harmon

com seus respectivos parceiros para ficarem juntos, a princípio o casal parecia incompatível: ela gostava de Tupac, ele de Biggie, ela gostava de vinho branco, ele de tinto, ela bebia Pepsi, ele bebia (e vendia) Coca, ela era musical enquanto ele era criminoso. Mas os opostos se atraíram, ela era "the ying to my yang" e "the Bonnie to my Clyde" e o sexo, a julgar pela paixão no gancho do refrão cantado por uma Beyoncé sem créditos, soava bem harmonioso. Mas no fim a garota mostrou-se ser "uma traidora" e deixa Jay despedaçado e inerte por um cara europeu, depois de ter enlouquecido. Há indícios nas primeiras duas estrofes de que a garota em questão seria Beyoncé: ela é sulista, fez comercial para a Pepsi e cantou em "03 Bonnie & Clyde", mas a conclusão da música sugere o contrário. Aqui Jay levava suas experiências em relacionamentos bem a fundo na esfera fictícia para desemaranhar uma guerra dos sexos cheia de poesia rica e tribulação emocional. Nós estamos a abençoados quilômetros de distância de "Can I Get A..." aqui.

A peça orquestrada efervescente de Kanye "Already Home"[337] dava um fundo para uma visão geral mais tradicional do rap do que "A Star Is Born", contra-atacando seus opositores com a ajuda no refrão do prodígio de Kanye Kid Cudi. Atacando aqueles rappers que o consideravam no meio do caminho, antiquado e pronto para uma aposentadoria mais permanente, a resposta de Jay-Z, mantendo o sentimento de "On To The Next One" e "Off That", foi que ele não estava no caminho de ninguém, já que ele operava em um nível muito mais elevado do rap do que seus rivais e críticos, fazendo uma jogada diferente, balançando a bandeira quadriculada em uma corrida em que eles ainda competiam. Ele existia em uma estratosfera do rap na qual os outros precisariam de um suprimento de oxigênio para ficar, inventava estilos e abria portas para os rappers encontrá-los apenas copiando-o e depois exigindo que ele vá para casa quando, ironicamente, confortável em sua esfera separada bem além de suas habilidades, ele já estava em casa. Faltando ódio e malícia, era uma rima de confiança suprema e nem um pouco de sagacidade. Jay considerou a introdução das pistas para veículos de maior lotação (ou H.O.V. lanes em inglês) para afirmar que agora ele tinha sua pista pessoal na superestrada do rap.

Como uma coda para "Already Home", Kanye sintetizou sua voz para criar uma melodia eletrificada envolta em sons do tráfego e da arrebatação e barulhos de armas de raios para "Hate", uma das misturas sonoras de menor sucesso do *The Blueprint 3* e a raiz de várias

---

337. As cordas sampleadas de "Mad Mad Ivy" de Gladstone Anderson & The Mudies All Stars e os créditos de produção para No I.D. e Jeff Bhasker, além de Kanye.

afirmações dos críticos de que o álbum tinha uma segunda metade fraca e indistinta, mas uma mudança fascinante na atitude de Jay perante seus inimigos. Embora ela abrisse com mais declarações da veracidade de Jay em termos de seus dias no tráfico, comparando o prolongamento de suas drogas aos exercícios de ioga preferidos de Russell Simmons e Al Roker[338] e ataques a rappers que falavam de si como milionários voando em Learjets, mas sempre vistos em aeroportos regulares, ela terminava com uma confissão incomum, mas reveladora. Em um contraste total com seu costumeiro ângulo indiferente, Jay admitiu que ele na verdade ansiava pela aprovação de seus inimigos: "It hurts when you say I ain't the one, you haters/How do I gain your favour?... I need you to love me, I swear" ["Machuca quando você diz que não sou o melhor, seus malditos/Como ganhar sua preferência?... Preciso que me amem, juro"] e que ele adorava seus inimigos por lhe dar uma sensação de perspectiva, oposição e superioridade, para justificar suas opiniões sobre si mesmo. Sem os rappers tentando derrubá-lo, como ele saberia que estava no topo?

Sobre mais ganchos vocais eletrônicos[339] e com Jay fazendo "aw"s no fundo, sua marca registrada no *The Blueprint 3* junto com a nota baixa resmungada ocasional, Jay deu outro soco em seus oponentes lembrando-os de seu *status* imenso em "Reminder". Pedindo para suas antigas conquistas sexuais e amigos falarem e confirmarem sua história de galinhagem e tráfico para quem duvidasse disso, ele passou a listar novamente seus triunfos estatísticos, seus álbuns duplos de platina recebidos todos os anos e suas vitórias sobre Elvis e The Rolling Stones em termos de álbuns no número um das paradas. Se alguém sobreviveu ao tráfico como Jay, cantou com tanta honestidade sobre isso e se manteve inovador na música enquanto mantinha um império de negócios enorme, só essa pessoa, ele argumentou, poderia criticá-lo.

The Blueprint 3 seguiu como uma discussão entre Jay e seus críticos, uma dissecação mais detalhada do relacionamento do que Jay tentara antes. Em "So Ambitious" ele seguiu de perto sua necessidade por desafio e oposição como uma fonte de inspiração, como foi descrito primeiro em "Hate". Um balanço de soul clássico do Neptunes[340] recebeu um tremor tecno modernista serrilhado enquanto Pharrell cantava o conceito principal da música: "The motivation for me was them telling me what I could not be" ["A minha motivação é eles me dizendo o

---

338. O tema da ginástica passou para "Reminder" com sua conversa de memórias de corrida e recitando recordes do atletismo.
339. Dessa vez de K. Briscoe, preparado para aguçar trechos de sintetizador de Timbaland e Jerome Harmon.
340. Sampleado do canto do cisne de 1979 de Minnie Riperton "Memory Lane".

que não posso ser"]. Do professor da escola até tios críticos à cultura do conjunto habitacional de que ninguém seria grande vindo de raízes como essas, Jay listou todos que um dia lhe falaram que ele seria um vadio, um marginal ou um cadáver e lhes agradecia por lhe darem o impulso e a determinação para superar tanto assim suas expectativas e escapar do destino fatal de seu nascimento e criação. A inclusão da música já foi por si só um ato de ambição ousada, pois, interessado em entrar no disco no último minuto, Pharrell a enviou para Jay enquanto o álbum era másterizado. Jay adorou tanto que segurou a produção do disco para eles poderem encaixar a música.

Com os oponentes bem respondidos e a trilogia *Blueprint* encerrada, Jay terminou com um felizes para sempre. "Young Forever" foi uma visão de Jay vivendo em um vídeo de hip-hop eterno onde o sol sempre brilha, o iate está sempre cheio de modelos e o champanhe nunca parou de derramar por uma juventude eterna, uma imagem do Valhalla do rap. Com os vocais fluidos no refrão de um cantor de R&B britânico que Jay ouviu, Mr. Hudson, harmonizando perfeitamente com o fundo de balada de rock suave imaginado por Kanye a partir de um sample do sucesso pop "Forever Young" do Alphaville, ela soava a princípio como Jay levando suas fantasias sobrenaturais de divindade ainda mais além, pois enquanto em "So Ambitious" ele se imaginava com asas crescendo nas costas e voando quando recuou da beira da queda do fracasso, agora ele clamava ter o dom da juventude eterna. Mas, analisando bem, a rima é baseada no conhecimento de Jay de sua própria mortalidade e a necessidade para seu legado sobreviver, era sua música que mantinha, a ele e seu ouvinte, jovens: "Just a picture perfect day that last a whole lifetime/And it never ends 'cause all we have to do is hit rewind" ["Imagine só um dia perfeito que dura uma vida toda/E nunca termina porque só precisamos apertar o botão para rebobinar"]. Foi um final ideal para um álbum que rejeitava completamente toda a sugestão de Jay-Z ser uma força gasta e via-o aguentando firme mais uma vez na vanguarda do hip-hop, um estadista mais velho mantendo-se dois passos à frente de seus imitadores.

Jay-Z marcou o lançamento de *The Blueprint 3* com um show beneficente para as famílias dos primeiros do Departamento de Polícia, dos bombeiros e das autoridades portuárias a responderem aos ataques de 11 de Setembro em um show no Madison Square Garden intitulado Answer The Call, que abriu com uma primeira apresentação ao vivo de "Empire State Of Mind" e chegou ao clímax com Jay declarando: "façam barulho para todos aqueles que perderam suas vidas para podermos viver as nossas", enquanto imagens das vítimas do World Trade Center subiam por arranha-céus no telão atrás do palco ao som de "Forever Young" do Alphaville. Um gesto altruísta, mas que não poderia prejudicar a ascensão inevitável de *The Blueprint 3* ao disco duplo de platina (por ter vendido 1,9 milhão de cópias em todo o mundo). Mas até Jay não poderia ter suspeitado que seria tão ofuscado por sua maior melodia. Durante a Fall Tour em outubro e novembro, onde tocou para 800 mil fãs em 18 cidades nos Estados Unidos e sete paradas no Canadá, com Jay tocando muito de seu álbum novo entre um apanhado de sucessos de sua carreira e faturando 25 milhões de dólares com a excursão, "Empire State of Mind" foi lançada como um single para uma recepção sem precedentes até em uma carreira tão grandiosa quanto a de Jay-Z.

Acompanhada por uma montagem em vídeo de Hype Williams de imagens idílicas de NY e Alicia Keys aparentemente tocando um piano ornado pelo horizonte de Manhattan bem no meio da Times Square, a música voou para o número 1 das paradas e ficou lá por cinco semanas. Foi o primeiro single número 1 dos Estados Unidos como artista principal, sua própria "Umbrella".[341] Rendeu a ele dois Grammys, oito semanas no topo das paradas nos aviões, múltiplas posições no Top 10 em todo o mundo, 4 milhões de cópias vendidas apenas nos Estados Unidos e colocações nas paradas cantando uma versão sem palavrões da música com Alicia no segundo jogo da World Series e no encerramento do MTV Video Music Awards.[342] O *The Village Voice* a chamou de música do ano, o prefeito o chamou de novo hino do Yankees e mandou que eles a tocassem de novo na comemoração da vitória do Yankees na World Series no City Hall, com Jay escondido sob os abraços dos jogadores do time enquanto soava o acorde final.[343] Jay não errou quando previu que tinha a próxima canção de Nova York para rivalizar com a de Sinatra. "Empire State Of Mind" veio para definir, levantar e unir a NY moderna no fim de uma das décadas mais duras de sua história.[344]

A música e a performance dela foram tão emotivas que Keys sentiu que o sentimento não tinha passado, ela quis dar seu toque pessoal, mais íntimo e com mais piano. Portanto, ela gravou uma sequência "Empire State of Mind (Part II) Broken Down", com seus vocais onde

---

341. Também foi o último número 1 da década nos Estados Unidos.
342. A apresentação no VMA foi interrompida por Lil Mama entrando sem ser convidada no palco para depois afirmar que ficou impressionada com a emoção da música.
343. A associação de Jay com os Yankees continuou no ano seguinte com uma coleção de camisetas do time com a marca "S. Carter".
344. E o sentimento se provou global, pois uma paródia galesa da música chamada "Newport (Ymerodraeth State Of Mind)" tornou-se um sucesso viral no YouTube, com 2,5 milhões de visualizações antes de ser retirado por insistência dos compositores.

Jay cantava, em um resumo soul doce das estrofes de Jay mantendo-se em grande parte nos mesmos temas de destacar as cenas e as histórias das ruas diárias de Nova York. Foi um sucesso, apesar da retirada da nova estrofe que Jay gravou originalmente para ela, e a música teve uma sobrevida, brilhando como o Empire State.

Para Jay-Z também foi um hino pessoal. Com cada grama de luta e inteligência, primeiro ele fez sucesso em Nova York e depois em todos os outros lugares. Agora, enfim, ele era o indiscutível Rei de Nova York. Depois seria coroado Rei da América.

Capítulo 17

Ascensão ao Trono

Milhares de soldados na porta, seu complexo rachado, seu estúdio e instrumentos destruídos, ele e sua família derrotados, o governo se preparando para esmagar a verdade sendo exposta clandestinamente pela música. Enquanto Jay-Z estava sentado assistindo à tragédia da declaração de 1977 do nigeriano criador do afrobeat Fela Kuti contra o governo nigeriano por causa de seu álbum rebelde *Zombie*[345] interpretada no palco do 37 Arts Theatre B no clímax de uma produção off-Broadway do novo musical *Fela!*, ele sentiu uma associação parecida com a que teve com o filme *O Gângster* de Ridley Scott. Ele sabia o que era ser oprimido e caçado pela autoridade, ter sua voz silenciada politicamente e sua música denegrida por suas mensagens indesejáveis. Então ele colocou seu dinheiro mais uma vez onde sua alma estava, investindo até 1 milhão de dólares como produtor junto de contribuições de Will Smith e Jada Pinkett Smith para levar a produção para a Broadway. *Fela!* foi premiada com 11 Tonys em 2010.

Esse 1 milhão de dólares pode ter sido uma gota no oceano financeiro de Jay-Z na ocasião (a *Newsweek* o classificou como o quarto novo magnata mais influente ao lado de Mark Zuckerberg do Facebook), mas o coração de Jay inclinava-se cada vez mais na direção da magnanimidade, da força nos números. Praticamente todo projeto que teve desde *Fela!* foi um tipo de colaboração, como se abrisse o caminho para seu próximo ciclo de trabalhos solo. Em janeiro de 2010, seu dueto com Mr. Hudson em "Young Forever" tornou-se o quinto single lançado de *The Blueprint 3*, acompanhado por um vídeo em preto e branco de

---

[345]. O álbum, o 27º de Kuti, criticava abertamente a brutalidade da ditadura militar nigeriana e por isso foi um sucesso com o povo como um todo. O exército respondeu cercando a República Comunitária Kalakuta de Kuti, queimando seu estúdio e fitas máster, torturando a ele e suas esposas e jogando sua mãe idosa de uma janela, e o comandante depois defecou no rosto da moribunda.

skatistas, punks e garotos de Nova York nos moldes do clipe imponente de "Empire State Of Mind", dando a Jay-Z seu 17º sucesso no Top 10 nos Estados Unidos, um recorde no rap igualado apenas por Ludacris.

Ao mesmo tempo, enquanto mostrava interesse em comprar uma parte do time de futebol britânico Arsenal FC (ele acabou não investindo), Jay ficou tão penalizado pelas tragédias do terremoto no Haiti em janeiro de 2010 quanto tinha ficado pelas vítimas do Katrina. Jay recebeu uma mensagem de *Swizz Beatz* perguntando se ele queria contribuir com uma música beneficente para levantar fundos e a mesma mensagem foi para Bono. Os dois concordaram e chamaram o guitarrista do U2 The Edge e Rihanna para gravar "Stranded (Haiti Mon Amour)", uma música para a qual Bono escreveu o gancho pelo telefone com Swizz. "A ideia da música é 'We're not gonna leave you stranded' ["Nós nunca vamos te abandonar"], e assim é o refrão", Swizz explicou para a *Rolling Stone*. "Então Bono e eu começamos a repassar as ideias e ele falou: 'Sabe, essa palavra 'stranded' [abandonado] fica aparecendo para mim', e eu lhe pedi para cantar e ele me pediu para esperar porque estava gravando as ideias em um Dictaphone, então ele fez lá e depois no telefone."[346] Naquela noite, Bono e The Edge foram ao estúdio de Swizz para gravar a melodia sincera de atmosfera latina, Jay-Z e Rihanna enviaram suas contribuições e a música estava disponível no *iTunes* em 23 de janeiro, um dia depois de sua apresentação de estreia em Londres no programa beneficente global Hope For Haiti e só 11 dias depois do terremoto de magnitude 7.0 atingir o país, matando 316 mil pessoas. A apresentação ajudou o programa a arrecadar 61 milhões de dólares para o fundo de assistência.

O verão de 2010, enquanto Jay excursionava pela Europa em mais de 62 datas, incluindo vários outros shows como artista principal em festivais de rock como o Rock Am Ring da Alemanha, trouxe notícias de mais colaborações. Depois de "Stranded...", Jay-Z foi o artista convidado para o trecho da turnê 360º do U2 na Austrália e na Nova Zelândia em novembro e dezembro, tocando para centenas de milhares de fãs de rock em mais um esforço de aumentar seu público heterogêneo.[347] Antes disso, ele anunciou em um jogo de beisebol entre o Detroit Tigers e o New York Yankees que em maio ele e Eminem fariam shows juntos nos estádios dos times das cidades de cada um. Basicamente foram as primeiras

---

346. Inside the Recording of Bono and Jay-Z's Haiti Single 'Stranded', *Rolling Stone,* Brian Hiatt, 21 de janeiro de 2010.
347. Nas apresentações, Jay aparecia no palco com o U2 durante seu sucesso carregado de política "Sunday Bloody Sunday".

apresentações de Jay-Z em estádios e como todos os ingressos da turnê Home & Home, como essas duas datas foram chamadas, foram vendidos, uma nova data foi aberta em cada local: Comerica Park em Detroit e Yankee Stadium em Nova York. Os shows foram eventos mágicos, cada artista cantando por duas horas com vários astros convidados. Enquanto Eminem cercou-se com sua banca D12, 50 Cent, Drake e Dre, Jay abriu com vários números com Kanye (incluindo seu próximo single "Monster"), recrutou Beyoncé para dar um glamour pop a "Young Forever" e até produziu Chris Martin em um fragmento de "Heart Of The City (Ain't No Love)", um trecho do enorme sucesso global do Coldplay "Viva La Vida" e o refrão de piano de "Clocks" de Martin, sobre a qual Jay cantou uma estrofe da faixa ainda não lançada "Most Kings" diante de uma coroa rabiscada no telão. O rei finalmente estava em casa.

★ ★ ★

Então, em agosto, vieram notícias ainda mais empolgantes. Sua colaboração no single demoníaco "Monster" do último álbum de Kanye *My Beautiful Dark Twisted Fantasy*, na qual Jay cantava uma estrofe brutal comparando-se a um Godzilla e King Kong do rap, um traficante destruindo cidades inteiras e um matador de imitadores vampíricos do hip-hop sugando-o,[348] não seria o último trabalho da dupla juntos em um futuro próximo. Em vez disso, eles trabalharam em um EP em conjunto chamado *Watch the Throne* a partir de novembro, a princípio com cinco faixas gravadas às pressas.

Afinal, eles eram homens ocupados. Kanye ainda promovia seu álbum *My Beautiful Dark Twisted Fantasy*, um disco muito aclamado por seus experimentos com metal progressivo, gótico e rock e suas atmosferas épicas, parecidas com uma catedral. E Jay viajava entre cidades, começando a trabalhar com Q-Tip na sequência de *The Blueprint 3*, que ele esperava lançar na primavera com a participação do membro do Odd Future Frank Ocean em uma faixa, discutindo o lançamento de sua memória *Decoded* na Feira do Livro de Miami,[349] filmando um comercial da HeadCount para encorajar os jovens a votar nas eleições de meio de mandato e supervisionando outra compilação, *Jay-Z: The Hits Collection*,

---

348. O verso de Jay sobre rap e pilhagem não ajudou a faixa a combater um protesto contra a misoginia perceptível e a representação da violência contra as mulheres em seu vídeo dirigido por Jake Nava, que incluía imagens de mulheres de lingerie penduradas pelo pescoço e Kanye manipulando duas mulheres aparentemente mortas ou inconscientes em uma cama. A epítome do monstro masculino moderno.
349. Compilado com a ajuda do ghostwriter Dream Hampton.

Volume One, um pacote elaborado cobrindo seus 14 maiores sucessos até agora. Então inevitavelmente *Watch the Throne* foi reunido por partes. Nos últimos meses de 2010, sempre que houvesse brecha na agenda de Jay ou de Kanye, eles viajavam pelo mundo até um estúdio, como Avex em Honolulu, Real World em Wiltshire, Electric Lady Studios em Nova York, para trabalhar na última faixa ou gravar em estúdios portáteis preparados em suas suítes de hotéis luxuosos em Paris, Abu Dhabi, LA e o sul da França. Em uma longa sessão juntos na propriedade particular Barford Estate em Sydney, Austrália, Russell Crowe apareceu no estúdio a convite de Jay para ouvir seu nome citado em uma faixa e Seal e Bruno Mars apareceram para contribuir com "Lift Off".

De uma perspectiva externa, soava como um jeito idílico de gravar, um álbum feito praticamente em uma viagem ao redor do mundo, possivelmente a sessão de gravação mais extravagante de todos os tempos.[350] Mas as primeiras gravações estavam longe da harmonia. Dada a chance de desenvolver sua ideia de como o disco deveria soar sem considerar os períodos entre gravações um do outro, eles acabaram entrando em conflito sobre a direção do álbum em discussões acaloradas, tão veementes que dissuadiriam Jay da ideia de fazer outro projeto de parceria por algum tempo. Ficou claro que eles teriam de voltar à sua visão original do som dramático e enorme que queriam para o disco[351] e também estava claro que as cinco faixas nunca conteriam seus planos ou ambições. *Watch the Throne* encolhia sonoramente, mas crescia até se formar um álbum completo.

Quase metade do álbum finalizado seria formada de material antigo de suas gravações díspares ao redor do mundo,[352] muito do que foi descartado como volumoso e grandioso demais. Mas uma faixa narrativa viu a luz do dia. "H*A*M", uma sigla para "hard as a motherfucker" ["Duro feito um Filho da Mãe"], foi um vislumbre da grandeza lírica que a dupla imaginou a princípio para *Watch the Throne*. Com cantores de ópera e orquestras tocando com potência wagneriana e Kanye e Jay empunhando suas rimas como demônios teatrais vingativos, Kanye espalhando suas conquistas sexuais interraciais e Jay-Z reiterando como ele fez

---

350. A escolha dos samples para atrapalhar ainda mais também não foi a mais barata: as melodias mais famosas de James Brown, Otis Redding, Nina Simone e pedaços do diálogo do filme *Escorregando para a Glória* de Will Ferrell.
351. Jay diria mais tarde que o álbum passou por três iterações.
352. Das gravações no Real World eles mantiveram trechos de "Why I Love You", "Illest Motherfucker Alive", "H*A*M" e "Murder To Excellence"; de Honolulu, "The Joy" e "That's My Bitch" sobreviveram; das gravações no hotel cinco estrelas Le Meurice em Paris eles mantiveram partes de "Niggas In Paris" e "New Day"; da gravação em Sydney, apenas "Lift Off" chegou ao disco.

de verdade todas as coisas sobre as quais os imitadores cantavam, coisas pelas quais eles teriam morrido tentando. Mas a imagem principal na estrofe de Jay foi ele contando ao rap em geral "watch the throne, don't step on our robe" ["cuidado com o trono, não pisem em nosso manto"], a linguagem bombástica atrevida de H*A*M foi a auto-coroação de Jay e Kanye.

Quando a música chegou ao número 23 apenas na esteira dos downloads digitais de seu lançamento em 11 de janeiro, Jay e Kanye começaram a trabalhar para completar o álbum por uma faixa completamente diferente. Jay insistiu que não poderia fazer o álbum aos pedaços e que eles só poderiam formar um conjunto coeso se separassem uma porção de tempo adequada no disco juntos: "Se íamos fazer isso, íamos fazer juntos", ele contou em uma pequena coletiva na primeira demonstração do álbum em julho de 2011, "sem enviar pelo correio". Para isso, em janeiro de 2011, eles pagaram por vários quartos no Mercer Hotel e no Tribeca Grand em Nova York e instalaram o equipamento de gravação e sua escolha de produtores e convidaram artistas a aparecer e gravar nesse estúdio de improviso mais salubre. As gravações tornaram-se uma boca-livre artística e para as celebridades: o produtor 88-Keys apareceu para dizer "oi" a seu velho amigo Kanye, perguntaram-lhe se ele tinha alguma batida com ele e produziu "No Church In the Wild" dias depois. O diretor criativo da Givenchy Ricardo Tisci (contratado para criar a capa do álbum) e a estilista Phoebe Philo foram testemunhar a gravação focada, mas sempre leve. O hotel balançava com a música de cada quarto, com uma multidão de produtores, engenheiros e artistas convidados, tais como Kid Cudi, Mr. Hudson, Frank Ocean e Beyoncé.

Entre as gravações, Jay se ocupava com assuntos familiares. Ele viajou com Beyoncé para uma casa nas Bahamas cheia de flores brancas e baldes de gelo com champanhe para um primeiro aniversário de casamento de sonho repleto de refeições à luz de velas na praia. Ele e Kanye apareceram inesperadamente para cantar no baile de debutante da filha de Chaka Pilgrim. Ele também lançou um novo site sobre estilo de vida chamado Life + Times, supervisionando em pessoa o conteúdo cobrindo esportes, música, tecnologia e moda e foi lá, no dia 4 de julho, que o tão aguardado *Watch The Throne* esteve disponível pela primeira vez para encomenda em edições padrão e luxo.[353] Os dois primeiros fãs a comprar ganharam lugares na demonstração do álbum para a imprensa no Mercer Hotel três dias

---

353. A edição de luxo incluía quatro faixas extras: "H*A*M", "The Best Motherfucker Alive", "Primetime" e "The Joy", incluindo um sample de "The Makings of You" de Curtis Mayfield.

depois, onde, mais uma vez, Jay-Z tocou em pessoa para os jornalistas todo o álbum de seu MacBook, nos mesmos quartos onde foi gravado.

O segundo trecho de *Watch The Throne* a ganhar um lançamento oficial estava entre os destaques das gravações no Mercer Hotel e foi um grande sucesso na demonstração para a imprensa. Em 19 de julho, primeiro no programa de rádio do Funkmáster Flex e depois por download, os fãs puderam ouvir uma faixa chamada "Otis", que recebeu este nome em homenagem à voz reconhecível instantaneamente de Otis Redding que abria a música, cantando sua seminal "Try A Little Tenderness", enquanto Kanye repetia a frase em uma música apaixonada e Jay dizia: "soa tão soul, não acha?". Ao posicionar-se ao lado de Otis, e depois na mesma faixa de James Brown,[354] Jay fazia a declaração mais ousada sobre sua importância cultural inigualável que já fez e o próprio rap era tão atrevido quanto. Jay começou afirmando que inventou a palavra "swag" ["balanço"] que gente como Odd Future soltava por aí, depois ele e Kanye se entregaram a alguma ostentação clássica de sua riqueza e genialidade no rap. Jay contou sobre cruzar a cidade exibindo seu relógio de 200 mil dólares, ameaçando matar quem atacasse Kanye[355] e escapar em um jatinho particular para comprar asilo onde ele quisesse pousar. Mas sua estrofe final tinha uma opinião mais séria: a de que os imigrantes do tráfico de drogas estavam construindo uma rede de negócios abaixo da lei e se tornando muito ricos e ele parecia se incluir no meio desses "imigrantes".[356] Tinha honra e orgulho em "driving Benzes with no benefits" ["dirigir Benzes sem benefícios"], ele parecia sugerir. Essas eram pessoas destruindo um sistema desonesto e repressor.

No vídeo de "Otis", dirigido pelo lendário Spike Jonze, a dupla estava em um frenesi de destruição exuberante. Eles serraram um Maybach, tiraram portas e janelas e o enchenram com modelos para correr e derrapar ao redor de um enorme terreno industrial, soltando faíscas e fogo.[357] Com Kanye melhorando suas habilidades na rima como para alcançar Jay: "Luxury rap, the Hermès of verses/Sophisticated ignorance, I write my curses in cursive" ["Rap luxuoso, Hermès das estrofes/Ignorância sofisticada, escreveu meus xingamentos em letra

---

354. "Otis" sampleava "Don't Tell a Lie About Me And I Won't Tell the Truth About You" e "Top Billin" do Audio Two.
355. E muita gente criticou Kanye depois de ele interromper o discurso de agradecimento de Taylor Swift no MVA Awards de 2009 para direcionar crédito para o vídeo de Beyoncé em vez do outro, que ele descreveu como "um dos melhores vídeos de todos os tempos".
356. Uma referência, talvez, aos afro-americanos que chegaram aos Estados Unidos pelo comércio escravo.
357. O carro depois foi leiloado em benefício da fundação para o desastre da seca no leste da África.

cursiva"], o clipe captou toda a diversão de todo o projeto *Watch The Throne*, um senso de diversão que catapultou a música ao número 12, vendeu 440 mil cópias e rendeu um Grammy. Embora os uivos de Redding fossem o mais próximo que eles tinham de um gancho, os críticos deliraram e a ansiedade por *Watch The Throne* aumentou muito.

Com um custo estimado de 2 milhões de dólares de produção,[358] *Watch The Throne* chegou ostentando sua despesa na capa dourada desenhada por Riccardo Tisci. Lançado pela Roc-A-Fella, pela Roc Nation e pela Def Jam e apresentado de novo em uma sessão de audição apinhada de estrelas para celebridades e indústria em 1º de agosto no setor Terra e Espaço do Museu Americano de História Natural, em uma referência, talvez, à natureza celestial do álbum, foi ousado, ambicioso e grandiloquente o bastante para fazê-lo achar que seus planos originais, agora reduzidos, para o som do álbum devem ter sido positivamente cataclísmicos. O álbum teve sucesso na dissonância dinâmica entre os dois: Jay, o homem de família maduro e eufórico com o passado negro transformado em uma respeitabilidade certinha e inteligência afiada no rap e Kanye, o predador sexual selvagem e narcótico com uma boca que ele não conseguia fechar e um gosto por sons endemoniados. Continuando o tribalismo eletrônico intenso e as atmosferas de rock com sintetizador de *My Beautiful Dark Twisted Fantasy*, o álbum jogou Jay na fogueira agitada das ideias mais sombrias de Kanye. E ele achou que fosse uma fênix natural.

Como uma garra cortada de "Monster", mais ainda se contorcendo, "No Church In The Wild" tinha uma abertura de blues vodu sulista brilhantemente melancólica guarnecida de gritos de James Brown,[359] percussão sacrificial e uma ponte do The-Dream ironicamente ensopada de Auto-Tune. Tirada de um swamp rock gótico sulista, como o de Tom Waits, Queens of the Stone Age e Alabama 3, energizou a fórmula com sons de raio mortal com sintetizadores e um refrão soul suave de Frank Ocean, um cantor que Jay arrancou do novo coletivo de rap Odd Future depois de ouvir sua mix-tape *Nostalgia, Ultra*, que determinou o tom quase religioso da faixa, escolhendo Jay-Z e Kanye como pastores vampíricos da noite. Traçando uma linha de poder em um círculo completo do ser humano que é irrelevante para uma turba, a turba que é irrelevante para um rei e o rei irrelevante a um deus e o deus irrelevante ao ser hu-

---

358. Tudo no álbum era extravagante, até as camisetas promocionais foram criadas pela Givenchy e vendidas por 300 dólares cada.
359. Sampleado de "Don't Tell A Lie About Me And I Won't Tell The Truth About You" pelo produtor 88-Keys, assim como foram "K-Scope" por Phil Manzanera e "Sunshine Help Me" por Spooky Tooth.

mano que não acredita nele, a música apresentava a questão existencial de onde estão a fé, a esperança e a sobrevivência em um mundo ímpio cheio de líderes que não se importam nem ouvem seu povo. Embora o refrão coloque o ateu em uma posição de perigo, no deserto sem igreja onde se refugiar, retomou em um verso um raciocínio possivelmente antirreligioso iniciado por Jay em "Empire State of Mind": "Jesus can't save you, life starts where the church ends" ["Jesus não pode te salvar, a vida começa onde a Igreja termina"]. Mais indícios, se eles precisassem, para os teóricos caçando provas de Jay encontrando a fé em organizações ocultistas secretas fora da Igreja.

A estrofe de Jay estava cheia de imagens bíblicas, gregas e romanas, cercando uma memória de suas carreiras de coca (do seu Rolls-Royce Corniche ostentando "cocaine seats, all white like I got the whole thing bleached" ["assentos de cocaína, todos branquinhos como se eu tivesse limpado a coisa toda com alvejante"]), com indícios de julgamento religioso e condenação. Sugeria um interesse religioso entranhado, mas parecia exceder as ideias tradicionais de fé por vir de um homem que fez muitas coisas ilegais na vida, mas muitas vezes pelo que ele via como os motivos certos. Se houvesse um deus onisciente, Jay argumenta, então ele saberia que alguns atos considerados errados pela sociedade não são assim tão preto no branco. Os padres e papas o amaldiçoando ao inferno por seus crimes foram descritos como mentirosos e charlatães e Jay recorreu até ao dilema do *Eutífron* de Platão para conservar alguma salvação, alguma esperança de que até uma oração de um gangsta possa ser ouvida por qualquer ser onipresente. "O piedoso é piedoso porque Deus ama o piedoso?", ele pergunta, em uma referência à questão filosófica de Sócrates sobre se uma pessoa é nascida boa ou se é boa porque Deus a ama.[360] Sua resposta estava no fato de ele estar fazendo essas perguntas. No fim ele descarta e zomba da religião comparando a si e Kanye ao Espírito Santo e a Jesus, respectivamente. Como os Beatles em 1966, eles eram pelo menos tão grandes, senão maiores, do que a Santíssima Trindade.[361]

Um rugido de um leão, um breve interlúdio de parque de diversões mal-assombrado e nós temos "Lift Off". Construída ao redor de uma sequência completa de ignição de uma espaçonave, cabia muito

---

360. Jay conheceu o conceito do *Eutífron* de Platão durante um seminário em Princeton onde ele era convidado do palestrante Cornel West. O relacionamento mestre quieto/estudante vocal entre Sócrates e Platão o levou a comentar que ele era o Platão para o Sócrates de Biggie.
361. No caso da filosofia de Jay aqui ter confundido os fãs de "Girls, Girls, Girls", Kanye trouxe a faixa de volta do céu com sua estrofe, que usa temas religiosos parecidos para falar em traçar duas minas ao mesmo tempo.

bem em um disco prestes a ir para a estratosfera, com os vocais agudos de Beyoncé declarando: "We're gonna take it to the moon, take it to the stars!" ["Nós vamos chegar à lua, às estrelas!"] sobre fanfarras comemorativas no sintetizador e torrentes de bateria eletrônica, em um número tão brilhante e espetacular quanto um traje espacial resplandecente. Single lançado em 23 de agosto, dividiu a crítica e foi um desfile de boas-vindas para a chegada de Jay e Kanye em seu novo planeta do rap bem avançado e abriu caminho para um sample ultralento da gravação de 1959 de "Baptising Scene" do ministro batista reverendo W.A. Donaldson, uma introdução para um sucesso de ostentação beato e alegre celebrando suas extravagâncias europeias.

"Niggas In Paris" foi exatamente isso, um brinde sobre o fato de um delinquente como Jay estar livre e rico o bastante para festejar por seis dias direto com modelos e colaboradores superastros do rap em suítes de 20 mil dólares por noite no Le Meurice, encharcado em champanhe Armand de Brignac e enterrado em ingressos para desfiles de moda exclusivos. Como um viva de olhos bem abertos para seus estilos de vida incríveis, Jay-Z e Kanye se divertiram com a faixa. Jay abriu sua rima com um desprezo arrogante à NBA por multá-lo em 50 mil dólares por visitar o armário do Kentucky Wildcats em abril,[362] uma piada sobre a rodada terrível do Nets naquela temporada e o verso "this shit weird, we ain't even s'pose to be here... if you escaped what I escaped, you'd be in Paris getting fucked up too" ["essa merda é estranha, nós nem deveríamos estar aqui... se você escapou do que escapei, você estaria em Paris sendo fudido também"]. Kanye aproveitou a oportunidade para fazer uma referência ao casamento do príncipe William com Kate Middleton que cativou a Europa naquele verão (brincando que William deveria ter se casado com as gêmeas Olsen em vez disso) e Prince levando Kim Kardashian ao palco para dançar, só para livrar-se dela de novo quando ela se recusou. Antes de encher os sintetizadores brilhantes feito diamantes e os tambores tribais demoníacos com uma seção final de zumbido de estúdio, cânticos de monges gravados em sintetizadores e estouros de estática, ele até parou a faixa no verso "got my niggas in Paris and they're going gorillas" ["tenho meus manos em Paris e eles estão virando gorilas"] para levantar a tampa no hip-hop e zombar da incompreensibilidade de algumas letras de rap com um sample do filme *Escorregando para a Glória*. "Eu nem sei o que isso significa!", Jon

---

362. Por ser um acionista minoritário, ele estava proibido de se misturar com os jogadores de basquete universitário.

Heder disse, ao que um Ferrell animado responde: "Ninguém sabe o que significa, mas é provocador. Anima as pessoas!".³⁶³

O single foi um grande sucesso em seu lançamento em 13 de setembro, vendeu 2 milhões e chegou ao número 5, fazendo de Jay-Z o rapper com o maior número de sucessos no Top 10 com seu nome na história. "Niggas In Paris" se tornou a favorita dos fãs de *Watch The Throne*, tão popular que a dupla a tocou três vezes nos primeiros shows da turnê Watch The Throne e o número de vezes que eles a tocaram aumentou aos poucos até um máximo relatado de 11 vezes por noite no fim da temporada de 34 datas nos Estados Unidos e no Canadá em Vancouver.³⁶⁴ Pouco se seguia a ela ao vivo, mas no disco eles juntaram um monte de mestres do soul. Primeiro "Otis", depois James Brown, cujos vocais lendários foram sampleados de três faixas³⁶⁵ pelo The Neptunes para criar o gancho para a fantasmagórica e minimalista "Gotta Have It", em cima de um cravo digno das histórias de fantasmas, sintetizadores sujos e um trinado feminino etéreo. Outro single do álbum em dezembro foi um saco confuso e aleatório liricamente. A estrofe de Kanye mudou de reclamações sobre ser desacreditado pelos críticos por sua franqueza no incidente com Taylor Swift e seu acesso de raiva com George W. Bush pelo Katrina à ostentação de seus jatinhos e enormes festas conversando com executivos de rádio em Miami, com Jay-Z inserindo mais papo sobre relógios caros. A estrofe de Jay se distorcia em contrassenso de uma cena onde ele sequestra uma família para forçar um devedor a pagá-lo a uma reflexão sobre a ascensão de homens negros endinheirados em Maybachs, um tema regular do álbum. Mas onde a faixa faltava em coesão lírica, ela compensava com uma tensão crescente e uma destreza intensificada, Kanye e Jay trocando versos como jogadores de basquete no campeonato.

O ódio de Jay pelo Auto-Tune estava prestes a ser repreendido em estilo. A relaxante "New Day" foi construída pelo produtor convidado RZA em volta de um piano embriagado, uma batida lenta e um sample de Nina Simone cantando "Feeling Good" passado pelo software desde a conversão mais elevada à mais baixa enquanto a música progredia, ficando aos poucos menos computadorizada, mais humana. Foi uma técnica que refletia o tema da música. Kanye e Jay direcionaram suas

---

363. O verso repetido da música "that shit cray" foi só um exemplo, provocando um furacão de debate no Twitter de que na realidade seria uma referência ao Kray Twins, os famosos criminosos londrinos dos anos 1960.
364. A turnê continua na Europa no verão de 2012.
365. "My Thang", "Don't Tell A Lie About Me And I Won't Tell The Truth About You" e "People Get Up And Drive Your Funky Soul".

estrofes a seus filhos ainda não nascidos, que devagar se tornaram mais formados e reais enquanto eles despejavam seus desejos sobre eles. Kanye esperava que seu filho não fosse odiado, julgado ou ridicularizado em público como ele foi ou ter seu nível de ego, luxúria, franqueza e visões questionáveis sobre a raça. Isso tudo cantado com uma língua em sua bochecha enquanto ele atingia sua ex-namorada stripper Amber Rose e esperava que sua prole mantivesse a boca fechada sobre assuntos sensíveis, mesmo em tempos de crise nacional, só para ser admirado mais. A estrofe de Jay talvez foi mais pertinente, pois é possível que ele soubesse que logo seria pai quando gravou a faixa. Ele desculpou-se com seu filho por arruinar sua vida com fama antes mesmo de ter começado, mas prometeu direcioná-lo em seu caminho certo muito mais rápido do que os 26 anos que ele demorou, possivelmente colocando-o como um magnata por seus próprios méritos. E, para não repetir os pecados de seu próprio pai, Jay prometeu que estaria sempre ao lado dele, "even if his mother tweaking" ["mesmo se sua mãe estiver descontrolada"]. Em um álbum cheio de ego, riqueza e vaidade, "New Day" foi um momento de humildade, abnegação e afeto.

Se o ouvinte mais impressionável ficou ofendido pela referência percebida a Beyoncé como uma "hot bitch in my home" ["vadia quente em minha casa"] em "Otis", então "That's My Bitch" foi sua apropriação mais galante das várias palavras com B. Enquanto Kanye usou sua estrofe para explorar seu relacionamento com Amber Rose, como ela fazia cabeças virarem nas festas da classe A e se acostumou com a vida de arte de primeira e grandes barcos, Jay se dedicou a celebrar sua esposa e outras mulheres negras sob o holofote. Continuando os temas do álbum sobre emancipação, ele argumentou que mais mulheres negras e de minorias deveriam ser aceitas como grandes belezas no mesmo patamar de clássicos da arte, como a Mona Lisa, citando Halle Berry, Penélope Cruz e Salma Hayek, entre outras: "Marilyn Monroe, she's quite nice/But why are all the pretty icons always all white?" [A Marilyn Monroe é bem legal/Mas por que todos os ícones da beleza são sempre brancos?"]. Mas obviamente ele guardou seus maiores elogios para sua esposa. Não só ela tinha uma atitude "gangsta", ela não era interesseira ("Told me keep my own money if we ever did split up" ["Ela me disse para ficar com meu dinheiro se nós nos separarmos"]) e o apoiaria com mais dedicação do que qualquer um de seus amigos homens, mas ela era uma obra de arte digna de Picasso e de um lugar no

Museu de Arte Moderna. Preparada em um batimento[366] electro-jungle potente e adornada com refrões pop alegres de Elly Jackson do La Roux e Justin Vernon do Bon Iver, parecia-se com uma celebração na pista de dança da forma feminina e Jay até parecia estar ciente da inadequação de comparar Beyoncé a uma cachorra no último verso: "get ya own dog, you hear? That's my bitch" ["arranje sua própria cachorra, esta cadela é minha"] enquanto ele murmura a palavra "bitch" final quase sob sua respiração, como se estivesse se punindo pelo desrespeito inapropriado inerente na palavra.

Depois de apreciar o que tinha, ele lamentou o que perdeu. Sobre os golpes insistentes de rock com sintetizador de "Welcome To The Jungle"[367] do Swizz Beatz e fazendo referências regulares à música de mesmo nome do Guns'N'Roses, Jay prestou homenagem a Biggie, Tupac, Pimp C[368] e Michael Jackson, bem como sua infância perdida vendendo crack, os membros da família que ele viu morrer e a perda da fé que ele sentia como um resultado da dor, talvez a causa principal do questionamento da religão feito por Jay em "No Church In The Wild". Enquanto a rima seguia, tornava-se cada vez mais desesperadora e irremediável, possivelmente um dos raps mais reveladores de sua carreira. Lembrando da dor de perder Biggie e de se sentir torturado e isolado como Michael Jackson, ele internaliza seus sentimentos, incapaz de colocá-los para fora chorando. Ele recorre a porres passageiros de champanhe e barato de erva para conseguir passar por isso, mas no fim ele está sozinho com o espelho, quando sua fama e contatos com famosos não contam para nada: "Where the fuck is the press? Where the fuck is the Pres? Either they don't know or don't care, I'm fucking depressed". ["Onde está a porra da imprensa? Onde está o presidente? Ou eles não sabem ou não ligam, estou muito deprimido"] Foi um vislumbre da tristeza e do tormento por trás do dinheiro, do brilho e do glamour e uma resposta para todos sugerindo que meio bilhão no banco alguma vez fez alguém completamente feliz, que dirá tirar alguém completamente da selva.

Do pessoal para o político mais uma vez. "This is something like the Holocaust" ["Isto aqui parece o Holocausto"], Kanye cantou em uma distorção profunda sobre um sample louco de dubstep hardcore da sujeira e do borrão do bunker explodindo de "I Can't Stop" de Fux

---

366. Sampleado de outra faixa do James Brown, "Get Up, Get Into It, Get Involved", além de "Apache" de The Incredible Bongo Band.
367. Com participação do próprio no gancho do refrão.
368. Rapper do UGK e convidado em "Big Pimpin" que morreu dormindo em 2007.

Pavilion na abertura de "Who Gon Stop Me",[369] referindo-se presumivelmente às mortes recorrentes de afro-americanos por causa do crime, da pobreza e da doença. Embora o resto de sua rima voltasse ao rap sobre inimigos, ex-namoradas infiéis, dinheiro, acusações de racismo e sexo manhoso, havia uma verdade subjacente que cortou o coração de *Watch The Throne* e do hip-hop em geral. Kanye usou essa tragédia histórica como uma justificativa de seu estilo de vida exibicionista e exagerado, alegando que gerações morreram para chegar onde ele estava e milhões de seu ambiente ainda compartilhavam "inimigos comuns" (ou seja, a classe média americana racista), então ele e sua cultura ganharam o direito de ostentar. Da mesma forma, a estrofe de Jay também homenageava sua ascensão e como ele era um vencedor tão natural que poderia fazer tudo isso de novo do zero se necessário, construindo sua fortuna de novo desde ter apenas um pote de crack até ter sua música tocada no Museu de Arte Moderna. Por isso a visceral "Who Gon Stop Me" agiu como uma introdução ousada para uma seção de *Watch The Throne* com uma consciência social mais ampla do que quantos relógios Jay tinha e com quem Kanye dormia, em quais posições.

Depois eles atacaram o crime de arma de fogo no gueto. Dedicando "Murder To Excellence" a Danroy Henry, um garoto de faculdade baleado pela polícia enquanto estava supostamente desarmado em 2010, a faixa veio em duas partes: a primeira, "Murder", uma produção da Swizz Beatz pulsante de piano nefasto, batidas adulteradas e um coro de crianças nobre e animado[370] e a segunda, "Excellence", criada por S1 a partir de um coro semelhante acelerado para pular poltergeists sobre os acordes soando ameaçadores.[371] Em "Murder", Jay pedia aos garotos do gueto que parassem de se matar, pois já havia policiais o bastante atirando neles de fora dos conjuntos, tentando criar uma união entre a juventude negra, reunida atrás de figuras de esperança e aspiração como ele. Sua mensagem é soltar a arma e pegar o microfone ou a planilha.

"Está na hora de parar e redefinir o poder negro", Kanye acrescentou, buscando uma mudança na mentalidade do orgulho negro longe da violência associada com grupos tentando imitar os Panteras Negras (do qual o pai de Kanye era um membro) na direção de um orgulho instintivo em sua raça, empreendedorismo e sua extravagância associada. Notando o número ridículo de tiroteios entre 31 de março e 2 de abril

---
369. Um sucesso entre o Top 50 apesar de nunca ter sido oficialmente lançada como um single, apenas nos números de downloads.
370. Sampleado de "La La La" de Indiggo.
371. A faixa sampleia também "Celie Shaves Mr/Scarification" de Quincy Jones.

de 2010 entre gangues de negros em Chicago, ele sugeriu que não havia realização no combate pobre e oprimido entre eles, além de mais marginalização.[372] Ele continuou comparando o autoabatimento da juventude negra a um "genocídio" e pintou retratos comoventes dos enterros das vítimas, uma ocorrência regular considerando, como Kanye destaca, que mais homens morreram em Chicago do que na guerra do Iraque em 2008. "Murder" era uma coisa inspiradora e emotiva, levada a uma nota final de unidade por Jay saudando Blood e Crip com seus respectivos cumprimentos e declarando: "It's all black, I love us" ["É tudo negro, eu amo a gente"].

A metade mais celebratória da música, "Excellence", foi todo o ponto crucial do álbum: Kanye e Jay-Z levando esse novo comando de poder negro por exemplo, para os clubes VIP exclusivos, as salas de reuniões e os níveis mais elevados de influência pública. Com mais brindes a seu estilo, sofisticação e sucesso, Kanye e Jay se colocaram como parte de uma "nova elite negra" junto de Obama, Oprah, Will Smith e pouquíssimos outros, o sonho máximo para todos os garotos do conjunto habitacional traficando por tênis, "a terra prometida dos OGs". O problema era que não havia rostos negros o suficiente em eventos da alta sociedade ou circulando com presidentes ainda. "Only spot a few blacks the higher up I go" ["Só vejo alguns negros quanto mais alto eu vou"], Jay reclamou, uando uma metáfora de cartão para marcar os pontos do dominó, "that ain't enough, we gonna need a million more" ["isso não é o suficiente, vamos precisar de mais um milhão"], enquanto Kanye brincava "in the past if you picture events like a black tie/What's the last thing you expect to see? Black guys" ["no passado, se você imaginasse eventos black tie/ Qual seria a última coisa que você esperava ver? Caras negros"]. Kanye cantava que isso e a expectativa de vida baixa dos negros nos conjuntos (por isso o verso anterior de Jay-Z "And they say by 21 I was supposed to die/So I'm out here celebrating my post-demise" ["Eles dizem que aos 21 eu deveria morrer/Então estou aqui comemorando meu pós-falecimento"]) – eram sinais de que o sistema social americano racista e genocida trabalhava como a maioria branca o projetou. E *Watch the Throne*, com suas metáforas de ascendência negra, realeza e religião, tratava de despedaçar esse telhado de vidro maculado.

"I'm tryna lead a nation to leave to my little mans or my daughter" ["Estou tentando liderar uma nação para deixar para meus homenzi-

---

372. Kanye faz referência a "Lucifer" no verso "I'm from the murder capital where they murder for capital" ["Sou da capital do assassinato onde eles assassinam por capital"] para destacar as preocupantes estatísticas de morte por assassinato em sua cidade natal.

nhos ou minha filha"], Jay cantava na penúltima faixa, disposto a tratar de novo do desequilíbrio racial na sociedade, "the scales was lopsided, I'm just restoring order" ["a escama estava assimétrica, estou apenas restaurando a ordem"]. Se "Murder" foi a causa da nova elite negra e "Excellence" seu grito de guerra, "Made In America" foi seu discurso inaugural. Um gancho suntuoso no refrão de Frank Ocean, preparado para inspirar, agradecia a Martin Luther King e Malcolm X por abrirem a porta para a ascensão dos dois rappers, e Kanye cantou uma estrofe autobiográfica sobre quando ele deixou a faculdade pelo rap contra a vontade de sua mãe, criando com astúcia seus primeiros discos junto de seu trabalho de produção e ignorando a gozação do *South Park*[373] com o sucesso no mundo da moda, mas foi a estrofe de Jay que roubou o show. Sobre um fundo de silvos industriais e delicados tilintares do piano parecidos com uma tomada sintetizada de "Philadelphia" de Springsteen, Jay reescreveu o Juramento de Fidelidade para se adequar ao novo estado líder dele e de Kanye, um império construído sobre família, drogas e honra das ruas, e este foi seu "Star-Spangled Banner".

Watch the Throne não poderia terminar em um esmorecer lento como "Made In America", claro, não importa o quanto é tocante. Precisava sair em uma chama de glória bombástica, cortesia de "Why I Love You",[374] o berro sensual acelerado de Mr. Hudson e um pedaço clássico de Kanye de hair rock plastificado. Ironicamente para a faixa de encerramento em um álbum tão confiante e de autoexaltação, "Why I Love You" olhava para trás com amargor, detalhando o fim da Roc-A-Fella e sua briga subsequente com Beanie Sigel.

Beanie ficou preso em 2004 por um ano e um dia sob acusação federal de porte ilegal de arma e ficou fulo por que, quando houve uma audiência para discutir sua libertação antes da hora, perguntaram a Jay se ele se responsabilizaria pelo paradeiro de Sigel e Jay se recusou. Beanie foi levado de volta direto para a cela. Em sua libertação em 2005, Jay estava bem instalado como presidente da Def Jam e muito interessado em Sigel para ficar na agora rachada Roc-A-Fella. O evitado Sigel, porém, obviamente se sentiu mais próximo de Damon Dash no rompimento, afirmando que nunca saía com Jay quando eles não estavam trabalhando e Jay nem tentou um contato com ele enquanto estava na prisão e optou lançar seu álbum de 2005 *The B. Coming* com o Damon Dash

---

373. O ego de Kanye foi o alvo de um episódio no qual um Kanye animado acreditava que ele era pessoalmente a bunda de uma piada viral vaga.
374. Lançada como um single no mesmo dia de "Niggas In Paris" e criada por Kanye ao redor de um sample de "I Love You So" de Cassius.

Music Group via Def Jam. Embora Jay-Z estivesse como convidado nesse álbum e Sigel tenha assinado de novo com a Roc-A-Fella para seu lançamento de 2007 *The Solution*, a rixa entre Jay e Beans aumentou. Beanie ficou furioso que Jay não o liberou de seu contrato com a Def Jam para buscar uma oferta maior do selo de 50 Cent G Unit,[375] principalmente agora que Jay poderia assinar os formulários em um minuto e escolhia, mais uma vez, mantê-lo trancafiado. Jay, por sua vez, ficou frustrado por Beanie querer se juntar à oposição correndo em vez de seguir o exemplo de Jay e construir seu império sob a proteção da Def Jam.

Depois de enfim conseguir negociar sua saída da Def Jam em 2009, a mágoa pessoal de Beanie começou a aparecer. Em entrevistas para o rádio e a TV ele começou a afirmar que Jay-Z não o apoiou o bastante. Em uma coletiva por *The Blueprint 3* em outubro de 2009, Jay respondeu dizendo que ele não poderia dar mais muito suporte a ele, depois de ter financiado o contrato com a gravadora de Sigel, seu próprio selo e uma grife de roupas, nenhum dos quais decolaram ao nível estratosférico que ele gostaria. A situação chegou ao limite em um show na Filadélfia na Fall Tour, onde Sigel foi convidado para o palco por Jadakiss como parte de seu papel de apoio para a apresentação de Jay-Z e Sigel cantou uma estrofe para *The Blueprint 3* e resmungou: "I run this town!" ["Eu mando nessa cidade!"]. Segundo Sigel, depois ele foi arrastado da fileira da frente do show pela polícia e expulso do local por ordem de Jay-Z.

Sigel afirmou ter escrito rimas que preencheriam um álbum inteiro sobre Jay e seu rompimento com a Roc-A-Fella, mas só uma faixa viu a luz do dia. Em um discurso bombástico falado no fim de "What You Talkin' Bout? (I Ain't Ya Average Cat)", gravado depois do incidente na Filadélfia, Sigel explicou seu lado da desavença original. "Eu fui ao escritório e te pedi: 'me deixe sair da Roc-A-Fella porque alguém (não vou citar nomes) me queria e queria me dar dinheiro de verdade'. Você quicou aquela bola de tênis em seu escritório por uma hora e foi de um lado a outro comigo e me disse que não quis me deixar ir. Você até me perguntou se eu queria algum dinheiro e eu lhe disse: 'Não quero seu dinheiro', mas você estava em uma posição de me deixar ter meu próprio dinheiro e você não conseguiu fazer isso."

Com Beanie reivindicando a responsabilidade por trazer credibilidade para a Roc-A-Fella e ser um soldado da linha de frente para a

---

375. Não é de surpreender que Jay-Z não tenha deixado Beanie assinar com a G Unit, pois o 50 Cent atacou Jay-Z antes.

gravadora em suas várias brigas com Nas ou Jadakiss, o acesso de raiva se tornou cada vez mais pessoal. "Estou com um nó no peito que precisa ser solto. Quando você adora um filho da mãe, isso não passa assim tão fácil. Muitas pessoas vão entrar e sair de sua vida, mas só amigos verdadeiros deixam pegadas em seu coração, mano. Mas acho que as suas estão desaparecendo na areia (...) O homem mais rico não é aquele com seu primeiro dólar, mano, é quem ainda tem seu primeiro amigo".

"Why I Love You" foi a resposta de Jay-Z para Sigel e sua própria versão da desintegração da Roc-A-Fella. Ela abria com uma imagem do trono queimando, o império caindo aos pedaços e Jay deixado atormentado e sozinho em seu escritório, odiado e caçado por aquelas pessoas para quem ele passou a vida lutando para construir um negócio, seus parceiros mais confiáveis querendo que ele morra. Depois de comparar Kanye com Jesus no início do álbum, Jay agora tomou a comparação para si, imaginando-se como a pessoa representativa traída e crucificada recusando-se a morrer por seus velhos parceiros, mas elevando-se de novo "when Easter's over" ["quando a Páscoa acaba"]. Ele lamentou a falta de lealdade e ambição de Sigel: "I tried to teach niggas how to be kings, and all they ever wanted was to be soldiers" ["Eu tentei ensinar aos caras como ser reis e tudo que eles queriam era ser soldados"], disse que teve seu coração "arrancado" pela traição e insistiu na invulnerabilidade de seu novo, menor, porém mais firme grupo de hiperastros do hip-hop: "the circle got smaller, the castle got bigger, the walls got taller" ["O círculo ficou menor, o castelo ficou maior, os muros ficaram mais altos"]. Mas por toda essa sua comparação com divindades caídas, como Jesus e Júlio César,[376] por todas as suas declarações de que ele não reagiu aos ataques de Sigel, cobriu suas taxas legais, foi um "bom rei" e agora mantinha armas "embaixo do travesseiro" por precaução, a raiz emocional da música era de um amor fraterno frustrado que ainda batia forte, por isso o gancho de Hudson: "I love you so, but why I love you I'll never know" ["Eu te amo muito, mas nunca saberei por que te amo"].

A distorcida, degradada e monstruosa "Why I Love You" fechou *Watch The Throne* com um crescendo de cordas, gritos de guitarra e emoção exaurida, em uma mensagem que até os intocáveis também são humanos. Não que você soubesse disso pelas estimativas de vendas. Esse grito de guerra para a nova elite negra cumpriu sua missão declarada uma semana depois de seu lançamento em 8 de agosto, estreando no número

---

376. Outro grande líder assassinado por seu círculo mais próximo.

1 da loja do *iTunes* em 23 países e vendendo um recorde de 290 mil unidades apenas no *iTunes*[377] (onde foi lançado cinco dias antes do álbum físico para combater vazamentos na Internet) e faturando um inevitável número 1 na *Billboard* na esteira de suas 436 mil cópias físicas vendidas na primeira semana. As publicações de todos os estilos e nuances rugiram seus elogios, das alternativas às do mainstream. Jay e Kanye, bem como o rap, atingiram o maior auge da cultura popular, superando as vendas dos monstros do rock, aceito e adorado muito além de seu nicho inicial ou de seu público exclusivo, ditando os caprichos da cultura, moda, música, mudanças em atitudes raciais e sociais e, em um maior ou menor ponto, a política. Se a América moderna multicultural pudesse ter um verdadeiro Rei do Povo, ele seria Jay-Z.

E a América estava prestes a ganhar uma herdeira ao... *Throne*.

★★★

"Baby I paint the sky blue/My greatest creation was you, you: Glory" ["Baby, eu pinto o céu de azul/Minha maior criação é você, você: Glória"]

– Jay-Z, "Glory", janeiro de 2012

O céu realmente estava pintado de azul em 7 de janeiro de 2012. O topo do Empire State Building tinha um brilho azul-marinho quando Blue Ivy Carter nasceu pesando saudáveis três quilos para uma efusão de afeição nacional mais condizente com um novo nascimento real. Anunciada ao mundo cinco meses antes no MTV Video Awards em 28 de agosto de 2011, a criancinha inesperada, a filha para quem Jay-Z cantou em "Beach Chair" e confundiu com um menino em "New Day", foi celebrada como se fosse a criança nacional, aparecendo por baixo de um colmo de cabelo preto, em seus cobertores, ainda sem conceber em que vida encantada, extravagante, examinada e dissecada ela entrou.

Até seu nascimento foi cercado por escândalo, boatos e extensa especulação. Se Jay pagou para mudar a cor do Empire State em sua homenagem ou não era fichinha comparada com as histórias das outras grávidas e "pessoas bem informadas" no Lennox Hill Hospital em Nova York. Eles pagaram 1,3 milhão de dólares para renovar toda a ala onde Blue Ivy nasceria, como sugeriram funcionários anônimos, incluindo a instalação de uma porta à prova de balas. Segundo boatos, Beyoncé registrou-se para ficar em uma suíte luxuosa da maternidade como

---

377. Batendo o recorde anterior do Coldplay, embora Lil Wayne bateria o recorde de Jay e Kanye em 10 mil cópias menos de um mês depois.

Ingrid Jackson. As cortinas das janelas e da cama foram escurecidas e a segurança era tão rígida que diziam que os outros pais no hospital eram impedidos de visitar seus recém-nascidos na UTI. Segundo dizem, Beyoncé teve uma reunião chorosa com seu pai distante em seu leito. Jay jurou nunca mais usar a palavra "bitch" em uma rima depois de ter visto o rosto inocente de sua filha.[378]

E tinha o nome. Os teóricos da conspiração tiveram um prato cheio. Blue IV seria uma referência ao título do próximo álbum de Jay-Z, *The Blueprint IV*? Ou seria uma confissão das ligações com os Illuminati e o satanismo, como qualquer casal muito famoso bem entranhado nas sociedades ocultistas secretas que quer manter este fato velado obviamente ia querer sugerir por mensagem subliminar no nome de seu primeiro filho? IVY significa Illuminati's Very Youngest ["A mais nova dos Illuminati"]? BLUE seria uma sigla de Born Living Under Evil ["Nascida sob o Mal"]? O nome dela pronunciado de trás pra frente seria na verdade a frase em latim para Filha de Lúcifer?

Não. Não existe isso em latim e essa brincadeira no Twitter fez os outros postarem. Mas havia um boato cômico que se realizou. "Um novo relatório governamental diz que a nação deve estar em grande alerta para um bombardeio prestes a acontecer de baladas de Jay-Z sobre paternidade", brincaram os falsos jornalistas no canal de notícias de comédia *The Onion News Network*. "As últimas projeções baseadas na trajetória profissional do Jigga sugerem que rumamos para um desastre. Ele já foi de hinos do gueto para baladas estilo Frank Sinatra, o que parece indicar que poderíamos estar olhando para níveis de cafonice sem precedentes (...) de agora em diante podemos esperar clichês nas rimas sobre trocar garrafas de bebidas por mamadeiras, esse tipo de coisa".

Embora ninguém fosse insensível o bastante para chamar isso de "terrível", em questão de dias depois do nascimento de Blue a primeira dessas "rimas açucaradas sobre as alegrias da paternidade" chegou à Internet, gratuita. "Glory" foi um presente de Pharrell, com certeza açucarado, mas também profundamente emocionante. Com Pharrell contribuindo com os gemindos de soul de pastor do título e os murmúrios de fundo feitos pela própria Blue Ivy, essa canção de ninar soul quente estava decorada com as revelações que eram marca registrada de Jay. Que Blue foi concebida em Paris uma noite antes de Beyoncé fotografar para a capa de seu último álbum *4*.[379] Que o casal passou

---

378. O casal negou esta história e a da segurança impedindo outros pais de verem seus filhos recém-nascidos.
379. Um número importante para Beyoncé e sua família e, talvez, um motivo mais realista para dar à sua filha o nome do meio Ivy.

por "alarmes falsos e inícios falsos" ao tentar ter um bebê e que aconteceu um aborto anterior devastador. Mas os vocais emocionados de Jay enquanto ele descrevia sua alegria com a chegada dela, como ele a mimaria com estilos sofisticados desde cedo e como ela seria "part two, a younger, smarter, faster me... a pinch of Hov, a whole glass of Be" ["parte dois, um eu mais jovem, esperto e rápido... uma pitada de Hov, toda uma xícara de Be"] poderia ter descongelado os corações mais satíricos da *The Onion News Network*.

★★★

Enquanto a família nova chegou a seu apartamento em Manhattan e brindava à chegada de Blue com a imprensa e os fotógrafos na reinauguração do renovado 40/40 Club em Nova York na semana seguinte, a nave de Jigga seguiu em frente. A turnê conjunta do Watch The Throne com Kanye, que quebrou todos os recordes de bilheteria de uma turnê de rap, com quase 50 milhões de dólares arrecadados nos trechos americano e canadense, e elevou o jogo para a produção de show de rap com a dupla tocando um repertório integrado de seus clássicos em telões em forma de cubo hidráulicos subindo em cada extremidade da arena, envoltos em erupções de laser e bolas de fogo no que foi descrito como o show de rap mais espetacular já feito, está programada para chegar à Europa no verão de 2012, com Jay e Kanye elevando-se de palcos por todo o continente para o fogo lírico de "H*A*M" para realizar apresentações épicas de seus maiores sucessos intercalados com cada faixa do *Watch The Throne*.

Os visuais de campanha política e social continuaram, pois a Rocawear, ainda sob sua administração, foi criticada pelo movimento Occupy Wall Street por estampar camisetas com seu slogan sem fazer qualquer doação financeira à causa, forçando-os a mudar um pouco o slogan, mas não sua mensagem. "A camiseta 'Occupy All Streets' foi criada em apoio do movimento Occupy Wall Street", a Rocawear declarou. "A Rocawear encoraja todas as formas de expressão construtiva, seja ela artística, política ou social. "Occupy All Streets" é nosso modo de lembrar as pessoas que todos os lugares devem mudar, não só Wall Street. Neste momento nós não firmamos um compromisso oficial para apoiar o movimento financeiramente."

Seus interesses comerciais continuam a se expandir, assumindo uma função de direção de marcas conjuntas com a Budweiser Select, planos para expandir a franquia 40/40 em 20 aeroportos em todo o mundo e um investimento em um empreendimento hoteleiro chamado

J Hotels, que recentemente comprou uma propriedade em Chelsea, NY, por 66 milhões de dólares com o objetivo de construir um hotel sofisticado ou uma galeria de arte no local. Embora projetos como a abertura de um cassino de caça-níqueis no Aqueduct Racetrack em Nova York tenham fracassado, Jay ainda aborda seus negócios com uma convicção inspiradora. "Seja destemido", ele me disse em 2009. "Você não deve ter medo de falhar. Eu definitivamente falhei. Nós tivemos uma coisa chamada Wash-House na Rocawear que fracassou, uma coisa chamada Teen Tock que vamos começar de novo porque fracassou da primeira vez."

Então, é claro, havia um novo álbum solo, para o qual três músicas já foram gravadas na ocasião de ir para a gráfica, uma com a participação de Frank Ocean nos vocais de novo. Enquanto ele entra em uma nova fase de sua vida, com a paternidade, a responsabilidade, um exemplo tanto quanto um rapper, já existe um âmbito para toda uma nova era de rimas e sabedoria do Jay-Z para desenvolver na próxima década.

Ele nos lembrou muitas vezes de onde ele vem, como ele se via e como ele chegou de lá para cá, mas quem é Jay-Z em 2012? Ele é o rapper de maior sucesso de todos os tempos. Ele é amigo e conselheiro do presidente. É o cara que pode aparecer na Oprah assando torta de limão durante o dia e discutindo a importância cultural dos rappers usando a palavra começando com "N" no jantar. Ele é o senhor do crime do submundo que você pode amar. É um homem tão rico que certa vez estava gostando tanto de uma refeição em Capri que chamou um amigo nos Estados Unidos e o trouxe voando para prová-la com ele. Ele é o rei da mistura que comanda festivais de rock, quer trabalhar com Jack White e é visto nas apresentações do Coldplay, do Muse e do Grizzly Bear. É o rapper que usou tão bem a forma de arte que agora sente uma responsabilidade de cuidar dela e representá-la positivamente, para que a próxima geração possa se salvar com rimas como ele fez. É um ativista cultural, é um pioneiro racial e musical, um empreendedor de muito sucesso, emancipador e filantropo. Ele é um poeta cujas palavras incluem violência explícita, honestidade brutal, revelação devastadora, misoginia limítrofe, um ego imenso e riqueza, uma autobiografia de partir o coração, ostentação desavergonhada, filosofia de rua intensa, consciência social profunda, autodefesa, contra-ataques, sofrimento, amor e montanhas de graça e honra. Tudo isso cantado em flows e cadências cada vez mais inventivos e se retorcendo em redes de metáforas complexas e inteligentes, duplos sentidos, referências cruzadas, dribles enganadores e imagens tão densas e estonteantes que daria um curso sobre isso na Universidade de Nova York.

Ele é um pai fresco que trabalhou incansavalmente em campos letais e ilegais por 30 anos, lutando e sofrendo para sua filha nunca precisar fazer isso.

Ele é o garoto incorrigível, perdido e sem pai do conjunto habitacional chamado Shawn, determinado a superar as expectativas.

E que espera chegar ao topo de seu primeiro bilhão até 2015.

Discografia

Jay-Z apareceu em mais de mil faixas, singles, álbuns, compilações e fitas de remixes como artista principal, convidado ou participação especial. Esta discografia cobre apenas aqueles lançamentos em que ele é o artista principal. Para ver uma lista completa de todas as manifestações gravadas de Jay-Z acesse sua discografia no *Wikipedia*. As datas de lançamento citadas são as internacionais. Perceba, por favor, que elas podem variar em territórios individuais.

Álbuns

Reasonable Doubt
Roc-A-Fella Records/Priority Records/Freeze Records
(CD/LP/2XLP Promocional: 25 de junho de 1996)

Can't Knock The Hustle (com participações de Pain In Da Ass, Mary J. Blige)/Politics As Usual/Brooklyn's Finest (com participação de Notorious B.I.G.)/Dead Presidents II/Feelin' It (com participação de Mecca)/D'Evils/22 Two's/Can I Live/Ain't No Nigga (com participações de Foxy Brown, Big Jaz)/Friend Or Foe/Coming Of Age (com participação de Memphis Bleek)/Cashmere Thoughts/Bring It On (com participação de Big Jaz, Sauce Money)/Regrets/Can't Knock The Hustle (Fools' Paradise Remix)*/Can I Live II**/Can't Knock The Hustle (Fools' Paradise Remix Instrumental)***/Can't Knock The Hustle (Acappella)****/Can't Knock The Hustle (Hani Remix)****/Can't Knock The Hustle (Instrumental)****

*Faixa bônus apenas na versão da Northwestside Records, Reino Unido
**Faixa bônus apenas na reedição americana de 1998

***Faixa bônus na reedição de 2004 da Northwestside Records, Reino Unido, incluindo a edição limitada em vinil 10" e a reedição holandesa de 2010 Music On Vynil incluindo uma edição limitada em vinil 10"
****Faixas bônus na reedição britânica de 2010 Not On Label 2XLP

In My Lifetime, Vol. 1
Roc-A-Fella Records/Def Jam Recordings
(CD/2XLP/2XLP Promocional; 4 de novembro de 1997)

Intro/A Million And One Questions/Rhyme No More/The City Is Mine (com participação de Blackstreet)/I Know What Girls Like (com participações de Puff Daddy e Lil' Kim)/Imaginary Player/Streets Is Watching/Friend Or Foe '98/Lucky Me/(Always Be My) Sunshine (com participações de Foxy Brown e Babyface)/Who You Wit II/Face Off (com participação de Sauce Money)/Real Niggaz (com participação de Too Short)/Rap Game/Crack Game/Where I'm From/You Must Love Me/Wishing On A Star*/Wishing On A Star (Instrumental)*/Wishing On A Star (versão para TV*)/Wishing On A Star (A capela)*/Wishing On A Star (D Influence Remix)**/Wishing On A Star (Track Másters Remix)**/Wishing On A Star (D Influence Remix com Vocal Completo)***

*Faixas bônus apenas no lançamento do 3XLP britânico da Northwestside Records
**Faixas bônus nos lançamentos europeu e britânico da Northwestside Records
***Faixa bônus apenas no lançamento britânico da Northwestside Records

Vol. 2... Hard Knock Life
Roc-A-Fella Records
CD/2XLP/fita K7/2XLP Promocional, 29 de setembro de 1998)

Hand It Down (Intro, com participação de Memphis Bleek)/Hard Knock Life (Ghetto Anthem)/If I Should Die (com participação de Da Ranjhaz)/Ride Or Die/Nigga What, Nigga Who (Originator'99) (com participações de Big Jaz e Amil)/Money, Cash, Hoes (com participação de DMX)/A Week Ago (com participação de Too Short)/Coming Of Age (Da Sequel) (com participação de Memphis Bleek)/Can I Get A... (com participações de Amil e Ja Rule)/Paper Chase (com participação de Foxy Brown)/Reservoir Dogs (com participações de Sauce Money, Beanie Sigel e The LOX)/It's Like That (com participação de Kid Capri)/It's

Alright (com participação de Memphis Bleek)*/Money Ain't A Thing (com participação de Jermaine Dupri)*

*Faixas bônus em todos os relançamentos

Vol. 3... Life and Times of S. Carter
Roc-A-Fella Records
(CD/2XLP/K7, dezembro de 1999, Europa)

Hova Song (Intro)/So Ghetto/Do It Again (Put Ya Hands Up) (com participações de Beanie Sigel e Amil)/Dope Man/Things That U Do (com participação de Mariah Carey)/It's Hot (Some Like It Hot/Snoopy Track (com participação de Juvenile)/S. Carter (com participação de Amil)/Pop 4 Roc (com participações de Amil, Beanie Sigel, Memphis Bleek)/Hova Interlude/Big Pimpin' (com participação de UGK)/Is That Yo Bitch (com participações de Missy Elliot e Twista)/Come And Get Me/NYMP/Hova Song (Outro)/Anything/Jigga My Nigga*/Girl's Best Friend*

*Faixas bônus apenas na versão em CD

Vol. 3... Life and Times of S. Carter
Roc-A-Fella Records
(CD/2XLP, 28 de dezembro de 1999, Estados Unidos)

Hova Song (Intro)/So Ghetto/Do It Again (Put Ya Hands Up) (com participações de Beanie Sigel e Amil)/Dope Man/Things That U Do (com participação de Mariah Carey)/It's Hot (Some Like It Hot/Snoopy Track (com participação de Juvenile)/S. Carter (com participação de Amil)/Pop 4 Roc (com participações de Amil, Beanie Sigel, Memphis Bleek)/Watch Me (com participação de Dr. Dre)/Big Pimpin' (com participação de UGK)/There's Been A Murder/Come And Get Me/NYMP/Hova Song (Outro)/Anything/Jigga My Nigga*/Girl's Best Friend*

*Faixas bônus apenas na versão em CD

The Dynasty Roc La Familia (2000)
Roc-A-Fella Records
(CD/2XLP, 31 de outubro de 2000)

Intro/Change The Game (com participações de Memphis Bleek e Beanie Sigel)/I Just Wanna Love U (Give It 2 Me)/Streets Is Talking (com participação de Beanie Sigel)/This Can't Be Life (com participações de Beanie Sigel e Scarface)/Get Your Mind Right Mami (com participações de Memphis Bleek e Snoop Dogg)/Stick 2 The Script (com participação de Beanie Sigel)/You, Me, Him and Her (com participações de Beanie Sigel, Amil, Memphis Bleek)/Guilty Until Proven Innocent (com participação de R. Kelly)/Parking Lot Pimpin' (com participações de Beanie Sigel e Memphis Bleek)/Holla (com participação de Memphis Bleek)/1-900-Huslter (com participações de Memphis Bleek, Beanie Sigel e Freeway)/ The R.O.C. (com participações de Memphis Bleek e Beanie Sigel)/Soon You'll Understand/Squeeze 1st/Where Have You Been (com particpação de Beanie Sigel)/I Just Wanna Love U (Give It 2 Me) (DVD)*/Change The Game (DVD)*/Guilty Until Proven Innocent (DVD)*

*Conteúdo adicional no DVD acompanhando apenas o lançamento alemão

The Blueprint
Roc-A-Fella Records
(CD/2XLP/2XLP Vinil Azul/2XLP Promocional, 11 de setembro de 2001)

The Ruler's Back/Takeover/Izzo (H.O.V.A)/Girls, Girls, Girls (com participações de Biz Markie, Q-Tip e Slick Rick)/Jigga That Nigga/U Don't Know/Hola' Hovito/Heart Of The City (Ain't No Love)/Never Change (com participação de Kanye West, sem crédito)/Song Cry/All I Need/Renegade (com participação de Eminem)/Blueprint (Moma Loves Me)/Breathe Easy (exercício lírico)*/Girls, Girls, Girls (Parte 2)*

*Faixas bônus ocultas apenas na versão em CD

The Blueprint²: The Gift & The Curse
Roc-A-Fella Records
(2XCD/4XLP, 12 de novembro de 2002)

The Gift: A Dream (com participações de Faith Evans, Notorious B.I.G.)/Hovi Baby/The Watcher 2 (com participações de Dr. Dre, Rakim, Truth Hurts)/'03 Bonnie & Clyde (com participação de Beyoncé)/Excuse Me Miss (com participação de Pharrell)/What They Gonna Do (com participação de Sean Paul)/All Around The World (com participação de LaToya Williams)/Poppin' Tags (com participações de Big Boi, Killer Mike, Twista)/Fuck All Night/The Bounce (com participação de Kanye West)/I Did It My Way The Curse: Diamond Is Forever/Guns & Roses (com participação de Lenny Kravitz)/U Don't Know (Remix) (com participação de M.O.P)/Meet The Parents/Some How Some Way (com participações de Beanie Sigel e Scarface)/Some People Hate/ Blueprint²/Nigga Please (com participação de Young Chris)/2 Many Hoes/As One (com participações de Beanie Sigel, Memphis Bleek, Young Gunz, Freeway, Peedi Crakk, Sparks, Rell)/A Ballad For The Fallen Soldier/Show You How*/Bitches & Sisters*/What They Gonna Do Part 2*

*Indicadas como "faixas bônus"

The Blueprint 2.1
Roc-A-Fella Records
(CD, 8 de abril de 2003)

A Dream (com participações de Faith Evans, Notorious B.I.G.)/Hovi Baby/The Watcher 2 (com participações de Dr. Dre, Rakim, Truth Hurts)/'03 Bonnie & Clyde (com participação de Beyoncé)/Excuse Me Miss (com participação de Pharrell)/All Around The World (com participação de LaToya Williams)/Guns & Roses (com participação de Lenny Kravitz)/U Don't Know (Remix) (com participação de M.O.P)/ Meet The Parents/Some How Some Way (com participações de Beanie Sigel e Scarface)/The Bounce (com participação de Kanye West)/What They Gonna Do Part II/La La La (Excuse Me Miss Again)*/Stop*/ Beware... (Jay-Z Remix)*/Blueprint 2**/Bitches and Sisters**

*Faixas bônus nas versões americana, britânica e europeia
**Faixas bônus apenas na versão britânica

The Black Album
Roc-A-Fella Records
(CD/2XLP/2XLP Promocional,* 14 de novembro de 2003)

Interlude/December 4th/What More Can I Say/Encore/Change Clothes (com participação de Pharrell)/Dirt Off Your Shoulder/Threat/ Moment Of Clarity/99 Problems/Public Service Announcement (Interlude)/Justify My Thug/Lucifer/Allure/My 1st Song

*Foi lançada também uma versão a capela do *The Black Album* com todas as faixas do álbum original

Kingdom Come
Roc-A-Fella Records

(CD/2XCD/2XLP/2XLP Promocional/CD+DVD, 21 de novembro de 2006)

The Prelude – Oh My God/Kingdom Come/Show Me What You Got/Lost One (com participação de Chrisette Michele)/Do You Wanna Ride? (com participação de John Legend)/30 Something/I Made It/Anything (com participação de Sterling Simms)/Minority Report (com participação de NeYo)/Beach Chair (com participação de Chris Martin)/44 Fours (Live From Radio City Music Hall)*/Politics As Usual (Live From Radio City Music Hall)**/Can't Knock The Hustle (Live From Radio City Music Hall) (com participação de Beyoncé)**/Can I Live (Live From Radio City Music Hall)**/DVD: Live At The Royal Albert Hall***/Behind The Scenes Of Show Me What You Got And Video***

*Faixa bônus apenas na versão britânica do CD
**Faixas bônus apenas nas versões americanas do CD
***Conteúdo bônus apenas na versão CD/DVD

American Gangster

Roc-A-Fella Records

(CD/2XLP,* 6 de novembro de 2007)

Intro/Pray/American Dreamin'/Hello Brooklyn 2.0 (com participação de Lil Wayne)/No Hook/Roc Boys (And The Winner Is)/Sweet/I Know (com participação de Pharrell)/Party Life/Ignorant Shit (com participação de Beanie Sigel)/Say Hello/Success (com participação de Nas)/Fallin' (com participação de Bilal)/Blue Magic (com participação de Pharrell)**/American Gangster**

*Também foi lançada uma versão a capela de *American Gangster* com todas as faixas originais.

**Creditado como faixas bônus em algumas versões

The Blueprint 3
RocNation
(CD/2XLP/CD Promocional, 8 de setembro de 2009)

What We Talkin' About (com participação de Luke Steele)/Thank You /D.O.A. (Death Of Auto-Tune)/Run This Town (com participações de Rihanna, Kanye West)/Empire State Of Mind (com participação de Alicia Keys)/Real As It Gets (com participação de Young Jeezy)/On

To The Next One (com participação de Swizz Beatz)/Off That (com participação de Drake)/A Star Is Born (com participação de J. Cole)/ Venus Vs Mars/Already Home (com participação de Kid Cudi)/Hate (com participação de Kanye West)/Reminder/So Ambitious (com participação de Pharrell)/Young Forever (com participação de Mr. Hudson)

Álbuns com colaborações

The Best of Both Worlds – Jay-Z e R. Kelly
Roc-A-Fella Records
(CD/2XLP, 26 de março de 2002)

The Best Of Both Worlds/Take You Home With Me A.K.A. Body/ Break Up To Make Up/It Ain't Personal/The Streets/Green Light (com participação de Beanie Sigel)/Naked/Shake Ya Body (com participação de Lil' Kim)/Somebody's Girl/Get This Money/Shorty/ Honey/Pussy (com participação de Devin The Dude)

Unfinished Business – Jay-Z e R. Kelly
Def Jam recordings/Roc-A-Fella Records/Jive/Rockland/BMG
(CD/2XLP, 26 de outubro de 2004)

The Return/Big Chips/We Got' Em Goin' (com participação de Memphis Bleek)/She's Coming Home With Me/Feelin' You In Stereo/Stop (com participação de Foxy Brown)/Mo'Money (com participação de Twista)/ Pretty Girls/Break Up (That's All We Do)/Don't Let Me Die/The Return (Remix) (com participação de Doug E. Fresh e Slick Rick)

Watch The Throne – Jay-Z e Kanye West
Roc-A-Fella Records/RocNation/Def Jam Recordings
(CD/2XLP/MP3, 8 de agosto de 2011)

No Church In The Wild (com participação de Frank Ocean)/Lift Off (com participação de Beyoncé)/Niggas In Paris/Otis (com participação de Otis Redding)/Gotta Have It/New Day/That's My Bitch/Welcome To The Jungle/Who Gon Stop Me/Murder To Excellence/Made In America (com participação de Frank Ocean)/Why I Love You (com participação de Mr. Hudson)/Illest Motherfucker Alive*/H.A.M.*/Primetime*/The Joy (com participação de Curtis Mayfield)**

*Faixas bônus na edição de picture disc de 2012, nas edições de luxo americana e europeia e na edição americana em CD
**Faixa bônus nas edições de luxo digitais americana e europeia

Álbuns ao Vivo

Jay-Z: Unplugged
Roc-A-Fella Records
(CD/LP, 18 de novembro de 2001)

Izzo (H.O.V.A)/Takeover/Girls, Girls, Girls/Jigga What, Jigga Who/Big Pimpin'/Heart Of The City (Ain't No Love)/Can I Get A.../Hard Knock Life (Ghetto Anthem)/Ain't No*/Can't Knock The Hustle/Family Affair (com participação de Mary J. Blige)/Song Cry/I Just Wanna Love U (Give It 2 Me) (com participação de Pharrell)/Jigga That NIgga/People Talking

*Título corrigido de Ain't No Nigga
(Nota: A versão alemã em vinil também incluía uma faixa bônus em estúdio)

Álbuns de remixes & EPs

The Black Album Remix
Roc-A-Fella Records
(LP, 2003)

Intro/Encore (Remix)/Change Clothes (Remix)/Dirt Off Your Shoulder (Remix)/Justify My Thug (Remix)/Threat (Blend)/99 Problems (Mistura)/Lucifer (Remix)/Allure (Remix)/Moment Of Clarity (Mistura)

Collision Course – Jay-Z e Linkin Park
Roc-A-Fella Records/Def Jam Recordings/Machine Shop/Warner Bros.
(CD+DVD, 30 de novembro de 2004)

CD: Dirt Off Your Shoulder/Lying From You/Big Pimpin'/Papercut/Jigga What/Faint/Numb/Encore/Izzo/In the End/Points of Authority/99 Problems/One Step Closer

DVD: 1. The Once-In-A-Lifetime Performance – Documentary/2. Live Performances: Dirt Off Your Shoulder/Lying From You/Big Pimpin'/Papercut/Jigga What/Faint/Numb/Encore/Izzo/In The End/Points Of Authority/99 Problems/One Step Closer/3 Special Features: MTV Ultimate Mash-Ups/Photo Gallery – 5.1 Surround Sound

Singles

Para maior clareza, exceto nos casos em que os singles foram apenas lançados fora dos Estados Unidos, as versões listadas são na maioria lançamentos americanos e não incluem cópias ou faixas promocionais, sem etiqueta ou não oficiais listadas em vendas on-line ou divulgadas sem receber um lançamento dedicado a elas, a menos que se afirme o contrário. As listas de faixas de lançamentos em territórios fora dos Estados Unidos diferem muito em termos de versões inclusas. Uma discografia internacional completa pode ser vista em <discogs.com/artist/Jay-Z>.

In My Lifetime/I Can't Get Wid Dat
Roc-A-Fella Records
(Vinil, 1994)

In My Lifetime/In My Lifetime (Radio Edit)/In My Lifetime (Instrumental)/I Can't Get Wid Dat/I Can't Get Wid Dat (Radio Edit)/I Can't Get Wid Dat (Instrumental)

In My Lifetime
Payday
(CD/Vinil/CD Maxi: 25 de julho de 1995)

In My Lifetime (Versão Original da Ski Radio)/In My Lifetime (Versão Original da Ski Street)/In My Lifetime (Skistrumental)/In My Lifetime (Big Jaz Radio Remix)/In My Lifetime (Big Jazmental Remix)/I Can't Get Wid Dat (DJ Clark Kent Version)

Dead President$
Freeze Records/Priority Records
(CD/K7/Vinil, 20 de fevereiro de 1996)

Dead Presidents (Versão Clean)/Dead Presidents (Versão do Álbum)/Dead Presidents (Instrumental)/Ain't No Nigga (com participação de Foxy Brown) (Versão do Álbum)/Ain't No Nigga (Instrumental)

Ain't No N!gg@ (com participação de Foxy Brown)/Dead Presidents
Roc-A-Fella Records/Priority Records/Freeze Records
(Vinil, 26 de março de 1996)

Ain't No N!gg@ (Versão Clean mais Comercial)/Ain't No N!gg@ (Mixshow Clean)/Ain't No N!gg@ (Faixa para TV)/Dead Presidents (Letra Nova – Suja)/Dead Presidents (Letra Nova – Mix Show Clean)/

Dead President (Letra Nova – Faixa para TV)/Politics As Usual (Fragmento)*/Feelin' It (Fragmento)*/Can I Live (Fragmento)*/Can't Knock The Hustle (Fragmento)*/22 Two's (Fragmento)*

*Faixas que apareceram em uma cópia do single com a Listening Party do Jay-Z no lado B, que omitia os mixes de Ain't No N!gg@.

Can't Knock The Hustle (com participação de Mary J. Blige)
Roc-A-Fella Records/Priority Records
(CD/Vinil, 27 de agosto de 1996)

Can't Knock The Hustle (Versão Clean)/Can't Knock The Hustle (Versão Suja do Álbum)/Can't Knock The Hustle (Faixa para TV)/Can't Knock The Hustle (Instrumental)/Can't Knock The Hustle (a capela)*/Can't Knock The Hustle (Fools Paradise) (Clean)**/Can't Knock The Hustle (Fools Paradise) (Dirty)**/Can't Knock The Hustle (Fools Paradise) (Instrumental)**/Can't Knock The Hustle (Fools Paradise) (Versão do LP)**

*Faixa apenas na cópia Americana 30 centímetros DPRO-30086
**Faixas na versão remix de Fools Paradise

Feelin' It (com participação de Mecca)
Roc-A-Fella Records/Priority Records
(CD/Vinil, 15 de abril de 1997)

Feelin' It (Versão do Vídeo)/Feelin' It (Faixa para TV)/Feelin' It (Versão para LP)/Friend Or Foe

Sunshine (com participações de Baby Face e Foxy Brown)
Roc-A-Fella Records
(Vinil, 16 de setembro de 1997)

Sunshine (Radio Edit)/Sunshine (Versão para LP)/Sunshine (Faixa para TV)

The City Is Mine (com participação de Blackstreet)
Roc-A-Fella Records
(CD/Vinil, 3 de fevereiro de 1998)

CD: The City Is Mine (Radio Edit)/The City Is Mine (Faixa para TV)/A Million And One Questions (Radio Edit)

Vinil: The City Is Mine (Radio Edit)/The City Is Mine (Versão do LP)/The City Is Mine (Faixa para TV)/A Million and One Questions (Remix)/A Million And One Questions (Remix) (Faixa para TV)

The City Is Mine (com participação de Blackstreet)/Face Off (com participação de Sauce Money)
Roc-A-Fella Records
(Vinil, 3 de fevereiro de 1998)

The City Is Mine (Radio Edit)/The City Is Mine (Versão Suja)/The City Is Mine (Instrumental)/Face Off (Versão Suja)/Face Off (Instrumental)

Wishing On A Star (com participação de Gwen Dickey)
Northwestside Records
(CD/Vinil, 11 de março de 1998, só no Reino Unido e na Europa)

CD Maxi: Wishing On A Star (Radio Edit)/Wishing On A Star (Trackmásters Remix)/Wishing On A Star (D Influence Remix)/Brooklyn's Finest (com participação de Notorious B.I.G.)/Wishing On A Star (a capela Trackmásters)

CD europeu: Wishing On A Star (Radio Edit)/Wishing On A Star (Trackmásters Remix)

Reino Unido CD 1: Wishing On A Star (Radio Edit)/Wishing On A Star (Trackmásters Remix)/Brooklyn's Finest (com participação de Notorious B.I.G.)/Wishing On A Star (D Influence Full Vocal Mix)

Reino Unido CD 2: Wishing On A Star (D Influence Full Vocal Edit)/Wishing On A Star (D Influence Remix)/Feelin It/Wishing On A Star (D Influence Full Vocal Mix)

Vinil europeu: Wishing On A Star (D Influence Remix)/Wishing On A Star (Radio Edit)/Wishing On A Star (Trackmásters Remix)/Imaginary Players/Wishing On A Star (Versão a capela Trackmásters)

Can I Get A… (com participação de Ja Rule e Amil)
Roc-A-Fella Records
(Vinil, 1º de setembro de 1998)

Can I Get A... (Radio Edit)/Can I Get A... (Versão do LP)/Can I Get A… (Faixa para TV)/Can I Get A... (a capela)

Hard Knock Life (Ghetto Anthem)
Roc-A-Fella Records
(CD/Vinil, 27 de outubro de 1998)

CD: Hard Knock Life (Ghetto Anthem) (Versão Original) (Radio Edit)/Hard Knock Life (Ghetto Anthem) (Remix) (Radio Edit)/Money,

Cash, Hoes (com participação de DMX, Beanie Sigel e Memphis Bleek) (Remix) (Radio Edit)

Vinil: Hard Knock Life (Ghetto Anthem) (Single Version Clean)/Hard Knock Life (Ghetto Anthem) (Versão do LP)/Hard Knock Life (Ghetto Anthem) (Instrumental)

Money, Cash, Hoes (Remix) (com participação de Beanie Sigel, DMX e Memphis Bleek)/Jigga What?
Roc-A-Fella Records
(Vinil, 23 de fevereiro de 1999)

Money, Cash, Hoes (Remix) (Radio Edit)/Money, Cash, Hoes (Remix) (Versão Suja)/Money, Cash, Hoes (Remix) (Instrumental)/Jigga What? (Radio Edit)/Nigga What, Nigga Who (Originator 99) (com participação de Big Jaz)/Jigga What? (Instrumental)

Nigga What, Nigga Who (com participação de Big Jaz e Amil)
Northwestside Records
(CD/Vinil, 30 de novembro de 1999, só no Reino Unido e na Europa)

CD: Nigga What, Nigga Who/Ain't No Nigga (com participação de Foxy Brown)

Do It Again (Put Ya Hands Up) (com participação de Beanie Sigel e Amil)
Roc-A-Fella Records
(Vinil, 14 de dezembro de 1999)

Do It Again (Put Ya Hands Up) (Radio Edit)/Do It Again (Put Ya Hands Up) (Instrumental)/Do It Again (Put Ya Hands Up) (Versão do LP)/So Ghetto (Radio Edit)/So Ghetto (Versão do LP)/So Ghetto (Instrumental)

Things That U Do (com participação de Mariah Carey)
Roc-A-Fella Records
(Vinil, 15 de fevereiro de 2000)

A listagem das faixas deste lançamento não está confirmada

Anything/Big Pimpin' (com participação de UGK)
Roc-A-Fella Records
(Vinil, 29 de fevereiro de 2000)

Anything (Radio Edit)/Anything (Versão do LP)/Anything (Instrumental)/Big Pimpin' (Radio Edit)/Big Pimpin' (Versão do LP)/Big Pimpin' (Instrumental)

Big Pimpin' (com participação de UGK)
Roc-A-Fella Records
(CD Promocional/Vinil Promocional, 11 de abril de 2000)
Versão 1 do CD: Big Pimpin' (Radio Edit)/Big Pimpin' (Versão Clean do LP)/Big Pimpin' (Instrumental)/Big Pimpin' (Call Out Research Hook)
Versão 2 do CD: Big Pimpin' (Radio Edit)/Big Pimpin' (Versão do LP)/ Big Pimpin' (Instrumental)/Watch Me (Radio Edit)/Watch Me (Versão para LP)/Watch Me (Instrumental)

I Just Wanna Love U (Give It To Me) (com participação de Pharrell)/ Parking Lot Pimpin' (com participação de Memphis Bleek e Beanie Sigel)
Roc-A-Fella Records
(Vinil, 17 de outubro de 2000)
I Just Wanna Love U (Give It To Me) (Radio Edit)/I Just Wanna Love U (Give It To Me) (Versão do LP)/I Just Wanna Love U (Give It To Me) (Instrumental)/Parking Lot Pimpin' (Radio Edit)/Parking Lot Pimpin' (Versão do LP)/Parking Lot Pimpin' (Instrumental)

Change The Game (com participação de Beanie Sigel e Memphis Bleek)/You Me, Him and Her (com participações de Amil, Memphis Bleek e Beanie Sigel)
Roc-A-Fella Records
(Vinil, 9 de janeiro de 2001)
Change The Game (Radio Edit)/Change The Game (Versão do LP)/Change The Game (Instrumental)/You, Me, Him And Her (Radio Edit)/You, Me, Him and Her (Versão do LP)/You, Me, Him and Her (Instrumental)
Guilty Until Proven Innocent (com participação de R. Kelly)/1-900 HUSTLER (com participações de Beanie Sigel, Freeway e Memphis Bleek)
Roc-A-Fella Records
(Vinil, 13 de março de 2001)
Guilty Until Proven Innocent (Radio Edit)/Guilty Until Proven Innocent (Versão do LP)/Guilty Until Proven Innocent (Instrumental)/1-900

HUSTLER (Radio Edit)/1-900 HUSTLER (Versão do LP)/1-900 HUS-
TLER (Instrumental)

IZZO (H.O.V.A.)/You Don't Know
Roc-A-Fella Records
(Vinil/Vinil Azul/Vinil Transparente, 22 de junho de 2001)

IZZO (H.O.V.A.) (Radio Edit)/IZZO (H.O.V.A.) (Versão do LP)/IZZO (H.O.V.A.) (Instrumental)/You Don't Know (Radio Edit)/You Don't Know (Versão do LP)/You Don't Know (Instrumental)

Girls, Girls, Girls/Takeover
Roc-A-Fella Records
(Vinil, 2 de outubro de 2001)

Girls, Girls, Girls (Radio Edit)/Girls, Girls, Girls (Versão do Álbum)/Girls, Girls, Girls (Instrumental)/Takeover (Radio Edit)/Takeover (Versão do Álbum)/Takeover (Instrumental)

Jigga/Renegade (com participação de Eminem)
Roc-A-Fella Records
(Vinil, 16 de janeiro de 2002)

Jigga (Radio Edit)/Jigga (Versão do LP)/Jigga (Instrumental)/Renegade (Radio Edit)/Renegade (Versão do LP)/Renegade (Instrumental)

Song Cry
Roc-A-Fella Records
(CD, 8 de maio de 2002, só na Europa)*

Song Cry (Radio Edit)/Song Cry (Versão do MTV Unplugged)/Song Cry (Versão do Álbum/Song Cry

*Foi lançado nos Estados Unidos apenas um CD promocional de Song Cry

'03 Bonnie & Clyde
Roc-A-Fella Records
(CD/Vinil, 10 de outubro de 2003)

CD:'03 Bonnie & Clyde (Radio Edit)/U Don't Know (Remix) (com participação de MOP)/'03 Bonnie & Clyde (Instrumental)/'03 Bonnie & Clyde (Vídeo)

Vinil:'03 Bonnie & Clyde (Radio)/U Don't Know (Remix) (Versão do LP)/'03 Bonnie & Clyde (Instrumental)/'03 Bonnie & Clyde (a capela)

Hovi Baby/U Don't Know (Remix) (com participação de MOP)
Roc-A-Fella Records
(Vinil, novembro de 2002)

Hovi Baby (Radio)/Hovi Baby (Versão do LP)/Hovi Baby (Instrumental)/U Don't Know (Remix) (Radio)/U Don't Know (Remix) (Versão do LP)/U Don't Know (Remix) (Instrumental)

Excuse Me Miss (com participação de Pharrell)/The Bounce (com participação de Kanye West)*
Roc-A-Fella Records
(Vinil, 4 de fevereiro de 2003)

Excuse Me Miss (Radio)/Excuse Me Miss (Versão do LP)/Excuse Me Miss (Instrumental)/The Bounce (Radio)/The Bounce (Versão do LP)/The Bounce (Instrumental)

*Algumas fontes alegam ter uma cópia da versão americana em CD de Excuse Me Miss com a seguinte listagem de faixas: Excuse Me Miss (Radio)/Excuse Me Miss (Explícita)/Excuse Me Miss (Instrumental)/The Bounce (Clean)/Fuck All Nite – versão do álbum (Clean)

Stop/Excuse Me Miss Again (com participação de Pharrell)
Roc-A-Fella Records
(Vinil, 2003)

Stop (Radio)/Stop (Versão do LP)/Stop (Instrumental)/Excuse Me Miss Again (Radio)/Excuse Me Miss Again (Versão do LP)/Excuse Me Miss Again (Instrumental)

Change Clothes (com participação de Pharrell)/What More Can I Say
Roc-A-Fella Records
(Vinil, 28 de novembro de 2003 – data de lançamento nos Estados Unidos)

Change Clothes (Radio Edit)/Change Clothes (Versão do Álbum)/Change Clothes (Instrumental)/What More Can I Say (Radio Edit)/What More Can I Say (Versão do Álbum)/What More Can I Say (Instrumental)

Dirt Off Your Shoulder/Encore (com participações de John Legend, Don Crawley, Kanye West e Leonard Harris)
Roc-A-Fella Records
(Vinil, 2 de março de 2004)

Dirt Off Your Shoulder (Radio Edit)/Dirt Off Your Shoulder (LP)/Dirt Off Your Shoulder (Instrumental)/Encore (Radio Edit)/Encore (LP)/Encore (Instrumental)

99 Problems/My 1st Song
Roc-A-Fella Records
(Vinil, 13 de abril de 2004 – data de lançamento nos Estados Unidos)

99 Problems (Clean)/99 Problems (Principal)/99 Problems (Instrumental)/My 1st Song (Clean)/My 1st Song (Principal)/My 1st Song (Instrumental)

99 Problems/Dirt Off Your Shoulder
Roc-A-Fella Records
(Vinil, 27 de abril de 2004)

99 Problems (Explícita)/99 Problems (Clean)/Dirt Off Your Shoulder (Explícita)/Dirt Off Your Shoulder (Clean)

Show Me What You Got
Roc-A-Fella Records
(CD/Vinil Pic, 30 de outubro de 2006, apenas no Reino Unido e na Europa)

CD: Show Me What You Got/Can't Knock The Hustle (Live from Radio City Music Hall) (com participação de Beyoncé)/Show Me What You Got (Instrumental)*/Show Me What You Got*

Vinil: Show Me What You Got (Clean)/Show Me What You Got (Dirty)/Show Me What You Got (Instrumental)

*Faixas apenas do CD maxi

Lost One
Roc-A-Fella Records
(Vinil promocional, dezembro de 2006)

Lost One (Clean)/Lost One (Dirty)/Lost One (Instrumental)

Oh My God/Kingdom Come
Roc-A-Fella Records
(Vinil, 2006)

Oh My God (Clean)/Oh My God (Principal)/Oh My God (Instrumental)/Kingdom Come (Clean)/Kingdom Come (Principal)/Kingdom Come (Instrumental)

30 Something/Lost Ones
Roc-A-Fella Records
(Vinil, 8 de janeiro de 2007)

30 Something (Clean)/30 Something (Principal)/30 Something (Instrumental)/Lost Ones (Clean)/Lost Ones (Principal)/Lost Ones (Instrumental)

Blue Magic (com participação de Pharrell)
Roc-A-Fella Records
(Vinil, azul, 20 de setembro de 2007)

Blue Magic (Clean)/Blue Magic (Principal)/Blue Magic (Clean)/Blue Magic (Principal)

Roc Boys (And The Winner Is)...
Roc-A-Fella Records
(Vinil, 10 de outubro de 2007 na Europa, 23 de novembro de 2007 nos Estados Unidos)

Roc Boys (And The Winner Is)... Clean/Roc Boys (And The Winner Is)... Principal/Roc Boys (And The Winner Is)... Clean/Roc Boys (And The Winner Is)... Principal

D.O.A. (Death Of Auto-Tune)
RocNation
(Arquivo/Vinil, 23 de junho de 2009)

Arquivo: D.O.A. (Death Of Auto-Tune)

Vinil: D.O.A. (Death Of Auto-Tune) (Versão de Álbum Explícita)/D.O.A. (Death Of Auto-Tune) (Instrumental)/D.O.A. (Death Of Auto-Tune) (Versão do Álbum Alterada)/D.O.A. (Death Of Auto-Tune) (Instrumental)

Run This Town (com participação de Kanye West e Rihanna)
RocNation
(CD/Vinil, 24 de julho de 2009)

CD: Run This Town/D.O.A. (Death Of Auto-Tune)

Vinil: Run This Town (Versão de Álbum Explícita)/Run This Town (Instrumental)/Run This Town (Versão do Álbum Alterada)/Run This Town (Instrumental)

Empire State Of Mind (com participação de Alicia Keys)
RocNation

(Vinil, 20 de outubro de 2009)

Empire State Of Mind (Versão do Álbum Explícita)/Empire State Of Mind (Versão do Álbum Alterada)

On To The Next One/Young Forever (com participação de Mr. Hudson)
RocNation
(Vinil, 12 de abril de 2010)

On To The Next One (Explícita)/On To The Next One (Alterada)/Young Forever (Explícita)/Young Forever (Alterada)

Singles em colaboração

It's Alright (com participação de Memphis Bleek)/The Doe – Jay-Z/Diamonds In Da Rough
Roc-A-Fella Records
(CD/Vinil, 19 de agosto de 1998)

CD/Single: It's Alright (Versão Clean)/The Doe
Vinil de 30 centímetros: It's Alright (Versão Clean)/It's Alright (Versão Suja)/It's Alright (Faixa para TV)/The Doe (Versão Clean)/The Doe (Versão Suja)/The Doe (Faixa para TV)

Can I Get A.../Bitch Better Have My Money/And You Don't Stop – Jay-Z/Jah/Wu Tang Clan
Def Jam Recordings
(Vinil, 1998)

Can I Get A... (Radio Edit)/Bitch Better Have My Money (Radio Edit)/And You Don't Stop (Radio Edit)/Can I Get A... (Faixa para TV)/Bitch Better Have My Money (Faixa para TV)/And You Don't Stop (Faixa para TV)

Jigga My Nigga/Memphis Bleek Is.../When Will U See/What A Thug About – Jay-Z/Memphis Bleek/Rell/Beanie Sigel
Roc-A-Fella Records
(CD, 15 de junho de 1999)

Jigga My Nigga (Versão do LP)/Memphis Bleek Is... (Versão do LP)/When Will U See (Versão do LP)/What A Thug About (Versão do LP)

Jigga My Nigga/What A Thug About – Jay-Z/Beanie Sigel
(Vinil, 1999)

Jigga My Nigga (Radio Edit)/Jigga My Nigga (Versão do LP)/Jigga My Nigga (Instrumental)/What A Thug About (Radio Edit)/What A Thug About (Versão do LP)/What A Thug About (Faixa para TV)

20 Bag Shorty (com participações de Frody, Gotti e Niela)/Why You Trying To Play Me (com participação de Christopher Wallace) – Jay-Z e Aaron Hall
BMG Arista
(CD, 2001, só na Alemanha)

20 Bag Shorty/20 Bag Shorty (Instrumental)/Why You Tryin To Play Me

Honey – Jay-Z e R. Kelly
Jive
(CD/Vinil, 2002, só no Reino Unido e na Europa)

Honey (Radio Edit)/Honey (Versão do Álbum Suja)/Honey (Instrumental)*

*Faixa apenas no vinil e em algumas cópias em CD

Take You Home With Me A.K.A. Body/Get This Money – Jay-Z e R. Kelly
Def Jam Recordings
(Vinil, 2002)

Take You Home With Me A.K.A. Body (Radio Version)/Take You Home With Me A.K.A. Body (Versão do LP)/Take You Home With Me A.K.A. Body (Instrumental/Get This Money (Radio Version)/Get This Money (Versão do LP)/Get This Money (Instrumental)

Big Chips/Don't Let Me Die – Jay-Z e R. Kelly
Roc-A-Fella Records/Jive/Def Jam Recordings/Island Records
(Vinil, 19 de outubro de 2004)

Big Chips (Radio)/Big Chips (LP)/Big Chips (Instrumental)/Don't Let Me Die (Radio)/Don't Let Me Die (LP)/Don't Let Me Die (Instrumental)

Numb/Encore – Jay-Z e Linkin Park
Roc-A-Fella Records/Warner Bros. Records
(Vinil/2XVinil, 16 de novembro de 2004)

Numb/Encore (Explícita)/Numb/Encore (Radio Edit)/Numb/Encore (Instrumental)/Numb/Encore (Explícita a capela)/Numb/Encore (Radio Edit a capela)/Bonus Beat

Swagga Like Us – Jay-Z e T.I. com participações de Kanye West e Lil Wayne
Roc-A-Fella Records
(Arquivo/Vinil, 6 de setembro de 2008)

Arquivo: Swagga Like Us
Vinil: Swagga Like Us (Clean)/Swagga Like Us (Principal)/Swagga Like Us (Clean)/Swagga Like Us (Principal)

Stranded (Haiti Mon Amour) – Jay-Z, Rihanna, Bono e The Edge
N/A
(Arquivo, 23 de janeiro de 2010)

Stranded (Haiti Mon Amour)

H*A*M – Jay-Z e Kanye West
Roc-A-Fella Records
(Arquivo, 12 de janeiro de 2011)

H*A*M

Otis/Niggas In Paris – Jay-Z e Kanye West
Roc-A-Fella Records/RocNation/Def Jam
(Vinil, 8 de agosto de 2011)

Otis/Niggas In Paris

Niggas In Paris – Jay-Z e Kanye West
Roc-A-Fella/RocNation/Def Jam
(Arquivo, 13 de setembro de 2011)

Niggas In Paris

Why I Love You – Jay-Z e Kanye West
Roc-A-Fella/RocNation/Def Jam
(Arquivo, 13 de setembro de 2011)

Why I Love You

Gotta Have It – Jay-Z e Kanye West
Roc-A-Fella/RocNation/Def Jam
(Arquivo, 6 de dezembro de 2011)

Gotta Have It

No Church In The Wild (com participações de Frank Ocean e The-Dream) – Jay-Z e Kanye West
Roc-A-Fella/RocNation/Def Jam
(Arquivo, 20 de março de 2012)

No Church In The Wild

Singles de trilhas sonoras

Who You Wit (do filme *Sprung*)
Qwest Records
(Vinil, 20 de maio de 1997)

Who You Wit (Versão Clean)/Who You Wit (Versão do Álbum)/Who You Wit (Instrumental)/Who You Wit (à capela – Versão Clean)

Girl's Best Friend (do filme *Blue Streak*)
Epic
(CD Promocional/Vinil Promocional, 19 de outubro de 1999)

CD: Girl's Best Friend (Versão para Rádio)/Girl's Best Friend (Versão do LP)/Girl's Best Friend (Instrumental)

Vinil: Girl's Best Friend (Versão do LP)/Girl's Best Friend (Instrumental)/Girl's Best Friend (Versão para Rádio)/Girl's Best Friend (a capela)

This Life Forever (do filme *Black Gangster*)
Lightyear Entertainment
(Vinil, 1999)

This Life Forever (Radio Edit)/This Life Forever (Versão do Álbum)/This Life Forever (Instrumental)/This Life Forever (a capela)

Hey Papi (com participações de Memphis Bleek e Amil) (do filme *O Professor Aloprado II: The Klumps*)
Def Jam Recordings/Def Soul
(Vinil, 18 de julho de 2000)

Hey Papi (Radio Edit)/Hey Papi (Versão do LP)/Hey Papi (Instrumental)/Hey Papi (a capela)

Índice Remissivo

Símbolos

"2 Many Hoes" 185, 314
"03 Bonnie & Clyde" 172, 173, 174, 177, 178, 283, 313, 314, 323
9th Wonder 199
"30 Something" 237, 241, 315, 326
40/40 Club, inauguração do 190, 193, 194, 231, 249, 307
50 Cent 87, 190, 192, 197, 206, 227, 282, 290, 303
88-Keys 292, 294
"99 Problems" 10, 200, 201, 202, 205, 210, 212, 219, 233, 265, 314, 317, 325
"(Always Be My) Sunshine" 88, 89, 311

A

Abbot, Abdul Malik 51, 57, 58, 101, 167
Afrika Bambaataa 19, 26, 263
Afrika Islam 26
"Ain't No Nigga (Playa)" 65, 66, 67, 71, 77, 166, 167, 205, 208, 215, 310, 317, 318, 321
"All Around The World" 178, 179, 313, 314
"Allure" 204, 314, 317
"Already Home" 283, 316
"American Dreamin" 246, 315
American Gangster (álbum) 243, 244, 245, 251, 253, 254, 255, 256, 257, 281, 315

Amil 108, 109, 113, 116, 117, 118, 122, 126, 129, 140, 162, 311, 312, 313, 320, 321, 322, 330
"Anything" 124, 134, 135, 238, 312, 315, 321, 322
"As One" 185, 314

B

Babyface 88, 89, 311
Backstage 115, 117, 119, 120, 137
Baker, Soren 97, 98, 114
"Ballad For The Fallen Soldier, A" 186, 314
"Beach Chair" 225, 226, 239, 240, 305, 315
Beastie Boys 34, 141, 200, 223, 247, 265
Best of Both Worlds, The 168, 169, 173, 211, 212, 216, 218, 316
Big Boi 179, 313
"Big Chips" 211, 212, 218, 316, 328
Big Chuck 181
Biggie Smalls. *Consulte também* Notorious B.I.G.
"Big Pimpin" 130, 131, 135, 139, 166, 208, 210, 219, 243, 299, 312, 317, 321, 322
Billboard 66, 73, 82, 87, 89, 97, 109, 114, 115, 123, 133, 140, 144, 162, 174, 175, 191, 220, 234, 241, 244, 276, 279, 305
Bink! 152
"Bitches & Sisters" 186, 314
Black Album, The 188, 190, 196, 198, 200, 202, 205, 206, 210, 211, 218, 219, 234, 256, 314, 317
Blackstreet 87, 92, 311, 319, 320
Blige, Mary J. 71, 72, 76, 77, 81, 103, 110, 208, 215, 231, 239, 259, 271, 279, 310, 317, 319
Blow, Curtis 19
"Blue Magic" 242, 246, 254, 257, 259, 315, 326
"Blueprint 2" 187, 188, 314
Blueprint 2.1, The 187, 188, 314
Blueprint 3 266, 268, 272, 273, 274, 275, 277, 278, 280, 283, 284, 285, 286, 288, 290, 303, 315
Blueprint²: The Gift & The Curse, The 186, 313
Blueprint, The 7, 139, 148, 151, 152, 154, 155, 156, 159, 160, 162, 165, 166, 169, 176, 178, 180, 182, 185, 186, 187, 188, 196, 205, 251, 266, 267, 268, 269, 272, 273, 274, 275, 277, 278, 280, 282, 283, 284, 285, 286, 288, 290, 303, 306, 313, 314, 315

Bono 182, 194, 258, 289, 329
Boogie Down Productions 34, 235
"Bounce, The" 122, 180, 313, 314, 324
Branch, Darrell 124, 187
Braxton, Toni 81, 174
"Breathe Easy" 313
"Brooklyn's Finest" 68, 70, 77, 82, 178, 231, 310, 320
Brown, Foxy 9, 19, 65, 87, 89, 113, 163, 172, 185, 205, 208, 215, 218, 223, 276, 281, 291, 293, 294, 297, 299, 310, 311, 316, 318, 319, 321
Bryan, Carmen 164, 184
Burke, Kareem 50, 51, 53, 55, 57, 62, 63, 70, 71, 86, 134, 138, 184, 222, 236
Burks, Jonathan, veja Jaz-O 27
Busta Rhymes 27, 117
Byrd, Ron 155

C

Cam'ron 153, 164, 178, 193, 227
"Can I Get A..." 320, 327
"Can I Live" 72, 79, 310, 315, 319
"Can't Knock The Hustle" 72, 77, 82, 166, 167, 208, 231, 310, 315, 317, 319, 325
Carey, Mariah 123, 128, 133, 172, 192, 216, 249, 312, 321
Carter, Andrea 16, 20, 23
Carter, Eric 13, 14, 16, 18, 20, 23, 72, 97, 148
Carter, Gloria: The Black Album
  Desgosto com a difamação 15, 16, 17, 19, 24, 96, 164, 194, 196
Carter, Michelle 16, 20, 23, 86, 154
Carter, Shawn Corey, veja Jay-Z 16
Chalmers, Romero 137
"Change Clothes" 198, 205, 314, 317, 324
Chapter One: Greatest Hits 167
Christión 86, 102, 103
Chuck D 80, 117
"City Is Mine, The" 92, 97, 98, 99, 311, 319, 320
Collision Course 148, 219, 220, 221, 243, 317
Combs, Sean: colaboração com Jay-Z
  Crítica da imprensa musical 69, 72, 73, 74, 82, 129, 138, 244, 245, 271, 313

"Come And Get Me" 132, 312
"Coming Of Age" 75, 110, 112, 210, 310, 311
"Coming Of Age (Da Sequel)" 112, 311
Cox, Malik, veja Bleek, Memphis 51, 57, 58, 75, 101, 167
Cruz, Anthony 25, 95, 277

D

Danger Mouse 205, 206, 218, 219, 220
Darien, Dahoud 72
Dash, Damon: disputa com Jay-Z
  Ataques verbais entre Jay-Z e Nas 43, 49, 66, 68, 119, 150, 165, 222, 227, 244, 302
Dawson, Rosario 137, 170, 236
"Dead Presidents" 63, 64, 65, 67, 78, 208, 229, 310, 318
"Dead Presidents II" 78, 208, 310
Death Row 69, 82, 83, 84, 147
"December 4th"
  Def Jam: contrato com a Roc-A-Fella 15, 40, 196, 208, 210, 314
Destiny's Child 145, 151, 172, 173, 264
"D'Evils" 73, 78, 79, 80, 310
"Diamond Is Forever" 181, 313
Diamonds In Da Rough 103, 116, 327
Dickey, Gwen 104, 320
"Dirt Off Your Shoulder" 198, 210, 219, 314, 317, 324, 325
DJ Clue 65, 103, 116, 117, 120, 124, 127, 266
DJ Kay Slay 164, 184, 244
DJ Khalil 238
DJ Mark The 45 King 105
DJ Premier 45, 73, 91, 109
DJ Red Alert 26
DMX 54, 56, 100, 103, 104, 111, 112, 117, 118, 120, 121, 125, 311, 321
"D.O.A. (Death of Auto-Tune)" 250, 269, 274, 275, 278, 315, 326
"Do It Again (Put Ya Hands Up)" 125, 127, 312, 321
"Dope Man" 124, 127, 128, 130, 133, 142, 248, 312
"Do You Wanna Ride?" 237, 315
Drake 33, 64, 275, 281, 282, 290, 316
Dr. Dre 46, 73, 82, 111, 130, 142, 159, 164, 177, 236, 312, 313, 314
"Dream, A" 39, 40, 46, 81, 86, 98, 104, 177, 227, 290, 294, 313, 314, 330

Dupri, Jermaine 69, 100, 105, 253, 312
Dynamic Rockers 27
Dynasty: Roc la Familia, The 140

E

Elba, Idris 245
Elliot, Missy 312
Eminem 9, 104, 141, 143, 151, 158, 159, 160, 163, 172, 189, 200, 262, 282, 289, 290, 313, 323
"Empire State Of Mind" 30, 234, 279, 285, 286, 289, 315, 326, 327
"Ether" (Nas) 162, 163, 164, 169, 184
"Excuse Me Miss" 177, 187, 313, 314, 324

F

"Face Off" 94, 101, 311, 320
Fade To Black 207, 210
Fahmy, Osama Admed 243
"Fallin" 253, 315
Fatback Band, The 23
Fela! 288
Freeway 143, 147, 148, 185, 215, 228, 313, 314, 322
Freeze Records 63, 66, 85, 310, 318
"Friend Or Foe" 73, 79, 91, 92, 93, 101, 310, 311, 319
"Fuck All Night" 179, 313
Funkmáster Flex 64, 164, 293
Funky Four Plus One 19, 26

G

Gallagher, Noel 9, 262, 263
Gigante, Vinnie 20, 21, 46
"Girl's Best Friend" 123, 124, 312, 330
"Girls, Girls, Girls" 154, 158, 161, 162, 174, 295, 313, 317, 323
"Girls, Girls, Girls (Part 2)" 161
"Glory" 305, 306
Gordon, Fresh 9, 28, 35, 38, 153, 236
"Gotta Have It" 297, 316, 329

Gotti, Irv 36, 65, 68, 72, 103, 109, 113, 116, 125, 127, 128, 134, 151, 249, 328
Grandmáster Flash 19, 30, 89
Grey Album, The (Danger Mouse) 205, 206, 220
"Guilty Until Proven Innocent" 136, 142, 144, 145, 313, 322
"Guns & Roses" 182, 187, 313, 314

H

"H*A*M" 291, 292, 307, 329
Hampton, Dream 39, 40, 46, 81, 86, 98, 104, 177, 227, 290, 294, 313, 314, 330
Hampton, Fred 15, 16, 152, 193
Hancock, Herbie 26
"Hard Knock Life (Ghetto Anthem)" 106, 107, 108, 109, 110, 115, 117, 118, 119, 121, 122, 129, 133, 134, 137, 140, 166, 185, 208, 311, 317, 320, 321
"Hate" 184, 229, 283, 284, 314, 316
"Heart of the City (Ain't No Love)" 239, 259
"Hello Brooklyn" 247, 248, 315
Herc, Kool 19
Hewitt, Hamzah 137, 138
"Hey Papi" 139, 330
Hi-Five 41, 42, 44
Hill, Lauryn 36, 101, 115, 305
"History" 271
"Hola' Hovito" 185, 313
"Hollywood" 85, 127, 220, 238, 241, 264
"Hova Song (Intro)" 312
"Hova Song (Outro)" 133, 312
"Hovi Baby" 175, 177, 313, 314, 324
Hudson, Mr. 285, 288, 292, 302, 304, 316, 327
Hunte, Angela 279
Hustla's Symphony, The 231

I

Ice-T 34, 73, 80, 200
"I Did It My Way" 180, 181, 313
"If I Should Die" 110, 311
"Ignorant Shit" 251, 252, 315
"I Know" 72, 91, 93, 104, 167, 250, 257, 311, 315
Illadelphonics 231
"I Made It" 238, 315
"Imaginary Player" 93, 102, 311
"In My Lifetime" 56, 57, 58, 60, 62, 64, 90, 91, 98, 105, 244, 311, 318
In My Lifetime, Vol. 1 311
"Intro" 127, 141, 245, 311, 312, 315, 317
Iovine, Jimmy 194, 223
Irby 18, 237
"Is That Yo Bitch" 124, 131, 145, 312
"It's Alright" 102, 103, 105, 114, 311, 327
"It's Hot (Some Like It Hot)" 128, 129, 217, 312
"IZZO (H.O.V.A.)" 323

J

Jackson, Michael 16, 19, 26, 129, 139, 145, 146, 161, 168, 183, 260, 277, 281, 299, 306
Jadakiss 113, 145, 231, 303, 304
James, LeBron 19, 140, 177, 185, 192, 205, 211, 231, 235, 238, 260, 272, 275, 291, 293, 294, 297, 299
Ja Rule 56, 103, 104, 108, 109, 117, 118, 134, 136, 145, 215, 282, 311, 320
Jay-Z, inauguração dos 40/40 Clubs
  American Gangster, relacionado à trama 243, 244, 245, 251, 253, 254, 255, 256, 257, 281, 315
  Auto-Tune, antipatia com 55, 273, 274, 275, 278, 281, 294, 297, 315, 326
  Barack Obama, apoio a 258, 259, 270
  Grammy Awards 121
Jay-Z: Unplugged 166, 317
Jaz-O, veja também Big Jaz 14, 27, 28, 34, 35, 36, 37, 38, 48, 51, 64, 111, 134, 173, 184, 197, 222, 227, 231, 244, 276, 278

"Jigga My Nigga" 118, 122, 124, 312, 327, 328
Jones, Emory 92, 97, 162, 237, 300
Jonze, Spike 113, 293
Just Blaze 141, 155, 161, 175, 182, 185, 196, 202, 233, 235, 236, 251
"Justify My Thug" 203, 314, 317
Juvenile 129, 312

K

Kane, Big Daddy 33, 35, 38, 39, 41, 45, 49, 74, 118
Kelly, R. 88, 96, 136, 144, 145, 167, 168, 169, 199, 208, 211, 212, 213, 214, 215, 216, 217, 218, 219, 238, 313, 316, 322, 328
Kent, Clark 28, 34, 35, 41, 42, 43, 44, 45, 46, 49, 50, 54, 58, 67, 68, 69, 70, 71, 72, 73, 74, 75, 79, 205, 318
Keys, Alicia 231, 279, 286, 292, 294, 315, 326
Kid Capri 105, 114, 311
Kidd, Jason 193
Killer Mike 179, 313
"Kingdom Come" (música) 232, 233, 234, 235, 238, 239, 240, 241, 245, 256, 314, 315, 325
Klein, Calvin 40, 244
Knight, Suge 69, 83
Knobody 72
Knowles, Beyoncé: nascimento da filha
  Casamento com Jay-Z 128, 171, 172, 173, 174, 190, 191, 192, 193, 195, 198, 201, 202, 207, 208, 211, 212, 229, 230, 231, 232, 236, 238, 239, 241, 243, 245, 249, 260, 261, 264, 266, 267, 269, 270, 271, 283, 290, 292, 293, 296, 298, 299, 305, 306, 313, 314, 315, 316, 325
Kravitz, Lenny 182, 269, 313, 314
KRS-One 16, 34
Kuti, Fela 288

L

La Rock, Coke 19, 34
Latifah, Queen 38, 105
"Lift Off" 291, 295, 316
Lil' Kim 87, 91, 311, 316
Linkin Park 219, 220, 243, 317, 328

Live Nation 260, 262
LL Cool J 33, 54, 55, 57, 65, 103, 208, 239
"Lost One" 236, 241, 315, 325
LOX, The 113, 228, 311
"Lucifer" 203, 210, 301, 314, 317
Luckie, Colleek 225

M

"Made In America" 302, 316
Mandler, Anthony 277
Marcy Houses, Brooklyn 19
Martin, Chris 107, 152, 168, 171, 227, 239, 264, 270, 276, 278, 290, 302, 315
McAdams, Janine 66
McIntosh, Dara 62
McIntosh, Omoyele 62
MC Serch 38, 39
"Meet The Parents" (Entrando Numa Fria) 182, 183, 313, 314
Melle Mel & The Furious Five 19
Mike D 200
"Million and One Questions, A" 90, 91, 319
"Minority Report" 239, 241, 259, 315
"Momma Loves Me" 160
"Money Ain't a Thang" 105
"Money, Cash, Hoes" 111, 112, 118, 121, 123, 147, 311, 320, 321
"Monster" 290, 294
M.O.P. 116, 182
Morris, Doug 194
Murder Inc. 36, 116, 128
"Murder To Excellence" 291, 300, 316

N

Nas
  Censura de Jay-Z 25, 27, 29, 32, 45, 64, 65, 73, 81, 84, 86, 87, 92, 95, 122, 146, 147, 148, 149, 150, 158, 162, 163, 164, 165, 166, 169, 174, 184, 185, 224, 225, 227, 229, 233, 241, 249, 253, 289, 304, 315
Neptunes, The 140, 177, 179, 185, 187, 198, 204, 238, 250, 254, 284, 297

"Never Change" 157, 313
"New Day" 291, 297, 298, 305, 316
Ne-Yo 228, 239, 260
"Niggas In Paris" 291, 296, 297, 302, 316, 329
"Nigga What, Nigga Who – Originator 99" 111
"No Church In The Wild" 294, 299, 316, 330
"No Hook" 248, 315
No I.D. 178, 253, 274, 275, 282, 283
N.O.R.E. 116, 140, 164
Notorious B.I.G. 46, 60, 67, 82, 86, 93, 177, 192, 310, 313, 314, 320
N.W.A. 34, 46, 49, 56, 80, 186
"NYMP" 132, 133, 312

O

Obama, Barack 258, 259, 265, 267, 270, 271, 272, 278, 281, 301
Ocean, Frank 71, 290, 292, 294, 302, 308, 316, 330
"Off That" 281, 282, 283, 316
Oh My God 64, 235, 315, 325
"On To The Next One" 282, 283, 315, 327
Original Flavor 41, 44, 53, 205
"Originators, The" 37, 111
Ossé, Reggie 54, 55
"Otis" 291, 293, 297, 298, 316, 329

P

Pain In Da Ass 76, 90, 101, 109, 118, 127, 232, 234, 310
Paltrow, Gwyneth 9, 239, 264
Panjabi MC 188
Panteras Negras 15, 16, 128, 300
"Paper Chase" 113, 311
"Party Life" 251, 315
Payday Records 57, 62
P. Diddy, veja Combs, Sean 216, 225, 229
Peedi Peedi 185, 228
Pérez, Rosie 184, 190
Pilgrim, Chaka 62, 137, 292
Poke 167, 211
"Politics As Usual" 72, 77, 310, 315, 319

"Pop 4 Roc" 129, 312
"Poppin' Tags" 179, 313
"Pray" 103, 245, 246, 315
"Prelude, The" 232, 234, 235, 315
Priority Records 63, 310, 318, 319
Prodigy (rapper) 65, 129, 146, 147, 148, 163, 203
Public Enemy 16, 26, 29, 34, 35, 176, 223, 233
"Public Service Announcement (Interlude)" 199, 202, 314
Puff Daddy veja Combs, Sean 69, 165, 282, 311

Q

Questlove 207, 231

R

Rakim 26, 33, 34, 72, 148, 177, 270, 313, 314
"Rap Game/Crack Game" 95, 311
Raphael, Nick 66
Real As It Gets 280, 315
"Real Niggaz" 95, 311
Reasonable Doubt 67, 71, 72, 76, 77, 78, 80, 81, 82, 85, 86, 87, 88, 89,
    90, 97, 98, 103, 107, 108, 109, 110, 112, 127, 144, 152, 162, 178,
    204, 219, 222, 229, 230, 240, 241, 243, 245, 246, 256, 310
Reebok 175, 192, 193
Reeves, Adnis 16, 17, 19, 20, 21, 24, 25, 194, 195, 197, 200
Reeves, Ruby 16, 19
"Regrets" 80, 160, 310
Rell 102, 103, 116, 185, 314, 327
"Reminder" 284, 316
"Renegade" 151, 158, 159, 313, 323
"Reservoir Dogs" 113, 228, 311
Rihanna 224, 243, 260, 269, 275, 276, 277, 289, 315, 326, 329
Rivera, Lance, ataque a 122, 124, 125, 127, 135, 137, 163, 165, 181
"Roc Boys (And The Winner Is)" 249, 315, 326
Rock, Rick 34, 140, 154, 200, 201, 222, 235, 313, 316
Rock Steady Crew 27
Roc Nation 260, 261, 276, 279, 294
Rodriguez, Ruben 48, 49, 277
Roots, The 166, 207, 223, 231

Rubin, Rick 200, 201, 222
"Ruler's Back, The" 152, 313
Run-D.M.C. 26, 33, 34, 57, 200, 203, 263
"Run This Town" 275, 276, 277, 278, 315, 326

S

Santiago, Lenny 52, 68, 149, 158
Sauce Money 44, 45, 51, 73, 79, 86, 87, 94, 102, 113, 228, 310, 311, 320
"Say Hello" 252, 315
Scarface 12, 31, 71, 76, 85, 89, 101, 106, 125, 142, 143, 183, 312, 314
"S. Carter" 111, 122, 126, 129, 192, 193, 286, 312
Scoob Lover 45
Sewell-Ulepic, Janet 279
Shakur, Tupac 16, 38, 51, 82, 83, 84, 173, 174
Shinoda, Mike 219, 220, 221
"Show Me What You Got" 233, 234, 236, 315, 325
"Show You How" 186, 314
Shux, Al 279
Shyheim 45, 74
Sigel, Beanie
  Artista da Roc-A-Fella 113, 116, 117, 126, 129, 130, 134, 140, 142, 144, 147, 167, 183, 191, 228, 302, 303, 304, 311, 312, 313, 314, 315, 316, 321, 322, 327
Simmons, Russell 23, 46, 49, 86, 121, 168, 192, 222, 284
Ski Beatz 72
Slick Rick 34, 154, 200, 313, 316
Smith, Tyran 64, 65, 137, 157, 203, 215, 288, 301
Snoop Dogg 46, 73, 82, 143, 147, 217, 313
"Snoopy Track" 129, 312
"So Ambitious" 284, 285, 316
"So Ghetto" 127, 312, 321
"Some How Some Way" 183, 313, 314
"Some People Hate" 184, 314
"Song Cry" 158, 170, 208, 215, 239, 313, 317, 323
"Star Is Born, A" 282, 283, 316
State Property 167
Steele, Luke 277, 278, 315
Stoute, Steve 166
"Stranded (Haiti Mon Amour)" 289, 329

"Streets Is Watching" 7, 57, 76, 93, 98, 101, 102, 103, 104, 123, 141, 311
Styles P 113
"Success" 253, 279, 315
Sugarhill Gang, The 23, 27
"Supa Ugly" 164, 184
Suspeitos, Os 98
"Sweet" 249, 315
Swizz Beatz 106, 110, 123, 127, 128, 140, 187, 239, 280, 289, 299, 300, 316
Syience 238

T

"Takeover" 146, 147, 149, 152, 162, 163, 164, 180, 224, 235, 313, 317, 323
Teairra Mari 228
"Thank You" 278, 315
"That's My Bitch" 291, 298, 316
"There's Been A Murder" 124, 131, 312
The World's Famous Supreme Team 26
"Things That U Do" 128, 130, 133, 312, 321
"Threat" 199, 200, 314, 317
T.I. 215, 228, 229, 329
Timbaland
  Contribuição musical 100, 104, 105, 106, 110, 111, 113, 127, 128, 129, 131, 132, 139, 140, 155, 178, 180, 185, 198, 243, 266, 281, 282, 284
Tone (Trackmásters) 153, 154, 167, 211, 218
Too Short 46, 87, 95, 112, 311
T-Pain 275
Twista 124, 131, 179, 208, 218, 312, 313, 316

U

"U Don't Know" 155, 182, 197, 228, 235, 313, 314, 323, 324
UGK 130, 299, 312, 321, 322
"Umbrella" (Rihanna) 243, 286
Unfinished Business 211, 217, 316
Usher 214, 215, 238

V

"Venus Vs. Mars" 282
Village Voice, The 97, 144, 286

W

Wais 102, 104, 110
Wallace, Christopher veja Notorious B.I.G. 27, 84, 328
"Watcher 2, The" 177, 313, 314
Watch Me 124, 130, 312, 322
Watch The Throne 292, 293, 294, 297, 300, 304, 307, 316
Wayne, Lil 64, 247, 264, 265, 270, 275, 305, 315, 329
"Week Ago, A" 112, 311
"Welcome To The Jungle" 299, 316
"What More Can I Say" 197, 207, 228, 314, 324
"What They Gonna Do" 178, 186, 187, 313, 314
"What They Gonna Do Part II" 186, 187, 314
"What We Talkin' About" 278, 315
"Where I'm From" 95, 98, 101, 147, 208, 215, 229, 311
"Who Gon Stop Me" 300, 316
"Who You Wit" 88, 89, 94, 311, 330
"Why I Love You" 291, 302, 304, 316, 329
Williams, Hype 35, 82, 135, 139, 257, 286
Williams, LaToiya 179
Williams, Pharrell 140, 172, 185, 190, 198, 208, 216, 238, 250, 284, 285, 306, 313, 314, 315, 316, 317, 322, 324, 326
Winfrey, Oprah 14, 21, 24, 31, 38, 47, 194, 195, 264
"Wishing On A Star" 104, 143, 167, 311, 320
Wood, Angel 245
Wu-Tang Clan 45, 80, 176, 282

Y

"Young Forever" 285, 288, 290, 316, 327
Young Gunz 147, 215, 223, 225, 314
Young Guru 149, 153, 157, 160, 233, 251
Young Jeezy 224, 228, 270, 280, 315